该著为国家社科基金一般项目"石门坎现象对我国西部少数民族地区基础教育的启示"（项目编号10BSH015）的项目成果，受国家社会科学基金资助出版。

何嵩昱◎著

"石门坎现象"

对我国西部民族地区农村
基础教育的启示

中国社会科学出版社

图书在版编目(CIP)数据

"石门坎现象"对我国西部民族地区农村基础教育的启示/何嵩昱著.
—北京:中国社会科学出版社,2016.11
ISBN 978 – 7 – 5161 – 9191 – 0

Ⅰ.①石… Ⅱ.①何… Ⅲ.①民族地区—乡村教育—基础教育—
研究—西北地区②民族地区—乡村教育—基础教育—研究—
西南地区 Ⅳ.①G639.2

中国版本图书馆 CIP 数据核字(2016)第 261131 号

出 版 人 赵剑英
选题策划 罗 莉
责任编辑 刘 艳
责任校对 陈 晨
责任印制 戴 宽

出 版 中国社会科学出版社
社 址 北京鼓楼西大街甲 158 号
邮 编 100720
网 址 http://www.csspw.cn
发 行 部 010 – 84083685
门 市 部 010 – 84029450
经 销 新华书店及其他书店

印刷装订 三河市君旺印务有限公司
版 次 2016 年 11 月第 1 版
印 次 2016 年 11 月第 1 次印刷

开 本 710 × 1000 1/16
印 张 27.5
插 页 2
字 数 443 千字
定 价 99.00 元

公元一九〇四年，一个名叫柏格理的英国人来到了贵州毕节地区威宁县的一个名叫石门坎的小村，那是一个非常贫穷、荒凉的地方。他带来投资，就在这块土地上盖起了学校，修起了足球场，还建起了男女分泳的游泳池。他用英文字母仿拼当地的老苗文，自编了"我是中国人，我爱中国"这样的教材，免费招收贫困的学生。

　　后来，一场瘟疫，当地的百姓都逃走了，他却留下来呵护他可爱的中国学生。最后，瘟疫夺走了他的生命。柏格理去了，在中国一个荒凉的小村里，留下了他的一个坟墓，留下了他培育出来的一代中华精英。

　　他传播了知识和西方文化，留下了奉献和敬业精神。至今这个小村，老人们尽管不识字，居然能说上几句英语。柏格理用实践告诉人们：进步的科学文化和艰苦创业，可以在贫困的落后地区，实现教育的超常规发展。

——胡锦涛语①

---

　　①　胡锦涛任贵州省委书记时，曾说过这一段话，用以教育和激励贵州的干部要学习柏格理的敬业和奉献精神。2010 年 11 月，新华网（http：//www.gz.xinhuanet.com/zfpd/2006 - 10/11/content_ 8232758.htm）。

目　　录

现状篇　西部民族地区农村基础教育的
现状及存在的问题

启示篇　"石门坎现象"对当代西部民族地区
农村基础教育的启示

绪　　论

一　立题依据

（一）"石门坎现象"之教育奇迹对西部民族地区农村基础教育具有重要的启示性意义

石门坎，位于贵州接近川滇最边缘的西北角，距威宁县城 140 多千米。在文化版图上，这里曾是愚昧落后的地方，居住着"晦盲否塞"、结绳刻木的大花苗，他们从远方迁徙到这片属于彝族土目的地盘上，刀耕火种，受土目和官府的盘剥，过着农奴式的贫困生活①。而在 20 世纪初，随着基督教英国卫斯理循道公会（以下简称"英国循道公会"）联合传教团传教士柏格理的到来，这里声名鹊起，迅速成为"西南苗族文化的最高区"，川黔滇交界地区的教育中心，中国现代教育水平最高的地方：创办了乌蒙山区第一所苗民小学，兴建了西南苗疆第一所中学，培养出乌蒙苗民的第一位医学博士，以及一批优秀的苗族知识分子；诞生了中国第一所倡导和实践双语教学的双语学校以及中国近代开男女同校先河的学校；构建了 20 世纪上半叶中国西南最大的基础教育网络，辐射黔滇川地区 100 余所学校和机构……石门坎还成为了苗族文字的发祥地、苗族文化的传播中心，农耕技术推广中心，战时灾民自救中心，麻风病等地方病的救助中心，首次发现地氟病的地方，足球之乡……石门坎无疑是西部民族地区农村基础教育的成功典型，是中国近现代教育史上的一大创举。它在近半个世纪的时间里，在极其闭塞落后的山区使原本蒙昧无知的上万名各族群众就地接受规范的初等教育，为

---

① 刘莹：《威宁石门坎文化 白云深处的贵州名片》（http://gzrb.gog.com.cn/system/2006/11/24/001057253.shtml）。

苗族、彝族培养出一批中、高级知识分子，创造出难以估量的经济价值和社会价值，引发了影响较大的"石门坎现象"，吸引了众多国内外专家学者关注的目光。

本课题中的"石门坎现象"即是指这一场于 20 世纪发生在以贵州威宁石门坎为中心的黔滇川边地的，由基督教传教士做先导，当地苗族、彝族等民族共同参与的"兴办教育，改良社会"的文化运动，指 20 世纪石门坎教育、文化、经济、宗教等在短时期内超常规快速发展的独特社会现象。故"石门坎"在本课题中不是一个地名概念，而是一种区域所指，大体来说是指黔滇川边地区，具体来说是指柏格理等人当年兴办教育的主要活动区域，包括滇东北昭通、彝良、大关、永善、盐津、镇雄、威信、宣威、会泽、东川、寻甸，黔西北威宁、赫章、纳雍、织金，川南筠连、珙县、高县、古蔺、叙永、古宋等县。

1. 石门坎教育成就辉煌

1905 年石门坎开办第一所小学，1943 年石门坎建立西南苗区第一所中学，从 1905 年到新中国成立初期短短半个世纪的时间里石门坎建成百余所分校。在英国循道公会的大力支持和石门坎本土各族民众的共同努力下，石门坎教育事业在半个世纪内从零基础迅速走向蓬勃发展，石门坎迅速崛起为文化"圣地"。[1]石门坎教育成效之显著、教育成就之辉煌实属我国少数民族教育史上的罕见现象。

* 创建了第一所学制完整的苗民学校

1905 年，在柏格理的带领下，在苗、汉教师与当地苗民的共同努力下，石门坎建立起了一所苗民教会学校——基督循道公会石门坎小学，仅设初小部。1912 年，学校更名为"石门坎光华小学"，意在帮助师生树立国家意识，培养爱国热情。"至 1913 年，光华小学发展为学制七年的完全小学，成为我国第一所学制完整的苗民学校。学制按照民国政府教育部规定：初小四学年，高小三学年，秋季招生。"[2]

石门坎光华小学在刚开始招收学生时，规定只有信教的苗家子弟才

---

① 沈红：《石门坎的 100 年》，《中国民族》2007 年第 1 期。
② 沈红：《结构与主体：激荡的文化社区石门坎》，社会科学文献出版社 2007 年版，第 82 页。

能进校念书。随着学校影响的逐步扩大，越来越多的各族子弟纷至沓来，于是学校废除原来的招生规定，扩大招生范围，将不信教的苗族子弟，以及苗族以外的彝族、汉族等其他民族子弟也纳入招生范围。一开始对教会持排斥态度的当地彝族土目在看到读书上学收获甚多、"好处"无数之后，渐渐地不再排斥教会的传教和教育事业，而是把自家的子女也送入学校。石门坎光华小学日渐兴隆，久而久之，该学校在当地民众心中占据了至关重要的地位，在当地有着"石门坎光华小学是最高学府"①的说法。

＊创办了西南苗区的第一所正式中学

随着石门坎光华小学教育事业的大发展，1943 年小学扩建为中学，取名为"西南边疆威宁石门坎初级中学"。除 1942 年教会在威宁县城开办的第一所教会中学外，这是威宁县全县境内的第二所中学，也是整个西南苗区的第一所正式中学。

中国社会科学院民族研究所研究专家王德光把石门坎誉为"各族人民教育的摇篮"。② 石门坎学校在 20 世纪上半叶长期招收彝、汉、回等民族学生，30 年代是学校学生比较多的时期，多达 350 人，到 40 年代仍保持在 300 人左右。其中，苗族学生比例最大，占总人数的 50%—60%，彝族占 20%，汉族占 10%—20%，其余还有少量回族学生。③

＊开办了第一所双语学校

1991 年，中国社会科学院民族学与人类学研究所研究员周庆生发表文章说："1905 年石门坎创办的石门坎光华小学可以看成是中国近代民族教育史上的第一所双语教学的学校。"④

苗族是一个多灾多难的民族，曾多次遭受历史民族战争的失败，并

---

① 王文慧、詹群：《论塞缪尔·柏格理对石门坎苗族教育的贡献》，《教育理论与心理学》2013 年第 8 期。

② 王德光：苗族，贵州省威宁县石门坎人，新中国成立前毕业于石门坎光华学校，是苗族著名教育家朱焕章先生（石门坎人）的弟子。1947 年考入南京边疆民族学校就读。新中国成立初，转入北京大学东语系。毕业后，在中国社会科学院民族研究所从事苗族语言研究工作。参加了苗文（滇东北方言）的创制与改革，毕生关心苗族语言文字工作及苗族的发展。

③ 沈红：《结构与主体：激荡的文化社区石门坎》，社会科学文献出版社 2007 年版，第 84 页。

④ 东旻、朱群慧：《贵州石门坎：开创中国近现代民族教育之先河》，中国文史出版社 2006 年版，第 290 页。

长期经历逃亡和迁徙的磨难。大花苗是苗族的一个分支，他们在历史上经历过几次大迁徙，最终由北方迁移至西南的深山老林中，侥幸得以在乌蒙大山深处存活。由于乌蒙山区地理环境险恶，气候恶劣，再加上受当地彝族和汉族居民的排斥，他们世世代代忍受各种疾苦，遭受各种摧残，苦苦挣扎于生存线上，根本没有受教育的机会可言。在石门坎办学之初，大花苗子弟没有任何文化基础，不会说也听不懂汉话。于是，西方传教士和外来汉族、回族教师便采用苗语、汉语双语教学的方式来对他们进行启蒙教育：首先使用苗语教学来引导他们了解最简单、最基本的文化知识，消除他们对汉族语言及外来新事物的恐惧心理，然后再循序渐进地使用半苗半汉的双语教学方式逐渐调动他们的学习积极性，最终成功地帮助他们学习与吸收汉文化及其他知识。这种"特别的"苗汉双语并用的教学方法，不仅有效地促进了苗族学生对汉语及其他知识的理解与运用，还促进了苗族文化的传承，增进了石门坎苗民与其他民族教师之间的感情和沟通，同时也在一定程度上改变了长期位卑权轻的苗族人民的精神面貌，增强了他们的民族自信心和民族认同感，石门坎学校的教育事业也因此获得了强劲的发展推动力。

* 开创了第一所男女兼收的学校

石门坎光华小学从创办之日起，便一直倡导和宣扬男女平等的观念，向当地民众宣传男女平等思想，鼓励各族民众送女孩进校读书学知识，要求大家摒弃"男儿读书，女做家务"的封建守旧观念。在石门坎光华小学的教学活动中，处处体现出人人平等的教育思想：没有彝族、汉族高贵而苗族低贱之别，土目地主与平民奴隶同坐一张凳；没有男子权大于女的腐朽思想，男生、女生共用一张桌子；所有民众，不管年龄大小，不分族别、性别，只要有求知意愿，都可以进入光华学校接受教育……先进的教育观念促使边远的石门坎光华小学成为近代中国第一所男女兼收的学校，开创了中国近代教育男女同校之先河。

* 培养了量多质优的各族人才

自 1905 年起到新中国成立初期短短的 50 余年时间里，数以千计的苗、彝等各民族子弟在石门坎学校接受了较为全面的教育。石门坎培养出来的学生不仅数量多，而且质量优，有大量德才兼备的普通人才，也有少量出类拔萃的社会精英。

  "据王建民先生的《现在西南民族最高文化区——石门坎的介绍》一文记载：到二十世纪三十年代末，石门坎两级小学 30 年内共有小学毕业生 1500 名，其中女生 200 多名；初中毕业生 18 名，其中女生 3 名。高中毕业生 3 名，高等师范毕业生 1 名，大学毕业生 2 名。此外，在 16000 苗民中三分之二能读汉文编的《苗民夜读课本》（也叫《苗民千字课》）。"①据中国社会科学研究院研究员沈红女士的《结构与主体：激荡的文化社区石门坎》一书记载，"截至 1951 年，石门坎光华学校毕业的小学生累计 4000 多人，培养的初中学生累计 500 多人，生源来自远近 20 县 100 所小学的贫困子弟。二十世纪三十年代之前培养出苗族历史上第一位博士；四十年代之前培养了三十余名苗族大学生；五十年代之前威宁苗族中有近 10 名神学院毕业生，20 多名不同专业的大学生，数百名中学毕业生，数千名小学毕业生"②。从大量文献资料的统计数据中可以看出，在 20 世纪上半叶战火纷飞、生活艰难、"世乱"和"国乱"叠加的大背景下，石门坎教育取得了极大的成功，培养的优秀学员一批又一批，层出不穷。而且，石门坎教育还以开放的态度，打破封闭的"区域教学"思维，把优秀的学子送往成都等地接受高等教育，同多个省市、多所高校进行广泛的联系和交流。"前后输送了 30 余名学生到云南大学、中央大学、华西大学、藏蒙大学。中学、中专毕业生达 200 余人。"③大大提高了石门坎地区苗族的文化水平。"有资料统计，到二十世纪八十年代，中国每万人口只有 10.5 名大学生，贵州省每万人口只有 4 名大学生，贵州少数民族每万人口只有 0.8 名大学生，而威宁苗族于二十世纪五十年代初每万人口已经有 10 名大学生。"④

  1920 年，石门坎中学的苗族学生吴性纯考取了成都华西协和大学

① 威宁彝族回族苗族自治县政协威宁苗族百年实录编委会：《威宁苗族百年实录》，贵州民族出版社 2006 年版，第 223 页。
② 沈红：《结构与主体：激荡的文化社区石门坎》，社会科学文献出版社 2007 年版，第 10 页。
③ 颜勇：《历史上石门坎苗族教育反思》，《贵州民族研究》1994 年第 3 期。
④ 沈红：《结构与主体：激荡的文化社区石门坎》，社会科学文献出版社 2007 年版，第 10 页。

医学院,成为石门坎第一位苗民大学生,1929 年博士毕业,成为大花
苗历史上第一位医学博士,也是贵州最早的博士。朱焕章和张超伦也是
石门坎优秀毕业生的代表,朱焕章成为苗族的第一位教育学士,张超伦
成为继吴性纯之后的第二个苗族医学博士。

在那个动荡的年代,在那样封闭的地区,在那般艰苦的条件下,能
够培养出如此量多质优的人才,用"教育奇迹"来形容石门坎一点也
不为过。

＊形成了辐射宽广的教学网络

随着石门坎光华小学的逐步发展,广大苗民的学习意愿越来越强
烈。为了方便较远地方的苗民既能进校念书又不耽误农活,教会开始以
石门坎为中心,在西南各地开办分校。至 1938 年,"石门坎的教育势力
范围,计滇黔境内二十七所分校,川境内十五所分校,共计四十二所分
校"①。尽管由于经济支撑能力有限,各分校无法具备完善的教学设备
和雄厚的师资力量,但分校的设立大大减轻了偏远地区苗民上学的负
担。他们既不必因为生计劳作而放弃学习,也不用担心无力负担长途奔
波的费用,劳间而学,劳学兼顾相长。分校的设立不仅较好地解决了学
校资金和师资的困难,也妥善解决了广大苗民的学习时间及经济负担问
题,这样一个双赢的善举,大大推动了整个西南地区教育的发展。

＊成就了"西南苗族最高文化区"

即使在全国整体经济高速发展和教育事业蓬勃兴旺的今天,深居乌
蒙大山之中的石门坎也依然困境重重,经济、交通状况十分落后,人民
生活、教育水平仍然很低。而就是这样一个鲜为人知的贫穷落后的地
区,却在 20 世纪初那样一个动荡的年代创造了令世人惊讶的种种奇迹。
经过柏格理等传教士和石门坎各族人民的不懈努力,石门坎地区的居
民,尤其是广大苗民,从目不识丁到会诵会咏,从惨遭盘剥到自由平
等,从无人知晓到名扬海外,成为享誉国际的"西南民族最高文
化区"。

2. 石门坎教育影响广泛深远

教育是立国之本,强国之基。教育在经济社会发展和民族振兴过程

---

① 王建明:《西南苗民的社会形态》,《边声》1938 年第 3 期。

中具有不可替代的先导性、基础性、全局性地位。教育的发展对社会政治、经济、文化等各方面都会产生极大的促进作用。20世纪上半叶石门坎的"教育神话"令人震惊，石门坎的教育奇迹令人叹服，石门坎教育成果的影响广泛而深远。

其一，石门坎教育的繁荣推进了我国的现代化教育进程。柏格理设置多元课程①、师资教材中西结合，以及以苗教苗的教学模式，设置教区，分四部三科②、教区内办事处常务委员会，制定严格的作息时间、学习制度，培养学生勤学苦读的良好学风以及尊师重道的良好品德等等，对我国现代教育管理的规范化与制度化有着一定的推动作用；男女同校平等接受教育，赋予女性追求平等的权利，极大地消解了我国封建社会残留的男尊女卑的落后观念；使用照相机、幻灯机（见图0-1）、放映机（见图0-2）等传播西方先进科技与文化，让民众接触现代教育技术，激起民众求学欲望；创制苗文、翻译出版苗文书籍、编写苗文教材，填补了苗族几千年未见书的历史，推动少数民族文化发展的现代化进程。

其二，石门坎学校使黔、滇、川等地求学者齐聚一堂，使石门坎苗民及整个西南地区的民众吸收到较为全面的现代知识，开阔了民众的视野，促成落后地区边民的思想开化和文化觉醒。在20世纪以前，愚昧的石门坎苗民深受封建统治阶级的剥削和其他民族的压迫而不知反抗，任人鱼肉。自石门坎学校开办后短短的十几年内，石门坎苗族同胞从无知成长为有知，从愚昧变开化，从任人宰割到懂得抗争，从受尽凌辱歧视到懂得争取民族平等求解放。自接受学校教育后，有了文化科学知识的苗民能清楚地识破封建势力欺压蒙骗的"庐山真面目"，且敢于起来与之斗争。他们已然懂得了维护本民族尊严，争取民族平等、自我解放。

---

① 多元课程包括：公民测验及公民知识、国语、算术、社会、卫生、艺术、体育、自然研究、园艺与农业、家事、职业指导、历史、地理、音乐、应用文、方言、英文。

② 四部：苗疆部（部长柏格理，部设石门坎，下辖云南省永善、大关、彝良、盐津、威信、镇雄和贵州威宁县及川南苗族教会）、东川部、昭通部、东粟部。三科：理学科、宣道科、医药科。

图 0-1   20 世纪 30 年代石门坎教学用的幻灯机

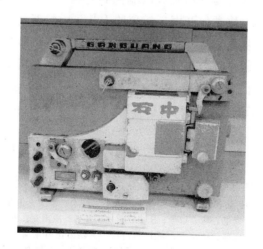

图 0-2   20 世纪 30 年代石门坎教学用的放映机

其三，在激发苗族同胞反对民族压迫、民族歧视的自觉性的同时，石门坎的宗教教育又成为了汉族同胞与苗族同胞共结友好的纽带，为我国的民族团结做出了积极贡献。"柏格理办学伊始，不可能'以苗教苗'，他先后聘请和任用了十多个汉族老师和布道员。这些汉族老师和布道员在苗区一边教学，一边传教，由于有共同的宗教信仰，他们和苗族同胞交往频繁，对苗胞不仅不加以歧视，相反还在各方面支持他们，帮助他们与彝族土目、封建团绅作斗争，和他们一起反对民族压迫和歧视。因此，汉族老师和苗族同胞结下了一定的友谊，且得到苗族同胞的爱戴和信任。"① 汉族知识分子还通过《半月刊》刊登一些讲述健康生活习惯的文章，向苗民普及健康知识，开启苗民民智，帮助苗民摒弃陋习。汉族教育人员用平等眼光看待苗民，尽心尽责地为他们传授知识，教员与学生在教学活动中逐渐了解了对方民族的文化和习俗，减少了民族偏见，增进了民族互信。

其四，石门坎教育将西方文化的工具主义、知识的社会功效传递给落后边民，不仅掀起一股尊师重教兴学之风，形成教育内源式发展和人才反哺家乡模式，还极大地改善了落后地区穷苦人民困顿的生活，改变了他们原始落后的生活方式，树立了他们崭新的文化精神面貌。石门坎学校培养出一大批高素质人才，他们以自己的学识反哺家乡，为苗族教育和地区发展做出了重要贡献。在 20 世纪三四十年代，石门坎自己培养出来的苗族教师占整个石门坎学校教师队伍的百分之二三十，在石门坎形成了良好的内源式发展模式。石门坎学校还积极发挥知识的社会功效：治病、开药房、建医院救济院、种牛痘预防天花、宣讲医药知识等，解决了当地居民的健康之忧；建立麻风病院，改变了麻风病人为家人和社会所不容的局面，具有重要的医学意义和人文意义；建立邮政代办所，使落后边民能够及时了解外界新闻动态，打开了他们与外界的联系通道，开阔了他们的视野。在文体方面，先以足球运动激发学生和民众的运动热情，再带动以篮球、排球为主的球类运动和以拔河、赛马、射弩、登

---

① 谭佛佑：《本世纪初贵州省威宁县石门坎教会苗民教育述评》，《贵州民族研究》1983年第 1 期。

山为主的田径运动，进而又推动妇女织麻、穿衣、穿针线、苗文识字等活动的普及，使落后边民充分接触现代生活方式，并为他们锻造了强健的体魄，培养了较强的体育运动能力。据史料记载：新中国成立前石门坎地区赴四川华西协和大学学习的苗族青年，大多都成为了大学里非常出名的长跑能手；50 年代贵州毕节专区足球代表队的队员基本都来自石门坎……这些无疑都是石门坎学校教育深远影响的一种体现。

其五，随着石门坎学校教育的发展，黔、滇、川边区苗民落后的社会风俗习尚有了良好的转变。长期以来，苗民有着不少鄙陋的习俗，在接受学校教育后，这些陋习有了良好的转变。贵州师范学院教授谭佛佑在《本世纪初贵州省威宁县石门坎教会苗民教育述评》一文中对此进行过阐述："苗族同胞生活素来清苦，卫生习惯极差，经常不洗脸，不理发，吃无桌凳，寝无卧具，居室人畜不分，在接受了学校教育后，这些不卫生的习惯基本得以改变，而且对待疾病也基本懂得了求助于预防和医药，如种牛痘，包敷外伤，有病求医吃药。他们一般不再相信疾病源于鬼神作祟，生病后请巫祭鬼的活动也日渐减少。从一九〇九年起，苗族同胞家中的神器也逐渐取消，跳神、祭山等迷信活动也有所收敛，巫师的市场大不如前。"①此外，苗族男女青年的婚配习俗也随着学校教育的推进而有了较大改变。苗族自古有着近亲结婚、一夫多妻的婚配习俗，近代以来，尽管开始实行对偶婚配，但仍保留着一定的群婚残余，且婚姻多不稳定，婚后女子未生孩子之前不"住家"，即不常住男方家，男女均可再行择偶，所以家庭纠纷较多。对此，柏格理专门提出男女结婚的最低年龄必须达到男 20 岁，女 18 岁，婚后女方必须常住在男方家，不得随意回娘家。石门坎学校教育开始后，随着苗族青年科学知识和文化水平的提高，他们对群婚残余的危害逐渐有了理性认识，对柏格理的提议也开始欣然接受。故此，在婚配问题上有了重大的进步。

其六，石门坎学校推行的"知识促经济，经济反哺教育"的循环发展模式，对黔、滇、川地区的经济发展起到了积极的推动作用。石门坎学校教育实施"自给、自养、自创、自编"策略，大力开展实业教育，

---

① 谭佛佑：《本世纪初贵州省威宁县石门坎教会苗民教育述评》，《贵州民族研究》1983年第 1 期。

学制灵活,主要有一年制、三年制、四年制,以及短期培训,制定良好的目标教育,方便毕业生就业,培养学生掌握一技之长。这样的培养模式既能使学生快速改变命运,还大大缩短了教育收益周期。石门坎学校还大力推行知识促经济的模式,兴建垦殖事业部、储蓄所、生产合作社,建立农业、手工业技术推广部及种子试验站,开办公益场刺激苗区商品生产和流通。① 这些举措不仅缓解了教育经费不足的窘境,更改变了苗区经济落后的现状,促进了经济的快速发展和地区资源的合理配置。

其七,石门坎教育在政治方面的影响也十分深远。学校的教育促进了苗民民族意识的觉醒,培养了他们崇高的民族精神和高度的爱国热情。随着石门坎教育的深入发展,知识开启了落后边民的心智,他们深刻认识到了生存与发展的重要性,对知识的渴求远远高于了对福音的信奉,理性的求知逐渐代替了被动接受教育的局面。石门坎建校初期,其巨大的影响力引起了各方势力的觊觎,苗民们也因此对外部世界和其他民族怀有一定的戒备心理,但随着革命浪潮的风起云涌,苗民的意识随之觉醒自新:在昭通读书的苗民学生发起为蔡锷军队募捐的活动;济南惨案发生后,苗族学生们发起游行示威,谴责日英帝国主义的暴行;"九一八"事变后,石门坎学生号召当地群众开展抗日活动,并在赶场日到乡场上张贴大量进步标语;抗日战争爆发后,石门坎苗民纷纷参军抗日;内战爆发时,学校教师带领学生组建游击队,围堵敌军和清扫当地顽固势力……石门坎教育中心为我国近代民主社会的发展,为大西南的解放作出了重要贡献。

(二) 西部民族地区农村基础教育具有重要的战略性意义

教育是经济发展、社会进步的重要基石,是实现跨越式发展的重要动力。根据教育对象和教育内容的不同,教育可划分为多种类型,在我国,教育被划分为基础教育、职业教育、高等教育和成人教育四种类型。1985 年 5 月 27 日颁布的《中共中央关于教育体制改革的决定》中十分明确地指出,我国的教育格局由基础教育、职业教育、高等教育和成人教育四大板块构成,其中基础教育指的是高级中等教育阶段以下的青少年儿童的普通学校教育。基础教育是造就人才和提高国民素质的奠

---

① 游建西:《近代贵州苗族社会的文化变迁》,贵州人民出版社 1997 年版,第 108 页。

基工程，在四大教育板块中占据十分重要的地位，西部民族地区农村基础教育尤其有着独特的社会经济文化价值。（本课题中的"基础教育"主要指国家推行的九年义务制教育阶段的教育，特此说明。）

1. 发展西部民族地区农村基础教育既是西部大开发的主要内容，也是全面建设小康社会的必由之路

我国西部地区地域辽阔，包括 12 个省、区、直辖市。土地面积占全国土地总面积的 72%。人口约占全国总人口的 1/3。显然，无论是从土地面积还是人口比例来说，西部都占据着非常大的比重和非常重要的地位。然而，西部地区又是我国贫困人口最集中、贫困率最高和贫困程度最深的地区。改革开放以来，西部地区发展水平与东部发达地区及全国平均发展水平的差距进一步拉大。教育落后是西部地区整体发展滞后的主要表现之一，其中农村基础教育问题尤为突出：教育经费不足，学校布局不合理、教育设施差、师资力量弱、女教师比例小等现象非常普遍；学校管理者和教学者文化素质低、教育观念落后、教育教学水平差等情况十分严重。时至今日，农村基础教育发展水平低下已经成为影响整个西部地区政治、经济、文化、教育发展的瓶颈问题。西部民族地区农村基础教育水平不提高，西部大开发的战略就无法真正持续推动；西部民族地区的落后状况不改善，中华民族伟大复兴的"中国梦"也就无法真正实现。

邓小平同志曾多次强调："社会主义的目的就是要全国人民共同富裕，而不是两极分化。共同富裕是我们所必须坚持的社会主义的根本原则。"[①] 改革开放以来，在邓小平同志"共同富裕"的社会主义价值观指引下，在全党和全国各族人民的共同努力下，我国已胜利实现了现代化建设"三步走"战略目标的前两个目标，人均 GDP 已达到近 8000 美元，人民生活水平总体基本达到了小康。但这种总体小康还存在着各地区差异巨大、发展极不平衡的问题，是"低水平的、不全面的、发展很不平衡的小康"。2012 年召开的党的十八大高瞻远瞩，总揽全局，再次强调到 2020 年要实现"使经济更加发展、民主更加健全、科教更加进步、文化更加繁荣、社会更加和谐、人民生活更加殷实"的全面小

---

① 邓小平：《邓小平文选》（第三卷），人民出版社 1993 年版，第 111 页。

康社会的建设目标。全面小康是指全国各地区、各民族、全方位的小康。也就是说，相对于总体小康，全面小康不仅要体现人民在经济、政治、科教、文化、社会生活等全方位的社会发展，也意味着各个地区、各个阶层人民生活水平的整体提高。要实现共同富裕的战略目标，要达到全面小康的水平，西部地区的发展是关键；西部地区要发展，区域协调发展、消除城乡差别是重点；而要加快区域协调发展和消除城乡差别，改革与发展农村基础教育无疑又是重中之重的关键点。

总而言之，发展西部民族地区基础教育，对于提高西部地区少数民族人口素质、促进民族地区社会经济文化的全面发展、增强民族团结、维护祖国统一有着十分重要的意义。同时，支持和帮助西部各少数民族地区发展基础教育，引领西部地区各族人民共同进入全面小康的幸福社会也是时代赋予党和国家的重大历史使命。

2. 农村基础教育是促进西部地区经济社会发展的内源性力量

教育具有强烈的生产力属性。教育的发展通常会受到社会政治、经济、文化水平的制约，但同时教育又会反过来制约和促进社会政治、经济、文化的发展。我们在看到西部民族地区农村基础教育的落后现实及其对西部民族地区经济社会发展的负面影响的同时，也应该看到发展西部民族地区农村基础教育对西部民族地区经济社会发展有着促进作用和后发优势。在科技是第一生产力的当今社会，西部民族地区经济与社会的发展要想尽快赶上中东部地区并形成持续的后发优势，就必须坚决走教育和科技的路子，必须坚持科教先行的指导思想。2003 年，国务院在《关于进一步加强农村教育工作的决定》中明确指出：当前我国的教育工作应重点放在发展农村教育，必须从实践"三个代表"重要思想和全面建设小康社会的战略高度，优先发展农村教育。

在西部农村的各级各类教育中，基础教育有着尤为重要的战略意义。基础教育是其他各级各类教育的前提，基础教育的受教育人口覆盖面最广，对奠定国民素质具有不可替代的基础性作用。20 世纪 90 年代，联合国教科文组织在关于全球教育发展的研究热点的报告中就曾专门强调基础教育的重要性："基础教育对特定社会中的社会、文化、经济和政治生活产生广泛的影响，并对个人的世界观、知识和技能产生直接的影响，基础教育有助于提高生活质量。"①

在西部民族地区，农村基础教育的地位更为特殊。从对发达地区与西部民族地区教育重心的比较来看，由于发达地区对高科技、高层次人才的需求量较大，因此更注重高等教育的发展，而在西部民族地区，由于民众整体受教育程度较低，基础教育需求则显得更为迫切。在发达地区，升学率高，辍学率低，基础教育中的低一级学校与高一级学校通常能充分地贯通，从而每一级学校似乎逐级成为高一级学校的附属，基础教育更多的是作为中等教育和高等教育的附属而存在；社会上各级各类人才比比皆是，中小学教师即使有本科学历甚至研究生学历，在人才济济的城市中也显示不出优势，中小学生则完全属于当地的低学历群体。而西部农村地区的情况则大不一样，人们接受学校教育从基础教育阶段起始，也通常在这一阶段内就终止。在西部农村的很多地方，中小学校通常是当地有文化的人最集中的地方，中小学教师和中小学学生可以算是当地受教育程度较高、最容易接受新思想和新科技的人群。"拥有相对较高文化水平的中小学教师接受新信息、新思想、新技术比其他民众更快，因而他们具有带动当地农民转变旧观念、促进农业生产发展、推动经济社会协调发展的能力。"② 同样，西部农村的中小学生对当地社会也能产生广泛而深远的带动力量。美国学者克雷明曾在其专著《公共教育》一书中提示人们："儿童学习新文化要快一些，他们往往会成为父母和祖父母的文化解释者。"③在西部农村地区，由于祖辈和父辈的文化程度普遍偏低，"后喻文化"④现象更为突出，中小学生的带动作用也更为明显。

---

① 赵中建：《全球教育发展的研究热点——90年代来自联合国教科文组织的报告》，教育科学出版社1999年版，第102页。

② 邓艳红：《以新基础教育引领西部农村的和谐发展——论西部民族地区农村基础教育的经济社会价值》，博士学位论文，中央民族大学，2006年。

③ Cremin, Lawrence A. *Public Education*. New York: Basic Books, 1976, p.28.

④ 美国人类学家玛格丽特·米德（Margaret Mead）曾将濡化（文化传承方式）分为三个层次：前喻文化（prefigurative culture）、并喻文化（或互喻文化，configurative culture）、后喻文化（postfigurative culture）。"前喻文化，是指晚辈主要向长辈学习；并喻文化是指晚辈和长辈的学习都发生在同辈人之间；而后喻文化则是指长辈反过来向晚辈学习。"参见［美］玛格丽特·米德《文化与承诺》，周晓虹、周怡译，河北人民出版社1987年版，第31页。

在西部农村地区，中小学还是连通外界信息的桥梁和传播外界文化的通道。西部农村地区基本都是文化的"荒漠"，村镇没有书店、图书馆，农民家中没有藏书、没有计算机、没有互联网络，甚至很多人家没有电视机。交通不便利，信息渠道不畅通，农民们接受新思想、新信息和新科技的途径十分匮乏。因此，学校就成了农村文化科学知识的集中地、农民获取新知识的主要渠道。学校的教师和学生就成了外界先进信息的主要传播者，学校的书籍和电脑网络就成了接收和传递外界信息的主要载体。自 2003 年国务院召开的全国农村教育工作会议做出"实施农村中小学现代远程教育工程，促进城乡优质教育资源共享，提高农村教育质量和效益"的决定以来，西部民族地区农村中小学基本都建起了现代远程卫星接收系统，远程教学设备和计算机走进了农村中小学。这些先进的现代科技手段无疑进一步增强了农村中小学的信息传播能力和知识传递功能，从而使农村中小学成为引领当地经济社会发展的重要力量。

西部民族地区农村中小学还是扫除当地文盲的主力军和促进当地经济社会发展的重要推手。2003 年，国务院下发的《关于进一步加强农村教育工作的决定》指出："农村学校作为遍布乡村的基层公共服务机构，在培养学生的同时，还承担着面向广大农民传播先进文化和科学技术，提高农民劳动技能和创业能力的重要任务。"也就是说，农村学校和城市学校不同，农村学校除了培养人才为当地经济社会服务以外，还具有带动当地经济社会发展的重要功能。近年来，依托农村中小学带动当地经济社会发展已逐渐成为我国农村教育综合改革的一个新方向。

综上所述，西部民族地区农村基础教育地位特殊、意义深远。近年来，我国对西部民族地区农村基础教育的重视程度已大大提高，国家投入了大量的扶持资金，但由于扶持的重点主要放在校舍、仪器设备等硬件设施的建设上，因此，西部民族地区基础教育的发展只是在硬件建设方面取得较为显著的成绩，而教育的整体质量并没有明显提高，基础教育对经济社会发展也尚未产生明显的推动效果。在今后的发展中，我们必须清楚发展西部农村基础教育与发展城市基础教育的方式有所不同，应该注意到农村基础教育的特殊性，充分发挥其特有的经济社会价值。"从促进农村基础教育与当地社区的互动关系这个更宽阔的视野出发来改革和发展西部农村基础教育，才能真正解决西部农村基础教育中存在的诸多问题。"①

（三）"石门坎现象"对于西部民族地区教育、经济、文化发展具有典范意义

当前，我国西部教育落后是一个无可争辩的事实，但暂时的落后并不足惧。既然在积贫积弱、时局动荡的 20 世纪上半叶，贫穷落后的石门坎能用短短半个世纪的时间成就翻天覆地的变化，创造民族教育的"神话"，创造巨大的社会经济价值，那么在国富民强的当代中国，在国家和政府高度重视西部发展和农村教育的今天，我们当然更有信心和理由期待西部民族地区农村教育的崛起。

当前，我国西部民族地区农村基础教育的状况与 20 世纪初石门坎学校创建初期有着许多相似的地方，比如经济发展水平低下，地域环境偏远闭塞，人口文化素质低等。石门坎的"教育神话"作为我国少数民族教育史上的成功范例，无疑可以为我们当前发展西部民族地区农村基础教育提供可资借鉴的宝贵经验。如果我们能够较好地认识教育的巨大经济社会价值，深刻理解西部民族地区农村教育对建构社会主义和谐社会的巨大推进作用，从石门坎教育的成功经验中寻求启示，探寻符合西部民族地区农村基础教育特点的发展良策，必定可以推动西部教育的快速腾飞。

二　文献综述

（一）"石门坎现象"研究综述

国内外学界对"石门坎现象"的研究始于 20 世纪上半叶。国外学者对"石门坎现象"的研究主要集中在介绍中国西南少数民族的社会生活和文化状况，搜集整理西方传教士在石门坎传教的史实，探讨基督教在黔、滇、川地区的传播状况和影响。研究成果大多出自当年在石门坎生活和传教的亲历者之手。

Samuel Pollard：*In Unknown China*（译《在未知的中国》），Samuel

① 邓艳红：《以新基础教育引领西部农村的和谐发展——论西部民族地区农村基础教育的经济社会价值》，博士学位论文，中央民族大学，2006 年。

Pollard：*Tight Corners in China*（译《中国历险记》），Samuel Pollard and Frank J. Dymond：*The Story of the Miao*（译《苗族纪实》）。这几份文献是英国循道公会联合传教团传教士柏格理等人在华传教过程中的见闻记述，以及他们对进入乌蒙山区后，尤其是在石门坎与苗族人相处的过程中艰难传教、办学的情景的记录。文献内容主要是以他们在长江流域沿线的行程，以及他们在黔西北与滇东北的大量社会调查为主要线索，对云南昆明、昭通、四川凉山及贵州西北等地汉族、彝族、苗族的社会与文化状况所作的详尽描述，并重点记录了近代"苗族文化复兴圣地"——石门坎的营建过程。这些文献资料真实可靠，让我们得以细致了解当时石门坎的背景状态。

Samuel R. Clark：*Among the Tribes in South-West China*（译《在中国的西南部落中》），该书由英国循道公会联合传教团牧师塞缪尔·克拉克所作。克拉克先后在中国西南民族地区从事传教活动33年，其间曾在贵州安顺度过22年，故对贵州少数民族的情况较为熟悉。克拉克站在一个外来者的立场上观察和记录了19世纪初的贵州少数民族历史、风俗和生存状况，并对19世纪初基督教在贵州各少数民族中的传播情况进行了较为详尽的描述。

William H. Hudspeth：*Stone-Gateway and the Flowery Miao*（译《石门坎与花苗》），这一文献出自基督教英国卫斯理宗循道公会联合传教团牧师王树德之手，王树德是文学硕士，他的著作充满了文人气息，全书以一个学者的口吻描述了当时石门坎花苗真实的生存状态和生活方式，记述了苗族的由来和分支等情况，还描述了柏格理等传教、办学的艰难历程。

R. Elliott Kendall：*Beyond the Clouds—The Story of Samuel Pollard of Southwest China*（译《在云的那一边——柏格理传》），该文献为基督教英国卫斯理宗循道公会联合传教团牧师埃利奥特·甘铎理所著。这是一本具有纪实性质的传记，全面记录了柏格理在中国的传教办学活动，细致地介绍了他在西南地区彝、苗、汉民族群众中推行社会、宗教和教育改革的事迹，并对当时的历史背景作了介绍和分析。

R. Elliott Kendall：*Eyes of the Earth—The Diary of Samuel Pollard*（译《大地之眼——柏格理日记》）是由埃利奥特·甘铎理从柏格理在中国

29 年的日记中精选出的内容编辑而成。这份第一手资料,可以说是 19
世纪末 20 世纪初中国西南的缩影。从地域上讲,文献涉及的地域范围
东起黔西北,西达昆明,南到河口,北迄凉山;从内容上看,该文献全
面详细地记载了近代川、滇、黔等地的政治、经济、文化、宗教、民族
关系、民族风情以及阶级斗争等情况。

The Revs. R. K. And P. K. Parsons: *The Ministry of the Rev and Mrs
Harry Parsons at Shimenkan*, *S. W. China* (1904 - 1926) (译《张道慧夫
妇在石门坎 (1904—1926)》),这一文献是基督教英国卫斯理宗循道公
会联合传教团牧师张继乔、张绍乔两兄弟记述他们的父母张道慧夫妇
(柏格理的同事) 在石门坎传教、办学的经历。

此外,还有张道慧等著、东人达译的《西南传教士档案揭秘》(云
南民族出版社 2011 年版),此书的内容主要为 20 世纪初传教士刊登在
英国宗教刊物上的文章,记述了他们在西南传教的经历与见闻。

上述外国传教士的日记、传记和著述,带有浓厚的田野气息,基本
是按照时间顺序展开的,以叙述事例为主,略带评论,详细记述传教士
在中国、在黔滇川、在石门坎的亲身经历,其中没有掺杂过多的个人情
感,内容细腻、有序而真实。这些早期的文献,除了宗教宣传成分外,
纪实性的资料占了相当大的部分,对后人研究石门坎有着极为重要的史
料价值。

近年来,西方宗教界和人文学科领域的学者们更是连续来华进行专
访、调查,美国密执安大学、英国赫尔大学等高校的学者都曾到石门坎
进行过调查研究。可以说,西方学者对于英国循道公会在中国西南的传
教情况以及"石门坎现象"的研究一直没有停止过。

相较于国外学者偏重纪实性的研究成果而言,国内学者的研究显得
更加多样化、全面化和学理化。

国内石门坎研究的第一个高潮出现在 20 世纪三四十年代,研究成
果主要出自石门坎第一批本土知识分子以及国民政府驻石门坎代表之
手。其中有杨汉先的《威宁花苗歌乐杂谈》(发表于《社会研究》1929
年第 5 期)和《大花苗歌谣种类》(发表于《贵阳实事导报·教育建
设》1931 年第 57 期)、王建明的《西南苗民的社会形态》(发表于
《边声》1938 年第 3 期)和《现在西南苗族最高文化区——石门坎的

介绍》（发表于《康藏前锋》1940 年第 4 卷第 3 期）、王建光的《苗民的文字》（发表于《边声》1938 年第 3 期）、邱纪凤的《滇黔边境苗胞教育之研究》（发表于《边政公论》1942 年 9—12 合期）、白敦厚的《石门坎苗胞的生活》（发表于《黔灵》月刊 1945 年创刊号）等，这些文献从不同的角度描绘了石门坎大花苗的传统习俗、社会形态以及文化教育所取得的成就。此外，当时的贵州省主席杨森派驻石门坎的视察员和特派员陈国钧和管承泽从"监视"的角度反映了石门坎教育的情况。陈国钧在《石门坎的苗民教育》（发表于《贵阳实事导报·教育建设》1931 年第 20 期）、管承泽在《贵州石门坎苗民的见闻和感想》（发表于《边事研究》1937 年第 7 卷第 2 期）中以第三者的身份观察石门坎。虽然他们对石门坎宗教和教育活动带有一定偏见，但文章中对石门坎情形的描述与石门坎本土知识分子的描述相吻合，较为真实地从一个侧面反映了石门坎在 20 世纪三四十年代的文化教育成就。

新中国成立以后，石门坎教育进入黄金时期。中国政府继续留用石门坎学校的所有教师，又从外面调进不少高素质人才，石门坎教学质量迅速提高，为当地培养了大批知识分子。但这一时期研究石门坎的文章并不多见。随后我国进入十年"文革"，石门坎陷入猛烈的政治旋涡，对石门坎的研究也处于空白状态。

改革开放以后，石门坎再次进入学者们的研究视野。这个阶段的研究成果主要集中在以下三个方面：

一是从宗教学、文化学、社会学等角度对石门坎现象进行研究。张坦的《"窄门"前的石门坎——基督教文化与川滇黔边苗族社会》、东人达的《滇黔川边基督教传播研究》等研究成果记录了基督教传入黔滇川边、山区苗族社会的过程，再现了柏格理的传教办学事迹和石门坎当年的教育文化盛况，并通过石门坎的典型个案，从社会学和文化传播学角度，比较基督教文化与儒教文化、基督教文化与苗族自然宗教文化以及基督教内不同宗派的性质、特征和功能。沈红博士的专著《石门坎文化百年兴衰——中国西南一个山村的现代性经历》，以石门坎苗族社区的基督教文化传播和现代乡村教育的历史兴衰起伏为主，为现代化和现代性这样一些宏大叙事作了地方性文本说明，并对现代教育如何进入乡村并生长于乡村社区的过程、少数民族的主体性诉求以及一个山村在现代化潮流中的历程进行了深入思考;沈红的另一专著《结构与主体:激荡的文化社区石门坎》是对以石门坎为中心的一组乡村文化网络的案例研究,对石门坎山村文化结构的发展动力以及结构坍塌的原因进行了社会学考察。此外,威宁县政协编写的《威宁文史资料·石门专辑》辑录了曾散见在各类报纸、杂志、书籍中的石门坎研讨文章,内容涉及石门坎的历史社会、政治、经济、文化、教育、卫生、民族、宗教等,是石门坎既沧桑又辉煌的发展历程的真实写照。

二是对石门坎的史实及人物事件进行介绍和梳理。阿信的著作《用生命爱中国——柏格理传》,以时间顺序为线索,清晰地记载了柏格理的生平和主要经历;李昌平的《石门坎的三个代表》、藏礼柯的《石门坎公仆朱焕章》、向郢的《福音下的石门坎》、刘莹的《威宁石门坎文化——白云深处的贵州名片》等文章,以及云南民族出版社出版的陶绍虎的《从石门坎走来的苗族先辈们》、香港文汇出版社出版的王大卫的《寻找那些灵魂》等著作从多方面介绍了石门坎以及与石门坎有关的人和事。

三是探讨柏格理在石门坎办学的成败,阐述西方宗教对贵州近代教育的意义。如朱群慧、东旻的著作《贵州石门坎:开创中国近现代民族教育之先河》、谭佛佑的专论《他们拨开了石门坎的浓雾——评本世纪初贵州省威宁县石门坎基督教会苗民教育》、张慧真的专著《教育与族群认同——贵州石门坎苗族的个案研究 (1900—1949)》、李世平的论文《试论西方宗教对西南少数民族教育的影响》、张霜的专著《民族学校教育中的文化适应研究——贵州石门坎苗族百年学校教育人类学个案考察》、杨大勇的论文《西方传教士对贵州近代教育的影响》等研究文献都涉及了石门坎民族地区的教育问题,但研究者多热衷于对史实的保存和记录,研究角度侧重于探讨基督教传教士的外来作用,较少关注国内各族群众的内在作用;侧重陈述石门坎现象在教育和社会改革方面带来的进步,较少说明隐匿在背后的动因;侧重于展示当年石门坎民族地区基础教育取得的成果,较少探讨其对当今我国西部教育问题的启示。

对于石门坎的研究资料和文献,本课题组做了详尽的查询和整理,并以附录的形式附在本书正文之后,以期为石门坎的研究者和关注者们提供查询的便利，特此说明。

(二) 西部民族地区农村基础教育问题研究综述

国外对我国西部民族地区农村基础教育的关注较多呈现为一种站在"东方主义"①立场上的描述性文章，多为带有浓郁政治意识形态色彩的新闻报道和状况描述，学术界的研究不多，所能查询到的研究文献较少。专著主要有 University of Washington Press 1999 年出版的，由 Mette Halskov Hansen 所著的 *Lessons in Being Chinese*：*Minority Education and Ethnic Identity in Southwest China*。该著主要是以云南西双版纳傣族和丽江纳西族为例，对中国的少数民族社区教育问题进行讨论，其中重点探讨了中国少数民族教育背景下少数民族的身份认同和文化认同问题。1999 年 Routledge 出版的，由 Postiglione，Gerard A. 主编的论文集 *China's National Minority Education*：*Culture*，*Schooling*，*and Development*，收录了多篇论文，论及中国境内的多个少数民族的教育情况。此外，还有 1992 年刊载于 R. Hayhoe 所编辑的 *Modernization and Education in China* 的 "The implication of modernization for the education of China's national minorities"（by Postiglione，Gerard A.）等少量论文。总体来说，国外的研究不仅量少，而且基本上停留于介绍性的研究，深度和广度都较为有限。

国内对西部民族地区农村基础教育研究的成果则较为丰硕。自西部大开发战略实施以来，西部农村教育问题逐渐成为我国政府高度重视的战略性问题，也逐渐成为学界关注较多的热点，相关的专著、硕博论文、期刊文章、调查报告频出。本课题组对浩如烟海的研究文献进行收集和梳理后发现，学界对于我国西部民族地区农村基础教育的研究主要集中在以下几个方面：

---

① "东方主义"（Orientalism）是当今举世闻名的文学与文化批评家萨义德于 1978 年在《东方学》一书中提出的一种文化批评观点。原是研究东方各国的历史、文学、文化等学科的总称。赛义德认为它是一种西方人藐视东方文化，并任意虚构 "东方文化" 的一种偏见性的思维方式或认识体系。"Orientalism" 本质性的含义是西方人文化上对东方人控制的一种方式。20 世纪以来，用东方主义形容西方对东方的研究是有负面意思的，大意是指该研究者抱着18、19 世纪的欧洲帝国主义态度来理解东方世界，又或是指外来人对东方文化及人文带有偏见的理解。

一是对西部民族地区农村教育进行总体性、宏观性研究。这类研究主要是调查和描述西部基础教育的现状，并对现状成因进行分析，然后提出相应的发展对策。从这个角度进行研究的既有一般性研究，也有案例研究，成果较多，但研究结论大致相同。专家学者们普遍将西部民族地区农村基础教育存在的问题归结为：办学条件差，办学效益低，师资量少质弱，课程脱离西部农村实际，少数民族儿童、女童、留守儿童教育问题突出等。而对于成因则主要归结为贫穷，经济投入不足。至于对策问题，学者们一般都从教育财政、资源配置、学校布局结构等几个方面探讨西部农村教育的发展路径。（此类文献如：孙刚成、闫世笙的《西部农村教育改革研究》2011年版，陈燕燕的《西部地区义务教育均衡发展研究》2006年版，伍希的《我国东西部义务教育近年发展差异研究》2006年版，卞熊峰的《关于西部基础教育问题分析及其对策研究》2006年版，刘新科的《西部农村教育现状、问题及其思考》2005年版，李化树、陈功全、牟进洲的《我国西部农村教育的困境与出路——基于川北南充市农村教育的调查与思考》2006年版等。）

二是对西部民族地区农村教育的政策及政府扶持情况进行研究。目前从这一角度进行研究的学者不多，研究主要围绕我国改革开放以来的农村教育政策的科学性考证和政策执行落实情况展开，指出政策制定中存在的不足和政策执行过程中存在的诸多问题。（此类文献如：范凤山的《中国基础教育有效供给研究》2005年版，张乐天的《我国农村教育政策30年的演进与变迁》2008年版，胡红华的《教育政策的价值重构：农村、城市"和而不同"——当前农村教育现代化的问题与出路》2004年版，袁桂林的《农村教育政策的误区与建言》2010年版，吴家庆、杨远来的《我国现阶段农村教育政策的创新及启示》2007年版，曲铁华、樊涛的《新中国农村基础教育政策的变迁及影响因素探析》2011年版，范效东的《中西部农村九年制义务教育经费保障机制评析》2007年版等。）

三是对西部民族地区农村教师进行专门研究。这类研究主要论及西部民族地区师资队伍的资源配置、内涵结构，农村教师的综合素质、专业能力，农村教师的生存状态、工作条件，以及特岗教师、支教教师等问题。学者们普遍认为我国农村教师队伍存在着组织结构失衡、生存状况较差、工作条件和待遇较低、综合素质较差、专业水平低下、工作积极性不高、缺乏主动性等问题，并大多建议以提高工资待遇、改善生存条件、加强继续教育、加大扶持力度、完善扶持政策等方式来解决西部民族地区农村师资的问题。（此类文献如：彭寿清、于海洪等的《西部农村地区教师教育共同体建设的创新与实践》2012 年版，项贤明的《中国西部农村教师社会责任的功能性扩展》2004 年版，朱永新的《西部农村教师队伍建设亟待加强》2008 年版，卢德生、巴登尼玛的《论西部农村教师培训体系建设》2008 年版，冯大鸣的《处境变迁与文化回应——研究中国西部农村教师专业发展的一个视角》2009 年版，孙来勤、秦玉友的《校本教研与西部农村教师专业发展的契合及促进》2012 年版，樊彩霞的《稳定西部农村教师队伍的对策研究》2004 年版，周晔的《西部贫困地区农村义务教育之教师队伍问题及其政策研究》2007 年版等。）

四是从西部民族地区农村学生的角度切入研究。这类研究主要围绕着西部民族地区农村学生的学习能力、家庭教育、社会文化环境，以及他们的学习倦怠、辍学、心理问题等展开研究。此类研究一般沿着"区域现状描述——具体情况及原因分析——提出政策建议或解决方法"这一研究思路展开。（此类文献如：梁文艳、杜育红的《基于学生学业成绩的教师质量评价——来自中国西部农村小学的证据》2011 年版，杨和稳的《西部地区农村义务教育阶段学生生存现状的比较研究——基于西部农村中小学学生基本情况的问卷调查》2009 年版，周静的《西部城镇中学农村学生的多发性心理问题探讨》2002 年版，李娟的《西部地区农村学生辍学原因的调查研究》2012 年版，温化民、郎平的《西部农村贫困学生个人教育成本与家庭经济负担研究》2008 年版，符明弘、付金芝的《农村学生非智力因素与其学业成绩的相关研究》2000 年版等。）

五是对西部民族地区农村基础教育的课程设置及教材进行研究。这类研究主要集中于对农村课程的适应性问题、农村课程改革的问题与对策的研究。（此类文献如：刘丽群的《农村课程资源开发深层困境：乡村文化边缘化》2009 年版，李泽宇的《农村课程改革的困境与出路探析》2007 年版，张新海的《农村课程改革十年：问题、成因与对策》

2012 年版，金绍荣、王德清的《西部民族地区农村课程资源开发的困惑与对策》2012 年版，陈家斌的《我国农村课程资源的现状及思考》2004 年版，肖正德的《农村课程改革文化阻隔与突围》2009 年版，白中军的《农村课程改革之现状》2008 年版，祝新宇的《农村课程资源失衡问题的分析与对策》2005 年版，操其周、段兆兵的《农村课程资源的内涵及其开发》2008 年版等。)

　　总体来说，现有研究成果要么从宏观层面对西部民族地区农村基础教育进行总体观照，要么从教育政策、经济扶持、教师、学生、课程设置等某一侧面对西部民族地区农村基础教育的现状进行分析，对存在的问题进行探讨，对问题的成因及影响因素进行挖掘，并从宏观及微观角度提出相应的对策建议。研究成果的角度较广，程度也较为深入，但仍然存在着一些不足：对于西部民族地区农村基础教育的全面性、总体性研究不足；对于现状及问题的考察大多是单纯地从当前的状况切入，缺乏历史思考和具体参照；对于政策及扶持问题的研究侧重于外部因素，较少关注到西部民族地区农村基础教育自身的内源性问题等。

三　课题内容及价值

　　从以上文献综述可以看出，学界对西部民族地区农村基础教育缺乏总体全面的观照。鲜有人将当前西部民族地区农村基础教育问题与我国教育史上的前期经验加以结合进行研究。更鲜有人论及"石门坎现象"在当时西部民族边远地区社会、经济、文化发展中的价值问题，以及"石门坎现象"对当代西部民族地区农村基础教育的意义。因此，本课题将从前人研究成果的薄弱之处入手，设置宏大视角，引入历史参照对象来探讨当今西部民族地区农村基础教育的问题。具体探讨"石门坎现象"对我国西部民族地区农村基础教育的启示，以"石门坎现象"的历史经验和经济价值为引导，从中寻找这一现象对过去、现在甚至未来的影响。在对 20 世纪石门坎地区农村基础教育成功的动因及其所产生的经济社会价值进行系统研究的基础上，结合我国当前和谐社会建设、新农村建设的新形势，针对西部民族地区经济社会发展以及基础教育中存在的问题，对西部民族地区农村基础教育的改革与发展进行分析并展开规划。

研究重点主要集中在两个方面：一方面，以"石门坎现象"为典例，分析 20 世纪石门坎民族地区农村基础教育的结构模式及其得以成功的内在动因。具体采用还原历史的方式，对当年石门坎的教育模式做细致梳理，呈现历史史实，将"石门坎现象"置于 20 世纪的历史语境中，从教育场域、教育主体、教育客体等几个方面来展开研究，着力分析石门坎地区基础教育获得成功的动因，挖掘"石门坎现象"产生的深层根源，并探讨其具有的经济社会价值。另一方面，对当前我国西部民族地区农村基础教育存在的困难和出现的问题进行分析，结合石门坎现象的成功典例寻找对策。主要以石门坎地区基础教育的成功经验为指导，结合当前我国西部多个省份民族地区农村基础教育现状的调研和调查结果进行分析，总结存在的问题，探寻解决的策略，对西部民族地区农村基础教育的改革与今后的发展进行分析和规划。

在具体研究过程中，我们主要是从影响和制约教育发展的外部因素及内部因素来进行分析和挖掘。从外部因素来讲，影响和制约教育发展的主要有国家及地区经济发展水平，社会文化状况，国家的教育机制、体制，教育方针政策，教育经费投入及管理，以及地区和地势因素，甚至包括族群历史文化、人口结构等因素。在本课题研究中，我们将上述诸种外部因素概括为"教育场域"。从教育的内部因素来看，影响教育发展的主要有教师（包括师资结构、业务水平、专业能力、工作态度、思想道德素质等）、学生（包括生源、学生家庭行业结构、学生家庭经济文化状况，学生的学习态度、学习动机、学习能力、学习积极性等），以及课程设置、教材、教学方法、教学模式等因素，本课题将上述内部因素概括为以具有主观能动性的人为主的"教育主体"和以物质资料和信息资料为主的"教育客体"两大类。无论在任何历史时期，"教育场域"、"教育主体"和"教育客体"都是影响和制约教育发展的三大主要因素，故对这三大因素的分析将贯穿整个课题的研究过程，成为本课题研究的主要理论基石。

本选题在理论及实践方面都有着一定的价值和意义：从理论层面来说，以"石门坎现象"为典例来探讨我国西部民族地区农村基础教育的问题，不仅将拓宽和加深"石门坎现象"研究的理论疆域，还将弥补我国农村教育、基础教育等理论研究领域的不足。从实践层面来说，该选题结合我国当前和谐社会建设、新农村建设的新形势，对西部民族地区农村基础教育的长远发展提出建设性改革建议，具有较高的现实意义。

相较于前人的研究成果，本课题有一定的创新。一是角度新，结合"石门坎现象"来探究我国西部农村基础教育问题，既是研究"石门坎现象"的新视角，也是研究我国西部教育问题的新角度。二是结论新，课题研究将对"基础教育"这一人们熟知却又界定含糊的基本概念予以内涵和外延的辨析，研究成果将一定程度地填补基础教育、农村教育、民族教育研究领域的理论欠缺；此外，西部民族地区农村基础教育在我国的教育体系中占有特殊地位，具有特殊的经济社会价值，课题将对西部地区农村教育普遍存在的价值迷失的问题进行整体重构，不失为一种创新。

但本课题研究存在两个方面的难点。一是文献的严重不足和历史资料的缺乏。由于"文化大革命"等历史原因导致20世纪上半叶石门坎学校的各种资料被毁或流散民间，当年曾亲历过石门坎辉煌年代的人们也大都离开了人世，所以搜集第一手资料成为该研究项目的一大难题。二是田野调查的困难。因为西部地区地域辽阔，且地形复杂，交通不便，大部分农村地区生活条件极为艰苦，部分民族地区居民只会当地的方言或少数民族语言，不会说也听不懂普通话，而本课题的研究需要在这些地区进行长期深入的田野调查，这无疑是对课题组成员能力、体力和毅力的一大考验。

历 史 篇

对"石门坎现象"的教育学解读

引　论

　　学界普遍认为，石门坎教育的辉煌成就是民族教育史上的奇迹，石门坎文化的发展是一种超常规的发展，"石门坎现象"是社会发展史上的偶然现象。但从哲学的角度来说，任何偶然之中都包含着必然，或者说，每一种偶然性的过程中都包含着必然性的因素，没有纯粹的偶然性，"石门坎现象"的产生必定是某些客观因素作用的结果。在此，我们将站在历史纵轴和空间横轴的交会点上对"石门坎现象"进行一次历史还原，对石门坎教育的兴衰过程进行最真实、最细致的梳理，将"石门坎现象"置于其产生的原初背景中来进行深度剖析，从教育场域、教育主体、教育客体三个维度来探究石门坎教育得以超常规发展的深层次原因。

第一章　教育概貌：石门坎基础教育兴衰史

据《威宁彝族回族苗族自治县民族志》记载，苗族的"西方文化和汉文化教育始于光绪三十一年（1904年），次年创办石门坎光华小学"①。也正是从1904年起，石门坎才开始有了真正意义上的教育。自1904年至今，石门坎的教育先后经英国循道公会、民国政府，以及中华人民共和国政府的建设和管理，经历了蓬勃发展的过程，抵达过成绩辉煌的顶峰状态，后又受挫停滞，进入曲折前进和教学质量不断滑坡的衰落状态。总之，在短短百余年的历史时间里，石门坎教育从边缘走向中心，又从中心衰落至边缘，跌宕起伏。整个办学过程大致可划分为初始期、发展期、辉煌期、黄金期、停滞受挫期，以及曲折前进及教学质量滑坡期六个阶段。

第一节　初始期(1905—1909)——苗疆启蒙教育的兴起

一　学校创建的缘起

20世纪以前，石门坎地区高度封闭，与世隔绝，加之地势险要、土地贫瘠、气候多变、交通闭塞等诸多因素，使得此地区长期贫困，居住在这里的数万大花苗人过着刀耕火种、刻木结绳的生活，中国数千年的儒家文化未曾使之开化。据威宁县政协编写的《威宁苗族百年实录》

---

① 威宁彝族回族苗族自治县民族事务委员会：《威宁彝族回族苗族自治县民族志》，贵州民族出版社1997年版，第264页。

记载："1905 年以前，威宁苗族地区没有学校，苗民也不能进入汉族地区政府办的学校读书。到清朝末期，威宁苗族人口约一万多接近两万人，但初识汉字的不过四五人。"①

1905 年，一位外国传教士进入石门坎，开启了石门坎及周边数万大花苗人受教育的历史。他就是英国传教士柏格理（Samuel Pollard），英国循道公会西南教区的一位牧师。循道公会是一个强调"教育传教"的宗派，属基督教卫斯理宗，卫斯理宗教会主张圣洁生活与社会改良，认为传统教会活动开展方式不足以应对新型的社会问题，主张走下层群众路线。柏格理早年因家境贫寒而放弃学业，所以一直非常重视教育。他认为教育是打开传教之门的钥匙，提出"哪里有教堂，哪里就有学校"的方略，倡导以教会为依托办学。柏格理于 1887 年来到中国，进入云南东北部的昭通城传教，自此开始了他 29 年的中国传教生涯。柏格理在主持昭通布道所工作期间，便开始把西方现代教育引入昭通。他最初选择的宣教对象是汉族和彝族，信奉者不多、社会影响不大，直至进入石门坎以后，他的传教和办学事业才走向了辉煌。

（一）"拉蒙"与"上帝"

1903 年 8 月，从威宁兴隆厂迁往安顺郎岱县懒龙桥（今属六枝特区）居住的苗族猎手李马太、张雅各等在安顺府附近游猎时，巧遇正在山村传教的内地会牧师党居仁。②面对几位满身污泥、饥寒交迫的苗民，党居仁不但没有歧视他们，还请他们进屋休息，为他们安排食物，并为他们讨回被汉族人抢走的猎物。这几位苗人被党居仁的仁慈所感动，从此跟随党居仁信奉基督，成为了大花苗中最早信仰基督教的人。"他们当中的一位长者——大花苗中第一个听到福音者，称耶稣为'拉蒙'，意为'苗王'。"③他们将安顺出了"拉蒙"的消息传递给了威宁老家的大花苗，于是威宁苗民派代表赴安顺拜访党居仁，跟随他学习教义。从那以后，威宁地区的苗民大批大批地涌入安顺听党居仁传播福

---

① 威宁彝族回族苗族自治县政协威宁苗族百年实录编委会：《威宁苗族百年实录》，贵州民族出版社 2006 年版，第 221 页。

② ［英］塞缪尔·克拉克：《在中国的西南部落中》，苏大龙译，贵州大学出版社 2009 年版，第 86—87 页。

③ 同上书，第 87 页。

音。党居仁考虑到从威宁到安顺路途遥远（步行需要九天），便决定将他们介绍给在昭通传教的柏格理。1904 年 7 月 12 日（清光绪三十年阴历五月二十九），石门坎的罗但以理、罗彼得、张朝相、张朝书四位大花苗人带着党居仁的信，来到离威宁较近的昭通城找柏格理。为了躲避外族的嘲笑与迫害，他们"都穿着汉族的蓝色衣服"①，乔装打扮成汉族模样。他们试探着进入昭通城，在教堂门口犹豫徘徊，过了许久才鼓足勇气迈进教堂，羞怯地将党居仁写的信递交到柏格理手中。柏格理此前从未接待过这样形容枯槁的苗民，但他清楚地意识到他们将会是最虔诚的跟随者和最有潜力的传教、办学对象，因为"他们四人怀着一致的思想动机前来，第一件事情便是：他们非常迫切地想要读书"②。

柏格理热情地接待了这四位苗民，并尽力让他们感到轻松自在。由于惧怕汉族人，四位苗人不愿去住客栈，柏格理便在教堂里为他们安排住宿，并与他们在一起平等、轻松地聊天。

他们告诉柏格理，他们"再也不甘忍受像地上土块似的任人践踏的地位，并一心向往着有朝一日他们这一种族能发展得像枝繁叶茂的大树一般，在这块土地上自为一强"③。四位苗民返回石门坎后，向父老乡亲讲述了他们在昭通的经历和柏格理的热情款待。柏格理的仁慈举动在苗族民众当中立即激起了强烈的反响。一传十、十传百，这件事很快传遍了苗族的村村寨寨。在苗族数千年的历史中，还从来没有任何人像柏格理这样厚待过他们。柏格理的仁慈和关怀让长期渴望着改变民族命运的苗族人心中燃起了希望之火。于是，众多虔诚的苗民跋山涉水，涌进昭通城找柏格理，从最初的四人激增到上千人。"从 1904 年 7 月开始到年底，短短五个月时间里，柏格理接待了近 4000 苗民。"④来访的苗民全都受到了柏格理的热情接待与关怀。这对苦难深重的大花苗人来

---

① ［英］柏格理等：《在未知的中国》，东人达、东旻译，云南民族出版社 2002 年版，第 519 页。

② 同上书，第 687 页。

③ ［英］沃尔特·柏格理：《柏格理在中国》，苏大龙译，载《民族研究参考资料》第二十八集，贵州省民族研究所编印 1989 年版。

④ ［英］柏格理等：《在未知的中国》，东人达、东旻译，云南民族出版社 2002 年版，第 544 页。

说，就像是天方夜谭，这样的事情过去只出现在苗民的传说故事或古歌里，然而此刻竟变成了现实。激动万分而又愚昧无知的苗民无限崇敬地将柏格理称为"拉蒙"，甚至常常将他"当成上帝，交谈时也这样称呼"①。苦难深重的大花苗人有着无数的古歌，其中《杨亚射日》《三位首领》《格武爷老格诺爷老》《爷觉黎刀事迹》等世代传唱的苗族古歌中都塑造过苗王的形象，表达了苗族人民对苗王英雄的期盼之情。历史上，大花苗人曾惨遭无数次的征讨与镇压，他们屡战屡败，受尽了人间的苦难。于是，他们将希望寄托于曾存在于民族古歌而尚未出现在现实生活的英雄般的"苗王"身上，希望"苗王"降临，带领万民走出水火。柏格理的仁爱之心与无私帮助，正好契合了大花苗人对苗王的想象。所以他们深深地相信，柏格理就是"苗王"，他一定能带领他们走向新的生活。

（二）读书与传教，和谐前进

在柏格理"苗王"形象的"召唤"下，从石门坎来拜访他的苗民越来越多。他们虽然贫穷，但从不乞讨，他们自带干粮——炒面（玉米或燕麦炒熟后磨制而成），一路风餐露宿，赶往柏格理处，唯一的愿望就是要"读书"。他们络绎不绝地从山里来到昭通，从最初的几个，到十几个、几十个、上百个……最后，在一个冰天雪地的日子，一天之中竟有上千名衣着单薄的大花苗人到达柏格理的传教所。柏格理在他的《苗族纪实》一书中这样写道："（苗族）虽然充满着绝对的稚朴，但是他们和我们一样都是具有良知的人，因此传教士与追求者很快就找到了相互间的一致点。我曾问过这些最早的来访者，他们是不是像乡下的汉族人常表现的那样害怕我们。其中的一位回答：'我们听到汉人和诺苏人（指彝族人，黔滇川彝族自称为"诺苏人"）时常谈起羊人！羊人！所以我们第一次来到你们这里时有些紧张。但是，当见到你们后，我们发现你们不是羊人，而就和我们自己的同胞一样。你们和我们是一家人，只不过你们来自远方。'和我们是一家人！在我的生平中还从来没有人给予过我如此崇高的赞扬，而且是被中国最贫穷和待发展的少数民

---

① ［英］柏格理等：《在未知的中国》，东人达、东旻译，云南民族出版社 2002 年版，第 95 页。

族群众认可为一种父兄般的形象，这对于我来说是最大的幸福。成为苗族中的一位苗族人！所有这些成千上万的蒙昧、不卫生、落后、犯有罪过的但又是最可爱的人们，我的兄弟和姐妹们，我的孩子们！"①

　　苗族强烈的读书愿望深深地打动了柏格理，而作为传教士，柏格理也找到了一个他期待已久的理想传教群体。与他在昭通苦心经营十多年而信教者寥寥无几的状况相比，苗民的热情远远超乎柏格理的预期和想象。② 苗民的最初动机是想要"读书"与寻找希望，而柏格理正好以《圣经》作为他们的"书"，同时给他们以极大的关爱。就这样，大花苗人选择了柏格理，柏格理也选择了大花苗，柏格理与大花苗在读书与传教之间完成了一次成功对接。经过一番考察后，柏格理决定深入石门坎去传教、办学。他和他的团队——英国传教士和汉族教师，带着《圣经》和献身精神，毅然离开了城市，来到这个叫石门坎的偏僻山村。从此，一场基督教传播运动和乡村教育运动在黔、滇、川边地同时轰轰烈烈地展开了。

二　启蒙教育的始发

（一）教堂与校舍的兴建

　　20 世纪初，石门坎及周边地区的大花苗人，虽然有数万之众，但均为农奴和佃户，都没有自己的土地。为了找到建教堂和学校的用地，柏格理和他的同伴费尽了周折。1904 年 3 月 29 日（据《柏格理日记》记载），柏格理带着夏士元等汉族教师拜见了石门坎彝族土目安荣之，他们与安荣之斗智斗勇，费尽口舌，最终得到了安荣之家签约赠送的位于石门坎的 10 英亩（约 60 亩）土地。同年 7 月底，柏格理和钟焕然、王玉洁两位汉族老师从昭通出发前往威宁县城拜访威宁县州官，与官府商讨了在石门坎建造教堂/学校的事宜，1905 年春修建教堂/学校的工程正式开始。

　　由于自身对读书的渴求，加上柏格理的影响，大花苗对办学表现出

---

　　① ［英］柏格理等：《在未知的中国》，东人达、东旻译，云南民族出版社 2002 年版，第 95 页。

　　② 沈红：《结构与主体：激荡的文化社区石门坎》，社会科学文献出版社 2007 年版，第 81 页。

一种狂热的宗教激情，他们倾尽全力为办学事业贡献一切。石门坎建校初期，传教士团队缺少经费，除了建教堂和学校的土地是彝族土目所赠外，资金与劳动力全出自苗民的无偿贡献，他们"有钱出钱，有力出力"，远近苗民纷纷参与修筑工作。柏格理在他的《苗族纪实》一书中记录了当时的情形："现在，又一个困难呈现在我们面前。我们正想开始动工兴建房屋，但是又缺乏一样东西……我手头没有款项，而传教社团又没有苗族工作经费。我把所有这些困难告诉信徒们，激起了他们的强烈反响。他们决定由他们自己解决这个问题，方法是由他们每个家庭的每位成员捐出一百文钱来。对此种境况的人来说，这真是一项高尚的决定。"①

在短短的 12 个月时间里，柏格理就从大花苗手中征集到了 100 万文钱。筹款事宜如此成功，可说是令人匪夷所思。首先，大花苗人极其贫困，不少人连饭都吃不饱，要拿出 100 文钱实属不易；其次，参与此次活动的人员非常多，按每人 100 文钱计，要捐出 100 万文钱，其人数应达 10000 人之众。且在修建教堂的过程中，砍树伐木、运石搬土、和泥砌墙等全是苗民自发的义务劳动。

石门坎学校毕业的王兴中老人这样回忆道："封建王朝官府不顾边区文化教育事业。英国循道公会传入石门坎之前，威宁以及邻县没有一所正规学堂……英国循道公会传入石门坎后，石门坎光华小学是当时独一无二的正规学校……当时参加修建学校的老人们说为了早日建成学校，一天往返一百六七十里不觉得劳累。他们对修建校舍培养自己子弟，怀着极大的期望。"② 王兴中老人感慨道："石门坎光华小学的建筑是苗族人民用千百年当牛做马做奴隶的伤心泪水、汗水凝结成的。儿孙要努力学习，成才摆脱文盲痛苦。苗家如饥似渴迫切需要文化知识的心情是他人所不能理解的。"③

1905 年 6 月，石门坎学校历史上的第一座建筑物——"五英镑小

---

① ［英］柏格理等：《在未知的中国》，东人达、东旻译，云南民族出版社 2002 年版，第 118 页。

② 王兴中、杨明光：《威宁石门坎光华小学校史梗概》，载《威宁文史资料》第五辑，中国人民政治协商会议威宁彝族回族苗族自治县委员会宣传与教育委员会编印 2006 年版。

③ 同上。

屋"（因修建时花费约五英镑而得名，见图1-1）落成。8月，柏格理携妻儿搬进小屋。11月，能容纳350人的小教堂竣工。小教堂建成以后得到了充分利用，最初的学校就办在教堂里。教堂平时用于教学，星期天用来做礼拜。"为了办学校的需要，教堂制成两种规格的板凳。高而宽的长板凳作为课桌，矮而窄的供学校儿童上课时使用。教堂安上昭通传教所遗弃已久的旧窗户。"[1] 后来石门坎陆续修建其他建筑，扩大学校规模，学校、教会、教师、学生逐渐有了各自的场所。

图1-1 石门坎第一栋教学楼——五英镑小屋旧址

（二）启蒙教育的始发

1905年11月5日，柏格理在石门坎开班授课，26名学生全部是大花苗。他们分别是：王西拉、杨雅各、张武、朱彼得、王胜模、王经、张慈、张夏禹、王道元、朱提、王银头、朱约翰、张德救、张马太、杨秀、黄司提反、张高、王成宗、熊马可、王仁明、朱多马、王才富等。学生年龄参差不齐，其中年龄最大的46岁，最小的仅7岁。柏格理最初招收这批学生的主要目的是培养"以苗传苗"的传道员，所以当时

---

① 东旻：《石门坎学校创建日期考》，《贵州社会科学》2006年第2期。

的石门坎学校还只能算是一个"识字班"类的学校。

后来，石门坎要求读书的大花苗人逐日增加，这一简陋的"识字班"已不能满足需要。在柏格理团队和大花苗人的努力下，石门坎小学于 1906 年开始大规模招生，男女兼收。就这样，乌蒙山区破天荒地建立起了第一所苗民学校，这也是当时威宁县首屈一指的新式教育学校。建校初期学校实行走读制，很快又发展成寄宿制。学校吸引了大批苗族学生前来读书，随着学校名声越来越大，逐渐也有其他民族的学生被吸引进来，有的汉族、彝族学生甚至退掉之前就读的私塾来此报名。彝良最大的土目陇鼎丞也将其长子陇体要（后为云南省民政厅厅长）、次子陇体芳（后来大学毕业）送到石门坎来读书，于是发生了"一位年轻土目与一个苗族孩子坐在同一条板凳上的事"①。

学校教师以汉族人为主，有昭通名士王玉洁、刘映三、钟焕然等。除汉族教师外，学校还选拔了几位大花苗人担任苗文课教师。

学校以《绘图蒙学》为主要启蒙教材，主要以汉语授课。此外，开设看图识字、图画、算术、连词成句、音乐等课程。高年级增设《百家姓》《古文释义》《四书》《五经》等。学校还开有宣传基督教教义的修身课，每周上二至三节，由外国传教士主讲《圣经》，穿插英文教学内容。

在学费方面，由于最初教会没有苗族工作经费，学校未实行免费教育。但考虑到大花苗的贫困，学校收费水平很低，只收取少量的玉米作为学费。收费标准为：初小教徒子女交苞谷 5 升（35 市斤），教外子女 7 升（49 斤）；高小教徒子女交苞谷 7 升（49 斤），教外学生 1 斗（70 斤）。②

学生生活极其艰苦，需要自己购买课本和笔墨纸张。伙食也得自行解决，学校提供伙房，学生自己烹煮从家里带来的粮食，学校还提供磨房，供学生磨制玉米和荞麦。学生们的饭食非常简单，早餐一般为洋芋，或烧或煮；午餐和晚餐是玉米稀饭或荞麦稀饭，有时也吃干粮——

---

① ［英］柏格理等：《在未知的中国》，东人达、东旻译，云南民族出版社 2002 年版，第 161 页。

② 王兴中、杨明光：《威宁石门坎光华小学校史梗概》，载《威宁文史资料》第五辑，中国人民政治协商会议威宁彝族回族苗族自治县委员会宣传与教育委员会编印 2006 年版。

苞谷炒面或燕麦炒面。学校离家路程较近的学生一到两周回家背一次粮食，离家较远的（有的学生从家到学校需要步行几天）则在家将粮食换成钱，再到学校附近购买粮食。①

1908年，柏格理在进入村寨巡访的路途中被彝族土目苏黑保打伤，回英国度假疗养。在英国期间，他向循道公会总部汇报了他在石门坎的传教和办学情况，借机为石门坎争取到了教会津贴。与此同时，他还在英国四处宣讲石门坎和大花苗人的故事。有一位名叫Arthington的老人，被柏格理所讲述的贫困苗人的求学精神所感动，为石门坎乐捐了2000英镑。柏格理回到石门坎后，用这笔善款修建了"那一带独一无二的雄伟建筑"（原石门乡政府秘书张国辉口述）——一栋可容200人同时上课，有课桌、黑板、壁炉、烟囱的宽敞教学楼。石门坎学校自此有了高小部的专门教室。

就这样，在柏格理的带领下，在外地请来的汉族教师和当地苗民的鼎力支持下，石门坎的传教事业蒸蒸日上。柏格理在写给教友塞缪尔·克拉克的一封信中这样说道："1909年12月的统计数字为——苗：3004名成年教会成员，99名青少年成员，300名走读学生，3000名主日学生。诺苏：28名教会成员，80名走读学生。究竟有多少信教者我不大清楚；对此没有统计数字。我认为1万人不会估计过高。"②与此同时，石门坎的教育事业也伴随着传教事业的蒸蒸日上而得以蓬勃兴起。

三　苗族文字的创制及双语教学

（一）苗文的创制

在20世纪以前，乌蒙山区的大花苗常被彝族和汉族认为是没有文化的民族。其最主要的原因是苗族没有自己的文字，彝族和汉族所说的"没文化"实际上就是指"没文字"。而事实上，苗族作为一个具有悠久历史的古老民族，不可能没有文化，只是因为他们没有文字，也就没

---

① 根据石门坎张义祥老人口述整理，张义祥幼年曾就读于石门坎学校。

② ［英］塞缪尔·克拉克：《在中国的西南部落中》，苏大龙译，贵州大学出版社2009年版，第132页。

有记录文化的载体——书。而且由于大花苗人长期没有书读和没有学上，导致他们更加落后无知，因而受到彝族和汉族的歧视。显然，苗民已经意识到这个问题并深深地感受到没有文字、没有文化的痛苦，所以他们跋山涉水到昭通请柏格理教他们念书。

柏格理也在进入石门坎之前就意识到了文字和语言对苗族的重要性。在昭通期间，随着来访苗人的增多，柏格理越来越感觉到教他们读书存在很多困难，其中文字和语言是最大的障碍。虽然柏格理精通汉语，但来访的苗族人几乎都不懂汉语、不识汉字，只懂苗语，因此柏格理在与他们交流的过程中遇到了语言障碍。于是，他逐渐意识到，只有学会大花苗语言，才能消除与苗族人沟通的障碍。在首批苗族人来访时间过去三个月后的 1904 年 10 月 12 日，柏格理在日记中写道："目前，每天都有苗族人前来。我一直在努力学习，试图掌握他们的语言。如果想教他们而又不懂他们的语言，那真是难上加难的事情。"

后来，为了保证传教工作顺利进行，柏格理萌发了创制苗文的构想。在他的极力倡导下，英国传教士们会同汉族老师钟焕然、李司提反和苗族老师张约翰、杨雅各等，组成了一个共同研发苗文创制方案的团队。团队成员有英国人、汉族人和苗族人。其中，柏格理精通英文和汉语，熟悉苗语；钟焕然、李司提反精通汉语，熟悉苗语和英语；张约翰和杨雅各精通苗语，熟悉英语和汉语。这个团队可谓是完美组合。英、汉、苗人三方齐心协力、集思广益、各取所长，最终创制出一种易于接受、易教易学的文字。在具体创制过程中，他们首先以苗族的衣裙花纹为基础，提取其中一些元素为雏形，创制出苗文的声母符号；然后由柏格理选用拉丁字母构成韵母；再从钟焕然、李司提反提供的汉字读写方法中找到音调标注的灵感。经过团队的反复琢磨与实验，苗族文字终于诞生了。苗文的创制既是多种族人民共同智慧的结晶，也是中西合璧、内外融合的成功典范，更是石门坎教育事业兴旺发展的见证。这套苗文以柏格理的名字命名为"Pollard Script"，汉语称为"坡拉德苗文"或"柏格理苗文"。后来新苗文产生后，"柏格理苗文"又被称为"老苗文"（见图 1 - 2）。

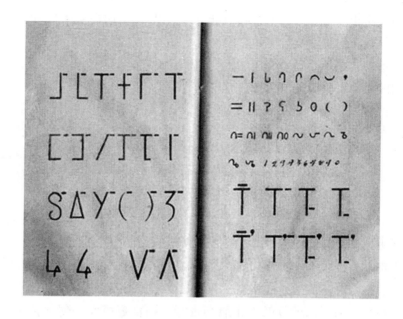

图 1-2　柏格理与苗族、汉族老师共同创制的苗文

老苗文诞生并几经修改完善后，形成了一套较为科学的文字体系。老苗文属"声母＋韵母"构成的拼音文字，每个音节由一个大字母与一个小字母组成，其中大字母为声母，是文字的主体，小字母（除"'"以外）为韵母，写在大字母的上方、右上角、右侧或右下角四个位置。以小字母所在位置表示声调的高低。小字母的大小相当于大字母的 1/4。完善后的老苗文，由 69 个字母构成，其中声母 32 个，韵母 37 个。

（二）老苗文的生命力

老苗文的成功创制，宣告了苗族数千年来无母语文字时代的结束。由于这套苗文的主要元素提取于大花苗的花衣花裙，与大花苗古歌中将"历史"绣在衣服上的传说相吻合，这套苗文得到了苗族社会的广泛认同，刚一问世便立即在大花苗中得以迅速传播。同时，一个神话在乌蒙山区的各个大花苗村寨迅速传开：苗族遗失的文字找到了。

苗人不仅认为自己的民族曾经有文字，而且坚信本民族历史上曾有过"书"。在大花苗的古歌中，就有许多关于苗族曾经有"书"的传说，例如：

> 《测量天地歌》中说："边地勿在少、高度查地奥（人名），心灵手又巧。心灵手巧做啥呀？心灵手巧会著书。著写的书本行行字，正面写得清清楚楚，背面写得明明白白。边地勿在少、高度查地奥，手巧把书卷起来，卷成书简一个个，背起书简跋山又涉水。"①

> 《世界召榜造》中说："世间的召榜造，造那读书的世人，琅琅的书声满村寨，琅琅的书声不会停。"②

> 《苗族祖先的古物》中说："格炎敖孜老会来拿，拿格耶爷老、格蚩爷老、嘎骚卯碧的好姓氏记下来，记在格炎敖孜老的书行里，脸面画在上漆的木板中间。"③

大花苗的大量传说都称他们历史上曾有过书，说他们的祖先在遭到汉人的征讨后，被迫离开故土和家园，在过江途中，书不慎被大水冲走，从那以后，苗族的书就遗失了。

大花苗的古歌中，关于衣裙花纹的来源也有许多记述。

《先辈们最先到的地方》中说："格耶爷老、格蚩爷老、嘎骚卯碧很怀念，可惜那方圆的中心地故土。格耶爷老、格蚩爷老、嘎骚卯碧的子孙会拿，拿那方圆的中心地故土模样，精心制成花纹绣围裙，拿给妇女穿，穿在身前身后多美丽，穿给老人看，穿给子孙后代瞧呵。姑娘妇女们的围裙花纹，像那方圆的中心地的图案。那镶着黑红布条的佩围，就像笃纳伊莫河平行流，像笃纳伊莫河的汇合点呀。格耶爷老、格蚩爷老、嘎骚卯碧常怀念，怀念武城黎城里外闪烁的光芒。格耶爷老、格蚩爷老、嘎骚卯碧会拿，仿照古城里外的式样，缝制有折皱的披毡让小伙子披上，给老人来观赏，披给子孙后代学。毡衣上竖起的折皱，折皱交错像武城黎城里外闪烁的光芒。格耶爷老、格蚩爷

---

①　毕节地区民族宗教事务局编：《中国西部苗族口碑文化资料集成》，云南民族出版社2009年版，第44—45页。

②　同上书，第103—104页。

③　同上书，第294页。

老、嘎骚卯碧怀念着，怀念笃纳伊莫一丘丘的水田。格耶爷老、格蚩爷老、嘎骚卯碧会来拿，仿照一丘丘长田的图样，缝制褶裙让姑娘妇女穿在腰上，穿给老人们看，围给小孩们瞧。姑娘妇女穿的细褶裙呀，像氏伊塝平原笃纳伊莫平原上的丘丘长田，姑娘妇女的褶裙镶布条是被装饰的水田沟。"①

《爷觉黎碧时期》中又说："从那平原地逃到山坡地，姑娘们很留念，留念那水城于每天。姑娘们很是来可惜，惋惜那伊塝大平原于每月。留念也不可得了，姑娘们会来拿，拿那丝线绸线来挑织，挑织那四方的圆圆的水城呀，挑织得那背带背小孩。姑娘们会来拿，拿那丝线绸线来绣呀，将伊塝大平原绣成衣服穿，做成锦绣花纹身上戴。"②

古歌传唱是流传于民间的艺术形式，是大花苗文化精髓之所在。古歌中记述的历史，镌刻在千千万万苗家儿女的心中，是构成大花苗人民族认同的基本要素之一。而坡拉德文字的诞生，恰恰迎合了大花苗渴求印证本民族文字和文化的心理诉求，其意义之重大是不言而喻的，其生命力之旺盛也是可想而知的。自创制成功那一刻起，苗文便立即在大花苗社会中引起强烈轰动，并成为了推动石门坎学校发展的有力因素。

苗文创制成功后，柏格理立即召集他的团队开始编写苗文课本，翻译《圣经》。苗文版《圣经》（见图1-3）的出现，又使得另一个传说在苗民中传播开来：苗家的书被找到了，是在传教士的国家里找到的。千万苗家儿女为苗文书籍的"失而复得"欢欣鼓舞，喜乐之情溢于言表，"有些人竟是赶了几天的路程前来目睹一下苗文书籍"③。

至此，柏格理完成了又一次的成功嫁接——苗文版《圣经》"成为"苗家远古"遗失的书"，而他在石门坎的传教和办学事业也因此打下了牢实的根基。柏格理手持苗文和苗书，成功地叩开了封闭数千年的"石门"，把文化和知识传送到了大花苗人的手中。正如沈红所说，苗

---

① 毕节地区民族宗教事务局编：《中国西部苗族口碑文化资料集成》，云南民族出版社2009年版，第302—312页。

② 同上书，第362—364页。

③ ［英］柏格理等：《在未知的中国》，东人达、东旻译，云南民族出版社2002年版，第409页。

文的创制和苗文书籍的编印是当年柏格理"叩击石门、开辟石门的利器"①。

图 1 - 3 川苗福音诗

（三）双语教学

石门坎学校开办之初，教学工作主要由汉族教师李司提反、钟焕然等担任，传教士则主抓修身课。李司提反、钟焕然是苗文创制工作的直

---

① 沈红：《结构与主体：激荡的文化社区石门坎》，社会科学文献出版社 2007 年版，第125 页。

接参与者，故精通苗语苗文。他们在教学实践中，充分利用自身的语言优势，探索出了一种适合大花苗学生的教学方法——双语教学，即在教学活动中，师生使用苗、汉两种语言，以苗语促汉语。此法收效极佳，很快便在全校推广开来。后来，当石门坎学校自己培养出本土苗族知识分子后，依照柏格理"苗族小学，必须用苗族人员来充任"①的主张，聘请了不少苗族教师。苗族教师的不断加入，保证了石门坎学校双语教学模式的长期延续。石门坎学校也因此成为"中国近代民族教育史上第一所双语教学学校"②。

石门坎学校在实践苗语教学的同时，还专门针对当时石门坎大花苗的情况编写了《苗族原始读本》《苗文基础》等苗文教材。时隔一个世纪之后重新审视这些教材，依然可以发现很多值得学习和借鉴的地方。即使是从当今校本课程（school-based curriculum）的理念来看，这些教材的编排和内涵也都是十分科学的。教材编排使用简单的问答式，教材的内容简明易懂、贴近生活实际，易于学生接受。其中一部分内容为民族文化，即苗族的古史传说、故事、诗歌等；另一部分则为简单的科普知识和生活常识。两部分自然顺畅地衔接，将知识的学习与民族精神的培养完美地融合在一起。以《苗族原始读本》中的一篇课文为例：

> 问：地球是圆的还是方的？
>
> 答：是圆的。
>
> 问：地球上有几大洲？
>
> 答：有七大洲。
>
> 问：喝水要喝什么样的水？
>
> 答：要喝沸水。
>
> 问：苗族是什么样的民族？
>
> 答：是中国古老的民族。

---

① 钟焕然：《初建石门坎教堂和学校的概略》，载《威宁文史资料》第五辑，中国人民政治协商会议威宁彝族回族苗族自治县委员会宣传与教育委员会编印 2006 年版。

② 周庆生：《中国双语教育的发展与问题》，《贵州民族研究》1991 年第 2 期。

问：苗族古代是由哪里来的？
答：是从黄河流域来的。

除了用苗文编写教材外，学校还改变原有的课程设置，每周增设两节苗文课，教苗族学生学习本民族的语言文字。苗文课的开设更加激发了苗族学生的自豪感和归属感，掀起了石门坎苗族学生的读书狂潮。

此外，"石门坎教师还用苗文创办了《半月刊》，用它来向苗族民众传播知识，向苗族介绍国内外的情况，介绍国内外先进民族的好风尚，宣传读书、讲卫生的好处，提倡改变苗族的陋习等等"[①]。如此一来，除学校学生以外，社会上的苗族民众也充分感受到了苗文带来的积极影响。

第二节　发展期(1909—1943)——石门坎光华小学的诞生

一　建教堂，办学校

"哪里有教堂，哪里就有学校"是柏格理主张的办学方针，"教育传教"是循道公会传教的重要手段。在石门坎教会和小学站稳脚跟后，柏格理便开始扩大办学规模，以石门坎为中心，向周边苗区扩建教堂和学校，先后在咪耳沟、长海子、拖姑媒、大坪子等地建立了教堂，同时也建立了简易的乡村小学（多为初小）。一时间，"学校像花儿一样开放"，"由于条件有限，许多地方都只有一栋独房子，有些只有一两个人负责，所以他们既当老师，又当传道人员，星期一到星期六上课，星期天做礼拜"（原石门乡政府秘书张国辉口述），也即教堂和学校共用同一空间场所，教师和教士是同一套人马。

早在建校初期，柏格理等人就在大造"读书就不会被别人欺侮"、"读书就能得救"舆论的同时，通过发放赈济粮食、赈济食盐等办法，

---

① 张恩耀：《基督教对苗族文化的影响》，《中央民族学院学报》1989 年第 5 期。

"引诱"苗族群众就学。[①]在这多种方式的合力"引诱"下,苗族子女入学率越来越高。教会在用这种方式刺激学生入学的同时,也为他们的传教活动搭建了平台。学生入学率提高,信教人员就增多;反过来,信教人员增多,学生入学率也就随之提高,传教与办学相互促进、共同发展。

二　拓展教育网络

从 1909 年起,英国循道公会开始给石门坎学校拨发专门的办学津贴,石门坎小学成为名副其实的"教会学校",建立了正规的学校体系和教育机制。1910 年,循道公会西南教区苗疆部教育委员会成立,会址设在石门坎小学内(见图 1-4),柏格理出任会长,统管川、滇、黔交境地区所有的苗族教会学校。同年,柏格理利用英国 Arthington 老人捐助的 2000 英镑修建了高小部教室,石门坎光华小学发展成为初小、高小两部俱全的学校。1912 年,中华民国建立,王玉洁老师取"光复中华"之意,正式将学校命名为"石门坎光华小学"(参见图 1-5 "石门坎石梯"上的文字)。

图 1-4　长房子

---

① 宗文:《基督教循道公会在威宁石门坎兴办的教育事业》,《贵州民族研究》1987 年第 2 期。

图 1-5　石门坎石梯

　　石门坎光华小学为循道公会西南教区苗疆部教育委员会的总部
（或称本部），循道公会在苗区建立起来的其他教会小学均隶属于石门
坎光华小学，称为"光华小学×分校"。各分校的人事任命、教材购置
等事务均由光华小学总部统一协调。

　　在教学管理上，从 1912 年开始，学校开设的教学科目以民国政府
规定的课程设置为准，此外，每周另加开英文和苗文课各两节。1918—
1925 年，石门坎光华小学及其分校的初、高两级毕业升学考试均由成
都华西教育会完成统一命题和评卷工作。①各分校初小毕业生都到石门
坎集中统考，由校本部（即石门坎光华小学）负责组织考试。而在此
之前和在此之后，光华小学及其分校的考试工作全部都是由校本部统一
安排办理的。

　　到 1938 年，石门坎的教育势力范围，计滇黔境内二十七所分校，
川境内十五所分校，共计四十二所分校。石门坎学校因经济条件有限而
一直未开设中学部，仅有两级小学及女子小学，在学校学习至高小毕业
而不能升入其他学校的学生，由校本部教职员工附设初中班代为教授，
其余能升学者，多至滇属昭通明诚中学。至各分校，除滇属威信牛坡坎
设有两级小学外，余皆为初级小学。每校学生，平均四十名，教职工二

①　张慧真：《教育与族群认同——贵州石门坎苗族的个案研究（1900—1949）》，民族出
版社 2009 年版，第 76 页。

名，学校经费及教职员薪金，半由各地苗民筹集，半由循道公会补助，教职员工的年薪平均每人为三十元至三十五元法币[1]，其生活之苦，可想而知。其行政系统，亦与内地无甚区别，除校董事会外，石门坎本部设校长一人，教务主任一人，训育主任一人，事务主任一人，会计主任一人，医务主任一人。各分校则设主任一人，教员一人。各分校主任及教员，均听石门坎校本部校长之指挥，以推行各校校务[2]。

就这样，石门坎光华小学发展成为遍及川、滇、黔边近20个县，具有上百所学校的庞大教育体系，石门坎不但成为了循道公会在西南苗区传教活动的大本营，而且也成为了苗区教育的中心。新中国成立前，英国循道公会在川、滇、黔边苗族地区的"教堂—学校"分布如下（见图1-6）：

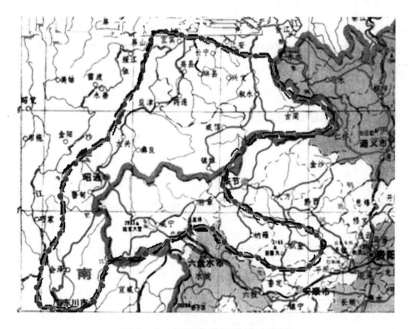

图1-6　石门坎学校地域分布图

---

① 法币是中华民国时期国民政府发行的货币。1935年11月4日，国民政府规定以中央银行、中国银行、交通银行三家银行（后增加中国农民银行）发行的钞票为法币，禁止白银流通，发行国家信用法定货币，取代银本位的银圆。

② 王建明：《西南苗民的社会形态》，《边声》1938年第3期。

贵州省威宁县：石门坎、上海枯、陆家营、大寨、天生桥、罗布甲、木槽、马街、简角寨、爱华山、水塘子、切冲、龙井、瓜拉、长海子、凌子河。

云南省彝良县：咪耳沟、拖姑媒、落尾坝、中寨、大苗寨、铜厂沟、簸箕寨、青树林、核桃湾、么店子、三家寨、芦茅寨、木营、陶家寨、长岩方、老鹰山、雄马、中寨、茶方、树草坪、梭罗海子、么嘎、大火地；盐津县：生基平、锣锅坪、杨家湾、初溪沟；昭通县：麻窝凼、五堆石；永善县：大坪子、杉木林、十八坪、唐家坪、桶子厂、老鹰岩、谭家坪、燕子岩、红沙地、三锅椿、龙门寨、营盘堡、老棚子、狗脚湾；大关县：凉风坳、天星场、大火地、厂坪、姚家湾、星火地；威信县：牛坡坎、天池、后山、鹿子坑、薄火、茨竹坝、洛马坝、墨黑、石甲子、能孔、隔路、簸火、儿子坑、菜坝、文星（喇叭湾）；镇雄县：发达、放马坝、杉木溪、李子坝、天生桥、岩洞脚、猪宗海；鲁甸县：龙树；巧家县：灯盏窝；绥江县：花秋坪；武定县：洒普山、古东坡、环州、慕莲；禄丰县：大箐；禄劝县：南岔、旋涡塘；寻甸县：大水井；富民县：柿花山；嵩明县：牧羊。

四川省珙县：王武寨、五溪、路表、老王滩、木海堂、土老地、拉木冲、长岩方、陶家寨、下马其、安约沟、平天水、油榨坪、麻元、五同岩、大岩口；筠连县：邱家山、红椿坝、银厂湾、晏家坪、李家湾、圪兜坝、鲁班山、五通岩、成佛山、柯乐营、艾家均。[①]

三 选拔人才外出学习深造

教会为了培养教士、传道人员和教师，充分利用其教会背景，采用"考试+举荐"的方式，输送大批学生到外省读中学、大学。

1911 年，柏格理和传教士张道慧、王树德等经过多方联系，决定选送成绩优异的学生到北京清华学校读书。"去前先在石门坎集中考试，结果确定杨荣辉、王定安、杨莘惠三人到北京读书"，王树德带领

---

① 根据张恩耀《基督教是怎样传入黔西北、滇东北苗族地区的》（《民族研究》1988 年第 1 期）及《珙县志·苗族篇》《昭通少数民族志》等资料统计。

三人到达宜宾，适逢辛亥革命，学校停办，中途返回。①

1913 年，学校选拔出杨苒惠、王爱福、王凤鸣、王快学四位学习成绩十分优异的学生，由钟焕然和杨雅各等护送到四川成都的华西中学读书，接受中等教育。

1914 年，选派王霄汉到四川成都华西中学求学。

从 1916 年开始，每年毕业生中成绩优异者，均选拔送往云南省昭通宣道中学（后更名为明诚中学）就读。先后选派了张洪猷、吴忠烈、王心田、杨忠德、安朝品（彝族）、杨耀先、朱焕章、张德富、王德椿、韩理福、李正文、陶慕潜、李正邦、李德、王兴中等数十名学生。

四　培养本土人才，实现"以苗教苗"

1911 年，首批选送外出读书的学生由于遇到特殊情况不得已半路返回石门坎。柏格理见选送培训教师的计划短期内无望实现，便在光华小学内紧急举办了一期师资培训班，从总校和各分校选拔了一批成绩优异的学生，在光华学校本部集中培训一段时间后，分配到各分校任教。

1917 年，石门坎选送到外面深造的第一批学生学成归来，学校任命杨苒惠当校长，杨成为石门坎光华小学第一任校长（在此之前均称负责人），其余王定安等几位均担任教师职务。从此，石门坎苗族同胞有了自己本民族的高水平教师。不仅如此，石门坎苗族同胞还有了本民族的女教师——吴萍安。吴萍安因在光华小学就读期间成绩突出，毕业时学校决定让其留校任教。吴萍安成为了石门坎第一位苗族女教师（见图 1－7）。

自循道公会西南教区苗疆部委员会成立起，石门坎光华小学及"各分校小学毕业生，每届毕业时间，则呈报石门坎校本部定期参加会考，及格者升学校本部高级小学。高小毕业后，其成绩优良者，由校资助升学昭通中学，若初中毕业后成绩仍优良者则由全体苗人资送省外高中升学以至于大学，至高中或大学毕业后，则由全体苗民视其能力之大

---

① 杨汉先：《基督教在滇、黔、川交境一带苗族地区史略》，载《民族研究参考资料》第十四集，贵州民族研究所编印 1979 年版。

图 1 - 7　大花苗近代第一位女教师吴萍安老师（吴耀华提供）

小授以职权处理苗民之各种事务"①。自那以后的数十年中，苗区各学校的教师几乎都是由从光华小学毕业、外出深造回来的苗族同胞担任。其中有不少较为著名者，例如：1929 年，毕业于华西大学医科并获博士学位的吴性纯出任石门坎光华小学校长；1935 年，从华西大学教育系毕业的朱焕章回到石门坎继吴性纯任校长。学校教师逐步苗化，实现了柏格理提出的"以苗教苗"的目标。

　　这些苗族教师在工作中尽职尽责、不计报酬，为本民族的复兴忘我奉献。石门坎教会学校成绩斐然，名声也越来越大。柏格理在他的《在未知的中国》一书中这样写道："石门坎的学校在一个广大的区域内完全被认为是最优秀的，威宁与角奎（彝良县的一个镇）的官员的看法也都如此，他们向地方绅士提出，这所学校应是被效仿学习的样板……一位非常富裕的土目已经把他的儿子送到这里，并愿意为他的特

① 王建明：《西南苗民的社会形态》，《边声》1938 年第 3 期。

权而付出高额学费。于是就发生了一位年轻土目与一个苗族孩子坐在同一条板凳上的事。在几年之前，此类事情是不敢想象的。"①

关于石门坎苗族教师的清贫与辛劳，民国政府官员管承泽曾这样描述："（石门坎教会学校）教员薪俸之少，说起来都没有人相信，每月镍币二十五元（约合国币 5 元）只足以维持生活……在这里，四川成都华西大学毕业的教育学士，一年也只有国币一百二十元之多，一个丘八——上士——都是十九元二（每月）。一个大学生的待遇还赶不上一个丘八，'此天下所希闻，古今所未有也'。照理钱少不足以使人努力与前进，然而他们并没有计较金钱的多少，并没有丝毫的拜金，只知'夙兴夜寐'、'无怠无荒'咬紧牙根为本族（苗家）努力谋前途谋幸福。"②

"以苗教苗"的循环机制，培养了大批石门坎本土人才，为石门坎苗族教育不断注入新的血液，铸造了石门坎教育的辉煌成果。同时，教会对石门坎的教育投入逐步加大，为人才培养提供了有力保障。据英国循道公会西南教区有关文献记载：1946 年，石门坎教会支出 27351.24元（法币），其中教育支出为 17688.8 元，占总支出的 65%；1949 年教会共支出 77468 元（银圆），其中教育支出为 54452 元，占总支出的 70%。③

五　国民政府的介入

经过外国传教士 30 多年的经营，到 20 世纪 30 年代时，石门坎周边信仰基督教的苗族群众已多达数万，同时石门坎教会学校也培养出了大批苗族人才。石门坎因此名声大震，引起了国民政府的高度重视。

1936 年，国民党二十军军长杨森到石门坎调研，发现当地苗族没有"中国人"的身份认同感。杨森大为震惊，遂将军中白敦厚、管承

---

① ［英］柏格理等：《在未知的中国》，东人达、东旻译，云南民族出版社 2002 年版，第 161 页。

② 管承泽：《贵州石门坎苗民的见闻与感想》，载《民国年间苗族论文集》，贵州省民族研究所编印 1983 年版。

③ 昭通市民族宗教事务局组织编：《昭通少数民族志》，云南民族出版社 2008 年版，第 57 页。

泽等留下"开展工作",从此打破了石门坎的宁静。

随后,贵州省民政厅视察员田东屏到石门坎宣布政府"德威",后写呈《威宁石门坎苗民情况调查报告》,报告叙述了他宣抚石门坎苗族时的见闻,并对英国传教士在石门坎的活动进行了详细介绍。时任贵州省主席的吴忠信见此报告后,立即向国民政府呈报:"该地毗连滇界,居民多系大花苗,共计有10余万人,向有英人在该地设循道公会,宣传教义,笼络愚民,复遍设学校,实行同化政策,又因威地土目土豪势力甚大,社会机构仍停滞于部落时代,英人偶为苗民援助,以减少土目土豪之压迫,一般苗民遂为所惑,每日唱诗歌,读圣经,不知有县政府,更不知有国家,加之英人自柏格理深入苗寨,改英文为苗文,该花苗只自认为苗文,老幼男女,皆能诵习。三十年来,英人将该地形势、矿产及其他一切,均已详查无遗,纤悉毕至,认为香港第二。该地苗民受英人教育者,不下数千人,彼等对于政府人员反加疑虑,及经宣扬国家德意,并宣示今后政府对于苗民将予以特别重视,该苗民等始改变疑虑态度。"①

此呈文引起了国民政府的高度警觉,国民政府派边政设计委员会常务委员沈重宇、张为炯、李璜三人组成调查组,对石门坎情况进行核实。调查组核实后做出回复:"(贵州省)所呈英教士经营该地经过情形,其侵略阴谋显而易见者,一为抚循苗族,给予小恩小信,使其生心向外;二为垄断地方经济,测绘矿山要厄诸图;三为以石门坎为中心,用45里路作半径,广设苗民学校;四为制造苗族文字,诱致远近苗民诵习,造成特殊文化。就中,前三项为普遍情形,凡有教会之地,大抵皆然,本无足怪。惟第四一项,用意最深,关系最大。请试申论之。查民族同化之要素,第一为文字语言,而宗教、政治、风俗、习尚等项,尚属次之。……故凡灭绝人之种族者,必先灭绝其语文,离间人之种族者,必先离间其语文。反之,保障其种族者,必先保障其语文,统一其种族者,必先统一其语文,此一定之势也……今英教士突于石门坎地方,妄创苗文,其内容是否合理,组织是否成熟,尚不得知,如果不合

---

① 《贵州省政府和民政厅呈报宣抚威宁石门坎苗民经过》(1936年5月),载《贵州档案史料》1990年第1期。

理，不成熟，不过使一部分苗民盲从一时，其害尚小。如其合理而成熟，推行无阻，经假由石门坎传演，遍及邻疆，则散漫之苗民，藉文字而团结，在文化上屹然立异。当此国家多故之秋，尤易供人挑拨离间。平时则为同化之梗，有事则增内顾之忧。本会窃以为应当特别注意，能禁止则禁止之，否则逐渐取缔之。"①

见此回复后，贵州省政府迅速组织民政厅、财政厅、教育厅、建设厅拟定了"治理石门坎方案计划"，涵盖政治、经济、建设、文化四个方面，其内容主要是将威宁县原第十、十一、十二的三区划出，建立"石门坎设治局"，该局局长相当于县长待遇，直接隶属省政府管理，该方案对局务组织、区域、职员与职权、经费及实施方式（《设置威宁县石门坎设治局计划》）等进行了细致规划。

此方案上报中央后，国民政府立即回复："兹据内政部复称，原拟政治、文化、建设、经济四项办法，颇为详晰，关于石门坎设治局一节，亦具理由，惟设治局以石门坎三字命名欠妥，其管辖区域，亦应略加扩大。"（《国民政府行政院第726号训令》）后来贵州省政府改"石门坎设治局"为"石门设治局"，并确定该局经费由省政府拨款。从1937年2月开始，治理石门坎的事宜，均由这一机构落实办理。

1937年9月，石门设治局与贵州省教育厅等单位联合拟定《开化贵州威宁县苗族意见书》，就如何对石门坎苗族进行"开化"和"同化"进行了详细的规定。国民政府的所谓"开化"与"同化"，实质上就是汉化，是损伤民族感情的"大汉族主义"。这里的"同化"是具有强迫性的，而非自然性的。

1937年，经国民党贵州省党部批准，白敦厚等人建立了"贵州省国民党直属石门坎党部"，大力发展党员。② 与此同时，白敦厚大力倡导苗汉通婚，1938年他与石门坎苗族女教师王毓华结婚，杨森亲自为二人证婚。八年后王毓华病逝，白又娶一苗族妇女为妻。

---

① 《国民政府军事委员会委员长行营边政设计委员会呈文》（1936年），载《贵州档案史料》1990年第1期。

② 杨汉先：《基督教在滇、黔、川交境一带苗族地区史略》，载《民族研究参考资料》第十四集，贵州民族研究所编印1979年版。

"进入四十年代后……国民党的苛捐杂税繁重，到处又拉壮丁"①，为祸乡民。

第三节　辉煌期(1943—1952)——石门坎初级中学的建立

一　校长朱焕章与平民识千字教育运动

朱焕章，苗族，1903 年 8 月出生在威宁县龙街金湾子的一个佃农家庭。他一生劳苦，命途多舛。3 岁丧父，4 岁随母改嫁，6 岁放牧，12 岁祖父将他送到石门坎光华小学读书，因勤学好问，成绩优异，深受教师喜爱。1923 年在学校的推送和资助下，朱焕章进入昭通宣道中学读书。1926 年，朱焕章初中毕业后回到石门坎光华小学任教。

任教期间，朱焕章对工作认真负责，得到教会和学校的充分肯定，校长吴性纯与王树德商议决定送他到大学深造。1929 年 8 月，教会资助朱焕章到华西大学预科班学习。在预科班期间，他学习刻苦努力，两年后正式考入华西大学教育系。大学期间，他人在城市，心怀家乡，一直思考如何改变家乡苗族文化状态的问题。最终他决定发挥自己的教育学专业特长，编写一套适合广大苗族民众的教材，以供家乡父老乡亲学习文化知识。1931 年，在华西大学苗族同学杨汉先、王建明、张超伦的倾力关心和无私帮助下，朱焕章正式着手编写《西南边区平民千字课》（又称《滇黔苗民夜课读本》，下文简称《千字课》）。编成之后，他们四人又合力将这套教材石印数百本送回家乡，并无偿将教材分发到各教会和学校，组织苗族群众展开学习。在《千字课》的序言中（见图 1 - 8），朱焕章写道："在云贵两省交界的地方，有十多万生活极苦、文化最低落的苗民，他们没有机会受教育，更没有机会受高等教育；他们就是用尽了群众的财力，也不能供三四个人同时去享受高等教育。因此在这二十年内，有机会来享受大学生活的前后只有三四个人，我就是其中一个。这特殊的机会，是我们那十多万同胞做梦也想不到的，近年来更因天灾

①　杨汉先：《基督教在滇、黔、川交境一带苗族地区史略》，载《民族研究参考资料》第十四集，贵州民族研究所编印 1979 年版。

人祸，甚至连入小学的机会他们也没有了。这样，我们不能不给他们找一个小小的机会，教他们识字、减轻他们作为文盲的痛苦。凡知道这事的教师和男女同学以及中外热心教育的人士，都深表同情；或赞助，或鼓励，把我的热心增加得几乎沸腾起来。因此，我就大胆抬起头来，望着这目标，像一个两岁的小孩子，半步半步地向着责任的所在地前进。"

图 1-8 《千字课》序言

《千字课》是继苗文版《圣经》之后石门坎的第二本本土识字教材，是苗族群众真正普及认识汉字的开端，它的使用可以说是苗族文化得以复兴的关键性因素。

朱焕章的《千字课》在内容编排上，借鉴陶行知编写的《平民千字课》体系，全套书共4册，每册30课，涵盖1800个生字，每课分布10—14个生字，内容编排结合实际，科学合理，易于大众接受。

杨明光①老先生回忆此书的使用情况时说："各地群众得到（书）时，喜出望外，如获至宝，手不释卷，孜孜不倦地学习。有的人把课本揣在身上，带到地头，以便劳动休息时学习。各地青壮年男女主动组织起来，利用晚间学习，能者为师，不计报酬，识字的担任义务老师，处

---

① 杨明光：石门坎人，曾任石门坎学校教师、贵州省宗教志办公室主任。

处书声琅琅。"①

在这一套教材中，朱焕章用许多简单形象的方法，呼吁、鼓励和教育苗族大众努力读书，以提高民族自身的文化素质。石门坎学校的老校友杨忠信先生在一篇回忆文章中说："课本中，有关平民教育的内容占了大量的篇幅，作者向苗族同胞大声疾呼：你读书，我读书，大家读书知识高。"

课本第三册第十四课（见图 1-9）里写道："屠夫牵了一只小羊到一家菜馆里，小羊识字，它看见门口有一块招牌上面写着'羊肉面'三个字，小羊说：'他们要吃我的肉，我不去，我不去。'小羊不肯进菜馆。屠夫又赶了鸭子，鸭子也识字，它看见门口有一块招牌上面写着'清蒸鸭子'四个字，鸭子说：'他们要将我放在锅里头去蒸，我不去，我不去。'屠夫又赶了小猪进去，到了菜馆门口一块招牌上面写着：'红烧猪排'四个字，小猪不识字，便走了进去，屠夫拿起一把大刀把小猪杀死。"

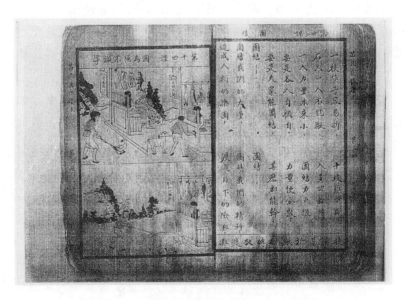

图 1-9 《团结》及寓言《因为他不识字》

---

① 杨明光：《潜心为民族教育事业献身的朱焕章老师》，载《贵州石门坎：开创中国近现代民族教育之先河》，中国文史出版社 2006 年版，第 244 页。

在此，朱焕章先生并不是仅仅简单地写一个寓言故事，而是特意针对石门坎苗族的现实情况来说明读书的重要性。当时，许多苗民因为不识字，常常是自己带着别人写的条子去自讨苦吃，甚或自找丧生之路。朱焕章先生以这样的内容，让苗民明白读书的好处，对他们产生积极的影响，于是他们再苦再累也都坚持送子女进校读书。[①]

教材中直接呼吁苗族大众读书识字的内容还有很多。如第一册第四课中提到"千字课，课课好，不要一年读完了，识字一千多，信也会写，账也会记，报也会看了"，这一课用简洁的文字告诉苗民该教材的课文比较简单易学，不用一年的时间就能学完。第一册第五课中说"读书好，读书好，读书不分老和小，你读书，我读书，大家读书要趁早，会写信，会记账，会看报，知识才能思想也都好"，这一课与前一课相呼应，循序渐进，再次强调读书的用处。再如第十四课，"我是农夫，我应当读书，你是工匠，你应当读书，他是商人，他应当读书，不论男女老少都应当读书，我们大家进平民学校，学读书学写字"等。朱焕章等人通过《千字课》教材的推广，使得苗族教育大众化有了进一步的推进。这套教材不仅让 2/3 的石门坎苗民能够看得懂，而且爱读；同时，还让广大苗民利用课本中的知识改变了他们的生活。

朱焕章还把他自己的强烈爱国意识真实地反映在教材中，如《千字课》第一册第十二课的内容就是他所创作的《爱国歌》，歌词这样写道：

> 我爱我中华，
> 立国亚细亚，
> 人民四万万，
> 亲爱如一家。
> 物产丰富山河美，

---

① 杨忠信：《忆为民族教育事业献身的朱焕章先生》，载《威宁文史资料》第三辑，中国人民政治协商会议贵州省威宁彝族回族苗族自治县委员会第二届文史资料研究委员会编印1988 年版。

五千年前早开化，

如今共和作新民，

努力治国平天下。

再如收入课本第二册第十课的《平民歌》，歌词内容是：

我四万万同胞，

职业虽不同，

人格皆平等，

国家兴亡，

大家都有责任。

1935 年，朱焕章从华西大学毕业，获教育学士学位。在毕业典礼上，他被选为学生代表上台发言。当时，蒋介石也出席典礼并致祝贺词。听完朱焕章的发言后，蒋介石在贺词中称赞朱焕章："说话通俗，道理深奥。"典礼结束后，蒋介石单独接见了朱焕章，并邀请他到成都绥靖公署工作。但朱焕章毅然拒绝了，坚持要回家乡办教育。蒋介石深为感动，专门赠送了他一头荷兰牛以表示对他的鼓励和赞赏。

1935 年朱焕章从华西大学毕业，回到石门坎任光华小学校长。他无私办学，深得苗族群众的拥戴，在黔、滇、川地区民众中的影响非常大。国民党为了拉拢他，推选他担任国大代表、西南教育委员、宪政促进委员会考察委员。后来，朱焕章在南京参加国代会时，蒋介石第二次接见了他，表示希望他能留在南京工作。面对高官厚禄，朱焕章仍旧不为所动，毅然回到石门坎继续自己艰苦的办学事业。他在苗族群众中享有极高的威信，苗民尊称他为"拉蒙"（苗王）、"主教"，对神职教育要求极为严格的英国循道公会也破例立他为牧师（注：英国循道公会要求所有牧师必须经过严格正规的神学院学习，而朱焕章未进过神学院），还让他担任石门坎教会联区的最高职务——联区长。

新中国成立后，朱焕章被调往贵州省教育厅工作，担任民族教育科副科长一职。1955 年末，因在政治运动中受到了不公正对待而自缢于黔灵山，终年 52 岁。26 年后（1981）贵州省教育厅正式下文，为他平反昭雪，并称他为"爱国人士，民族教育家"。

如今，乌蒙山区的苗族人民仍深深怀念着他。

二　成立威宁石门坎初级中学

朱焕章自大学毕业回到石门坎后，就一直希望能在苗族地区办一所中学，但苗族贫穷，没有能力资助他办学。1941年，经石门坎光华小学彝族校友陇体芳介绍，朱焕章结识了毕节彝族上层人士杨砥忠，他的办学理想得到了杨砥忠的赞同。是年6月，杨砥忠到石门坎考察，其间参加了石门坎教会和学校举办的端午节运动会，被运动会的盛况所震憾（见图1—10，石门坎师生面貌）。杨砥忠惊奇地发现，石门坎人办学热情十分高涨，穷人家的子女皆能踊跃进入学校读书学习，广大群众都非常积极地支持学校工作，他因此深受感动和鼓舞。于是，他亲自出面组织、筹划，协同云南彝良县梭嘎的陇家、奎香寸田坝杨筑明家、毛坪猫猫山的罗泽均家、彝良安家及贵州威宁龙街安耀忠家等集资，成立筹办中学的董事会。董事会由杨砥忠亲任董事长，梁聚伍、吴性纯、张斐然、陆宗棠、陇体芳等任董事。董事会决议由朱焕章出任中学校长，董事会和教会各承担办学经费的1/3，另1/3由学费收入和群众的募捐填补。①

1942年秋，在中学尚未建成之前，石门坎光华小学就已开办了暂时用以替代中学的"特班"。"特班"招生106名，由戴琳琴、朱明道等教师专门负责该班学生的教学和常规工作。但此时的"特班"因师资力量严重不足，工作开展极为艰难。

在朱焕章的努力和董事会的资助下，中学终于在1943年正式成立，取名"西南边疆私立石门坎初级中学"（1946年改名为"私立石门坎初级中学"），学校校训为"忠诚、义勇、刻苦、勤劳"。这是苗族知识分子成功取得社会支持而兴办的一所专为石门坎及周边地区少数民族学生服务的初级中学。中学建成后，石门坎本土的小学毕业生不用再跋涉长途到昭通求学，"云贵川20多个县都有学生到此读书"②。根据相关

---

① 朱玉芳：《私立石门坎初级中学的创建》，载《贵州石门坎：开创中国近现代教育之先河》，中国文史出版社2006年版。

② 威宁彝族回族苗族自治县教育局教育志编纂办公室编印：《威宁县教育志》，1989年版。

资料记载，石门坎中学的创办，是滇东北、黔西北以及川南苗族的众望所归，各方民众慕名把子弟送来求学，可喜的是，一批来自各个民族的女孩子也走进了中学的教室。当时，从校长到教职工，都意识到石门坎办中学不容易，既然已经办起来，他们就必须克服一切困难办下去。

1945—1946 年是学校最艰难的时期，董事会的经费来源因各种原因一度中断，教师难以维持生计，但是，这些少数民族知识分子并未因此停止教学，而是坚持认真履行教书育人的职责，毫无松懈与退缩之意。学校除 1948 年因地震停课一个多月外，其余时间都正常上课，从未中断。石门坎中学是花苗人自己办学的开始，当时学校的教职员工大部分是苗族人，可说是真正实现了"以苗教苗"。

1943 年石门坎中学首班招生 86 名，学校仅有 3 名教师，其中朱焕章任校长，杨忠德、杨荣先分别任教导主任和事务员。他们既是学校负责人，也是任课教师。仅由 3 名教师把初一各门课程都开齐，显然不易，于是光华小学的校长王德椿、教师陶开群先后到中学代课，英籍牧师邵泰卿也到中学代上英语课。

到 1945 年时，石门坎中学发展壮大到了三个年级三个班，学生200 余名。为了充实师资力量，学校将那些从石门坎毕业后赴外地上大中专院校的学生，逐渐吸纳到教师队伍当中。先后受聘于石门坎中学任教的教师有：王建光、张斐然（中共地下党员）、张友伦、陶开群、吴善祥、杨耀先、张恩德、陶仕伦、朱佳仁等石门坎本地人。此外，还有外地的钱烈（中共地下党员）、安平（中共地下党员）等。在这些教师中，除少数人因为其他工作需要或特殊情况离开学校外，大多数人一直坚守在石门坎中学的教学岗位上，无私奉献、兢兢业业。

学校按照当时国民政府教育部的规定进行标准的课程设置，初中学制为 3 年，秋季招生。所设课程有：国文、英语、公民、数学（算术、代数、几何）、物理、化学、历史、博物（动物、植物）、劳作、生理卫生、地理、音乐、图画和体育。除教材和学制按当时教育部规定执行外，学校还自己制定了严格的学习制度和作息时间，如早晚必须自习，中午统一习大字，每周作文一次，每月月底考试一次，每学期结束时进行期终考试等。所有学生从起床、熄灯、集合到升降旗、上下课，均统一听从学校的号音指挥。学生学习积极性很高，除生病外，没有缺课现象。周末或课后，在校园里随处可见学生手捧书本、认真钻研的情形。对于学习成绩优异者，学校尽最大能力选送至外地深造。例如：推荐王德光、韩绍清、潘光明等到南京蒙藏学校深造（南京解放后他们几位被人民政府转学到北京大学等名校读书）；推荐朱佳仁、朱爱光去昆明天南中学学习；推荐杨学清去榕江师范深造；推荐王建全、韩绍德、陶才兴等去昭通福滇医院学习护理知识。当时，朱焕章校长还打算与新华社取得联系，送学生去抗大求学，但最终因困难较大而未能实现。

学校有着尊师爱生的良好校风，学校还坚持开展各种文体活动，并经常结合时政，开展爱国主义教育和抗日救国宣传活动。学校开办时恰逢抗日战争期间，虽然学校地处西南边远的大后方地区，但师生们同仇敌忾，爱国热情高涨，经常排练抗日救国歌剧，前往乡场向各族群众宣传演出，教群众唱《到敌人后方去》《在太行山上》《流亡三部曲》等抗日歌曲，还把部分歌曲译成苗文，到苗族村寨传唱，大大激发了苗族民众的爱国热情。抗日战争胜利后，石门坎以学校为主，邀请广大民众参加，召开了上千人的庆祝大会。1949年，数十名石门坎中学的学生随同教师张斐然前往昭通陆宗堂等办的教导队受训，学习《社会主义发展史》《政治经济学》《新民主主义论》等课程，后来他们中的大部分人成为了共产党革命武装威宁游击团的干部与战士。

1950年初，私立石门坎初级中学由杨忠德（苗族）接任校长，靠教会遗留的资金和向群众募捐的粮食艰苦办学。

1950年9月，威宁迎来了解放。人民政府按照1950年初全省第一届教育行政会议的精神，遵照"维持现状，立即开学"的指示和恢复中等学校的三条原则，由地区教育科给石门坎初级中学补助经费，维持办学。

1951年3月1日，私立石门坎初级中学两个班，学生52人。其中：男生47人，女生5人；汉族学生1人，少数民族学生51人。教职员工7人。

1951年秋季学期，私立石门坎初级中学三个班73人。

石门坎中学从1943年开办到1952年秋季，前后共招收了10个班（其中有1个班为季班），共培养学生400余人，其中苗族230余人、彝族90余人、汉族80余人、回族近10人。解放后参加革命工作的100

余人，其中参加基层党政工作的 40 余人，包含县级以上干部 16 人、县委副书记 3 人、公安厅处长 2 人、地区民委主任 1 人、副县级 2 人、县人大副主任 1 人、部队连级 1 人；参加教育工作的有 40 余人；参加医务工作的有 18 人；其他农业水利等工作的有 16 人。

1952 年 9 月，人民政府接办石门坎中学，改名为贵州省石门民族中学，原学校教师全部转为国家正式教师。

正如西南大学 2007 届的杨曦博士在其学位论文中所说："石门坎少数民族教育内源发展的集中体现是石门坎私立初中的创办和坚守。由于没有教会的资助，以朱焕章为代表的当地少数民族知识分子从当地各民族群众的教育需求出发，集合当地各民族各阶层的力量创办初中并在师生的生存面临极端困难的情况下，顽强选择了类似'化缘'的求助行动坚持办学。这体现了内源发展的基本精神——自力更生，这也是当地少数民族教育最宝贵的精神财富。"[1] 这种内源发展的精神动力在新中国的少数民族政策激发下，极大地增强了当地各民族的内源创造力，国家强有力的支持让当地少数民族学生既得到物质帮助又感受到实实在在的尊重，他们在苗、汉教师的培养下迎来了石门坎教育史上的最辉煌时期。

石门坎初级中学的顺利创办和顺畅运作是中国苗族和彝族有识之士共同团结奋斗的结果。在学校的建立、教学、管理方面，苗族知识分子发挥了主要作用。而在物力支持上，彝族上层人士则发挥了主要作用，云南彝良的彝族土目梭嘎陇家、猫猫山罗家和新寨安家，以及石门坎周边的土目、地主等彝族上层人士，都积极为学校提供了物质支持。他们在学校最困难的时期，捐助了大量的粮食作为学校的经费粮。各民族共同团结、无私奉献、艰苦办学，是当时私立石门坎中学的办学特色，也是其取得辉煌成就的重要方面。正如西南边疆私立石门坎中学校歌歌词所写：

> 昆仑山脉乌蒙东麓，
> 石门则有一清泉，

---

① 杨曦：《西南地区少数民族教育内源发展研究》，博士学位论文，西南大学，2007 年。

潺潺声悠悠长流。
江河东下大川同源，
交通利来文化沟通。
八方天地乱纷纷，
侵略野心正勃勃。
自治种子方萌芽，
建设基础更宜坚。
忠诚义勇培尔志，
刻苦勤劳建尔身。
理到此疆数遍立，
服膺主义臻大同。

图 1-10 石门坎师生面貌

三 革命种子的孕育之地

自石门坎建立学校以后，原本蒙昧无知，毫无国家概念、民族意识
的苗族人经过一段时间的新式教育熏染，很快产生了国家、民族观念，
知道了"我们苗族的的确确是中国人"，并以高度的主人翁意识和爱国

热情投入到革命事业当中。

1916 年，袁世凯复辟称帝，蔡锷率军北上征讨，石门坎学校教师杨雅各等组织学生捐款 1000 多元资助征讨部队。

1937 年 7 月，抗日战争全面爆发，学校师生赶排抗日短剧，用苗文翻译《松花江上》等抗日歌曲，在苗族群众中宣传抗日。1938 年 6 月，在成都求学的苗族学生杨汉先等草拟《告石川联区同胞书》大力宣传抗日爱国精神："值此日本帝国主义侵略我国的时候，全国各族人民必须团结起来共同抗日。我们就可达到胜利之目的……"

1940 年，苗族教师张文明等联合各民族群众反抗国民党威宁县长周敷世的"烟土税"政策（即种不种烟，吸烟与否，都要交纳烟土税）。

1944 年，苗族知识青年杨汉嵩参加远征军赴缅甸抗日。

1945 年，朱焕章邀请游击团地下党员张斐然到石门坎中学任教，从此石门坎建立起了党的地下组织。后来张斐然吸纳学校钱烈、安平等一批进步教师参加组织，组建游击团第五连。

1949 年 3 月，张斐然带领十多名石门坎学生，以及当地部分进步社会青年共 60 余人参加威宁游击团，积极投入革命。

1950 年朝鲜战争爆发，年轻教师朱玉祥投笔从戎，参加志愿军，奔赴朝鲜战场。

第四节 黄金期（新中国成立初期）——人民政府的高效办学方针

1952 年 8 月，私立石门坎初级中学正式由贵州省人民政府接办，成为公办学校，改名为"贵州省威宁石门民族中学"。同年底，私立石门坎光华小学也由威宁县人民政府接办，更名为"石门民族小学"。当时，贵州省威宁石门民族中学是贵州省的重点学校，全省五所民族学校之一，在校师生全部享受人民助学金，享受优惠的少数民族教育政策。从人民政府接办石门坎中小学到 60 年代初期是石门坎学校办民族教育成效最显著的时期，也即石门坎学校的黄金期。据《威宁文史资料》第五辑中的《重铸名校辉煌》一文统计："'文革'前的 14 年里，石门坎学校的毕业生就有 200 多人，其中 60% 考入上一级学校，考入大学者达 48 人。"①

一　加强教师队伍，改善办学条件

1952 年政府接办石门坎中学后，非常重视教师队伍的建设，由原校长杨忠德继续任校长，其余原校教师完全被吸纳进入新政府的教师队伍中，政府还特别选派了优秀人才吴应杰任学校副校长。吴应杰是年轻有为的共产党员，大学期间就曾从事党的地下工作。另外选派当时毕节地区一流教育人才、黔西中学教导主任、中共党员、南京大学毕业生罗安谦任石门坎中学的教导主任。派龙布公（彝族）任教务员、熊学贤任会计、刘亚忠任美术老师。1953 年西南人民革命大学毕业生甘功铭来到学校任教。1954 年冯明祥、邓厚昕（原黄埔军校毕业）来到学校任教。随后几年，多位来自全国各地各高校的大学毕业生陆续被分配到石门坎任教。他们均受过良好的教育，有着丰富的学识和过硬的政治素质。

政府还十分重视学校的基础建设，极力帮助学校改善办学条件，贯彻落实民族政策。解放前的石门坎中小学，办学条件极为简陋，学校困难到连一本工具书都购置不起，更不用说理、化、生仪器配备了。政府接办学校后，重点投入建设图书室、仪器室。学校的图书藏量迅速增加到 3000 多册，理、化、生等教学仪器全部配备齐全。贵州省教育厅还专门送给石门民族中学收音机一台，作为石门坎师生学习、了解新闻时事的重要工具。据记载，师生通过收音机收听到斯大林去世的消息时，还按新闻要求开展了悼念斯大林的活动。1957 年，政府拨款修建了两栋教学楼共六间教室，大大改善了学校的教学环境。杨忠德、吴应杰两位校长带领学校师生扩建运动场、修复游泳池、疏通饮水管、美化校园环境。学习有了好环境，教学有了好设施，师生生活有了较好保障，学校呈现出一派欣欣向荣的景象。

此外，新中国成立初期，党和国家非常重视石门坎民族地区的政

---

① 王兴中、杨明光：《威宁石门坎光华小学校史梗概》，载《威宁文史资料》第五辑，中国人民政治协商会议威宁彝族回族苗族自治县委员会宣传与教育委员会编印 2006 年版。

治、经济、文化教育事业建设，政府拨给石门民族中学学生的人民助学金比一般民族中学的助学金比例要高，照顾面达百分之百。1952 年冬，毕节地区政府为学校送来衣服和被子，免费发放给学生。在当时交通不便，所有物资靠人背马驮的情况下，从毕节行走 300 多千米到石门坎运送物资，实属不易。学生们穿上棉衣、棉裤，夜间盖上暖和的棉被，真切地感受到了政府的关心和温暖。政府此举轰动了整个石门坎，老百姓纷纷称赞共产党好、毛主席亲。此外，石门坎民族学校的学生还经常享受到政府提供的免费书本、文具、服装、洗漱、医药等学习和生活用品。有着"包吃、包住、包穿"的优厚学习条件和良好的学习环境，加上一个实干的学校领导班子和一支敬业尽职的教师队伍，学生们的学习积极性受到极大的鼓舞，石门坎学校教育迎来了黄金时代。

二 开展丰富多彩的教学活动，全面贯彻教育方针

解放后，共产党提出要在学校肃清封建买办思想，要求学校向工农子女和少数民族子女开放。在招生政策上规定工农子女、少数民族子女要占适当比例，女生也要占一定比例。在思想教育方面提出要对学生进行革命的、科学的、民主的教育。后来又相继提出"爱祖国、爱人民、爱劳动、爱科学、爱社会主义"的五爱教育方针，倡导进行爱国主义、国际主义、集体主义教育和理想教育，指导学生树立正确的、科学的人生观和世界观。这些教育方针政策在石门坎都得到较好的贯彻落实，学校教育呈现出健康发展的良好状态。

学校的教学活动丰富多彩。首先，苗文课的开设情况良好。针对石门坎苗族学生比例高的情况，学校每周开设两节苗文课。学校要求来石门坎工作的外地教师也必须学会苗语。时任校长吴应杰就是学习苗语的典范，他来到石门坎后很快就学会苗语，并坚持说苗话、穿苗衣，完全融入当地师生的生活当中，作风优良，工作勤恳，被誉为"柏格理第二"。其次，教研活动有声有色。1952 年时，石门民族中学分设语文、史地、自然（包括数、理、化、博物）三个教研组。教师分组集体备课，每周举行一次教学研讨会议，讨论如何上好课、如何辅导差生，讨论教材教法上的一些问题。1953 年时，教研组工作又进一步改进，一是要求学校行政人员和老师都要从思想上重视这一工作。二是教研活动

有了更明确的方针及具体的计划，改变了以往泛泛讨论的情况。每次教学研究会议专门研究一个题目或一个人的教学笔记，比较深入地解决教学中的实际问题。三是调整了分组情况，将原来的语文、史地、自然三个教研组改分为语文、数学、理化、苗文四个组。四是更加明确了小组长的责任。教研工作因此有了较大的进步，取得了更多实质性效果：第一，交流了备课和讲授中的经验，如语文教学中高年级语法教学与词语的比重问题等，解决了老师们在教学中遇到的实际问题。第二，互相帮助，集体解决老师个人在备课中的一些疑难问题，缩短了每位老师的备课时间。第三，坚持先讨论教学笔记再授课，大大提高了授课质量。第四，老师们都严肃诚恳地参加了公开教学活动，执教者一丝不苟，严谨认真，观摩者谦虚诚恳，评议实事求是，因此大家的教学水平都得以突飞猛进。

学校的课外活动十分丰富。每天下午都专门安排课外活动时间，内容包括体育活动、文艺活动、科技活动、班团活动、时事政治学习活动等。50 年代初，石门民族中学建立了课外活动委员会，结合学生会的组织分工，下分学习、生活、社会服务、文化指导小组，联系各班级小组开展活动，每项课外活动都有教师指导。学校还针对课外活动专门制定了几条原则：（1）课外活动应有健康的内容，形式应该浅显活泼，有启发性。（2）课外活动应该具有普遍的群众性。（3）课外活动应该有较强的组织性。（4）课外活动应该与客观情势结合。（5）课外活动应该配合民族文艺活动进行。[①]

学校的思想政治工作开展得有声有色。"1952 年，石门初级中学通过学生会改选、评议人助金、'中苏友好月'、传达省学代表会决议、庆祝节日等活动，通过发放救济棉衣、棉被，听收音机、办黑板报、上时事政策大课等工作，用报告会、座谈会、讨论、写心得、出墙报、朗诵会、图片展览、放幻灯、开晚会等方式，进行爱国主义教育，加强热爱共产党和人民领袖的教育，思想工作做得活跃而有成效。"[②] 50 年代

[①]　威宁彝族回族苗族自治县教育局教育志编纂办公室编印：《威宁县教育志》，1989年版。

[②]　同上。

中期，石门民族中学建立了共青团支部，对学校管理和校纪校风建设起到了良好的辅助作用。

学校还在教学活动之余积极开展勤工俭学活动。石门民族中学所有学生食用的蔬菜都由师生自己栽种，自给自足。据有关资料记载，1958年学校收粮 6000 斤，师生们还用他们所种的甜菜制糖 300 斤，1959 年收粮约 11000 斤。

新中国成立后，国家按学生数给每一所中学拨发一定的医药费，石门民族中学也享受到了国家的医疗补助，有效解决了患病学生的就医困难。1959 年石门民族中学一位苗族学生因患病两次住院，国家为其开支 100 多元，他父亲十分感激地说："如果不是共产党，他就没有命了。"①

三 默默奉献的老师，辉煌的教学成果

从威宁县城到石门坎有 140 多千米的路程，20 世纪五六十年代，石门坎还没有通公路，即使先坐车绕行到昭通，再从昭通去石门坎也还需步行 70 多华里。在偏远的石门坎，教师的工作条件无疑是极为艰苦的。然而吴应杰等一批外地教师却不惧艰险，有的甚至携带家眷在石门坎扎根下来，为偏远山区的教育事业默默地奉献，他们的付出换来了辉煌的成果。

1952 年石门民族中学有学生 121 人，其中汉族学生 7 人，苗族学生 96 人，彝族学生 18 人，少数民族学生占总学生数的 95%。到 1958 年时全校学生增至 186 人，其中汉族学生 44 人，苗族学生 65 人，彝族学生 51 人，回族学生 24 人，其他少数民族学生 2 人，少数民族学生占学生总数的 76%，可谓是名副其实的民族中学。人民政府接办后的石门坎中学第一届毕业生共有 18 人，全部是苗族学生，其中有 2 人考入贵阳卫生学校，15 人考取毕节中学（现在的毕节一中）高中部，只有 1 人落选。1958 年学生升学考试成绩为良好的占 30%，1959 年提高到 40%，全校学生考试及格率由 1954 年的 27.2% 提高到 1958 年的 73%。1952 年到 1959 年 7 年间，学校共毕业学生 208 人，其中苗族学生 111

① 威宁彝族回族苗族自治县教育局教育志编纂办公室编印：《威宁县教育志》，1989年版。

人，彝族学生 72 人，回族学生 9 人，汉族学生 16 人。在这段时期，百分之六七十的学生从石门坎中学毕业后都可以升入高一级学校深造。在 20 世纪 50 年代，威宁民族中学高中部、毕节中学、毕节卫校、毕节农校、毕节师范学校、贵阳卫校、贵阳农校、贵阳广播学校、贵州民族学院附中、贵阳女中、贵州八大院校、昆明军校、云南大学、昆明师院、云南农学院、西南师范学院、北京中央民族学院、北京大学都有从石门民族中学考来的学生。用桃李满天下来形容这一时期石门民族中学的成绩一点也不过分。杨全忠在《石门坎民族教育调查浅析》中详细记载了当时的情况："解放后，一九五二年至一九六五年中，先后派进了一些外地教师到石门坎任教……在教学上确实起到言传身教的作用，这个时期也是石门坎中学最兴旺的时期。从这个时期来看，从石门坎中学毕业的到外地深造以及先后考上大、中专读书的学生就有 55 人。其中，考取各大、中专院校人数是：中央民族学院 8 人，西南师范学院 2 人，云南大学 5 人，昆明师范 1 人，贵阳师范学院 6 人，贵州大学 2 人，贵州农学院 7 人，贵州工学院 3 人，贵阳医学院 3 人，遵义师专 1 人，贵州机械学院 1 人，武汉水利专科学校 1 人，半农半读师专 2 人，贵阳民师 1 人，毕节师专 7 人，贵州民院专科 4 人，南京航空学院 1 人。"[①]

50 年代，学校各项工作都蓬勃发展，除教学工作成效显著外，学生的业余教育、宣传、劳动、演出等活动也丰富多彩。学校利用周末时间组织学生去农村搞业余教育，扫除文盲。石门坎周边有许多苗族村寨，五月端午是苗族传统节日，每年的端午节，石门坎中小学都要与乡政府、社会群众联合在石门坎举办盛大的节日活动。成千上万的人（以苗族为主）来石门坎参加节日活动，学校举办各种比赛，如篮球比赛、足球比赛、读书识字比赛、唱歌比赛、体操表演、文艺节目演出等。1950 年朝鲜战争爆发时，学校组织学生利用赶集日上街宣传，进入各村寨宣传抗美援朝的实况，号召群众向抗美援朝部队做捐献。平日里，学校还经常组织学生向民众宣传共产党和人民政府对少数民族地区教育的关怀及照顾。

---

① 杨全忠：《石门坎民族教育调查浅析》，载《威宁文史资料》第五辑，中国人民政治协商会议威宁彝族回族苗族自治县委员会宣传与教育委员会编印 2006 年版。

在学校的全方位培养下，学生们不仅学习成绩好，其他的各种素质能力也都得以全面发展，尤其在足球运动方面的能力最为突出。1958年2月，贵州省毕节地区举办地区足球锦标赛，威宁县组建成年队和少年队，队员基本上都是石门坎中小学毕业的苗族学生，少年队则直接由石门民族中学在校生组成。比赛结果成年队获冠军，少年队获全地区第四名。1959年3月，毕节地区以威宁苗族足球队为主，组建队伍参加贵州省第一届全运会选拔赛，队员全都是石门坎中小学毕业的苗族学生，最终获全省亚军。

总之，新中国成立初期的石门坎学校教育取得了辉煌的成果。究其原因，该时期石门坎学校的成功既离不开党和国家对民族地区教育的重视，也得益于学校继承并发扬了既往的优良办学传统。

第五节　停滞受挫期（"文革"时期）：从"西南文化最高区"到"文化边缘"

据《威宁县教育志》记载："1966年9月7日，威宁民族中学部分师生包围中共威宁县委和政府，提出质问。威宁县'文化大革命'从此开始。"中小学被迫停课，学生组织"红卫兵"、"红小兵"，成立"战斗队"参加大批判，进行大串联，背着"语录"，戴着袖章，走遍各地，吃通八方。"文攻武卫"打派仗，学校成了战斗"堡垒"，教室被破坏，桌凳被砸烂，仪器被摧毁，图书遭浩劫，教师成了批斗对象。这一时期，石门坎中学的各项工作严重受挫，石门坎教育陷入了停滞状态。

一　想象中的"小香港"与"小台湾"

20世纪50年代后期开始至70年代中期之间，由于各种政治运动的原因，石门坎学校陷入了政治旋涡。从"反右斗争"开始，尤其是进入"文革"时期后，教会组织消失，老苗文被禁用，一些教师被打入另册，学校教育受挫停滞，石门坎人被当地政府认为是"受奴化教育最深"的人，而石门坎则被视为"外国人文化侵略殖民地"、"小香港"，且因为曾经"有国民党特务"在石门坎活动过，所以石门坎被戴上了"小台湾"的帽子。

在"文革"时期，石门坎上空笼罩着紧张的空气，石门坎苗民也从那时起背上了"黑锅"。很多教师被批斗，无端被指控为"隐藏的国民党员"，被划定为"特务"，说他们藏有电台，"随时与帝国主义联系"，"和台湾联系"。有人甚至诬陷说："杨忠德校长安了一颗铜牙，那是英国人留下的电台。杨校长每天通过铜牙往外发送情报。"（原石门乡政府秘书张国辉口述）据《威宁彝族回族苗族自治县民族志》记载，当时在石门坎社区搜查所谓"电台"、"发报机"，并非当地政府自作主张的行为，而是有着国家防空战备战略的时代背景的。20 世纪 60 年代初，石门坎被设想为贵州省最可能发生"敌特空投空降"的首选地点，而被作了威宁县和毕节地区防空投防空降工作的重点。

1962 年，《毕节地区防空防暴指挥部关于加强防空防暴的工作报告》中指出威宁县是防空防暴的重点地区。1963 年，根据中央指示和毕节地区治安会议确定的重点，威宁把防空战备地区编为 1—15 号，其中石门坎被定为 1 号地区，任务是防空降、防空投、防暴乱。并指示一旦"发现敌特空投，党政军民一齐动手，迅速行动，坚决彻底消灭干净"，"以上这些地区发生情况，在县委领导下，由县人武部和公安局组织指挥，迅速组织民兵出动，搜捕围歼"。[①]

根据毕节军分区部署，威宁县委、县政府组成防空防暴指挥部，各区组成指挥所，各公社成立指挥小组。规定县指挥部每季度都要开会研究敌特情况，区指挥所每月都要向县指挥部汇报。1965 年，威宁县人民武装部在石门坎进行战备教育工作。就在这一年，石门坎学校的标志性建筑和设施遭到了不可逆转的人为毁坏，"四清工作队"砸烂了石门坎溯源碑，砍碎了大教室的屋檐，毁坏了写有苗文校名的校牌，掘毁了捐躯于石门坎的两位英国牧师的坟墓。"直到 1974 年，县三防指挥部和联防指挥部仍然强调对防空投空降的重点目标进行看守。"[②]

---

① 贵州省威宁彝族回族苗族自治县志编纂委员会：《威宁彝族回族苗族自治县志》，贵州人民出版社 1994 年版，第 328 页。

② 同上书，第 341 页。

二 打入另册，去精英化

由于石门坎成为了想象中的"小香港"、"小台湾"，石门坎人（主要是苗族人）也因此被污名化，石门坎学校的领导者被打入另册，一批知识分子丧失了公民身份。包括那些早早离开石门坎到外地求学、就业的人们都难以置身事外，只有少数人侥幸躲过石门坎污名带来的迫害。

当时在贵阳师范学院读书的石门坎籍大学生王文宪，成为了师范学院受整肃的第一个"现行反革命分子"。他获罪的原因不在自己，而在于他的石门坎"血统"。"组织"查出他的曾祖父和祖父信基督教，便断定他是"帝国主义傀儡"，于是给他戴上"特务后代"的帽子，对他进行批斗、拘禁。甚至连那些曾在石门坎工作过、对石门坎教育有过突出贡献的汉族教师也受到了牵连，比如吴应杰校长就因与石门坎的历史渊源而在政治运动中遭受了一定程度的迫害。机关肃反运动开始后，从石门坎调到省教育厅工作的朱焕章承受了难以想象的压力，最终于1955年底的一天，悄然出走，自缢于黔灵山中。就连石门坎知识分子中的第一位共产党员张斐然，也于1957年被划定为"右派分子"而遭受批判。受迫害者不胜枚举：1958年"无产阶级的民族教育"一开始，石门坎的苗文学者杨荣新（后来死在狱中），以及张德全（入狱11年，1987年平反，获得退休教师待遇）、王崇武等五位教师便被逮捕；参加过抗日战争的苗族教师陶开群于1958年3月被定为"右派分子"，直至1979年2月才得以平反，教师张文明被定为"右派分子"、"历史反革命"，于1958年入狱，1979年3月落实政策后才得到平反；杨忠德校长则因为石门坎的问题"手膀子都整脱掉"（此为其弟杨忠信的原话）；石门民族小学校长韩正明，1958年被划为"右派分子"，被免职，后来被判入狱，直至1978年才得以平反……受到冲击的还有王德椿（曾任光华小学校长）、韩绍纲（曾任光华小学校长）等。曾任石门民族中学校长的张恩德也在60年代后期被造反派夺权、批斗、停职。

"文革"期间，"工作组"还经常到石门坎苗族知识分子家中"抄家"，"王文宪家1957—1958年被抄家，抄走了一个手风琴"，张文明家被"抄家三次，在爱华山两次，大水塘一次"（原石门乡政府秘书张国辉口述）。石门坎人变得处处低人一等，失去了就业、求学的同等资格和平等机会。"文革"开始后很长一段时期内，石门坎的青年没有资格报名参军，甚至连当民兵的资格都没有。

"文革"时期，有关部门还提出，要把石门坎的学校搬到中水去，原因是石门坎学校曾经是英国人办的学校，石门坎"名声不好"。1970年，学校的大量校舍被拆除，拆下来的木材被石门坎的"管制分子"背去中水。

对这一时期石门坎的教育情况，杨忠信曾在两篇文章中做过记录。在《50年代贵州威宁石门坎的民族教育》一文中他这样写道："50年代后期，政治运动多了，肃反、大跃进、反右倾冲击了教学，有的教师受批判、受错处，教师谨小慎微。"[1] 在《石门坎百年的辉煌与沧桑》一文中他写道："吴应杰、杨忠德两位老校长都在五十年代末六十年代初调离学校。学校整体工作受到影响。六十年代后开始'文革'，学校混乱、瘫痪。七十年代中期起外地教师纷纷离开学校，本地教师青黄不接，学校走向下坡路。"[2]

第六节　曲折前进及教学质量滑坡期（改革开放以来）

一　政策倾斜

1978年，为扭转中学教育学校布点多、学生数量大、师资力量弱、校舍及设备简陋、教学质量低的局面，威宁县教育局决定办好一批重点中学，经上报毕节地区教育局并最后获得批准，确定威宁民族中学、威宁第二中学、石门民族学校为威宁县的重点中学。

1981年10月20日，毕节地区行政公署发布文件称："石门中学地处偏僻，交通不便，气候寒冷，生活条件艰苦。为发展民族教育事业，鼓励教师到边远少数民族地区工作，帮助他们解决生活上的实际困难，

---

①　杨忠信：《50年代威宁石门坎的教育状况》，载《石门坎文化文集选编》，威宁自治县苗学研究会编印2011年版。

②　杨忠信：《石门坎百年的辉煌与沧桑》，载《石门坎文化资料文集》，威宁县苗学会，石门乡人民政府编印2010年版。

经地委、行署研究决定，对石门中学的外地教职工实行生活补贴：一、石门中学原有和新调配的教职工（不包括临时工）除石门公社以外，每人每月补贴生活费9元，假期照发。连续旷工十五天以上者，扣发一月补贴；旷工超过一月者，当年不能享受生活补贴。二、此项补贴从一九八一年十月一日起执行。调离该校后即取消。"①

1986年工资改革后，石门坎民族学校教职工除按规定在基本工资之外享受工龄津贴、教龄津贴、生活补贴、书报资料费、粮食补贴、肉食补贴、洗理费等，还享受工资往上浮动两级的专门优待。

从20世纪80年代开始至90年代末，石门乡享受中师中专定点招生的政策待遇，即中师中专在石门民族学校每年有定点招生指标，石门民族学校中考成绩名列前茅者即可入学，不受统考分数线限制。

二 教师队伍弱，教学质量差

党的十一届三中全会以后，石门坎在"反右斗争"和"文化大革命"时期遭到迫害的教师和知识分子陆续平反，部分教师工作得到恢复，但经历十多年的浩劫，石门坎的学校已经元气大伤，在教师结构受到严重影响的同时，学校也丧失了原有的办学传统。

20世纪70年代末80年代初，在国家恢复高考制度以后，石门民族中学曾一度创办高中部，但由于师资力量不足，教学质量差（其间连一个考上大学的高中生都没有），短暂地办了几年后，随着教育机构的调整，高中部就又被取消了。1982年，中小学合并为"九年一贯制"学校，即威宁石门民族中学和石门民族小学合并为威宁石门民族学校，为地属重点民族学校。改革开放以后，尽管县、地区、省级各有关部门都非常重视石门坎的教育，但石门坎教育质量却再没能提高。最大的原因是师资问题。杨忠信在《石门坎百年的辉煌与沧桑》一文中说："八十年代虽然规定外地教师去石门坎可晋升一级工资，但愿去的极少，也扎根不下来，虽多方努力，学校仍无法恢复元气。"② 石门坎由于地理

---

① 陈绍炎：《威宁自治县民族教育简述》，载《威宁文史资料》第三辑，中国人民政治协商会议威宁彝族回族苗族自治县委员会第二届文史资料研究委员会编印1988年版。

② 杨忠信：《石门坎百年的辉煌与沧桑》，载《威宁文史资料》第五辑，中国人民政治协商会议威宁彝族回族苗族自治县委员会宣传与教育委员会编印2006年版。

位置偏远、交通不便、经济落后等原因，许多教师都不愿去工作，分到
石门坎的教师也因为条件艰苦而纷纷想办法调走，导致师资力量非常薄
弱。杨正伟在《对一个边远苗寨的现状的思考》中说："石门坎的教育
非常落后，直接制约着经济的发展。不仅 40—50 岁的旧文盲没有消除，
10—20 岁的新文盲仍大量出现。据 1986 年 4 月初统计，全乡只有高中
生 9 人，占总人口的 0.18%；初中生 93 人（包括在校生 20 人），占总
人口的 1.98%；小学生 320 人（包括在校生 150 人），占总人口的
6.6%：文盲达 91.3%；失学儿童达 88%（全乡适学龄儿童 485 人，
能上学的只有 55 人）。就石门民族学校校舍而言，由于多年失修，危
房太多，目前除几栋稍好外，其余都破烂不堪，教职员工宿舍经常漏
雨，有些房子已不能住人。上级拨给的教育经费虽逐年有所增加，但由
于工人数量增加了（全校教职工共 36 人，工人或不能上课的教职工共
13 人，占 36.1%），工资、差旅费、休假费、烤火费、洗脸费、科技
津贴等开支都有较大增加，教育经费几乎全都用在教工人头经费上，改
善办学条件的经费微乎其微。民办学校的情景更糟，有的教室是用私人
的牛圈修整而成的，4—5 个学生共用一张课桌，甚至站着上课。就师
资力量来说，石门民族学校真正上课的教师只占 63.9%，且素质较差，
全校 27 名教师，有 16 人参加教材过关考试，只有 3 个合格，有的只考
得几分。民办教师几次参加考试，竟没有一个合格。很多教师都不安心
本职工作，学校的五个领导干部都书面或口头要求调动或改行。六七十
年代全乡先后办的八所民办学校，现已垮台 7 所，营坪村民校虽然巩固
下来，但无人领导管理，教师找不到工作联系点，已有垮台的趋势。"[1]

杨全忠[2]在《石门坎民族教育调查浅析》（1989）一文中做了这样
的记录："七十年代至八十年代中，石门坎民族中、小学校的现状是：
五六十年代在这里担任领导和教师的除原校长张恩德（苗族）已退休
外，其余的所有领导和教师已全部调离石门坎，现任石门中学校长为王
绍刚（苗族，高中），其教师结构是：王正奇（耕读师专），张建林
（贵阳师院），王进银（工农兵大学），杨光跃（中师），其余的老师均

---

[1] 杨正伟：《对一个边远苗寨的现状的思考》，《贵州民族研究》1989 年第 4 期。
[2] 威宁苗族知识分子，20 世纪 80 年代曾是威宁县民族文字推行小组成员之一。

为高中或中师毕业生。现在的石门坎中学，从学校领导班子到任课教师与过去相比已大为减弱。石门中学近几年来考取中专的人数极少，八六至八八年以来，一名大中专都没考上，成了空白中学，真是令人深思，叫人忧虑。"①

1993 年"建并拆"以后，石门坎所属的石门乡，包括 14 个自然村，第六次人口普查数据为 19036 人。除石门民族学校外，石门乡的小学有云炉、女姑、高潮、营坪 4 个完全小学，另加团结、泉发、年丰、新民等几个办学点。2003 年以后增加了新中小学，全乡小学毕业生是石门民族学校的初中生源。自"文革"以后，石门坎的师资力量长期薄弱，教师队伍质量不高，数量不足，且学历不达标的代课教师占一定比重。

从 20 世纪 80 年代开始，县政府开始对石门坎民族学校实施定向定点培养中师中专生的计划，这是一项以培育石门乡师资力量为目标的举措。1985—1995 年，威宁县民委和县教育局共同牵头为地处偏远地区的民族学校定点招收中师中专生，并与学生和家长签订毕业后定点服务的合同，前后签约的学生大约有 30 人。但考取的学生最终都不履行合同，不肯到石门坎工作。所以这项为期 10 年的师资回收计划最终没有取得任何预期效果。

石门民族学校是石门乡的中心学校（见图 1 – 11），位于乡政府所在地附近，离石门乡的集市不远，在整个乡算是条件最好的学校。可就连石门民族学校也找不到好的教师，偶尔来了好老师也留不住。1998 年，石门民族学校教职工 24 名，公办教师 22 名。其中没有一位拥有大学本科及以上学历的老师，大专学历 7 人，中等师范学历 14 人，高中学历 2 人，初中学历 1 人。

到 2005 年时，石门民族学校教职工 40 名，全部为公办教师。其中，大学本科学历者 1 名，大专学历者 11 名，中等师范学历者 20 名，高中学历者 2 名，初中学历者 4 名，小学学历者 2 名。自 2006 年开始有"特岗教师"进入学校，石门乡教师数量少的问题有所缓解，各学校的代课教师也逐渐由持证上岗的正式教师所代替。近年来，石门坎的

---

① 杨全忠：《石门坎民族教育调查浅析》，载《威宁文史资料》第五辑，中国人民政治协商会议威宁彝族回族苗族自治县委员会宣传与教育委员会编印 2006 年版。

办学条件有了大幅度改善，特别是自国家实行"普六"、"两基"（基本普及九年义务教育，基本扫除青壮年文盲）政策以来，石门坎各学校陆续新增教学楼，逐渐配备图书、仪器、远程教育设备等；同时，各学校先后落实了"两免一补"，增加了生均公用经费。从纵向比较来看，石门坎办学的硬件条件远远超过了其历史上的所有时期。但石门坎的教育质量却越来越令人担忧，石门坎曾经的教育影响力逐渐消失于周边学校的迅速崛起之中。从威宁县教育局近年来对全县的统考成绩评比情况来看，石门民族学校的中考成绩在全县连年"挂末"。石门坎的学生辍学率高居不下，校风学风已大不如前。

图 1-11　石门坎中心学校

　　从 1952 年人民政府接管学校以来，学校的级别隶属关系发生了巨大变化。1952 年，贵州省威宁石门民族中学为省属民族中学；1982 年，中小学合并为威宁石门民族学校，为地属重点民族学校；1995 年，威宁石门民族学校由地属重点民族学校改为县直属民族学校；2004 年，威宁石门民族学校由石门乡人民政府接管，直接领导机构为石门乡教育辅导站。几十年来，学校的级别连续下滑。

　　概括而言，石门坎学校的教育质量，经历了 50 年代的辉煌，60—70 年代的停滞受挫，80 年代以后便逐渐衰落。生源地范围也由原来的滇、黔、川二十几个县缩小到了现在的石门乡一个乡的范围内。

第七节 新世纪石门学校新模式(2003 年至今)——新中小学

就在石门乡所有学校呈现出整体萧条衰败的景象之时，石门坎出现了一所新办学校——石门乡新中小学。这所学校无论在办学体制、办学理念，或是师资配备、课程设置、教材教法等方面均采取了与石门乡其他学校不同的方式，而新中小学的教师工作态度、精神面貌，学生学习态度、成绩情况等也均表现出了迥异于石门乡其他学校的状态。故课题组将新中小学作为探索新时期石门坎教育发展新模式的试点来进行考察研究，借此章节对新中小学的具体办学情况进行细致梳理和详细介绍，以期对探索当今西部民族地区农村基础教育的发展路径有所帮助。

一 新中小学简介

新中小学是由深圳、广州、厦门的一些基督教爱心人士共同捐资，委托威宁县教育局承建的一所学校。其办学目的是帮助当地适龄儿童和失学儿童能"有书读，读好书"。学校名"新中"二字取自学校所在地——石门乡荣合村新营和中寨两个寨子名字中的各一个字，同时也是希望上帝的爱能永远存于新营和中寨这两个寨子，以及所有进入这所学校的老师和学生心中。

新中小学坐落在新营和中寨中间的山坡之上（见图 1 – 12），由于海拔高、地势陡，气候严寒，新中小学常年被大雾笼罩。学校在建校选址时充分考虑了宗教和民族因素：首先，学校建立在两个拥有众多基督教信徒的村寨之中，这与新中小学的基督教背景有天然联系；其次，这两个村寨居住的村民绝大多数都是苗族，学校对于帮助这里的苗族孩子接受教育有重要意义。

2001 年深圳籍基督教徒吴彩金、叶玲芬两位女士到石门坎调研，发现新营和中寨两个寨子只有不足十人在石门民族学校读书。由于这两个寨子离石门民族学校路途较远，家长对教育漠视，再加上需要自己承担学费，所以大部分适龄儿童都辍学在家。鉴于寨子里大部分家庭都是

图 1 - 12　新中小学

基督教信徒，出于共同的信仰和爱心的原因，吴彩金和叶玲芬两位女士
牵头，联合深圳、广州、厦门基督教人士共同出资修建新中小学。学校
于 2002 年 7 月开始修建，总投资 20 多万元，2003 年 9 月建成并正式开
始招生授课。

　　学校开办后，渐渐吸引了周边的村民子女前来上学。2007 年，学校
有一至六年级外加学前班共 7 个班级，其中学前班 44 人，一年级 19 人，
二年级 24 人，三年级 19 人，四年级 15 人，五年级 18 人，六年级 12 人，
共计 151 人。学生来源主要集中在荣合村中寨组、新营组，以及草原村，
另外还有少量云南彝良和昭通学生，以及个别因父母在此打工而迁至此
的外省学生。在民族分布上（学前班除外），苗族学生有 87 人，占学生
整体比例的 83%，彝族学生 9 人，汉族学生 11 人。学校现有教师 8 名，
除学前班朱老师为当地苗族人外，其余都为外地志愿人员。学校所开设
的课程由威宁县教育主管部门统一安排，主要包括语文、数学、音乐、
体育、思想品德、社会、写字、美术等，三至六年级还开设英语课程，
教材也与外界保持一致，在教学上并未带有任何宗教色彩。

　　从 2008 年开始，新中小学的学生呈现出低年级段人数骤增，到了
中高年级段后便逐渐减少的趋势，以 2011 年秋季学期为例：学前班 50

人（由于教室不够用的原因，这是限制后的人数），一年级 28 人，二年级 32 人，三年级 28 人，四年级 21 人，五年级 15 人，六年级 21 人。2012 年春季人数为：学前班 50 人，一年级 24 人，二年级 32 人，三年级 28 人，四年级 21 人，五年级 16 人，六年级 15 人。

每年的春季学期，高年级的学生数量都会大幅度减少，究其原因，主要有三种：一是户口在云南的学生要回到户口所在地报考初中；二是一部分外来学生在低年级段打好基础后，回到来源地学校读高年级；三是年纪稍大的孩子辍学跟着别人外出打工去了。

二　学校运行机制

从学校性质来看，新中小学属于"民办官助"，不同于一般意义上的希望小学。根据 2002 年 7 月学校出资方与威宁县教育局签订的《委托协议书》，学校由深圳方基督教人士出资，威宁县教育局负责校舍的修建，学校建成后出资方拥有学校的所有权和经营管理权，而学校的教学工作则由县教育局和石门乡教辅站统一领导和管理。学校跟其他公办学校一样，参加政府教育部门举行的各种活动，享受与其他公办学校同样的待遇，包括日常的办公经费和国家的相关政策，但学校的教师工资和基础项目建设费用由深圳方面承担，因此学校的所有权和经营管理权属于深圳方，教学工作和行政事务管理权则属于威宁县教育局。

这种两方分头管理的方式最终导致了责任不清的情况，学校陷入了尴尬的局面。学校建设的前期投资基本上是由深圳教会方承担，但由于建设工程质量不过关，验收不合格，教会拒绝承担工程尾款，威宁县教育局不得已垫付了建设尾款；同时，自 2006 年起学校开始享受国家补贴（"但这份补贴是谁同意拨付的现已弄不清楚，也未留下任何书面证据"——新中小学校长语）。由此，教育局认为他们既承担了建校费用，又拨付了补贴费用，新中小学的所有权就是他们的，而这显然又与建校前签订的协议书不符。于是，学校投资和经费补贴责任方不明确带来了一系列问题，发生了一些不清不楚的事情，比如：石门乡政府对石门乡的所有学校发放实验器材时，没人清楚新中小学是否应该属于发放之列；县教育局原先给了新中小学四个公办教师编制，但这四个教师并未在新中小学上班，而是在石门民族学校上班；在威宁县的特岗教师名单中，有两人签的合同是到新中小学任教，但最后却被分到石门民族学校和新民学校；政府有时给新中小学年审编制证，有时又不给……总之，"新中到底属于私立还是公立谁都不好说，只能定性为民办官助的希望小学"。新中小学卞校长在接受访谈时如是说。

三　教师结构

从教师结构上看，除教授学前班的是一名当地苗族教师外，其余教师都是外地招聘来的志愿者。2010年新中教师的基本情况如表1－1所示。

表 1－1　　　　　　　2010 年新中教师基本情况统计表

姓名	籍贯	学历	来校时间	信仰情况	职务
卞××（女）	吉林辽源	本科	2006 年 2 月	基督教	校长
江××（男）	吉林辽源	专科	2006 年 2 月	基督教	班主任（六年级）
葛××（男）	吉林辉南	初中	2007 年 3 月	基督教	班主任（二年级）
孙××（女）	吉林柳河	初中	2007 年 3 月	基督教	班主任（一年级）
王××（男）	云南文山	大专	2008 年 10 月	无	班主任（三年级）
罗×（男）	贵州纳雍	中专	2008 年 3 月	基督教	班主任（四年级）
杨×（男）	云南文山	大专	2008 年 8 月	中共党员	班主任（五年级）
朱×（女）	贵州威宁	初中	2006 年 4 月	基督教	班主任（学前班）

其中：卞××和江××、孙××和葛××分别为两对夫妻，来自东北吉林省；罗×为校方在网上招聘的人员，聘期为两年；王××和杨×是2008年云南省文山师专应届毕业生，通过朋友介绍而来校任教。8名教师中，有6名信奉基督教。2012年新中小学新的教师队伍情况如表1－2所示。

表 1－2　　　　　　　2012 年新中教师基本情况统计表

姓名	籍贯	学历	来校时间	信仰情况	职务
卞××（女）	吉林辽源	本科	2006 年 2 月	基督教	校长兼班主任（六年级）

姓名	籍贯	学历	来校时间	信仰情况	职务
江××（男）	吉林辽源	专科	2006 年 2 月	基督教	班主任（四年级）
吴××（男）	贵州威宁	初中	2012 年 3 月	无	班主任（五年级）
张××（男）	云南昭通	中专	2010 年 9 月	基督教	班主任（三年级）
刘××（女）	山东	大专	2010 年 9 月	基督教	班主任（二年级）
秦××（女）	山东	初中	2009 年 9 月	基督教	班主任（一年级）
朱×（女）	贵州威宁	初中	2006 年 4 月	基督教	班主任（学前班）

从教学情况看，新中小学采取小班制、双语教学等方式授课，教师积极开展教研活动。由于招生人数不多，新中小学实行小班制授课的方式，除学前班人数较多外，其余各班人数都不多，一至六年级中，学生最多的班级为 24 人，最少的为 12 人。从学前班到六年级，每个年级一个班，全校共 7 个班。这对于学校仅有的 7、8 个教师来说，教学任务是比较繁重的，除校长外，每个教师都是班主任，每人每天 7 节课，每位教师在工作日从早到晚几乎都是排满课程的。同时，为了维持学校正常运转，老师们还得承担大量的教辅工作和日常管理工作，他们的工作量之多可想而知。然而，尽管很忙碌，老师们总是把校园环境和教学运行秩序都安排得井井有条。

双语教学：新中小学有 90% 的学生是少数民族，其中绝大多数是苗族，对于少数民族学生来说，汉语不是他们的母语，而学校教学所采用的都是汉语教材，这就难免会造成低年级学生在听说和理解上存在一些困难。基于此情况，新中小学加强学前班教育（除了石门民族中心学校以外，目前新中小学是全石门乡唯一一所开展学前教育的学校），在学前班开展双语教学。新中小学的学前班教师是当地的一位苗族人，能说地道的苗语，为开展双语教学提供了有利条件。双语教学的开展对学校的教学起到了积极的影响。一方面，学前班的双语教学，为学生打下了一定的汉语基础，所以新中小学的学生进入小学后基本都能顺利适应汉语知识的学习和以汉语为主的授课方式。另一方面，由于在石门坎苗族属于弱势民族，苗族学生们一般都表现得比较胆小怕事和内向。这样的性格不利于他们创造性的发挥，不利于他们的健康成长。故在他们启蒙读书阶段，能有一位说苗语的教师的引导，无疑十分有利于他们树立学习的信心，为他们以后的学习打下良好的基础。

教研活动：新中小学的教师除积极参加乡教辅站组织的培训活动以外，还常常联合其他学校优秀教师开展优质课、示范课活动，并取得良好的效果。2009 年，新中小学校长卞老师参加威宁县优质课评比，获全县小学语文组特等奖。

四　当代的"联体共生"

由于学校投资方的基督教背景，学校在招聘教师时通常优先考虑基督教徒，希望能依靠宗教徒所特有的自觉性把学校办好。新中小学建校之初的第一批教师共 7 人，全都是从贵阳一个神学班招聘而来。现任的教师 8 人，其中有 6 个信仰基督教。

同样，由于基督教的背景，新中小学的开办，不仅为学生求学提供场所，还兼有其他一些特殊的功能和一定的特殊意义。

首先，学校在开展教学工作的同时，为当地村民做了很多慈善活动。学校每年都会收到外界捐赠的大量衣物，于是给村民发衣物成为学校的一项常规性事务。在 2008 年凝冻雪灾之时，学校还向村民发放财务补助。此外，学校每年夏天都会组织医疗队给村民做免费体检。而教师个人所做的其他好事善事更是不胜枚举。2010 年，学校发现有学生患结核病，卞校长赶紧联系结核病防治中心到学校和附近的寨子里做排查，结果发现有十几人感染，其中包括她自己 8 岁的女儿。卞校长立即带领老师们积极帮助村民进行医治。据说至今为止，经过卞校长之手从死亡线上拉回来的学生和村民就不下五人。另外，卞校长还经常利用自己的人脉资源帮村民解决生计问题，为村民们寻找和联系外出打工的机会。由于卞校长等人开展的慈善活动较多，以至于当地不少人对他们产生了误解。原石门乡政府秘书张国辉在接受课题组访谈时这样说："捐赠、治病、救助等这样的事例太多，以至于给我们造成一个错觉，他们不是来从事教学工作的，而是来从事慈善事业的。"

近年来，随着经济的发展和国家"三农"政策的实施，新中小学周围的社区需求发生了改变，村民需要救助的情况已不再像从前那么多了。农村医疗合作在石门坎普及后，新中小学除每年固定地组织医疗队为村民做体检外，不再参与其他医疗救助。

五　艰苦创业

在新中小学建成之初，专门有水管将山间的泉水引入学校，学校师生能用上干净的"自来水"。可是到 2006 年 2 月时，当初铺设的水管完全老旧损坏，学校彻底断水，教师们只能到较远的地方去驮日常生活用水，或是在雾天接雾水，澄清后用作饮用水。在 2006 年遇上旱灾时，学校用水就更加困难，老师们没有办法，甚至喝路边"绿荫塘"（此为一天然水塘，牲口饮用、村民洗衣服都在此取水）的水，而董事会和教育局都没有出面解决饮水问题。老师们只得自己扛着工具，顺着水管一节一节开挖，寻找堵塞之处。当时，老师们为了解决教学工作和寻找水源时间冲突的具体问题，只好周一至周五在学校上课，周末扛上工具去修水管。他们花费了整整两年多的时间，奔走在山岭和学校之间，才把源头的水窖重新修好，把管子从头到尾全部疏通。他们的辛苦换来了众人的用水便利，不仅学校有了干净的自来水，附近的村民也不用再担心干旱季节无处取水了。

在解决用水问题的同时，老师们又遭遇了用电的难题。在学校建成之初，电线本来是接通的，但由于石门坎冬天天气严寒，一夜之间电线上的冰凝就可以结得像胳膊那样粗，恶劣的天气对原有电杆的强度和电线的承重能力造成了极大的威胁，老师们只得自行加固电线和电杆。从埋电杆到牵电线，从第一次牵 16 平方米的电线失败再换到 32 平方米的电线，用抓钩固定……老师们想尽办法，用尽力气，终于解决了学校和附近村寨的用电问题。

在解决了用水、用电问题之后，老师们开始着手修建足球场和篮球场，改善学校的基础设施。由于经费缺、劳力少，再加上石门坎气候条件恶劣，交通不便，购置材料和施工都十分困难，老师们只得绞尽脑汁节约经费，并亲力亲为承担所有重活累活，最终花费不到两万元修建好了篮球场和石门坎自新中国成立以后的第一个也是迄今为止唯一一个足球场。足球场占地 1400 平方米，虽然无法和城市学校里正规的球场相提并论，但在石门坎却具有十分重要的意义，因为它是继 20 世纪初柏格理修建球场之后石门坎再次修建的唯一的一个足球场。

六　丰富的活动

　　新中小学在石门乡不仅是教书育人的场所，还起到了社区文化场所的功能。学校自开办以来就经常组织学生举办各种文体活动，其中最有影响力的是 2007 年的"花山节"活动。在学校足球场修成之后，当地村民提议举办一次"花山节"，让学校出场地，村民出节目。最后学校不仅提供场地，还找人捐赠了 1000 元钱购买日用品作为比赛的奖品。"花山节"是石门坎的一个传统节日，是一个积极健康、意义重大的活动。因为石门乡在 2007 年之前已经有 15 年没有举办过"花山节"，所以附近多个县、镇的苗民们在听闻新中小学要举办"花山节"活动的消息后都十分激动，纷纷赶来参加活动，活动当天到场群众两千多人，人山人海，把小小的学校围了个水泄不通，场面十分壮观，堪与当年石门坎光华学校运动会的盛大场面相媲美。

七　独有的办学特色

　　与石门坎的其他学校不同，新中小学的办学独有特色。首先，在师资问题上，新中小学没有石门坎其他学校所面临的外地教师分不进来、分进来又留不住的问题。相反，新中小学部分教师是千里迢迢从其他省份，甚至从发达地区、城市地区自愿而来，且一待就是若干年。他们不但能扎根下来，而且还一心一意地投入学校工作，默默无闻地将自己的青春奉献给山村教育事业。这些老师都很受学生爱戴和喜欢，课题组在新中小学调研期间，听见不少学生把老师叫做妈妈，课间时就依偎在老师身边，一脸的幸福和欢喜。而面对衣着破旧甚至脏乱的学生，老师们没有表现出丝毫的嫌弃，当学生的鼻涕、口水弄脏了老师的衣服时，老师依旧满面笑容地搂着他们（见图 1 - 13）。

　　其次，新中小学学生的学习积极性比石门坎其他学校的学生要高得多。课题组在石门乡进行实地调研时，进入多所小学随堂听课，明显感觉到新中小学的课堂气氛最活跃，学生积极性、主动性最高。在课题组与各个小学的学生进行交流的过程中，当问及学习方面的问题时，新中小学的学生呈现出积极的面貌，他们普遍都认为上学很有趣，并表示他们很喜欢学习。而其他学校的学生则大不一样，他们大多认为学习太

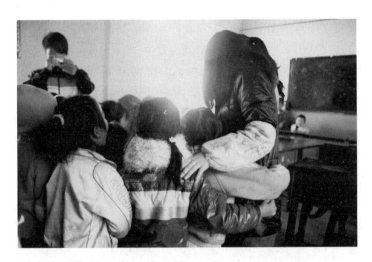

图 1 – 13　新中小学老师像妈妈一样被孩子们拥着

难，表示不喜欢上学。（见图 1 – 14，新中小学的课堂采取老师和学生围坐的方式，师生平等且互动性很强。）

图 1 – 14　新中小学课堂

课题组在新中小学调研期间还感受到了学校浓厚的文化氛围和人文氛围。学校专门设有图书室（见图 1 – 15），每个教室里都设有图书角

（见图 1-16），书架上放满了社会各界爱心人士捐赠的图书，而且图书
全部分类做好索引条码，摆放得整齐有序。在图书室的桌子上，摆放着
一本借阅记录本（见图 1-17），本子上密密麻麻写满了学生们借书还
书的情况（见图 1-18）。新中小学的老师告诉我们，管理图书室的工
作由学生承担，管理员由四年级以上的同学轮流担任，他们负责借书、
还书、整理书架、编排索引条目、打扫卫生等一切工作。学校的每一位
学生都可以把图书借回家去读，但必须按时还书。

图 1-15 新中小学图书室

图 1-16 新中小学图书角

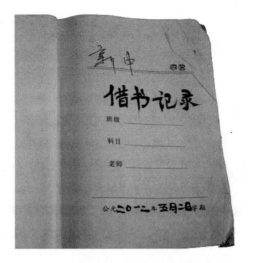

图 1-17　新中小学图书室借阅记录本

图 1-18　新中小学图书室借阅记录

　　而在石门乡的其他学校，课题组发现没有任何一个教室设有图书角，也没有见到对学生们开放的图书室。据了解，石门乡的其他学校和新中小学一样，经常会收到外界爱心人士和机构捐赠的各种图书，但这些书送来后往往被随意堆在学校的某一个角落里，没人整理，也没有给学生阅读（见图 1-19）。

图 1-19　石门坎中心学校教室里空空的书架

新中小学专门开设了微机室，有近 20 台外界捐赠的电脑供学生们使用，每个班都安排了专门的上机时间，充分保证学生们学会运用现代技术。而当课题组来到石门乡其他小学时却发现，同样是外界捐赠的电脑，有的学校将之闲置在办公室的角落，有的学校甚至把电脑当成废物，随意摆放在角落，任其生锈发霉（见图 1-20）。

（a）年丰小学内废置的捐赠电脑

图 1-20　石门坎年丰小学与新中小学微机室现状对比

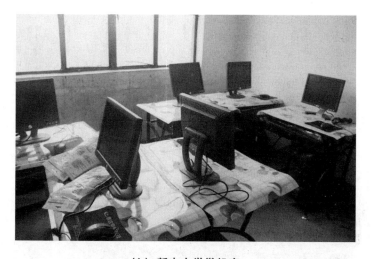

(b) 新中小学微机室

图 1－20 石门坎年丰小学与新中小学微机室现状对比（续）

新中小学的课程设置较为科学合理，教材和教法也比石门坎其他学校更加灵活多样。低年级开设的音、体、美等素质教育课程较多，高年级减少音、体、美课程，增加英语课程（见图 1－21）。且新中小学的

一年级课程表

时间	8:10—[illegible]:30	8:40—[illegible]:30	9:30-10:00	10:00-10:30	10:50-11:30	11:30-13:20	13:[illegible]0-14:00	14:10-14:5[illegible]	15:00-15:30	15:30-16:10	16:20-17:0[illegible]
一	早读	语文	课	数学	数学		午	体育	大	音乐	班会
二	早读	数学		语文	语文	午		品德		校本	活动
三	早读	语文	间	数学	数学		自	体育	课	音乐	美术
四	早读	数学		语文	语文	休		品德		活动	写字
五	早读	语文	操	数学	数学		习	五心教[illegible]	间	美术	劳动

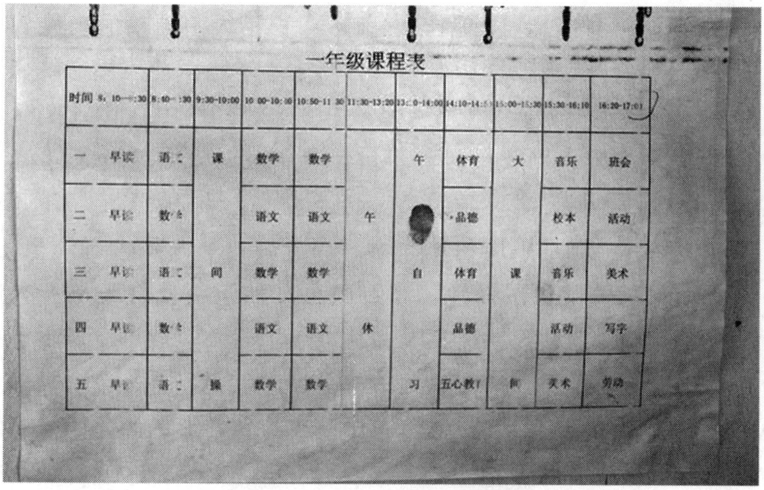

(a) 新中小学一年级课程表

图 1－21 新中小学课程表

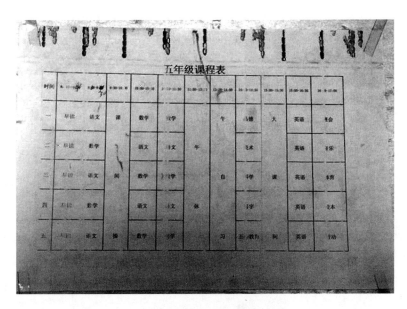

（b）新中小学五年级课程表

图 1 - 21　新中小学课程表（续）

音、体、美课程完全按照课表上足、上满、上好（在课题组 2014 年第
二次到新中小学进行调研时，学校已经有了一名从四川音乐学院本科毕
业的专业教师专门教授音乐课）。学前班和一年级由当地的苗族教师进
行苗、汉双语教学。在教材选取方面，新中小学除了使用国家统一编制
的教材外，还加入《孝经》《三字经》《弟子规》等中国传统文化经典
读物（见图 1 - 22），以及《希利尔讲世界地理》《世界名著选读》等
内容，拓宽学生视野，激发学生求知欲。老师上课方法灵活，不是死板
的老师讲学生听，而是采用情境教学、课堂游戏等方式进行师生互动，
调动学生的学习兴趣和积极性。和石门乡其他学校教材单一、教法死
板、音体美课形同虚设等情况相较，新中小学的教学效果显现出了很大
的不同。

　　同样是在偏僻落后的石门坎，同样是艰苦的办学条件，同样是农村
学生，新中小学却呈现出与其他学校大不一样的情形，这或许正是探寻
新时期石门坎教育发展新模式的一种有效尝试。

图 1-22　新中小学辅助教材

小　结

　　从 1905 年柏格理在石门坎开办学校至今,石门坎的学校教育正好走过 110 年的历史。百余年间,石门坎的教育跌宕起伏,石门坎从一个未开化的蛮荒之地突然崛起,学校办得风生水起,教育成效异常显著,石门坎因此一跃成为"西南最高文化区",引发了震惊国内外的"石门坎现象"。然而自"文化大革命"开始,石门坎教育又重新跌入低谷,从此未能复兴。其间的原因无疑是复杂、多元的。只有深入现象背后,对石门坎学校兴衰过程的社会历史背景、教育主客体等因素进行深入分析,方可探知一二。我们将在接下来的"历史篇"中从教育场域、教

育主体、教育客体三个方面入手，对石门坎教育兴盛时期，即初始期、
发展期、辉煌期、黄金期的成功经验进行探讨。并将在后面的"现状
篇"和"启示篇"中对石门坎教育衰落的原因进行深入的挖掘。

第二章 教育场域：顺历史之"经"，
理地域之"纬"

　　"场域"（field）是一个被广泛运用于物理学、心理学等多个学科领域的重要概念。社会学领域的"场域理论"是由法国著名社会学家皮埃尔·布迪厄（P. Bourdieu, 1930—2002）在《实践与反思——反思社会学导引》一书中提出来的。布迪厄说："我将一个场域定义为位置间客观关系的一个网络（network）或一个形构（configuration），这些位置是经过客观限定的。"① 布迪厄的"场域"概念是与"社会"概念相对的，"布迪厄认为，'社会'是一个空泛的概念，一个分化的社会并非一个由各种系统功能、一套共享的文化、纵横交错的冲突或者一个君临四方的权威整合在一起的浑然一体的总体，而是各个相对独立的'游戏'领域"②。因此，布迪厄将社会化分成一个个相对独立的"场域"。这一个个构成社会世界的"场域"，是具有自身逻辑关联和必然联系的客观关系的空间，也是具有相对自主性的空间。场域不是被一定边界物包围的普通的领地，场域是内含力量的、有生气的、有潜力的存在。同时，"场域"又是一个关系性概念，只有将其置于关系系统中，才能获得概念的真正含义。

　　在布迪厄看来，教育场域不仅是一种客观性的社会存在，还是一种可以广泛运用于社会学研究中的普适性的分析工具，他将场域理论运用于美学、法律、宗教、政治、文化等领域的研究。在此，我们用场域理

---

　　① ［法］布迪厄、［美］华康德：《实践与反思——反思社会学导引》，李猛、李康译，中央编译出版社 1998 年版，第 133—134 页。

　　② 郑乐平：《超越现代主义和后现代主义——论新的社会理论空间之建构》，上海教育出版社 2003 年版，第 99 页。

论对石门坎的教育活动和教育现象进行观察理解和深入分析，同样也具有着十分重要的本体论和方法论意义。

教育不是一种封闭的孤立存在。与布迪厄的场域观相符，教育其实也是教育各要素在不同位置间存在的各种客观关系的一个网络（network）或一个形构（configuration）。换言之，就是教育者、受教者及教育活动的其他参与者之间形成的，以知识（knowledge）的生产、传承、传播和消费为载体，以人的发展、形成和提升为目的的一种客观关系网络。因此，对教育过程的分析不能仅停留在"就事论事"的孤立层面，不能只对"教育"的内在性质进行封闭的探讨，而应该将教育放置在以历史、时代为"经"，地域、环境为"纬"编织的场域中加以分析，才可得出全面客观的认识。故在本课题的研究中，我们引入关系性思维，运用"场域理论"将石门坎现象置于一定关系框架中进行分析和研究。在具体研究过程中，我们通过资本、权力等因素的相互作用与转化机制分析来描述石门坎教育活动的运行过程与机制，进而展现石门坎教育历史的真实图景，从而深入揭示石门坎教育的发展、运行规律。同时，我们再进一步通过对石门坎教育与其他社会事物的普遍联系的透视，以及对石门坎教育内部各要素错综复杂关系的解析来探寻西部民族地区农村基础教育的特质与规律。

第一节 "经"顺：顺应历史潮流，推波助浪向前

一 新中国成立前

（一）西方国家以传教运动来开辟拓殖之路

近代以来，随着西方资本主义国家政治、经济实力的不断发展壮大，它们极力要求打开中国国门，以获取更多的商业资本和财富。同时，资本主义社会的世俗化导致其宗教势力日渐衰弱，为了维系国内信徒的宗教热情，西方宗教界渴望在海外掀起传教运动。终于，西方列强在 1840 年发动了鸦片战争，用大炮轰开了中国的国门，在中国的土地上开辟出了一条广阔的拓殖之路。随后西方列强强迫清政府签订了一系列不平等条约，并强行解除了清政府实施长达百年之久的禁教政策。此后，西方传教士们凭借各种特权，以《圣经》为利器开始了他们在中

国的文化侵略活动，尤其是在《北京条约》签订之后，以新教为主的各派、各差会在华开始了大规模的传教活动，从沿海到内地，从城市到农村，从南到北迅速深入中国各省各地，教堂遍布中国，形成了基督教入华传教的高潮。为了厘清石门坎教育兴起的场域背景，我们对19世纪末到20世纪西方传教士在中国的传教活动及宗教教育情况做了简要的历时性梳理。

19世纪初，西方传教士开始在中国进行传教活动（由于本课题探讨的宗教背景主要是与基督教有关的，故在此我们以基督新教进入中国的时间为传播起点进行讨论，对于此前进入中国的天主教的传播情况，此处不予梳理），仰仗着西方国家的强大武力，在面对积贫积弱、内忧外患而又夜郎自大的东方大国中国时，他们有着强烈的种族优越感，因此不假思索地采用征服的方式来传播基督教。传教士们依仗侵略特权的庇护，为所欲为，称霸一方，不仅进行各种政治、文化侵略活动，还包庇和纵容教徒中的地痞、流氓欺压良民，霸占田产，包揽词讼，行凶杀人。如此的传教方式很快便严重破坏了基督教的形象，导致了传教士与中国民众之间的激烈冲突。且加上当时很多清朝地方官吏屈服于外国侵略者的压力，在民教争讼中，推行"护教抑民"政策，造成许多"民冤不伸"的教案，使得广大群众同外国传教士之间的矛盾进一步尖锐化，终于在19世纪末20世纪初引发了规模宏大的义和团运动，民众高举"扶清灭洋"的大旗，义愤填膺地群起攻打、焚烧教堂，逐杀外国传教士……基督教在中国的传播陷入了举步维艰的境地。

义和团运动的爆发表达了中国民众的极度仇外情绪，也给了西方在华教会和传教士一次沉重的打击。"据统计，被杀害的天主教主教5人，教士48人，修女9人，修士3人，中国教徒近3万人，外国新教教士188人，教友5000人，教堂约四分之三被焚。"[1]这些血淋淋的数字和现实让教会意识到了形势的严峻，于是他们痛定思痛，对传教方式进行了深刻的自我反省和出路探讨，最终决定调整对华传教方式："严禁教士干预政治、诉讼，注重入教者的基本素质，更多地采用间接的方法传教，培养中国籍神职人员，试图消除中国人的误解及反感。由此，

---

① 张力、刘鉴唐：《中国教案史》，四川省社会科学院出版社1987年版，第513页。

教案逐渐减少，而且许多知识分子开始接纳并认同基督教。"①而恰逢其时，20世纪上半叶的国际形势以及中国国内的政治、经济、文化等社会状况也十分有利于基督教的传播。

首先，20世纪上半叶是一个时局不断变化、交替和更迭的历史时期，也可以说是一个社会动荡不安的历史时期。从国际角度来讲，东、西方文化的激烈碰撞和两次世界大战的爆发都发生在这个时期；从中国国内来看，腐败无能的清朝政府在遭受中日战争及八国联军侵华的打击后，彻底向外国侵略势力屈膝投降，致使列强对中国的瓜分达到了最高潮，中国的半殖民地性质达到最强化。而且，在短短50年间中国出现了从清朝到中华民国，再到中华人民共和国的三朝嬗递。混乱的时局和不断的革命导致中国乡村地区混乱无比，本来就偏远落后的石门坎在混乱的时局下更是呈现出无法无天的状况，这无疑为英国循道公会在石门坎传教和办学提供了宽松自由的环境，他们的所有活动几乎不受政府的任何约束和限制。

其次，20世纪初中国社会在政治、经济、文化等方面的变革也为基督教的发展提供了十分有利的条件。清政府执政时根本无力抵制西方殖民者的政治、经济及宗教侵略。在八国联军入侵后，清政府与各国列强签订了丧权辱国的《辛丑条约》，除了支付给西方列强巨额的赔款并出让了许多经济外交特权外，还特别作出"永远禁止中国人民成立或加入具有反帝性质的组织，违者一律处死。对于一切反帝活动，地方官员应负有责任，不力者予以革职"的规定，直接给予了西方传教组织以政府保障，赋予了外国传教士在华自由传教的特权。之后的中华民国政府也同样赋予宗教传播以高度的合法性及政策保障：中华民国建立时，政府首先办的事情之一是请求教会代他们进行祷告："请为本届的国会、新建立的政府、有待选出的总统来祈祷，好叫和平能大行其道，公正的强人任选，以及政府可以在坚固的基础上来建立。"②1911年12月29日，信奉基督教的孙中山先生被推选为中华民国临时大总统，随后

---

① 王超云：《基督教在近代中国传教方式的转变》，硕士学位论文，西北师范大学，2006年，第16页。

② 汤开建、张照：《英国循道公会澳门档案中的早期传教士活动》，《中国文化研究》2004年第3期。

《中华民国临时约法》于 1912 年 3 月 11 日在南京颁布，其中第二章第六条第七项明文规定"人民有信教之自由"①。从此，基督教成为民国的合法宗教。袁世凯也做出了"在全国将有宗教自由"②的决定。一方面，《中华民国临时约法》从法律上肯定了公民信教的自由；另一方面，"以孙中山为首的革命家中，有许多人身为基督徒，他们的革命和救国的行动使社会上对教会的看法大为改变"③。

上述国际国内因素为西方传教士在中华传教事业的发展起到了很好的保驾护航作用。于是，教会在中国的发展于 20 世纪初进入了黄金时期。传教士人数、信徒人数和来华差会数迅速增长。基督新教的外国传教士在 1900 年时仅有 1500 人，1905 年已增至 3445 人，1910 年达 5144 人，1924 年达 5462 人，到 1927 年竟达 8000 人。④中国新教徒人数 1900 年是 80000 人，1904 年增至 130000 人，1914 年达 250000 人，1918 年约有 350000 人，1922 年已多达 402539 人。⑤1900 年传入中国的基督新教宗派有 61 个，在随后的 20 年中增加了 1 倍多，1920 年时已有 130 个，若加上基督教青年会、救世军和雅礼布道会等基督教组织，则达 160 余个。⑥

而基督教在黔、滇、川交界处乌蒙大山深处的偏远苗区更是有着得天独厚的传播优势，从国家整体来看，传教事业有着国家法律和政府政策的强力保障；从农村局部来看，传教事业又有着相对不受政府和法律约束的自由空间。因此，基督教一进入石门坎苗区便出现了迅速燎原之势。1904 年，英国循道公会的牧师柏格理由云南昭通进入贵州威宁苗区传教，1905 年时于威宁石门坎建立第一个教堂，到 1911 年时，循道公会成立了下辖四部的昭通西南教区，其中包括以柏格理任部长的"苗疆"部，"苗疆"部的本部设在威宁石门坎。到 1915 年时，循道公

① 《南京参议院电告袁大总统临时约法》，《大公报》1912 年 3 月 14 日。
② 顾长声：《传教士与近代中国》，上海人民出版社 2013 年版，第 253 页。
③ 张照：《清末民初循道公会在华南地区的发展》，博士学位论文，暨南大学，2005 年。
④ 王友三：《中国宗教史》（下），齐鲁书社 1991 年版，第 999 页。
⑤ 同上。
⑥ ［美］费正清：《剑桥中华民国史》（上），杨品泉等译，中国社会科学出版社 1998 年版，第 188—189 页。

会已经在云南昭通、大关、彝良、永善、威信等苗区建立起了一大批教堂，仅柏格理管辖的"苗疆"部就已经在威宁建立起了黑石头、罗卜甲、长海子、天生桥、凌子河、龙井、陆家营、切冲等9个教堂。皈依基督教的苗民人数日益激增，连柏格理都惊诧于"在一天中就能为三千人洗礼"①。到1919年时，石门坎正式教徒已有1万多人。到1925年时，循道公会西南教区的信教群体已经扩大到6万人之多。

在对石门坎进行研究的过程中，我们发现基督教在这个黔西北小镇的传播过程很清晰地映射出了整个国家和历史变迁的大背景，基督教在石门坎的快速和顺利传播完全得益于20世纪初官府对西方列强的纵容和保护以及外国传教士在华拥有的种种特权。仅从柏格理征地建教堂一事便可窥见一些根由：1904年柏格理在石门坎建造教堂时强占了当地彝族土目安荣之的大片领土，安荣之的儿子安惠生不服，前往威宁县官府提出控诉，官府不但没有为安家讨回土地，反而对安惠生说："我们当官的都怕洋人，更何况你们这些土目。"②这件事后来一直被苗民们作为柏格理的英雄事迹和丰功伟绩来加以广泛传颂，他们认为柏格理打击了本地的土豪，替受苦的苗民出了恶气撑了腰，于是将他奉为"苗王"和"苗民救世主"来加以敬仰和崇拜。而当我们跳出苗民的视野局限来客观分析这件事时并不难发现，柏格理实则是利用了传教士受保护的特权与官府、豪绅交涉，从而得以成功扮演苗民"救世主"的形象，通过传教士特权支撑的"善举"树立了自己在苗民中的威望，从而顺利开启了基督教在石门坎的传播。而此类事情无独有偶，被苗民广为传颂的除了柏格理以外，还有前文曾提到的传教士党居仁。据《赫章县志》记载："清光绪二十九年，威宁新龙厂部分苗族搬迁至郎岱山懒龙桥（即现在的六盘水六枝特区境内）以狩猎为生。光绪二十九年（也即1903年），张马太、杨雅各等几位苗族人在山上猎得一只野猪，被当地土豪霸占，传教士党居仁得知此事后便出手相助。党居仁找到安顺知府提出诉讼，要求知府惩处土豪赔偿苗人。知府因为害怕洋人，故立即

① ［英］塞缪尔·克拉克：《在中国西南部落中》，苏大龙译，贵州大学出版社2009年版，第201页。

② 韦启光：《黔滇川边区苗族信仰基督教试析》，《贵州社会科学》1981年第4期。

命令土豪赔偿。"于是，党居仁也和柏格理一样，凭借着洋人的特权而成功施行"仁义"之举，从而成为了苗民的"救星"，在苗民中树立了较高的声望，为传教和办学事业打下了坚实的基础。

（二）教会以开办教育来促进宗教传播

如前所述，西方传教士在华传教的目的是配合西方列强的军事、经济侵略。从某种角度来说，传教士可算得上是西方列强侵华的急先锋。为了推动传教事业的发展，传教士们尝试采用各式手段，从武力传播到悄然浸润，从建立教堂、招收教徒到治病行医、传授科学技术等，最终他们发现"传教最有力的助手"是教育，办教育是他们屡试不爽的传教利器，通过建学堂办教育，熏陶渐染，使西方宗教的酵母渗入中国民众，进而逐步发展，最终往往能达到文化渗透、文化征服的目的。纵观西方宗教的在华传播史，我们很清晰地看到，基督教的在华传播过程与教会教育自始至终形影不离，传教士与侵华列强往往是同路而行的。

从 1807 年第一个进入中国的传教士——英国的马礼逊（Robert Morrison）开始，办教育几乎是所有西方基督教传教士惯用的传教手段。马礼逊 1907 年入华后，以东印度公司译员的身份长期出入于广州、澳门等地，经过几年对中国社会的观察和思考，他认为办教育对传教有十分重要的意义。1813 年，他向基督教伦敦会总会提交"恒河外方传教计划"（The Ultra-Ganges Mission），计划中提出了十条关于在华传教的建议，其中重点建议要在马六甲创办英华书院。在马礼逊的呼吁和伦敦会的努力下，第一所在华教会学校英华书院（Anglo-Chinese College）于 1818 年在马六甲成功创办。随后，1835 年罗便臣（George B. Robinson）、马儒翰（John R. Morrison）等人筹组马礼逊教育协会（the Morrison Eduction Society），随即创办马礼逊学校（Morrison School），1844 年郭士立在香港创立"福汉会"（The Chinese Union），1881 年美国美以美会的林乐知（Y. J. Allen）在上海创办中西书院，1890 年在上海创办中西女塾，1900 年把苏州博习书院等合并组成东吴大学……我们在此只是扼要叙述了几个在华具有较大影响的基督教传教士的办学情况，而其他众多传教人士在华办学的情况数不胜数，限于篇幅，此处无法一一列举。

1877 年 5 月 10 日至 24 日，代表 29 个差会的 473 名在华传教士在上海召开了第一次基督教传教士大会，会议的主要议题之一是传教与教会教育的关系，与会的传教士们经过讨论，最终达成"传教事业必须同教育文化事业结合起来，利用科学知识来推动传教"的共识。为了有效推动教会教育事业的发展，大会最终决定成立常设的学校教科书委办会，任命丁韪良、韦廉臣、狄考文、林乐知、傅兰雅等6人任委办。委办之一的传教士、曾被誉为"山东传教区三大创建者"之一的美国北长老会传教士狄考文（C. W. Mateer）在大会上做了《传教与教会教育的关系》（*The Relation of Protestant Missions to Education*）的专题报告，指出教育与传教之间有着不可分割的关系："基督教与教育就它们本身来说是截然不同的，但是它们之间有着自然而强烈的亲和力，使得它们能紧密联系在一起。"他在报告中明确地阐明教会办学的真正目的："教会学校建立的真正目的，其作用并不单在传教，使学生受洗入教……进而给入教的学生以智慧和道德的训练，使学生能成为社会上和教会里有势力的人物，成为一般人民的教师和其他领袖人物。"英国伦敦会传教士鲁杨格非（Griffith John）的大会发言更是一语道破教会办学的"司马昭之心"，他说："我们到中国来并不是为了发展其资源，促进其商业，也不仅仅是为推动文明的发展，我们在这里是为了同黑暗势力进行斗争，拯救世人于罪恶之中，为基督教征服中国。"①

西方各国教会不仅在理论上达成了传教和教育互促互进的共识，在具体的办学过程中，它们更是力践教育为宗教服务的思想和方针，马礼逊等人在《筹组马六甲英华书院计划书》（*General Plan of the Anglo—Chinese College forming at Malacca*）中明确提出其办学宗旨之一是"传播基督教理"：通过相互沟通，促进基督教思想及东亚文明的和平传播，学校开设的课程之一便是基督教神学。② 马礼逊教育协会宪章中明文规定："一如基督教国家之优良学校，藉教师之教导与帮助，各学生必须完成《圣经》课程，惟其接受之教义信仰，实非作为学生资格认

① *Records of the General Conference of the Protestant Missionaries of China*, held at Shanghai, May 10–24, 1877. Repressed Publishing LLC, Reprint edition (2012). 参见高时良《中国教会学校史》，湖南教育出版社1994年版。

② Brian Harrison: *Waiting for China: The Anglo—Chinese College at Malacca, 1818–1843, and Early Nineteenth-Century Missions*. Hong Kong: Hong Kong University Press, 1979, pp. 21–22.

可之证明。"在 19 世纪，所有的教会学校都将宗教内容作为最主要的教学内容，至少占据一半以上的教学时间，宗教也就成为了学生生活最重要的组成部分。例如，在 19 世纪 70 年代兴盛的内地会仁爱义塾就规定："本塾诸生，每日六点钟上馆，六点钟放学……上午专读圣经，下午兼读《诗》、《书》。"更有甚者，天津的圣道堂学馆不仅对学生在校学习内容作了严格规定，还对学生离校后的工作去向作了十分严格的规定："本会召生徒学道，以备他日传道之选……学生功课，须塾师限定课程，总以《新旧约》圣经为主。中国经书诗文次之……进馆一年，细审其品行如何，再为与家人立约据，定准年限，限满之后，听凭会中分派，不准道谋教外生理。"[①]学校明确规定招生和培养的目的是为日后传道之用，学生毕业后只能为教会服务，不能另谋他业，且学生在校期间便立下约据，毫无反悔的机会。进入 20 世纪后，随着基督教"中国化"、"本色化"运动的兴起，教会学校里宗教课程所占的比重逐渐下降，宗教课不再作为强制的必修内容，学生可以自行选修，学校中的宗教活动，如早晚祈祷、主日学、教堂礼拜、圣经班等也不再强制性要求学生必须参加，但他们不过是碍于中国国内社会环境的变化，迫于中国国内爱国主义、民族主义思潮的压力，将传教模式进行了变通，将直接进行宗教教育的方式改为了通过环境氛围及人际关系来实现间接影响，但这并未从根本上改变教会学校的宗教教育的根本特质。

总而言之，西方教会在华办学的最终目的既不是为了给中国人传授科学知识，也不是为中国培养人才，更不是为了促进中国教育的发展。它们的真正目是传播宗教教义，实现文化渗透，进而为其经济及政治侵略服务。宗教教育是教会学校的本质属性，也是教会学校区别于其他学校的最重要标志。

而效果也恰如教会所愿，宗教传播和教会办学的确是互促互进，西方列强在华的宗教事业在 20 世纪初呈现出了兴盛的状况，教会办教育的热情因此更加高涨，传教士所到之处，无论农村城市，无论东西南北，教会学校都如雨后春笋般快速遍布了中华大地。

---

① 李楚才：《帝国主义侵华教育史资料——教会教育》，教育科学出版社 1987 年版，第 89 页。

（三）兴旺的传教事业和蓬勃的教会教育为石门坎学校提供了良好的生长环境

如前所述，在 20 世纪初，中国宽松的传教环境带来了西方传教士在中国传教事业的蓬勃发展，同时传教事业的兴旺发达也为教会教育提供了良好的发展契机，再加上教会灵活的教学方针和较为先进的教育思想的引导，教会教育便十分迅速地在全国各地发展起来。当时天主教会和基督教会分成两个系统，各自独立进行办学，教会学校的规模十分庞大。它们不仅开办了从幼儿园、小学、中学到大学的系统性教育，还进行了师范、医学及其他类别的专门性教育。据记载，在 1922 年，法、英、美、意等西方四国仅在北京就设立了上百个教会、教区、教堂，而附属于这些教会的幼儿园、小学、中学以及高等学校就有 10 所之多。即使在清华学校这样著名的非教会学校里，校方负责人和教师也大多为基督徒。[①] 据统计，在 1876 年时，男日间学校有 177 所，有学生 2991 人；男寄宿学校有 30 所，有学生 611 人，女寄宿学校有 82 所，有学生 1307 人。学生数合计为 4909 人。1889 年时所有学校学生数增至 16836 人。到 1906 年时，男日间学校和初级小学已达 2196 所，男生 35378 人，女生 7168 人，学生数已骤增至 42546 人。[②] "另据 1922 年出版的英文本《中国基督教教育事业》一书统计，1921 年时全国已有基督教初级小学 5637 所，学生 151582 名，高级小学 962 所，学生为 32899 名。"[③] 这些急剧增加的数字清楚地记录了基督教教会在华大办教育的史实，也呈现了 20 世纪初教会在华教育的兴旺发达。而在这股教会教育蓬勃发展的大潮中，石门坎这般偏远闭塞的小山村也终究没逃过历史的洪流。

当我们把目光集中到石门坎时，一幅教会学校蓬勃发展的画面就生动地展现在我们眼前：1905 年 11 月 5 日，柏格理在石门坎开班招生；

---

① 共青团北京市委青运史研究室编：《北京青运史论集》，海南人民出版社 1988 年版，第 45 页。

② D. MacGillivray: *A Century of Protestant Missions in China 1807 - 1809*: *being the Centenary Conference historical volume*, Shanghai: Printed at the American Presbyterian Mission Press, 1907, pp. 667 - 670.

③ 刘英杰：《中国教育大事典》，浙江教育出版社 2001 年版，第 1016 页。

1906 年，石门坎小学正式成立并招生；随后，教会以石门坎为中心逐步向周围地区扩散，建立了多所学校，1907 年创建陆家营小学、天桥小学和龙井小学；1908 年，创建籍论河小学和检角小学；1910 年，创建罗卜甲小学。[①] 1910 年，英国基督教徒 Arthington 老人捐助 2000 英镑修建了高小部教室，石门坎光华小学形成了具有初、高两部的完全小学；1912 年，中华民国建立，学校正式命名为"石门坎光华小学"并继续发展和扩建分校。到 1920 年时，基督教循道公会不仅在石门坎和长海子联区先后开办了 15 所初级小学，而且还逐步延伸到川南及云南等相邻地区创建了 30 余所学校。到 1938 年，石门坎光华学校已在黔、滇、川地区建成 42 所分校，其中滇黔境内 27 所，川境内 15 所；到 1943 年时，石门坎创办了第一所乡村中学……循道公会在石门坎办学事业发展之蓬勃，教育势力范围之广足可想象，以至于后来不少专家学者把这段时期石门坎教育蓬勃发展的状况赞誉为"苗族教育史上的一大奇迹"[②]。

二 新中国成立初期

如果说在 20 世纪上半叶是西方国家的拓殖政策和中国的落后、动荡时局为教会学校的兴起和发展提供了较为有利的历史环境，石门坎教育的萌芽和兴起主要缘起于英国循道公会在西南的传教事业的话，那么 20 世纪五六十年代石门坎教育的辉煌兴盛则主要是得益于新中国宽松民主的办学环境和中共中央给予的优厚的民族教育政策。

1949 年新中国成立后，中国共产党和中央政府一直把教育作为促进民族团结的头等大事来抓。国家主席毛泽东就十分重视少数民族的发展，新中国成立之初他在接见西藏国庆欢送团、参观团代表时就说："帮助各少数民族，让各少数民族得到发展和进步，是整个国家的利益。"自 1949 年 10 月 1 日中华人民共和国成立之日起，党和政府就一直把少数民族教育改造和建设当作社会主义民主政治建设的重要组成部

---

① 威宁彝族回族苗族自治县政协威宁苗族百年实录编委会：《威宁苗族百年实录》，贵州民族出版社 2006 年版，第 222 页。

② 颜勇：《历史上石门坎苗族教育反思》，《贵州民族研究》1994 年第 3 期。

分而予以高度重视。

新中国成立初期，党和政府在少数民族地区开展了一系列重大改革。从少数民族和民族地区的实际特点及具体情况出发，先后制定出台了一系列有针对性的教育政策和法规，对少数民族教育事业的快速发展起到了巨大的推动作用。

首先，新中国政府在 1949 年颁布的《中国人民政治协商会议共同纲领》中明确指出：新中国的文化教育是民族的、科学的、大众的文化教育；以提高人民文化水平，培养国家建设人才，肃清封建的、买办的、法西斯主义的思想，发展为人民服务的思想为主要内容。并作出"人民政府应帮助各少数民族的人民大众发展其政治、经济、文化教育的建设事业"的规定。随后，1950 年 11 月国务院制定颁布了新中国第一个民族教育法规性文件——《培养少数民族干部试行方案》，这一方案初步形成了新中国民族教育的基本政策。

1951 年，中央政府在教育部设立了专职负责少数民族和民族地区教育事务的民族教育司。同年 9 月，新中国在北京召开第一次全国民族教育会议。会议上，时任教育部长的马叙伦全面而系统地阐述了新中国的民族教育政策；会议制定了全面发展民族教育的基本方针和主要任务：少数民族教育必须是新民主主义内容，即民族的、科学的、大众的教育，并应采取适合于各民族人民发展和进步的民族形式。少数民族教育目前应以培养少数民族干部为首要任务，以满足多民族的政治、经济、文化建设的需要，同时应当加强小学教育和成人业余教育，以提高少数民族的文化水平，并应努力解决少数民族各级学校的师资问题。此外，各级人民政府教育行政部门，建立少数民族教育机制，或指定专人负责，掌管少数民族教育工作，等等。[①]在这一方针的指引下，中共中央和地方各级政府纷纷出台相关的民族教育政策，采取各种有力措施，大大推动了民族教育的发展。

（一）设置民族教育管理机构，走向民族教育管理的正规化

根据新中国首届民族教育会议的精神，中央人民政府在 1952 年 4

[①] 朴胜一：《中国少数民族教育发展与展望》，内蒙古教育出版社 1990 年版，第 19—20 页。

月出台《关于建立民族教育行政机构的决定》。该决定提出："在中央人民政府以及有关各级地方人民政府的教育行政部门内，设立民族教育行政机构或设专人负责掌管少数民族教育事宜"，"民族自治地区或少数民族人口占当地总人口半数左右的地区的各级人民政府教育行政部门，其主要任务就是管理少数民族教育工作，不另设民族教育行政机构"。①贵州省十分积极地响应中央政府的号召，1953 年就在省文教厅设立了民族教育科，全面负责全省民族师范学校和民族中小学的组织管理工作。②时任石门坎中学校长的杰出苗族知识分子朱焕章于1954 年被调往贵州省教育厅工作，任民族教育科副科长一职。

（二）加大民族教育的经费投入，给予民族教育以经济保障

新中国政府在出台民族教育管理政策的同时，还不断加大对民族教育的经济扶持，一方面加大民族教育经费的投入，另一方面则出台保障扶持经费得以全面落实的相关政策。

1950—1951 年，国家将全年文教经费的 20% 用在了专设的民族教育上，扶持力度之大，可见一斑。1951 年，《第一次全国民族教育会议的报告》专门对民族教育经费作了统一要求："关于少数民族地区的教育经费，各级人民政府除按一般开支标准拨给教育经费外，并应按民族地区的经济情况，另拨专款，帮助解决少数民族学校的设备、教师待遇、学生生活等方面的特殊困难。"这项经费逐年增加，1951 年为151.2 万元，1955 年就达到了 10819.9 万元。教育部还发出《关于少数民族教育补助费使用范围的指示》，对民族教育经费使用问题加以政策监督和保障：国家在一般教育事业费之外特设少数民族教育补助费是为了帮助少数民族教育事业的发展，在一般经费之外特设的笔补助费用用以补助一般教育经费之不足。因此，不得以有此项专款而取消或减少其在一般事业费下应有的份额。③

在中共中央民族教育扶持政策的关照下，贵州省得到了大笔的民族

---

① 贵州民族事务委员会：《贵州民族工作五十年》，贵州民族出版社 1999 年版，第364 页。

② 同上。

③ 赵民、林均昌：《建国初期发展少数民族教育的理论与政策》，《黑龙江民族丛刊》2007 年第 4 期。

教育经费投入和补助。1952 年中央政府拨给贵州省中、小学民族教育补助费 471062 万元，1953 年时增至 653400 万元。①贵州省根据本省少数民族学生的实际情况，制定出台了详细而具体的补助金发放政策："（1）民族中学的人民助学金规定补助面为 80%，每人每月平均 6.8元；服装补助面为 15%，每人每年 15 元；个别地区为贫困学生置备被子和蚊帐，另外发给医药补助费。（2）重点民族小学助学金的发放面为 15%，每人每月 6 元；服装补助面为 10%，每人每年 15 元，书籍文具补助费按学生总数每生每年 2 元。"②而对于高寒贫困地区的威宁中学和威宁石门中学则均给予 100% 的助学金。③"1953 年，中学少数民族学生享受助学金的总计有 3324 人，占学生总数的 86.06%；1954 年，全省享受助学金的总计有 2989 人，占学生总数的 80%；小学生当中有3121 人得到补助。"④经济上的补助，切实解决了贫困少数民族学生读书难的问题，让他们真正有了进入学校的机会。

对于石门坎这样地处边远落后民族地区的民族学校，政府的扶持力度更大。政府拨给石门民族中学学生的人民助学金比例要高于一般的民族中学，照顾面高达 100%，学生们完全享受"包吃、包住、包穿"的优惠条件。政府还出专款为石门坎学校修建图书室、仪器室，为石门坎学校送来收音机和衣服、棉被，学生们完全免费享用。

政府的财政扶持不仅是惠及学生，教师待遇也有所提高，尤其是对农村地区的教师采取了特殊的照顾政策。在 1952 年贵州省制定出台的《一九五二年度乡（村）地方财政管理办法草案》中规定："实行以大米为工资计算单位的小学教师工资标准。""照此标准，与去年教师待遇比较，城市小学教师待遇比去年一般的提高到 5% 至 10%，农村小学则一般的提高到 10% 至 20%。……而且凡女教师生产给产假五十六天，

---

① 《一九五三年贵州中、小学民族教育报告》，1953 年，贵州省档案馆藏，全宗号 47 目录号 1 卷 397。

② 贵州民族事务委员会：《贵州民族工作五十年》，贵州民族出版社 1999 年版，第366 页。

③ 《一九五三年贵州中、小学民族教育报告》，1953 年，贵州省档案馆藏，全宗号 47 目录号 1 卷 397。

④ 贵州民族事务委员会：《贵州民族工作五十年》，贵州民族出版社 1999 年版，第366 页。

工资照发，教师生病不能工作，经医生证明给假期，请假不超过三个月的，工资照发，超过三个月，家庭经济不困难的，停薪留职，困难者可酌情给工资，年老退休，死亡及抚恤费发一至三月的工资以作补助，对于农村小学教师及城市贫苦教师的子女入学，斟酌减免学杂费。"①

（三）采取多种办学形式，构建民族教育系统

遵照中共中央关于民族教育的总方针的指示，在多层次、多形式举办民族教育的指导思想引领下，各民族地区根据当地实际情况，采取多种多样的民族办学形式，设立民族小学、民族中学、民族师范、民族中等专业技术学校、民族职业学校、民族学院等各级各类民族学校。最终形成了我国民族教育的三种体系："一是跨地区相互衔接的主要以招收我国少数民族学生为主并以此为特色的教育子系统。如民族小学—民族中学—民族高等院校等。二是民族自治地区设立的各级各类学校的教育子系统。如小学—中学—大学等。三是在面向全国的教育系统中设置的专门招收少数民族学生的教育子系统。如普通高等学校举办的少数民族班、内地举办的西藏学校，普通中学和中等专业学校举办的西藏班等。"② 民族教育系统主要以少数民族地区的初等、中等教育作为教育主体。

1951年5月，贵州省在贵阳创办了贵州民族学院。贵州民族学院确立的教育方针是："从文化上、工作能力上、理论上有计划地培养少数民族干部，提高少数民族干部的政治文化水平。"③ "学校主要开办了普通政治班、民族政策研究班、民族干部轮训政治班和民族干部文化班。"④贵州民族学院是当时贵州省培养少数民族干部的主要渠道，为全省培养了大量优秀少数民族干部，并为在职少数民族干部的思想水平和文化水平的提高做出了巨大贡献。"截至1955年，贵州民族学院共培养学员1741人，包括苗、布依、水、侗、彝、瑶、壮、回等民族。其

---

① 《贵州省人民政府教育厅通知》，1952年，贵州省档案馆藏，全宗号47目录号1卷192。

② 孟立军：《论新中国民族教育实践的成就》，《民族教育研究》2001年第1期。

③ 《贵州民族学院一九五五年工作总结报告》，1956年，贵州省档案馆藏，全宗号47目录号2卷823。

④ 《贵州民族学院情况介绍》，1955年，贵州省档案馆藏，全宗号47目录1卷659。

中培养的新生有 841 人，轮训的在职干部 900 人。"① 这些学员在校期间，不仅要学习语文、算术等文化课程，还要学习以民族问题、民族政策为中心的课程。系统的学习让他们不仅掌握了中国革命史和党的路线方针，熟悉了各种民族问题和民族政策，也培养了优良的工作作风和革命的工作方法。他们毕业后，"一般都能积极热情，密切联系群众，认真执行党的民族政策，得到少数民族群众的爱戴。大批的优秀分子已经光荣地被吸收为中国共产党党员和中国新民主主义青年团团员，还有一些人由于工作优良，被评为工作模范，受到上级的表扬和奖励。有一部分人担任了民族自治县的县长、副县长、科长等重要职务，成为民族地区工作的领导骨干"②。

　　在办好少数民族干部培训的精英教育的同时，贵州省还十分注重发展基础教育，着力办好民族小学和民族中学。新中国成立以前，贵州省的基础教育状况十分落后，据陈国钧、吴泽霖的《贵州苗夷社会研究》一书记载，1940 年时贵州省全省少数民族地区总共只有 47 所小学，2116 名学生，67 名教师，平均每所小学只有不到两名的教师和不到 50 名的学生（见表 2 – 1）。③

表 2 – 1　　　　　1940 年贵州少数民族地区小学情况统计

校名	学校数（所）			学生数（人）			教职员数（人）			经费（元）
	初级	高级	合计	男	女	合计	男	女	合计	
贵阳	5	1	6	269	16	285	8	2	10	6372
荔波	4		4	178	40	218	6		6	4156
台拱	5		5	100	1	101	5		5	3516
关岭	1	3		179	13	192	4	2	6	4156
安南	3	1	4	181	25	206	6		6	3982
丹江	1	3	4	152	26	178	5	1	6	2081
黄平	4		4	181	12	193	5	1	6	3982

① 《贵州民族学院情况介绍》，1955 年，贵州省档案馆藏，全宗号 47 目录 1 卷 659。
② 同上。
③ 陈国钧、吴泽霖：《贵州苗夷社会研究》，民族出版社 2004 年版，第 46 页。

续表

校名	学校数（所）			学生数（人）			教职员数（人）			经费（元）
	初级	高级	合计	男	女	合计	男	女	合计	
水城	4		4	140	9	149	5		5	2982
定番	3	1	4	181	25	206	6		6	3882
罗甸	1	3	4	192	8	200	6		6	4156
八寨	4		4	173	15	188	4	1	5	3809
总　计	35	12	47	1931	164	2116	60	7	67	41104

数据来源：《贵州民族工作五十年》1999 年版。

到 1950 年时，贵州省连一所民族小学都没有，"全省入学儿童数仅占学龄儿童数的 33.4%，失学儿童高达 66.6%，如果把贵阳市除外，则全省八个专区的入学儿童数仅占学龄儿童数的 25.77%，失学儿童达 74.23%。其中毕节专区的入学儿童仅占全区学龄儿童的 5.9%，失学儿童竟达到 94.1%"[①]。为了扭转这一落后局面，贵州省教育厅先后采取了接办私立教会学校和规定入学指标等措施来发展民族地区基础教育。

1952 年 8 月，全国召开中小学教育行政会议，制定《关于接办私立中小学计划（草案）》，对接办私立中小学工作进行了安排部署。同年，西南文教部也做出了"文中（52）字第四二九二号函的批示"，同意贵州接办私立教会小学和幼儿园。根据全国的统一安排和西南文教部的指示精神，贵州省教育厅决定于 1952 年下半年开始接办全省私立教会小学和幼儿园。"接办原则为：（1）凡属教会学校所使用的房屋设备、图书仪器等，一律接收，其现尚为教会使用而属学校财产部分的暂不接收，属于教会并为教会所使用的部分不接收。（2）全体教职员工、学生各安排岗位，照常进行工作。（3）教职员工的工资，暂执行原来标准，其他经费按照上级规定开支。（4）由该校校长及有关方面负责人造据接收清册两份分别呈报县（市）人民政府、专署，各一份备

① 《贵州省人民政府教育厅通知》，1952 年，贵州省档案馆藏，全宗号 47 目录 1 卷 192。

案。"①此外，为了提高学龄儿童的入学率，省教育厅在1952年直接给
各专署下达了办学及入学率指标："（1）贵阳专区：拟于本年下半年增
设完小10所，初小172所，另外将原来民办村学的120班转为正规小
学，班次共设40班，争取在今年由29.28%达到34.6%的学龄儿童入
学。（2）安顺专区：拟于本年下半年增设完小6所，初小314所，另
将原来民办村学的349班转为正规小学班次，共设683班，争取在今年
下半年由24.65%达到35.46%的学龄儿童入学……总计全省（除贵阳
市外）各地区在本年下半年由25.77%争取达到35.7%，需增设完小
142所，初小974所，计3375个班，可收容学生约140000人。"②

在政府的政策保障下，在各级各类学校的努力下，新中国成立初期
的贵州民族教育取得了惊人的发展，"1956年，全省的民族小学已从
1950年的0所发展到了267所。全省小学少数民族学生人数也从1950年
的20100人增加到了1956年的329400万人，占小学生总数的比例提高
了近10个百分点，从1950年的13.5%一跃达到了1956年的22.1%"③。
在民族小学迅速发展的同时，民族中学的发展也呈稳步上升趋势。"1950
年贵州省中学的少数民族学生为1655人，占学生总数的14.91%；1951
年为2828人，占15.35%；1952年为3812人，占19.86%。"④

在全国大形势的影响下，由教会开办的私立石门坎初级中学于
1952年6月正式交给贵州省人民政府接办，成为了公办学校，改名为
"贵州省威宁石门民族中学"，成为全省五所民族学校之一，并被定级
为贵州省省级重点学校。1952年底，私立石门坎光华小学也由威宁县
人民政府接办，更名为石门民族小学。在国家民族教育政策的惠泽下，
在各方人士的支持和努力下，石门坎学校的办学水平及成果在新中国成
立初期都达到了历史最高。

（四）加强少数民族师资队伍建设

新中国成立初期，全国各省的民族教育师资均存在数量少、质量低

---

① 《贵州省人民政府教育厅通知》，1952年，贵州省档案馆藏，全宗号47目录1卷192。
② 同上。
③ 贵州民族事务委员会：《贵州民族工作五十年》，贵州民族出版社1999年版，第
380—381页。
④ 同上书，第383页。

的问题，而贵州省的问题尤为突出。"1956 年，贵州省的民族教师与学生比例具体为：小学为 1∶64.5，中学为 1∶78，师范为 1∶87。如以班的编制来计算（小学按 40 人一班，配备员工 1.3 人，中学按 45 人一班，配备教师 2 人，师范按 45 人一班，配备教师 2.18 人），小学缺民族教师 4594 人，中学缺 252 人，师范缺 41 人。从小学校长人数看，1956 年，全省有民族小学 775 所，只有民族校长 537 人，有不少民族小学还没有本民族校长。"[①] 民族教师不仅数量缺，整体质量也较低。以 1956 年教师的学历水平统计情况为例，"专设民族小学 775 所，共有少数民族教师 1390 人（包括校长、教导主任），其中小学毕业或未毕业的占 23.02%，初师、初中肄业以下的占 58.18%；专设民族中学 12 所，共有少数民族教师 34 人，其中高中毕业及高中肄业以下的占 50%；民族师范 3 所，有民族教师 9 人，其中高中毕业及高中肄业以下的占 30%"[②]。

为了提高民族教育师资的数量和质量，中央政府于 1951 年专门出台了《培养少数民族师资的试行方案》（简称《方案》），《方案》强调：培养、提高少数民族师资是发展少数民族教育的重要工作之一，有关各级政府教育行政部门必须重视。《方案》还制定了培养少数民族师资的具体措施，如积极帮助少数民族地区师范学院改善物质条件，提高教学质量，改进教材教法。在少数民族人口集中、教育发达的地区筹设少数民族师范学院或师范专科学校，在一般师范学校内增设少数民族师范班，在若干师范学院或师范专科学校酌量增设有关少数民族教育的课程，等等。

在中共中央的政策引领下，贵州省加大了民族教育师资培养力度。1951 年组织召开了第一届全省民族教育会议，会议提出："要做好少数民族教育工作，必须加强对少数民族师资的培养。"[③] 并指出："师资的培养，重点是小学，兼顾中学。初中和高级小学教师，由省负责；初级

---

① 《我省几年来民族教育工作的主要情况和今后意见》，1956 年，贵州省档案馆藏，全宗号 47 目录 2 卷 833。

② 同上。

③ 贵州民族事务委员会：《贵州民族工作五十年》，贵州民族出版社 1999 年版，第 370 页。

小学教师，应交由专署负责。"①遵照会议精神，"1952 年在贵阳师范学校附设 1 年制及 2 年制 5 个民族师范班，并在独山、镇远、毕节、兴仁、贵阳 5 个专区各办 1 个民族师资训练班，共有少数民族学生 260 人。1952 年和 1953 年，又继续在这 5 个专区办训练班，招收少数民族中年龄较大的高小毕业生和失业知识分子，将他们培养成为小学教师。1953 年 9 月，贵州省第一所专门培养少数民族小学教师的学校——贵阳民族师范学校在贵阳成立，招收来自贵阳市及 7 个专区的苗族、侗族、彝族、回族、布依族、汉族学生 206 人。1956 年又办了都匀、凯里两所民族师范学校"②。这样，民族师范学校培养的学生数量骤然增长，"从 1950 年 150 人，占全省师范生总数 12.88%，到 1956 年为 5133 人，占全省师范生总数的 26.07%"③。

（五）对少数民族学生给予特殊照顾

由于少数民族学生大多来自边远地区，这些地区的经济基础较差，学生的家庭经济比较困难。因此，新中国成立后党和政府对少数民族学生给予特殊的扶持和照顾，除了在生活上实行了待遇从优的政策外（在前文"（二）加大民族教育的经费投入，给予民族教育以经济保障"中已经对此作了详述），在招生和分配等方面也予以特殊的照顾。在普通高等、中等专业学校招生考试中对少数民族考生实行特殊的招生政策，主要是放宽报考年龄限制、放宽录取分数标准和少数民族学生可以使用民族语文考试。④1951 年，中央政府在《培养少数民族干部试行方案》中明文规定："少数民族学生报考少数民族学校的年龄一般应比照当地规定放宽 2—3 岁。"⑤

（六）重视民族语言，倡导双语教学

新中国成立初期，党和政府制定了一系列的法律法规，明确规定各

① 贵州民族事务委员会：《贵州民族工作五十年》，贵州民族出版社 1999 年版，第 370 页。

② 同上。

③ 《我省几年来民族教育工作的主要情况和今后意见》，1956 年，贵州省档案馆藏，全宗号 47 目录 2 卷 833。

④ 王红曼：《论我国的民族教育政策及其成就》，《民族教育研究》2002 年第 1 期。

⑤ 贵州民族事务委员会：《贵州民族工作五十年》，贵州民族出版社 1999 年版，第 370 页。

民族地区、民族学校可根据多数群众的意愿和当地的语言环境实行民族语文教学和双语教学相结合的教育模式。1950 年颁布的《培养少数民族干部试行方案》中提出:"各少数民族学校应聘设适当的翻译人员帮助教学,并对必须用本民族语言授课的班次和课程,逐渐做到用各族自己通用的语文授课。"1951 年,第一次全国民族教育会议的报告要求,凡有现行通用文字的民族,如蒙古族、朝鲜族、藏族、维吾尔族、哈萨克族,小学和中学的各科课程必须用本民族语文教学。有独立语言而尚无文字或文字不全的民族,一方面着手创立文字和改革文字,另一方面得按自愿原则,采用汉族语文或本民族所习用的语文进行教学。1953 年 2 月,教育部在《关于兄弟民族应用何种语文教学的意见》中指出:少数民族学校,应使用本民族语文教学。但在有本民族通用语文而无文字或文字不完备的民族,在创立出通用文字之前,可暂时采用汉语文或本民族所习用的语文进行教学。[1]

为了能更好地实行民族语文教学,提高教学质量,党和政府还重视和加强民族文字教材建设,并制定了一系列具体政策:一是加强教材编写出版的规划和管理,国家教委民教司设有教材处协调民族文字教材建设的规划出版事宜;二是建立民族文字教材审定制度,分别制定各民族文字教材审查委员会工作章程;三是制定民族文字教材评奖制度和评奖办法,统一评奖条件和标准,以引导提高民族文字教材的编写质量。[2]

为了照顾少数民族考生的实际困难,也为了体现语言平等政策,党和政府在招生考试方面也制定了与民族语言教学和双语教学相配套的政策,规定在高考时可用少数民族语文答卷。同时也规定,用本民族语文授课的民族自治地区,可自行进行高考命题和组织考试,由自治区或省招生委员会负责。

根据贵州大部分少数民族没有文字,彝族和水族等少部分民族虽有文字,但又不完整、不通行的实际情况,贵州省教育厅在遵照中央政府相关政策规定的基础上提出了适合本土情况的具体措施:"在我省各兄

---

① 赵民、林均昌:《建国初期发展少数民族教育的理论与政策》,《黑龙江民族丛刊》2007 年第 4 期。

② 王红曼:《论我国的民族教育政策及其成就》,《民族教育研究》2002 年第 1 期。

弟民族的文字尚未创造或初步草创尚未正式推行以前，必须充分使用本
民族语言来辅助教学（在多民族学生的班上，用一种民族语言辅助教
学时，也应注意到其他民族的学生学习上的困难）。"①遵照教育厅的要
求，各级各类学校根据具体的教学对象和教学内容采用了多种灵活有效
的办法来进行教学。在汉族学生较多的班级，教师就采取汉语、民族语
言双语教学的办法，先用汉语诵读课文，再将课文译为少数民族语后进
行讲解，并结合加强直观因素的办法。在几种少数民族学生混杂的班级
里，教师通常先用一种民族语言（如苗语）讲课文大意，再译为另一
种民族语言（如彝语），或用汉语进行讲解。而在讲授新课或提出生字
新词时，就用汉语和民族语言逐字、逐句、逐段地进行对照翻译。如惠
水鸭绒民族小学老师在讲松鼠时就先译为苗语"阿班建"，讲土壤时就
译为苗语"加拉"，这样一说，学生就懂了。在算术教学时，也基本采
用与语文教学相同的办法。在石门坎的民族小学里，老师在教一年级算
术时，就先把"1、2、3、4、5、6、7、8、9、10"等阿拉伯数字译为
苗语的"衣、窝、巴、梭、渣、丢、顺、牙、九、菊"，再来教授给儿
童，并用儿童熟悉的身边事物形象来记忆阿拉伯数字的形状，比如
"2"像鹅颈就用苗语"干冬虹"来描述，"3"像耳朵就用苗语"干
然"来形容，"5"像镰刀就用苗语"干犁"来比喻，"7"像锄头就用
苗语"所"来形容，等等。对于那些比较抽象、不易理解的东西，老
师就采用先分开进行解释，再组合起来进行说明的方法。如讲"空气
流动产生风"，教师就是先把风和空气的概念用苗语解说清楚，然后再
讲空气流动产生风。②为了更好地推进民族语言的教学，贵州省各地还
积极鼓励汉族教师认真学习民族语言来辅助教学。

综上所述，中央政府在新中国成立初期出台了一系列较为完善的民
族教育政策，形成了我国初步的民族教育系统。我国民族教育管理走向
了正规化，民族教育事业也取得了开拓性的巨大成绩，迅速扭转了新中
国成立前的落后局面。部分少数民族地区基本上普及了小学教育和初中

---

① 《我省几年来民族教育工作的主要情况和今后意见》，1956 年，贵州省档案馆藏，全
宗号 47 目录 2 卷 833。

② 《贵州省少数民族学校采用汉文课本以民族语言帮助教学的情况》，1956 年，贵州省
档案馆藏，全宗号 47 目录 1 卷 652。

教育；在一些少数民族地区办起了民族中小学；而在边远地区、山区、牧区和其他经济文化落后的少数民族地区则办起了寄宿制民族学校，吃、穿、住和学习费用全部由国家包管，效果十分良好；在北京和西北、中南、西南等地办起了十所民族学院，其他普通大专院校也实行了招收少数民族学生的照顾性政策；还通过各类学校教育，培养了一大批少数民族干部和相当数量的少数民族专业人才。据统计，"到1957年时，全国少数民族普通小学在校人数已达319.43万人，少数民族教师8.11万人，普通中学在校生有27.69万人，少数民族教师有0.91万人，中等技术、师范学校在校生3.74万人，高等学校在校生1.61万人，少数民族教师0.19万人。较之解放前民族教育体系中小学生占93.9%，中学生5.2%，大学生0.8%的比例而言，成效无疑十分显著，变化可谓是翻天覆地"①。

在国家的高度重视下，在民族教育政策的保障下，新中国成立初期的贵州少数民族教育事业也取得了很大的成就。而石门坎更是因其曾经显赫的文化教育成绩而受到了贵州省人民政府的高度重视。首先，政府接管私立石门坎中学，改名为贵州省威宁石门民族中学，将之列为省属直管的贵州省五所重点民族中学之一，并采取了几方面的重要举措来发展石门坎教育：一是加强师资队伍建设。教师队伍除完全吸纳原班人员外，另加派优秀共产党员吴应杰为副校长，杰出教育人才罗安谦为教导主任，分配一批省内外大学毕业生到石门民族中学。这些学校领导和教师都是经过组织精心选拔的，其中有几家夫妻双方都是教师，如吴应杰夫人梅从敏和罗安谦夫人程志仁也调到石门民族小学工作，他们都是当时人民公认的优秀教育人才。这些教师本身就具有较强的业务素质和政治思想素质，到了石门坎后又努力学习苗语，最终全都使用双语教学。二是加强了学校基础设施建设，增添了图书、仪器、音体美器材等，改善了办学条件。三是全面贯彻教育方针，落实民族政策，全体师生都享受到了国家民族政策的优惠，学校扎实开展丰富多彩的教学活动。在这些举措的推动下，石门坎的教育在新中国成立初期取得了比教会办学时期更加辉煌的成果。

---

① 方晓东、李玉非、毕诚：《中华人民共和国教育史纲》，海南出版社2002年版，第110页。

第二节 "纬"畅：转变地域劣势，创建教育生长空间

一 偏远、闭塞的黔滇川

从地质条件来看，黔滇川民族地区地形地貌复杂多样，海拔落差高达几千米，山形陡峭，丰富的雨水和雪融水相汇，形成一股股澎湃湍急的水流，裸露的山体经水流长年累月的冲刷切割，形成大量峡谷和丘陵，沟壑纵横，水土流失严重，可耕种的土地面积十分稀少，三省中又以贵州最为突出，素有"八山一水一分田"的说法（见表2－2）。

表2－2 　　　　　　　　　黔滇川土地资源情况

	幅员面积（万平方千米）	山地比例（%）	丘陵比例（%）	人均土地面积（公顷）	喀斯特面积比例（%）
贵州省	17.62	61.7	30.8	0.453（58.2%）	61.9
云南省	39.4	84	10	1.066（137.0%）	28.1
四川省	48.5	81.4		0.600（67.2%）	26.4

注：全国人均土地面积按0.893公顷计，括号内为占全国人均土地面积的比例。

从地理位置来看，黔滇川少数民族区域地处崇山峻岭的腹地，远离平原和海洋，没有出海口，与外界连通不便。从黔滇川区域交通设施看，由于该地区山高谷深、地形复杂，地壳运动活跃，岩性疏松，地质条件复杂，进行交通基础设施建设比较困难，因此该区域内交通基础设施水平普遍较低。

偏远的地理位置、恶劣的自然条件和落后的交通条件严重阻碍了该区域与外界的经济文化交流，故黔滇川少数民族地区长期处于落后、闭塞甚至蛮荒的状态。

二 "极度边缘"的石门坎

石门坎处于黔滇川的边界，古时被称作乌撒蛮的乌蒙山区腹地。从整个中国版图看，黔滇川属于地势偏远的边疆地带；就全国的31省市来看，贵州属于位置偏远、经济落后的边缘省份；地处贵州省边缘地带

的威宁县则属于国家级贫困县，而位于威宁县西北角的石门坎，无论从地理位置，还是从政治经济文化状况来说，无疑都处于边缘的边缘，堪称"极度边缘"。在我国出版的任何一份中国政区图和全国的分省地图上都无法找到石门坎的名字，只有在五十万分之一的贵州省地图上才能标出它的所在（见图2-2）。它隶属于贵州省威宁县石门乡，东与威宁县云贵乡和龙街乡接壤，距离威宁县城142千米，西与云南省昭通市的大菁地和临边毗邻，离昭通市区30余千米，北与云南省宜良县熊家沟和落泽河交界，离宜良县城60余千米。由于地处偏僻、沟壑纵深、大雾阴雨，石门坎行路十分艰难。即使到了机动车时代，石门坎也处在贵

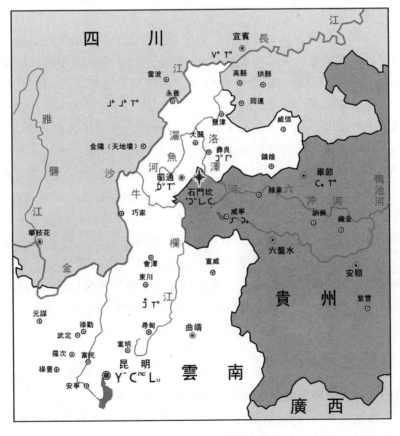

图2-1　石门坎地理位置

州公路网的末梢，与云南公路网又不衔接，退居边缘之边缘，交通十分不便。直到1975年才终于有了一条通往威宁县城的公路，但路况极差。尤其从石门坎到中水一段乡村公路路况十分糟糕，路长仅40余里，但行车难、耗时长。即使是在晴天路面干燥的情况下，越野车也通常需要三四个小时才能艰难地爬行过这短短的40余里路，而雨雪天则至少需要七八个小时，且因泥泞导致路面彻底无法通行的情况经常出现。时至今日，石门坎大多数乡村之间的交通仍然是羊肠细路，村民往来依旧人背马驮。恰如《石门坎溯源碑》曰："天荒未破，畴咨冒棘披荆，古径云封，遑恤残山剩水。"行路艰难、交通不便使得这里信息闭塞，居民长期处于"与世隔绝"的状态，只知道日出而作，日落而息，对外界的事情所知甚少。

石门坎不仅闭塞，而且贫穷。由于石门坎处于乌蒙山中心地段，四面峻岭、万仞千壑，平均海拔在2500米以上，海拔最高处白刀岭顶峰2762米，最低处熊家沟桥边为1218米。海拔落差大导致石门坎气候寒冷，冬季冰凌蔽天，雪厚尺许，终年云雾缭绕，风灾旱灾不断。而山高地稀，土地瘦薄，又严重影响了农、牧业生产。受制于地理自然条件，石门坎只能种植产量极低的荞麦、燕麦等农作物，再加上当地乡民只懂得刀耕火种的落后耕作方式，于是他们通常都是广种薄收，若幸运遇上丰年则收成尚可糊口，如遇歉收，则几乎全年都得勒紧裤带忍饥挨饿。而且在石门坎，农作物产质低劣，当地民谣对低产低质的状况做了最淋漓尽致的刻画："山高坡斜大小雨多，庄稼种遍几坡，到了秋收心要凉，种一坡来收一锅。""洋芋（土豆）好比核桃大，苞谷（玉米）好比辣椒粗，耗子进地跪着吃。""连老鼠都只要跪着就可以吃到的玉米"形象地描述了作物生长极差的情形。而且这些作物质量也相当差，当地村民描述说：人们吃了这些食物后连"屙屎都不生蛆"。

三 石门坎封闭落后的地域状况为教会教育发展提供了生存空间，苗族的族群文化和历史传统孕育了教会教育的生长点

从地域背景角度来说，黔滇川地区物质的贫困和各民族之间复杂的矛盾，石门坎的偏远闭塞及其思想文化的落后为西方基督教的传播提供了宽松的氛围，也为传教士在此地区兴办教育提供了最为适宜的土壤。

　　首先，石门坎因其边远闭塞而呈现出的"文化真空"状态为基督教及外来文化的进入创造了条件。

　　通过对教会在我国办学的历史梳理可以看出，近代教会学校最初只能扎根于中国教育的空白或薄弱之处。因为中国自古以来是一个"官本位"的社会，古代科举制度的实行使得"学而优则仕"的思想在民众心中根深蒂固，人们通常以"官"作为价值尺度来衡量一个人的自身价值和社会地位，因此官商子弟皆视儒学为唯一正宗，只学"四书"、"五经"，唯走科举之路，对外来的教会教育自然不会接受。于是在基督教传入中国之初，传教士只能无奈地把上帝的仁慈和关爱给予那些社会底层的贫苦家庭子女，他们从街道上收容一些衣衫褴褛的穷孩子或乞丐，"衣食俱与之"，教他们识字、读经，这便是最初的教会学校。尽管后来随着"洋务运动"的兴起，人们逐步认识到西方先进科学技术的重要性，对教会学校的看法也渐渐发生了变化，送子女入教会学校学习现代科技知识的人越来越多，教会学校因此逐渐在城市和发达地区得到了发展，教会学校在走入城市的同时，也依然保持了在穷苦人中办学的传统。

　　石门坎的偏远闭塞与文化真空状态正好迎合了西方教会喜在穷人中办学的特点。19世纪末20世纪初，乌蒙山区的苗族社会处于政治、经济和文化"三无状态"。从政治上来说，石门坎地区的大花苗群体无政治地位，在政治上没有发言权，长期隶属于彝族土司土目的管制之下，土司土目掌管着他们的生杀大权。从经济上来看，他们是土司土目的农奴或佃户，没有土地，没有生产资料，各种苛捐杂税让不少家庭倾家荡产、流离失所。从文化上来看（这里指狭义的文化，即表示人们掌握和运用文字能力或接受教育的程度），他们没有自己民族的文字，据史料记载：清末，在整个威宁州（包括赫章）苗族一万人中只有一个人能识汉字。在整个石门坎地区，除了四名曾经接受过初等教育的"读书爷爷"（也称"读书家"）以外，苗族人全是汉文化"文盲"，其中绝大部分是汉语"语盲"、数字"数盲"。正如苗族人在石门坎所立的溯源碑碑文所说："我们好像未开化的人一样。"民国时期的国民政府官员管承泽则直接将石门坎人称为"地狱中的边民"，说他们："边陲地方的人民，过着'日出而作，日入而息，国力于我何有哉！'的生活，说什么专制政治、民主政治、法西斯，他们是不会懂的。只晓得穿衣、吃饭，是他们的独一无二的事情。"而一张白纸可以画最新最美的图画，从某种角度来说，愚昧无知的山区边民正是最好的教育和传教对象。因为他们没有坚实的"先在结构"①，他们不会像深受儒家文化思想影响的人们一样去抵制基督教文化和新思想、新文化的影响。

其次，贫穷困苦为基督教在石门坎苗族中的传播铺设了坦途。

如前文所述，石门坎的自然环境十分恶劣，土地贫瘠，生产力极为低下。加之官府和彝族土目的残酷剥削，老百姓生活十分艰难，吃不饱穿不暖。此外，当地的医疗水平十分低下，没有任何医疗机构，人们生病后只能找土医生以巫术方式进行医治，而实际上巫术并不能真正治病救人，病人往往是在耗费了大量的财力、物力后失去生命，使原本十分艰难的生活雪上加霜，最终倾家荡产或是家破人亡。长期以来，苗民们苦苦地挣扎在生存线上，对生活十分绝望，对未来毫无信心。在这种情况下，普世性的以爱为核心的基督教就水到渠成般自然而顺利地进入了苗民的生活。因为宗教有着精神安慰功能，可以提供强大的心理支持。当人们的现实生活陷入困境或出现危机时，虽然不能利用宗教直接解决现实问题，但却可以通过特定的宗教信念满足人们的内在精神需要，把人们的心态从不平衡调节到相对平衡，并由此使人们在精神上和心理上达到和谐的状态，生理和行为方面也随之达到有益的适度状态。而在各种宗教之中，基督教的精神安慰功能又是最为强大的，因为基督教精神的核心是"爱"，且基督教的爱是一种普世性的爱，在现实中表现为时时"施与"和处处"慈善"。英国循道公会的传教士们无偿帮助石门坎苗民抵制官府和土目的剥削，并兴办医院和学校，到处治病救人，宣扬和践行基督教"普世的爱和社会救赎"。他们的"善行"使长期受苦受难的苗民在精神上得到一定程度的解脱，给予了他们现实生活缺失的补偿，抚慰了他们绝望的心灵，赋予了他们生存的勇气。尽管他们当中的

---

① 先在结构原本是接受美学中的一个理论术语，指个体在接受作品之前已有的诸多主观因素组成的心理模式。后来被人们用于各种领域，在教育学领域，先在结构主要指学习者在进入学习环境之前的心理模式。每个学习者所处的空间是不同的，不同的社会历史、文化结构及时代特征必然潜移默化地影响着个人的知识秉性、习惯等个性和心理特征，在学习者的心理上形成其独有的先在结构。

很多人可能根本不明白基督教是什么东西，但现实生活的困苦和精神生活的压抑促成了他们对传教士"善"和"爱"的言行的信赖和对基督教的"彼岸精神"的接受，对超然于现实之外的彼岸世界的追求，使他们在不觉间消除了现实生活所带来的痛苦、恐惧、绝望等心理，为他们提供了安全感和慰藉。

总体而言，黔滇川地区特殊的自然、社会环境和民族矛盾，为基督教传入石门坎提供了社会空间，为苗族平民教育的兴起提供了重要条件。

小　结

石门坎教育发展的历史不仅让我们更加清晰地认识到时代氛围、社会状况、国家政策等宏观因素对教育的发展有着决定性作用，同时也提示我们地域环境、族群文化和历史等本土因素对教育发展有着十分重要的影响，其影响在某些时期甚至要超越历史和时代的宏观要素。

从教育场域角度来说，石门坎教育的兴盛主要是因为办教育者能顺历史之"经"，理地域之"纬"。一方面，他们顺应历史时代的大潮，首先乘着清末民初西方殖民主义在中国传教拓殖的历史浪潮，将办学和传教巧妙结合，趁势开启了石门坎的教育事业。新中国成立后则借助政府大力扶持和资助民族教育政策的东风，推波助澜，把石门坎教育推向了鼎盛。另一方面，他们理性审视石门坎的地域劣势，从中发掘教育的生长空间，转劣势为优势。从常规来看，地域环境的落后封闭和人口素质的低下无疑是发展教育的最大障碍。但柏格理等人却在石门坎恶劣的生存条件、社会环境，以及各民族之间尖锐的矛盾斗争中探寻到了他们传教和办学的生存空间。他们针对石门坎苗族长期承受着沉重的阶级、民族压迫的社会现实，采取暂时缓和阶级、民族压迫和歧视的做法，取得苗族同胞的信任，取得了办教育的坚实群众基础，同时也铲平了办学的多重障碍。具体来说，由于石门坎苗民长期处于被压迫和被剥削的困苦状态而无力自救，因此他们一直渴盼"救星"的出现，柏格理等人抓住了苗民的心理渴求，以洋人和教会的势力，一方面，大力宣传教会保障教友不受歧视和欺压；另一方面，凡遇彝族土目和封建团绅欺压鱼肉苗族同胞时，便挺身而出，进行抗争和保护，或写信或亲到当地官府，胁迫官府出面制止各地土目、团绅的暴行。由此，苗民们感受到了基督的温暖和传教士的可依赖性，传教士们也得到了苗民的充分信任和崇敬。于是，苗民为了寻求保护纷纷走近传教士，进入教会学校，以追随"救星"的忠实态度开始了他们的学习。

总而言之，20世纪石门坎的教育者们以历史之"经"和地域之"纬"编织出了教育发展的最佳场域。有了"经"顺"纬"畅的教育场域，教育的蓬勃发展也就成为了必然。

第三章　教育主体：注"内涵式"发展，重"造血式"推动

　　主体是与客体相对的一个哲学范畴，马克思主义哲学观通常将人视作主体，认为主体就是指有意识、有主观能动性的人。人是各种活动的主体，在教育活动中也不例外。教育是一个复杂的过程，教育包含很多要素，从宏观层面讲，教育活动包括教育主体、教育目标、教育内容、教育手段、教育环境、教育途径等要素；从微观角度看，教育活动由施教者、受教者、教学内容和教学方法四个要素构成。但无论从哪种层面来讲，"人"都是教育最核心的因素，"人"都是教育的主体，而教育主体又是教育活动最主要的"内涵"，它与教育场域和教育客体等"外延"因素共同影响和决定着教育的成败兴衰。

　　教师和学生是参与教育活动的两大主体。由于探讨教师和学生在教育活动中的关系时所处角度和所站立场有所不同，人们对教师和学生的教育主体地位的认识也各有不同。最具代表性的观点有三种：一是以德国教育家赫尔巴特为代表的"教师中心论"，也即"教师主体论"，他们强调教师的权威性，认为教师在教育过程中占据绝对的支配地位，学生对教师必须保持一种被动状态。"教师主体论"认为学生只是教育的对象，因而通常忽视其主体性。二是以杜威、卢梭等人为代表的"学生中心论"，也即"学生主体论"，他们认为学生的发展是一种主动过程，教师并不能主宰这一过程，教师的作用只在于引导学生的学习兴趣，满足学生的个人需求，而不是直接干预学生的学习，故学生才是教育活动的主体。此外，还有一种"双主体论"观点，认为教师、学生都是教育的主体。

　　在此，我们较为赞同第三种观点。"教育过程是教师与学生以课程

为主要背景的交流过程，是教师与学生之间的平等对话、观念共享和思维激活的过程。"①也就是说，教育过程是教师和学生一起参与、共同进行的双边性活动，因而老师和学生都是教育活动的参与者和行为者，他们是交互主体性地参与教育过程的。且在教育过程中，教师和学生的主体性作用是相互关联、相互依赖，甚至相互渗透的。故在本课题的研究中，我们把教师和学生都作为教育的主体，课题观点的阐述是站在"双主体论"的立场上进行的。

第一节 "内涵"饱满：教师主体性强

20 世纪上半叶，石门坎学校教师主要由三类人构成：一是从国外来的传教士；二是从石门坎以外的其他地区来的汉族及其他民族教师；三是本土培养出来的苗族知识分子。在不同阶段，各类教师在整个教师队伍中所占的比例有所不同，20 世纪初主要以传教士和外来汉族教师为主，三四十年代主要以本土苗族知识分子和传教士为主，新中国成立后主要以外来汉族及其他民族教师为主。

一 西方传教士

西方传教士在石门坎教育发展过程中起着非常重要的作用，他们是石门坎教育的创始人和发起者。先后曾有柏格理、韩素音、王树德、高志华、张道慧、安妮·布莱恩、易理凡、穆博理、石崇德、邵泰清、张继乔共 11 位传教士在石门坎工作和生活过。其中，有两位为石门坎献出了生命。

最早来石门坎兴办学校的是英国传教士柏格理，但柏格理与石门坎结缘则是因为另一位名叫党居仁（J. R. Adams）的英国传教士。党居仁于 1888 年与夫人戴盛友来到贵州安顺府，1897 年（清光绪二十三年）党居仁开始在安顺城区附近的柴家苑、罗家园、石板寨等苗族贫民居住地区开办附属"义学班"，专为贫苦大众实施免费义务教育。1899 年时，党居仁把办学传教中心向少数民族聚居的农村地区转移，在普定县

① 胡弼成：《教育主体评议》，《大学教育科学》2008 年第 2 期。

苗族村寨等地创建了教堂与小学。"义学"的兴办对发展安顺平民新文化教育起到了积极的带头作用,影响深远,后来规模逐渐扩大。1914年,党居仁改办安顺乐育高等小学,招收以苗族同胞为主的少数民族子弟免费入学读书。该校开办后学生甚多,郎岱、水城、威宁等地的苗族贫困子弟慕名前来求学。1915年夏天,一个雷雨交加的夜晚,党居仁被雷电击中,不幸辞世。

尽管党居仁的"义学"没有办到威宁石门坎,甚至党居仁本人连石门坎也没到过,但石门坎教育的兴起却与党居仁有着不可分割的关系。事情的起因得回溯到1903年。那一年,党居仁在安顺附近的乡村传教时碰见了四个从威宁迁居到本地的大花苗人,当时这四个苗人正为他们捕获的猎物被汉族人抢走了而难过沮丧,党居仁见状后十分同情他们,并帮他们讨回了被抢走的猎物。后来,这四位苗人将党居仁介绍给他们远在威宁石门坎的亲戚朋友,引发了大量威宁苗民奔赴安顺向党居仁求学求教的热潮。党居仁考虑到威宁离安顺路途过于遥远,苗民们有诸多不便,于是便把他们介绍给了当时在昭通传教的柏格理。就这样,通过党居仁的牵线搭桥,威宁大花苗人见到了改变他们命运的关键人物——柏格理。

塞缪尔·柏格理(Samuel Pollard)(见图3-1),1864年4月20日出生在英国康沃尔郡(Cornwall)卡米尔福镇(Camelford)的一个普通工人家庭。父母都是十分虔诚的基督徒。父亲是一位地道的帕兹托人,曾在查塔姆的船舶修造厂当过若干年的机修工。柏格理是家中的第一个孩子,自幼天资聪颖,4岁便开始跟随母亲学习识字,9岁进入韦斯列小学读书,13岁进入德文郡的希博尔公学。在校期间,他以出众的数学才华博得了校长的喜爱,他的"天资很快就使他成了这所学校的佼佼者,他似已踏入了一所名牌大学的门槛"[①]。但成绩优秀的柏格理终因家境贫寒而不得不放弃升学,另谋出路。1881年参加公务员考试,17岁的他以全英第3名的成绩考入首都伦敦的一个邮政银行,过上了衣食无忧的舒适生活。

---

① [英]沃尔特·柏格理:《柏格理在中国》,苏大龙译,载《民族研究参考资料》第二十八集,贵州省民族研究所编印1989年版。

图 3 - 1　柏格理

　　1885 年，英国探险家和传教士大卫·利文斯顿（David Livingstone）深入非洲三万里传教的传奇事迹在英国风靡一时，柏格理深受触动。他放弃了邮政银行薪资丰厚的工作，决意要像大卫·利文斯顿那样，在上帝的指引下，去到一个没有传教士涉足的地方，去引领一个民族的福音。

　　1887 年，23 岁的柏格理与好友弗兰克·邰慕廉（Frank Dymond）加入传教团来到中国。入华后，他以儒家思想"格物致理"之意，取名为柏格理，字明星。他在上海改穿华装，赴安徽安庆（今怀宁市）随内地会牧师 F. W. Bowler 学习了半年的汉语，然后前往云南昭通传教。

　　1888 年初，柏格理进入昭通基督教循道公会，开始了他在中国的传教生涯。在中国传教期间，柏格理有感于自己少年失学之苦，同时按英国循道公会的传教原则，兴办教育、改良社会，力主西学东渐。①

在昭通期间，他每天到街上布道讲义，并力劝当地人戒除烟毒，兼行医业。他的真诚和敬业感化了前来向他求医的患者李国钧、李国镇两兄弟，两人从此信教，并改名李约翰和李司提反（后为柏格理的得力助手，参与柏格理在石门坎的传教、办学事业）。②

1890 年，柏格理因患病到昆明治疗时认识了英籍护士韩素音，于1891 年与韩素音结婚。婚后，他与夫人创办女子读书班夜校（后为女子学校）、妇女读圣经班，并亲自授课，成效显著；创组"天足会"，在云、贵、川首倡解小脚。他利用各种场所宣传科普知识，编印《日食和月食》等小册子免费分发。他反对中国的八股取士，于 1893 年改组"中西学堂"，开授文学、天文、地理、卫生、英语、算术等课程，开昭通西学之先。③

然而，柏格理并不满足于他在昭通取得的小小成绩，他来中国的目的是致力于"一个民族的皈依"。正当他不满足于昭通传教的现状之时，一位慕名来访的学生家长，彝族土司龙涌泉使柏格理从此与彝族结缘，并产生了"传通彝族"的最初构想。④

1903 年冬，柏格理不顾教会同工和朋友的劝阻，与龙涌泉来到了被称为"化外"之地的凉山。作为第一个进入"自治诸领地"的外国人，柏格理看到土司的残暴和彝家世代"冤家"械斗的血腥，以及彝族社会的烟土泛滥、嗜酒成风，他感到十分震惊，并决心以基督教精神感召彝人，改造彝族社会。他深信，基督教的"道德"可以让彝族人"化干戈为玉帛"，重建亲善友爱的家园。⑤ 在险象环生的彝区，他冒着

---

① 阿信：《用生命爱中国——柏格理传》，大象出版社 2009 年版，第 5 页。

② 张坦：《"窄门"前的石门坎——基督教文化与川滇黔边苗族社会》，云南教育出版社1992 年版，第 122 页。

③ 王廷芳：《柏格理传略》，载《威宁文史资料》第四辑，中国人民政治协商会议威宁彝族回族苗族自治县委员会宣传与教育委员会编印 2004 年版。

④ 张坦：《"窄门"前的石门坎——基督教文化与川滇黔边苗族社会》，云南教育出版社1992 年版，第 122 页。

⑤ ［英］柏格理等：《在未知的中国》，东人达、东旻译，云南民族出版社 2002 年版，第 655 页。

极大的生命危险，凭借超人的机智，成功躲过了数次土目与汉官勾结的谋杀，博取了彝族上层社会的认同。柏格理的过人本领和处世之道，无不令彝族民众折服。凉山罗洪氏族将他收为养子，并取彝名为"罗洪呷呷"。彝族众首领们商量，提议请他出任"哲"、"惹勒"、"黑"、"阿脂"这四个部落的首领，调解各部的纠纷与械斗；还欲将一位"佩戴珊瑚串珠的姑娘"嫁给他让他定居下来。① 但这些都被柏格理婉言谢绝了，他心里筹划的是如何将基督教传通彝区。但就在他的彝区传教计划开始后不久，石门坎大花苗人的大批涌现就使他中止了彝区传教计划。因为大花苗人的纯朴与苦难深深地打动了他，他觉得苗族人更需要得到救赎。从此，他开始了他的石门坎办学、传教事业，把他人生中的最后十年奉献给了大花苗人。

1905 年，柏格理带着他的团队（传教士和汉族老师）来到石门坎，生活在苗民之中，融入苗民生活。当时的苗族"习惯不洗脸，躯干四肢黝黑，衣服也少浣濯……饮食不洁，房屋肮脏"，住所"苍蝇最为繁殖，妨碍卫生至大……跳蚤、虱子厉害"，柏格理没有嫌弃他们，而是穿苗衣，说苗话，脚履草鞋，与苗族同吃洋芋、炒面，同宿于草堆之上，不怕苦，不嫌脏，关心苗民疾苦，足迹遍及千万苗家。

柏格理主张以教会为依托办学，制定"哪里有教堂，哪里就有学校"的方略，在乌蒙山区广建教堂和学校（见图 3-2）。他还提出："苗族小学教师，必须由苗族人员充任，因为苗族儿童不懂汉语"，并制定了"以苗传苗"、"以苗教苗"的目标。②

1910 年循道公会成立西南教区苗疆部教育委员会，总部设在石门坎，柏格理出任会长，统管所辖学校一切事务。他充分利用教会的力量，选拔优秀学生到昭通、成都等地求学，待学生学成之后，又让他们回乡工作。这不仅培养了大批少数民族人才，还形成了有效的人才循环机制。他带领苗族、汉族教师创制苗文，解除了苗族人没有文字的痛苦。作为一个虔诚的基督徒，柏格理有着狂热的献身精神。为了保护苗

---

① ［英］柏格理等：《在未知的中国》，东人达、东旻译，云南民族出版社 2002 年版，第 171—172 页。

② 王廷芳：《柏格理传略》，载《威宁文史资料》第四辑，中国人民政治协商会议威宁彝族回族苗族自治县委员会宣传与教育委员会编印 2004 年版。

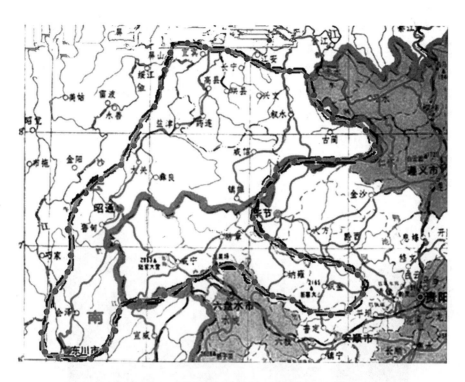

图 3-2　柏格理在黔滇川边地区活动范围

族人民不受迫害，他倾其全力与土目、官吏周旋，数十次出生入死。他为了扶持苗族人民形成新的社会力量，遭受多方势力的打击报复，经历无数次的追杀与暗算。"他被群众热爱与依赖，又为许多人鄙视与仇恨；放弃了文明国家的舒适和享乐，去面对一千零一种危险，医治病人，教育愚昧者，安抚失去家园的人，与孩童们玩耍，扫除酗酒与鸦片，与不纯洁的鬼神战斗，引导一个羞怯的群体如何自力更生与振奋进取。"①

　　苗民们赞美柏格理："不避艰险，不惮辛苦，爱护苗民，无微不至。宁愿自己以命相拼，都不愿苗民受土司的蹂躏。"英国牧师饶恩召（Rev. E. C. Rao）和古宝娟女士（Mrs. Florence. E. Gooch）也专门撰写

①　［英］柏格理等：《在未知的中国》，东人达、东旻译，云南民族出版社 2002 年版，第 587 页。

《苗族救星》（昭通美克印艺有限公司 2010 年印制）一书歌颂柏格理解
救苗族民众于贫困和苦难之中的丰功伟绩。

1915 年，石门坎流行伤寒病，未感染的人都纷纷逃走，柏格理却
毅然留下来。"在亲属都不敢来服侍病人的情况下，柏格理及其夫人韩
素音坚持护理和抢救患病的师生"，最终柏格理不幸染病，医治无效，
于 1915 年 9 月 16 日辞世，终年 51 岁。[①] 石门坎师生和数百名信教群
众，将他葬于教会和学校背后的小山上，并为其撰写了中、英、苗三种
文字的墓志铭（见图 3-3）。

图 3-3　柏格理之墓

---

① 张恩耀：《基督教是怎样传入黔西北、滇东北苗族地区的》，《民族研究》1988 年第
1 期。

柏格理去世后,"经常有被痛苦折磨的男子或不堪生活重负的妇女来到那座小小的坟前,向在为他们的服务中鞠躬尽瘁的墓主人进行祈祷;许多人表示,愿意百年后埋葬在柏格理旁边"①。

柏格理在石门坎传教,先后十余年间,建教会、办学校、创苗文、开医院、立实业推广部、行麻风防治、收养孤儿、辟足球场、修游泳池、兴运动会,不避艰险,不辞辛劳,最终以身殉职,为追求自己心中伟大的事业而献身。他的奉献精神令世人扼腕,他的丰功伟绩令世人赞叹,被苗民称为"苗族救星",被循道公会列为"世界五大使徒"之一。

柏格理辞世后,英国传教士张道慧、王树德、高志华等继续他在石门坎的教育事业。

张道慧(Harry Parsons),出生于英国普通劳动者家庭,于1902年来到中国云南,1906年与英国女传教士安妮·布莱恩(布莱恩于1904年来到中国)在昆明结婚。婚后夫妇二人前往石门坎,与柏格理一同兴建石门坎学校,共同主持石门坎的传教工作。1908年初到1910年1月柏格理回英国度假休养期间,张道慧先生除了料理好校内外的各种事务外,还监修了一座两层楼高的校舍。柏格理休假回来后,张道慧夫妇曾离开石门坎休假并转至东川工作。1915年柏格理染病去世,张道慧夫妇又重新回到石门坎。在柏格理去世后的很长一段时间里,伴随着疾病和饥荒,石门坎处处弥漫着忧伤和悲痛的气息,张道慧夫妇以他们坚定的信念和坚强的意志带领众人度过了艰难的岁月。张道慧夫妇与柏格理一样,一进入中国就开始努力学习汉语,到了石门坎就努力学习花苗语言,很快便掌握了苗语。由于张道慧夫妇出身社会底层(安妮·布莱恩出身农民家庭),能吃苦耐劳,再加上他们精通花苗语言,因此他们在石门坎的工作成效十分显著。他们为民众解决温饱问题,为麻风病人修建房舍,为他们进行治疗。在打理好石门坎校内教学工作的同时,他们深入多个村寨举办成人扫盲班,开办讲授有关家庭副业知识的课

① [英]柏格理等:《在未知的中国》,东人达、东旻译,云南民族出版社2002年版,第410页。

程。布莱恩教苗族姑娘们读书写字，向她们讲授有关家庭卫生、照料婴儿等方面的比较实用的知识技巧。他们在石门坎创办种子实验站，从英国引入洋芋品种，把洋芋种子散发给石门坎民众，使得洋芋种植在苗族村寨中迅速传播。他们还引进一些蔬菜和水果，提高了石门坎民众的生活水平。

张道慧夫妇用他们的无私付出和辛苦努力提高了石门坎的教育水平，改善了苗民的生活状况。石门坎苗民对他们充满了感激之情，"1926 年，张道慧夫妇离开石门坎，回英国休假。临行之前，一位刚刚出嫁的苗族新娘，布道员杨雅各的女儿杨梅，把自己最珍爱的结婚礼服，一套手工织成的精美的裙子送给张道慧夫人。她说道：'请把裙子带回英国，给你们的朋友看看，并且告诉他们，石门坎的人是多么地需要传教士，我们需要更多像您和张道慧先生这样的传教士。'裙子无声，胜似有声，表达出花苗的心声"。[①]从苗族姑娘赠送的裙子就足以看出张道慧夫妇在苗人心中的地位。

1927 年，张道慧夫妇在英国的休假结束，他们向教会申请返回中国云南继续传教和办学工作，但最终由于身体状况不佳而未能成行，只是他们的两个儿子，即张绍乔（Keith）牧师和张继乔（Kenneth）牧师回到了中国，一直在云南工作到 1949 年。

王树德（William Hudsprth）出生于英国一个贫寒的家庭，自小勤奋好学，一直成绩优异，获得文学硕士学位。听说柏格理在中国为传播福音而遭受毒打的事迹后深受感动，加上自己对宗教的虔诚信仰，王树德于 1910 年随回英国探亲的柏格理一同前往中国，加入石门坎的传教、办学工作，当柏格理染病去世后，王树德成为他的继任者，负责石门坎学校和教区的所有工作，直到 1936 年离开石门坎到上海另任他职。抗日战争爆发时，王树德逗留在武汉，因救助中国难民，而被日本侵略军关入了上海浦东战俘营做苦工。抗战胜利后，他得知石门坎办学的困难，毅然将个人的积蓄 3 万美元捐献给黔滇川边教会学校。后来王树德返回英国，暮年生活穷困潦倒。

---

① ［英］柏格理等：《在未知的中国》，东人达、东旻译，云南民族出版社 2002 年版，第 805—806 页。

　　高志华（Reginald Heber Goldsworthy，1895—1938），出生于英国布里斯托尔的一个牧师家庭。他因为与柏格理的一次会面而受到鼓舞，成为了一名牧师。1921 年被派往中国西南部进行传教。1924 年第一次来到贵州石门坎。1936 年第二次来到石门坎传教直到去世。在石门坎期间，他为改善当地民众生活、教育作出贡献，曾为麻风病人建立麻风病院。1938 年 3 月 5 日在石门坎被劫匪捅成重伤，翌日去世。石门坎苗民根据其遗嘱，将其葬于石门坎柏格理的墓地旁（见图 3－4）。

图 3－4　高志华墓碑

除了上述几位西方传教士外，为石门坎教育作出贡献的西方传教士还有柏格理的妻子埃玛·韩素音（Emma Hainge）。韩素音从英国一护士学校毕业后就以传教士的身份来到中国。1890 年在护理因疟疾住院的柏格理时，因为有着共同的宗教信仰和人生目标而与柏格理相知相爱，并于 1891 年结婚。婚后一直与柏格理并肩在云南和贵州传教办学。韩素音极能吃苦，在石门坎极度贫寒的生活环境中，她与大花苗人同吃同住，如同爱护自己的亲姐妹一样爱护苗族女信徒，如同对待自己的亲人一样用心与大花苗人交朋友。她把西药及西医护理技术带到石门坎，不分贵贱、不言劳烦救死扶伤，不怕脏、不怕累地免费治疗照顾若干病人，此外还承担了石门坎学校的地理、音乐、卫生等课程的教学。

在 1925 年至 1949 年间，还有如下几位牧师为石门坎的教育事业贡献过力量：穆博理（工作年份：1935—1939 年）、石崇德（工作年份：1938—1949 年）、邵泰卿（工作年份：1941—1948 年）、赵月林（女，工作年份：1946—1949 年）、张继乔（又名张安德烈，工作年份：1947—1948 年）。但自 1938 年高志华牧师被土匪李开柱杀死于石门坎后，外籍传教士就很少住在石门坎，而是长住昭通，往返于昭通和石门坎之间。

在对石门坎的教师队伍进行梳理的过程中我们发现，在石门坎办学的传教士有三个共同特点：一是他们大多为英国基督教循道公会的传教士（党居仁除外，党居仁是内地会的传教士，且他没有亲自在石门坎办学的经历），都有着极其虔诚的宗教信仰。二是他们大多出生于英国底层社会，家境贫寒。党居仁出身于普通农民的家庭、柏格理出身于工人家庭、张道慧出身于劳动者家庭、安妮·布莱恩出身于农民家庭、王树德也出身于贫寒的家庭……三是这些为石门坎教育的兴起和发展做出过巨大贡献的传教士们都吃苦耐劳，具有奉献精神，对石门坎苗民表现出极大的爱心，对于工作总是怀着极大的热情和主动性。课题组抱着寻根究底的态度，综合上述因素进行分析研究，最终得到两点值得深思的发现：

（一）循道公会的教派特征决定了该教派的传教活动有着侵略性和政治性较弱的特点

近代的基督教在华传教运动是一个非常复杂的历史现象。从总体来说，西方宗教传入中国无疑带着殖民主义侵略的性质。人们通常把基督教入华传播定性为西方列强在入侵中国过程中用以配合武力的一种文化侵略手段。基督教的本质就是传教士们的内在精神动力源："欧洲的扩张在某种程度上可用欧洲基督教的扩张主义来解释。与欧洲其他宗教完全不同，基督教浸透了普济主义、改变异端信仰的热情和好战精神。从一开始起，基督教就强调四海一家，宣称自己是世界宗教；从使徒时代到现在，积极传教一直是基督教会的主要特点。而且，为了使异端和不信教的人皈依基督教，基督教会总是毫不犹豫地使用武力。"① 但也不能因此就片面地把所有与基督教传播有关的活动都打上殖民与侵略的标签，在具体研究过程中还是必须根据具体对象和具体情况来加以区分辨别。故课题组认为，仅因为柏格理等人的基督教背景就简单武断地把他们在石门坎的传播和教学活动界定为殖民主义侵略的看法是不客观、不公正的。在此，课题组拟从循道公会的教派特征、传教士自身的特点进行深入分析，以期对他们活动的性质作出较为客观的评判。

循道公会（Methodist Missionary Sodely）是基督教新教的宗派之一。由于历史渊源和社会背景的不同，基督教新教与天主教在行为方式上有很大的不同，天主教通常是凭借帝国主义国家与我国签订的不平等条约所掠夺的赔款购置地皮，大兴土木；而基督教新教则更关心文化和风俗变化等问题。因此，与天主教相比，新教的侵略性显得要弱很多。从清末教案的数量就可看出，天主教的暴力行为使得教案频发，而新教的教案非常少。循道公会作为基督教新教的一个宗支，其侵略性较弱，它在我国传教过程中最突出的行为就是在黔滇川边民族地区创建教堂与学校，其传教的实践与方法有着自身的特点。

从宗派发源来看，循道公会是基督教新教卫斯理宗教会之一，原为圣公会内的一派，后逐渐独立。卫斯理宗诞生于英国下层民众中，是1738 年由英国人约翰·卫斯理（1703—1791）和其弟查理·卫斯理于伦敦创立的。"该宗的产生与英国的历史有关。18 世纪中期，英国开始了'产业革命'，新的工业城市不断建立，产业工人阶级由此诞生。但

① ［美］斯塔夫里阿诺斯：《全球通史——1500 年以后的世界》，吴象婴、梁赤民译，上海社会科学院出版社 1992 年版，第 11 页。

当时居统治地位的英国国教会已不能有效地适应新形势，失去了对社会下层的吸引力，英国社会出现了信仰危机。在此情况下，约翰·卫斯理与其弟查理·卫斯理力图挽救危机，复兴基督教信仰。约翰·卫斯理经潜心研究《圣经》和新教各派的宗教思想，提出了循道宗的主张，他认为只有提高每个基督徒的灵性修养与道德水平，建立严密的组织，改变陈旧的布道方式，才能挽救危机。"① 卫斯理派宣称忠于《圣经》，忠于传统信经教义，认为所有人都有得救的可能，靠着圣灵，人可以在此生达到对上帝、对他人完全的爱，获得完善的基督徒品格。在神学上，卫斯理派不重思辨，不强求一致，强调圣灵有使人信仰及改造教友生活的力量，卫斯理派还认为宗教的核心在于人与上帝的切身联系。在社会观点上，他们重视下层社会，主张社会改良。② 所以该派非常重视在社会底层活动，主张着重在下层群众中进行传教活动，卫斯理的助手中平民教友多于圣职人员，并在被国教会忽视的下层群众中获得了支持。当时英国国教圣公会偏向向上层社会传福音，而长老会和浸信会偏向中产阶级、商人，循道公会则专门向穷苦的下层劳工阶级的人传福音。许多社会底层的人深受卫斯理的讲道所感动，纷纷归信基督教。

循道公会于 19 世纪中叶开始进入中国，传入中国后一直保持该宗支的亲近底层社会的传统。1851 年循道公会来华传教先驱稗士首先到达广州，1853 年成立广州教区，在以后的发展中逐步建立了温州、宁波、西南（重庆、云南昭通和贵州威宁石门坎一带）、华北（山东乐陵、惠民和天津一带）、湖北、湖南、华南（两广）七个教区，总部设在汉口。早期入华的循道公会传教士们遵循敬虔和克己的循道生活，强调追求民主与博爱。直到今天，循道公会也依然主张改良社会，强调在社会底层的群众中开展传教活动。

尽管循道公会是在列强殖民侵略的大背景下进入中国的，但该派的教派特征决定了该派传教士们的在华活动有着一定的"非侵略"、"去政治"性质。在义和团运动高潮时期，柏格理就曾于 1900 年郑重声明：

---

① 于可主编：《当代基督新教》，东方出版社 1993 年版，第 7 页。
② ［美］莫南：《基督教会概览》，张景文、徐炳坚译，香港道声出版社 1988 年版，第301 页。

"我们来中国，是因为我们相信，乃上帝派我们来让这些人了解基督福音。我们在这里不是政治代理人，不是探险家，不是西方文明的前哨站。我们在这里是要让他们皈依，而我们的成功将要由我们规劝他们接受基督的程度来衡量。"① 显然，柏格理是在努力地将与自己一道的传教士们与侵略者行列划清界限。而他的内心也的确如此，1914 年第一次世界大战爆发时，柏格理因为欧洲人发起的这一场侵略战争而让他在中国人面前感到"万分耻辱"，他在日记中写道："可怕的欧洲战争爆发的消息使我感到分外紧张和压抑。苗族人已经知道了这件事，在他们为欧洲人民祈祷、希望他们能够变得相互热爱的时候，我感到万分耻辱。"②

当年曾在西南长期服务的有名传教士埃利奥特·甘铎理（《在未知的中国》一书的作者之一）的女儿，英国林肯大学的艾莉森·刘易丝教授，曾专门对 1886—1915 年期间在昭通和石门坎服务的传教士们做过研究。她认为这一众传教士的使命和信仰特性有别于那些生活与工作在安顺和贵阳的外国人。她说："他们之所以与山里的花苗特别亲近，有可能和他们独特的基督徒的理解、他们的圣经基督教组织的传统及他们所来自的不列颠的那个地区有关。安顺内地会的传教士们，诸如詹姆斯·亚当和塞缪尔·克拉克都来自苏格兰，具有一种迥然不同的对圣经的理解和社会传统。"③ 也就是说，这些传教士所属教会的教派特征决定了他们的传教方式，他们的宗教和社会文化背景决定了他们的行为方式。

也许正因为如此，柏格理等循道公会的传教士们在石门坎的教学活动因其"非侵略"和"去政治"的特点而显得更加纯粹，教育成效也更加显著。在石门坎教会学校里，人们感受不到列强侵略的气息和政治侵略的氛围，学校就像一个"大家庭"，家庭成员之间平和、温馨，老师和学生之间的关系平等而密切。作为虔诚的传教士，柏格理一众不只把宗教信仰作为指导和约束他们个人行为的精神力量，更是作为了一种生活方式，他们注重个人的人格表率，崇尚爱、牺牲和为他人服务的宗

---

① ［英］柏格理等：《在未知的中国》，东人达、东旻译，云南民族出版社 2002 年版，第 665 页。

② 同上书，第 787 页。

③ 东人达：《循道公会在黔滇川传播的背景分析》，《渝西学院学报》2002 年第 1 期。

旨，热情对待每一个学生。

（二）传教士的阶级性和民族性决定了他们的人格修养和道德修养，他们的出生背景和生活经历影响着他们的行为方式和工作态度

如前所述，20 世纪初来到石门坎兴办教育的英国传教士大多来自英国西南部的山区。他们大多出身于英国社会下层，因为柏格理等人的祖先曾是居住在康沃尔（Cornwall）地区的"少数民族"，因此石门坎研究专家东人达把这一群传教士称为"康沃尔少数民族"①。康沃尔地处英格兰的西南端，康沃尔人是凯尔特族人的一部分，他们有着自己的文化和民族语言，即 cornish（康沃尔语）。2014 年 4 月 24 日，康沃尔人被英国政府正式承认是英国独立的少数民族。据英国历史记载，康沃尔人曾有着和石门坎大花苗一样遭驱逐而四处逃亡的历史，柏格理的儿子沃尔特先生曾这样追述："这位名叫塞缪尔·柏格理的传教士祖先的传说，就是有关康沃尔西部地区，罗马人入侵布利吞，岛上居民逃往西部山区，并在那里建立起一个名叫柏格理的部落，以及世代居住在康沃尔直至今日这一部落后裔的传说。"②此外，艾莉森·刘易丝教授还认为 cornish（康沃尔语）与花苗的语音有很多相似之处。③

尽管从历史事实来讲，柏格理等一众传教士无法摆脱他们身后的西方资本主义、帝国主义列强对中国殖民侵略的大背景，但是，他们出身于英国社会下层的劳动者家庭的阶级性和他们来自英国边远"少数民族"地区的民族性在很大程度上决定了他们可以不计得失，不畏艰险，在条件异常艰苦的高寒山区办学，为极端贫穷的少数民族兴办教育的行为。他们为寻找修建石门坎学校的土地唇枪舌剑，为修建石门坎校舍劳碌奔波，为创制苗文编制教材费尽心思，为苗胞传道授业孜孜不倦……可谓呕心沥血，倾其全力。柏格理离开英国优裕、舒适的生活，放弃银行的高薪工作，在中国一待就是 20 多年，直至将生命献给石门坎苗族人民，中国西南边远

---

① 东人达：《基督教滇黔川边传教士的民族及阶级归属》，《云南师范大学学报》2005年第 2 期。

② ［英］沃尔特·柏格理：《柏格理在中国》，苏大龙译，载《民族研究参考资料》第二十八集，贵州省民族研究所编印 1989 年版。

③ 东人达：《基督教滇黔川边传教士的民族及阶级归属》，《云南师范大学学报》2005年第 2 期。

贫困的高寒山区的艰苦生活几乎占据了他的全部人生。他的足迹遍布各苗族教区和校区，在民族关系极为敏感的苗、彝、汉、回民族杂居区勇敢地传教办学。为开展传教和办学工作，他的住宅、财物差点被焚烧一空。他因为传教、办学多次遭毒打。1907年4月，在云南永善县大坪子哈利米的苗族村寨，他遭仇教的彝族土目苏黑保等暴徒绑架，施以酷刑。尽管最终他凭着机智和运气化险为夷，但肋骨被打断，肺被刺穿，遍体鳞伤，差点失去生命。他数十次从危险中勉强逃生，身体伤痕累累，留下许多后遗症。但这些都没有使他动摇传教和办学的信念，他仍矢志不移，坚定地奋斗在石门坎贫瘠的土地上，直至染病殉职。

　　而且，在办学和传教过程中，传教士们真心实意地爱护这些朴实的苗族群众，他们像对待自己的亲兄弟亲姐妹一样去帮助这些极度贫困的大花苗人，不仅教他们读书识字，还为他们免费施药治病，帮助他们解决各种麻烦。柏格理夫人埃玛·韩素音不仅在学校教学上课，还主持医院工作，为大家接种牛痘（见图3-5），看病送药；张道慧的夫人安

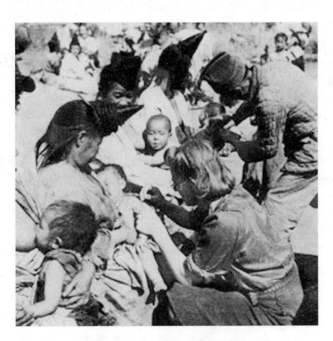

图3-5　传教士为苗民种牛痘

妮·布莱恩不仅在学校承担学校生理卫生和英语等课程的教学工作，还想尽办法从国外引进高产的农作物品种，并传授给苗民果树嫁接的技术。在日常生活中，传教士们和学生吃在一起，住在一起，和孩子们一起玩游戏，经常分发糖果给孩子们，从教学到生活，从上课到给学生缝补衣服，事无巨细，都为学生操持。他们还常常把苗族小孩抱在怀里亲吻，不怕他们脸上留着脏脏的鼻涕，表现出发自内心的真诚的爱，对这些贫穷蒙昧的大花苗人表现出了心理与文化方面的强烈认同感。总而言之，以柏格理为代表的一众传教士虽然是以传教之名进入中国，来到石门坎，但他们放弃优越的生活，不畏生死、义无反顾地"泛海东来"，远隔家乡，在离家千万里之外的穷乡僻壤，以无私的奉献精神兴办教育，传播现代知识，以最热忱的情怀爱这片土地，爱这片土地上的人们。究其根由，正是他们的阶级性和民族性在倔强地发挥作用。

二 外来汉族及其他民族教师

在石门坎教育发展史上，外来汉族和其他民族教师起到了非常重要的作用，如果说西方传教士是石门坎教育的拓荒者和领路人的话，那么外来汉族和回族教师则是石门坎教育的中坚力量和中流砥柱。从 20 世纪初石门坎学校开办以来就一直有外地汉族和其他民族的教师源源不断地进入石门坎，为石门坎的教育添砖加瓦、贡献力量。可以说，在 20 世纪 20 年代至新中国成立初期，石门坎教育的蓬勃发展和辉煌成就是外来汉族及其他民族教师用艰苦奋斗和无私奉献换来的。即使是在改革开放后石门坎教育重新跌入低谷的状态下，依然有一批又一批的外来汉族及其他民族教师奋斗在石门坎的教育第一线。

柏格理在石门坎建校办学初期，石门坎苗民愚昧落后，处于完全蒙昧未开化的状态，除了柏格理夫妇与张道慧夫妇四位传教士外，整个石门坎无人能识字，更不可能有人承担教学工作。为了尽快解决师资问题，柏格理特地从昭通聘请清末举人、汉族人士刘映三到石门坎担任学校校长，又从昭通聘请文化水平比较高的汉族、回族知识分子来石门坎担任老师。这个时期的外来汉族及其他民族教师是石门坎学校教师队伍的主要构成力量，他们有：李司提反（李五先生）、钟焕然、王玉洁、夏士元、郭明道、傅章正、马才富（回族）、胡开英（女）、张中普、李四先生（李司提反之兄）、刘四（刘映三之弟）、杨正隆、王开阳（王四先生）、侯锦堂等人。

　　他们当中的大部分人是柏格理在昭通传教初期举办的宣教培训班培养出来的传道员，有着虔诚的宗教信仰，工作勤恳卖力、认真负责。在极度贫困的石门坎，生活条件十分艰苦、报酬十分微薄，但这些汉族和回族教师不计得失，不辞辛劳，承担着学校的教学与管理事务，为石门坎学校的建立和发展奉献着一己之力。从陪伴柏格理深入石门坎进行实地考察，到前往威宁州与官府交涉；从访问彝族土目宅院，到筹措办学经费、购置建校的土地、修建教堂与校舍、创制苗文、编制教材、开堂授课……石门坎学校教育的每一项活动的成功开展，都有着这些汉族布道员和教师的艰辛付出。恰如柏格理对他的汉族同事李司提反先生的评价："所谓在中国的成功的传教士的很高荣誉都给予了外国传教士们。现在却应该意识到，如果没有当地传教士的帮助，许多一直在进行的事务将永远不会被展开。在苗族运动初期，当时我没有一位固定的英国同事的帮助，多亏一些汉族基督徒英雄般的工作，若没有他们，我真不知道该如何办。"①

　　在这些汉族教师中，贡献最为突出的是刘映三、钟焕然、李司提反三位。王兴中、王明光曾在《威宁石门坎光华小学校史梗概》一文中对这三位汉族教师的感人事迹做过较为详尽的记录。刘映三是清末昭通的鸿儒，他是一位非基督徒，不信教，也不信鬼神，只信奉用自己的力量为石门坎苗民开启智慧之光。他受柏格理的邀请，从昭通前往石门坎担任石门坎光华小学的校长，自学校建立之日起，长期居住于石门坎，连假期也很少回昭通探亲，其时他已经年老体迈，但依然自己料理自己的生活，将所有的心血都倾注于光华小学的教育事业。作为校长，他对老师们以诚相待，虚怀若谷；作为老师，他教学有方，因材施教，且耐心细致，是一个深受同事和学生们爱戴的好校长、好老师。

　　钟焕然是柏格理在昭通传教早期培养起来的布道员之一。为了能更好地从事苗民的教育工作，他努力学习苗语，能十分娴熟地用苗语与苗

---

　　①　[英]沃尔特·柏格理：《苗族纪实》，东人达译，《贵州文史丛刊》2000年第1期。

族群众进行交流，并用苗语和汉语进行双语教学，为石门坎光华小学的
创建作出过积极的贡献。他不仅在石门坎光华学校任教多年，还曾经到
光华学校的贵州威宁长海子分校、云南彝良咪耳沟分校等地工作。他艰
苦奋斗，用自己的大半生为石门坎教育事业做出了积极的贡献。

李司提反原名李国镇，跟随柏格理皈依基督教以后改名为李司提
反。他是最早和柏格理一同前往石门坎开荒破草，创建光华小学的五位
汉族教师之一，也是石门坎教育的开拓者之一。李司提反原本是昭通的
一介书生，在1896年时因其兄李国钧（皈依基督教后改名为李约翰）
生病，前往他们家附近的教堂寻医而与柏格理结识。李司提反兄弟两人
饱读诗书、博学多才，是昭通文化界颇有影响的名人，他们在与柏格理
的交往过程中被柏格理深厚的中国文化学识所震撼，并从柏格理的言谈
和行为中看到基督教的真谛而最终皈依基督教。1905年李司提反与柏
格理，以及钟焕然、王玉洁、刘申五、傅正中四位汉族教师一同踏上了
石门坎的土地，从此便将自己的生命和力量全部奉献给了石门坎的教育
和传教事业。李司提反进入石门坎后便和柏格理等人一同向石门坎本地
人杨雅各、张约翰学习苗语，很快李司提反的苗语便运用自如，成为了
石门坎最早用汉语和苗语进行双语教学的老师。后来他还辅助柏格理一
起创制老苗文，为石门坎文化教育事业的创建和发展做出了卓越的贡
献，直至1917年在从昆明返回昭通的途中失踪，下落不明。

这些早期进入石门坎的汉族教师们为石门坎苗民的文化教育事业开
荒破草，披荆斩棘，不计辛劳，不顾安危，倾其全力地奉献一切。他们
"为了发动苗族人民子弟入学宣传工作，不辞劳累，日夜出入于每个苗
族村寨。协助创办学校，苦口婆心教育苗族子弟识字，让苗族人民摆脱
历史上形成的不识字当奴隶做牛马的痛苦。使苗族人民走上文化康庄大
道，以他们的行动填平了历史上苗、汉民族间的鸿沟"[①]。石门坎的苗
族群众把这些外来汉族教师视为恩人，对他们充满了无比的敬意和感
激，他们感慨地说："在落后的石门坎苗族地区，如果没有汉族老师来
为苗族教育事业献计献策，出力流汗，不知还要落后几世纪。有了汉族

---

① 王兴中、杨明光：《威宁石门坎光华小学校史梗概》，载《威宁文史资料》第五辑，
中国人民政治协商会议威宁彝族回族苗族自治县委员会宣传与教育委员会编印2006年版。

老师来了，落后的苗族才有文化、才真正站起来。应当歌颂赞美汉族老师。"[①] 又说："苗族有文化，起决定作用的是汉族老师，而不是外国牧师。这是最公道的了。"[②]

从 1913 年开始，石门坎有了自己培养的当地苗族毕业生，"以苗教苗"的人才培养机制和教育模式开始在石门坎得以形成，但由于石门坎学校发展迅速和分校创建较多，他们自己培养的苗族师资供不应求，所以一直不断有外来汉族及其他民族教师加入石门坎的教师队伍，为石门坎教育事业贡献力量。

新中国成立后，石门坎学校于 1952 年交由政府接办，政府非常重视石门坎学校的发展，在 1952 年至 1965 年间为石门坎选拔输送了大批优秀师资。当时分到石门坎学校的教师基本情况如下：

吴应杰，汉族，男，中共党员，1952—1958 年在石门坎任中学副校长，1958—1961 年在威宁民族师范学校任教，1961—1978 年在威宁民族中学任教，1978 年调往毕节师专。吴应杰举家住在石门坎多年，他的妻子随他来到石门坎小学工作，他的孩子也出生在石门坎。

梅从敏，汉族，女，吴应杰之妻，小学数学老师。

罗安谦，汉族，男，中共党员，南开大学物理系毕业，1952—1958 年在石门坎任中学教导主任，教授物理、化学、英语。

程志仁，汉族，女，罗安谦之妻，小学珠算教师。

龙布公，彝族，男，贵州大方人，大学文化，1952—1958 年期间在石门坎学校教授语文。

熊学贤，汉族，男，1952—1955 年期间在石门坎从教，后调往六盘水市。

刘亚忠，汉族，男，美术老师，兼上植物课，美术功底很好，"画过一幅毛主席像，实在画得好哦"（原石门乡政府秘书张国辉在访谈中的原话）。

甘功铭，汉族，男，贵州黄平人，中共党员，西南革大毕业，1953

---

① 王兴中、杨明光：《威宁石门坎光华小学校史梗概》，载《威宁文史资料》第五辑，中国人民政治协商会议威宁彝族回族苗族自治县委员会宣传与教育委员会编印 2006 年版。

② 同上。

年到石门坎时只有 19 岁，任数学老师，后调往威宁师范学校。

张寿珍，汉族，女，甘功铭之妻，贵州毕节人，小学教师。

钟绍渠，汉族，男，总务主任，教授语文、音乐。

邓厚昕，汉族，男，贵州织金人，黄埔军校毕业，曾任刘文辉部队骑兵营参谋，1957—1974 年在石门坎教授语文，后调往威宁民族中学。

张洪仙，汉族，女，邓厚昕之妻，贵州威宁县城人，小学教师，在石门坎结婚生子。

许远福，汉族，男，云南昭通人，贵阳师范学院数学系毕业，1952—1983 年在石门坎教授数学、物理。

周斌，汉族，男，湖南人，退伍军人出身，曾任石门坎学校教导主任，教授政治。

曾志贤，汉族，男，中共党员，四川资中人，贵阳师范学院毕业，在石门坎教授数学、物理、化学。

王甘全，汉族，男，1957 年由中水小学调到石门坎，任总务主任，1962 年调回中水。

吴鼎先，汉族，男，1961 年由迤那中学校长调任石门中学校长，1963 年调往中水任中水区区长。

海云龙，彝族，男，云南红河人，1963—1982 年在石门坎学校教授语文。

张永芬，彝族，女，海云龙之妻，小学教师。

周华狱，汉族，男，1958—1960 年期间任石门小学校长。

冯明强，汉族，男，1954 年到石门坎，教授英语，据说曾任美军翻译官。

张义泉，汉族，男，贵州威宁县天桥人，贵州大学毕业，1962—1965 年在石门坎学校教授语文课，后调往威宁民族中学。

徐广跃，汉族，男，重庆百涪人，国家二级篮球裁判，1962—1981 年在石门坎学校教授几何。

安美均，汉族，女，徐广跃之妻，贵州威宁县龙街人，在石门坎任小学教师。

白福礼，汉族，男，四川人，贵州大学毕业，在石门坎学校教授语文（"他的妻子后来也来了，但没当老师。"——原石门乡政府秘书张国辉访谈中原话）。

马贤俊，回族，男，贵州威宁县中水人，中共党员，贵阳师范学院政教系毕业，在石门坎学校教授政治，1963 年调往威宁县教育局。

（以上信息是课题组根据田野调查资料整理，因多方面原因，一些相关资料在"文革"中被毁，一些相关人员无法联系上，调研困难，故资料有不完整之处，特此说明。）

这些新中国成立后外来的教师大多受过高等教育，具有很高的文化修养和业务素养，而且具有很强的奉献精神。他们兢兢业业、言传身教，精心培养学生，安心在石门坎教学，使得新中国成立初期的石门坎教育事业走向了辉煌，成为"石门坎学校向工农子女开门和办民族特色教育最活跃、最有生气、最辉煌的时期"[①]。这一时期石门坎学校人才辈出，教育硕果累累，考入全国各地高校的学生很多，"用桃李满天下来形容五十年代石门民族中学的成绩一点也不过分"[②]。

无论是早期受聘于教会，参与石门坎教育拓荒的外来教师，还是新中国成立后国家分配到石门坎教书育人的外来教师，他们都具有不畏艰苦、无私奉献的精神。课题组对这些石门坎外来教师的情况进行研究时发现，他们都有一个共同点：坚定的信仰。尤其是早期进入石门坎的外来教师，他们大多是柏格理一手培养的布道员，他们是虔诚的基督教教徒。而新中国成立后进入石门坎的部分外来教师，尤其是担任学校领导职务的老师都是共产党员，具有坚定的共产主义信念。毫无疑问，基督教和共产主义是不能相提并论的，共产主义是人类解放的革命理论，基督教是人类宗教信仰的历史成果；共产主义是无神论的世界观，而基督教是有神论的创造说。两者是具有异质性的思想价值体系，在意识形态上有着鲜明的对立。但从人文思想的角度来说，两者有着一定的共性：两者都蕴含着深厚的博爱精神和对人类福祉的热切关怀。无论是早期的布道员教师还是后期的中共党员教师，在博爱精神感召下，在人文关怀精神力量的支撑下，通常都表现出强大的奉献精神和敬业精神。他们总

---

① 杨忠信：《50 年代威宁石门坎的教育状况》，载《石门坎文化文集选编》，威宁自治县苗学研究会编印 2011 年版。

② 同上。

是能积极面对各种艰难困苦，总是能不畏生死、义无反顾地为石门坎的教育事业奉献力量，甚至牺牲生命。

三　本土苗族精英

石门坎自开办学校以来就一直推行"以苗教苗"的人才培养机制，培养了大量苗族人才反哺家乡，他们前赴后继、薪火相传。从 1913 年开始，石门坎有了第一批自己培养的毕业生，但他们仅有小学文化水平，只能承担初级小学的教学工作，为了能尽快培养出高水平、高素质的苗族教师，柏格理送了一批学生去大城市深造，他们毕业后全部回到石门坎任教。此后很长一段时间，石门坎不断选派学生外出学习深造，石门坎学校的教师和校长大多都由外出深造归来的本土苗族知识分子担任。具体选送深造和回乡任教的情况如下：

1911 年：第一批苗族学生在石门坎学校毕业，柏格理决定择优选送王定安、杨荣辉、杨苒惠（又名杨可荃）三人去北京清华学堂深造。由传教士王树德护送三名学生前往北京，但当他们行至四川叙府（今宜宾）时，听说因为辛亥革命的原因清华学堂停办，便返回了石门坎。

1913 年：选送王爱福、王快学、王凤鸣、杨苒惠四人前往成都华西中学学习，学制四年。这是有史以来石门坎第一批出省读书的苗族同胞。他们学成后全都回到石门坎学校，杨苒惠当校长，其余均当老师。

1916 年：选送吴性纯、张洪猷二人前往昭通宣道中学就读，学制四年。

1919 年：选送王心田、安朝品（彝族）二人前往昭通宣道中学就读，学制四年。

1920 年：吴性纯从昭通宣道中学毕业，被继续送往成都华西大学深造。1926 年吴性纯于华西大学毕业，获得医科博士学位，回到石门坎担任学校校长。

1921 年：选送朱焕章、王德椿二人前往昭通宣道中学就读，学制四年。

1922 年：选送李正文一人前往昭通宣道中学就读，学制四年。

1924 年：选送李正邦一人前往昭通宣道中学就读，学制四年。

1925 年：选送王兴中一人前往昭通宣道中学就读，学制四年。

1928 年：选送吴忠烈一人前往昭通宣道中学就读，学制四年。

1929 年：选送杨忠德一人前往昭通宣道中学就读，学制四年。同年，继续送从昭通宣道中学毕业的朱焕章到华西大学深造。

30 年代以后又先后选送了杨耀先、韩理福、张德富、陶慕潜、李德瑄等人外出深造学习……几十年间，石门坎教会学校共资助培养了本地苗族大、中学生 20 余人（其中有部分女生），这些人大多都在学成后回到石门坎当老师，为石门坎的教育事业作贡献。他们当中，对石门坎贡献最多、影响最大的主要有以下几位：

吴性纯（见图 3－6），男（1898 年 10 月—1979 年 8 月 19 日），石门坎年丰村苏科寨人。幼时就读于石门坎光华小学，1917 年小学毕业后被学校选送到由基督教循道公会创办的云南省昭通私立宣道中学（后更名为明诚中学）读初中。1920 年，因学习成绩优秀，被选送进入成都华西协和（英国、美国、加拿大三国五个教会合办）大学的牙医学院医科就读，两年预科后于 1922 年转入医疗系，1929 年 6 月以优异的成绩毕业，并获得华西协和大学和美国纽约州立大学共同授予的医学博士学位。在大学期间，他常跟同学谈论"国家兴亡，匹夫有责"等救国救民的道理。他作为乌蒙苗区的第一位博士，本有着不少很好的就业机会，但他坚决放弃在城市工作的机会，毅然回到家乡石门坎。1930年他受教会之聘，着手创办了石门坎平民医院，并兼任石门坎光华小学校长。他治学严谨、团结教师、管理有序，学校办得红红火火。他不仅重视教学，还在学校开展田径、球类等体育活动，在任校长期间曾组织举办过两次大规模的端午节运动会，还特报请时任威宁县政府县长雷新民莅临指导。他一手抓教育，一手抓医疗卫生。在没有专业助手的情况下，他担负起医院的一切业务，并手把手地教授协助他的杨忠明、张仁义两人药理知识。他的过硬医术和低收费受到各族群众的赞誉。他极力推荐成绩优异的学生报考外地大学、中师中专院校，为青年学生到昭通学习织布、裁缝、木工等技术积极创造条件。他先后推荐张仁义（平民医院学徒）去成都仁济医院护校学医，选送陶泽兴、王惠然、李寿福、韩绍德、王建全、李德美（女）、朱德亮等到福滇医院护士学校学习，培养了一大批医疗技术人才。他还曾先后当选为昭通县政协委员会第一届、第二届委员，第三届常委。

朱焕章（见图3－7），男，15岁进入石门坎光华学校学习，学校资助他先后到云南昭通宣道中学和华西大学学习……（朱焕章的具体情况参见"历史篇"第一章第三节"校长朱焕章与平民识千字教育运动"。）

图3－6　1929年在成都华西协和　　　　图3－7　1935年在成都华西大学
大学医学院毕业时的吴性纯博士　　　　毕业时的朱焕章（杨有德老师提供）
　　　（吴红源提供）

杨汉先，男，1913年农历十月初十出生于石门坎雨撒弯村。1919年秋，正式就读光华小学，1926年秋小学毕业，同年由学校选派，前往云南昭通宣道中学就读。1927年初中毕业后与石门坎地区的苗族知识青年朱焕章、张超伦等人前往成都华西高中求学。1928年夏，因费用问题被迫离校返家。1929年春，被威宁县建设局聘用为工作人员。1932年秋，重新返回成都华西高中读书。1933年7月，高中毕业，同年考入私立华西协和大学。1934年夏，因费用问题休学回家，回家后不久就任石门坎光华小学校长。1935年，由于家庭经济状况有所好转，且他通过石门坎教会申请到了贵州省教育厅的边胞教育补助资金，从而继续回华西协和大学深造，在大学期间，主修社会学，辅修教育学。1937 年，偕同乡杨忠德到川南苗区进行学术调研，收集毕业论文的写作材料。1938 年春，撰写了题为《川南八十家苗民人口调查》的毕业论文。1938 年夏，以优异成绩毕业，并与成都的苗族青年学生一起策划了一项旨在谋求使自己的民族团结起来，反对其他民族欺压行为的活动。杨汉先曾先后在贵州、四川、云南三省多处文化教育研究机构任职：贵阳青岩方言讲习所苗族教师，贵阳大夏大学社会研究部工作员，成都华西大学中国文化研究所助理工作研究员，四川省博物馆工作员，云南昭通县明威中学及女子师范学校历史、英语教师、总务主任，贵州大学文科研究所教师，贵阳师范学院讲师，1950 年 7 月任贵州省人民政府委员，贵州省民族事务委员会副主任，参加筹建贵州民族学院并任院长。1959 —1966 年 4 月任贵州大学副校长兼贵州省民族研究所所长。对西南地区的教育、文化事业，尤其是少数民族的教育事业作出过巨大贡献。杨汉先还是一名在国内外有着较大学术影响的苗族本土民族学家，撰有《苗族述略》《川南八十家苗民人口调查》《大花苗歌谣种类》《大花苗名称来源》《大花苗移入乌撒传说考》《大花苗的氏族》《黔西苗族调查报告》《贵州省威宁县苗族古史传说》《基督教循道公会在威宁苗族地区传教始末》《基督教在黔滇川交境一带苗族地区史略》等民族学论著，为我国民族学研究事业的开拓和发展做出过积极贡献。杨汉先自 1963 年起连任政协贵州省第三届至第五届委员会副主席，第一届至第三届全国人大代表、全国人大民族事务委员会委员，1950 年 6 月加入中国民主同盟。1998 年 10 月逝世。

张超伦，男，1918 年冬天出生于石门坎，6 岁时跟随在石门坎光华小学任教的父亲到光华学校学习，1929 年小学毕业。1932 年受教会资助到成都华西协和高级中学就读，就读期间与同在华西大学教育系读书的朱焕章一起，借鉴著名教育家陶行知举办乡村教育的做法，结合家乡需要，编写了《滇黔苗民夜课读本》。1935 年，张超伦高中毕业，由于家中贫困无钱上大学，只好回石门坎教书。后来由于校长朱焕章的极力推荐，张超伦得到了石门坎教会学校的全额资助，于 1936 年进入华西协和大学就读，1943 年毕业并获美国纽约州立大学医学博士学位。学成后于 1944 年接到朱焕章的邀请回到家乡石门坎办学。之后曾在贵州省和云南省多处任职，为贵州、云南的教育卫生事业做出重大的贡献。1945 年至 1947 年在云南昭通福滇医院任医师。1951 年被国务院任命为贵州省卫生厅第一任厅长，任职到 1966 年。1978 年当选为全国政协常委。1981 年后历任贵州省第四届至第七届政协副主席，兼任中国农工党第九届中央委员，中国农工党第十届中央常委。

除上述几位影响力较大的苗族精英外，还有不少为石门坎教育默默奉献的本土苗族知识分子，例如：

杨雅各（1882—1945），男，石门坎雨撒弯人，1904 年结识柏格理，自 1905 年起便一直跟随柏格理为石门坎苗族的教育事业奔波劳碌。他和柏格理一起，为争得石门坎建校的土地与彝族土目斗智斗勇，参加石门坎校舍的修建，发动石门坎周边苗族村寨的子女来学校读书，同柏格理一起创制苗文，到石门坎光华学校设置于四川南部的珙县、高县、筠连等分校去办学，到云南东川、寻甸等地办学，前往日本印刷苗文版图书……杨雅各的一生基本都奉献给了石门坎苗族教育事业。

王道元（1877—1907），男，贵州威宁黑土河乡爱华村人，1904 年参加柏格理在昭通小龙洞开办的教牧人员培训班，后来成为柏格理的得力助手，参与了石门坎学校的征地、修建校舍、教学、管理等各项工作，曾先后到威宁长海子、云南寻甸、武定洒普山、永善大坪子、彝良咪耳沟等地创建分校，是石门坎教育的开拓者和先锋之一。1907 年，在咪耳沟主持学校工作期间，他因护理患伤寒的同事韩升高、张无野受感染不幸去世，年仅 30 岁。

王明基（见图 3-8）（1898—1967），男，贵州威宁黑土河乡爱华村人，王道元之子。读书期间受柏格理的大力资助，学成后先后在彝良、川南等地教书传教。一生不顾个人安危为民族利益奔波奋斗。

王英（1890—1960），男，贵州威宁黑石头长海子人，是石门坎教会学校早期毕业生（第二届）。毕业后身兼教师和布道员等职，竭诚为光华学校服务了 28 年，曾在石门坎、川南、云南彝良等地工作。

张志诚（见图 3-9）（1888—1961），男，出生于威宁县黑石头彩鸡村苗寨，10 岁进入石门坎学校学习，成绩优异，口才流利，高小毕业后就留在石门坎学校任教，并先后到石门坎光华学校的寻甸分校、沦河分校、咪耳沟分校任教。

图 3-8　王明基 1942 年在石门坎推广部　　图 3-9　在光华小学任教时的张志诚
　　　　　（王文宪提供）　　　　　　　　　　　　　　（张美琪提供）

　　杨芝（见图 3-10）（1875—1958），男，云南彝良县龙街梭嘎村
人，石门坎教会学校首届毕业生，是滇川黔边区著名的历史学家和苗医
专家。

　　吴萍安、罗沛然、王正科、朱有林、韩杰、杨可荃、陶开华、李正
文、王德椿、朱常义、杨明清、王兴中、杨忠德……石门坎本土苗族知
识分子层出不穷，且极具奉献精神，他们为石门坎的教育事业不辞辛
劳，前赴后继。他们是石门坎教育发展过程中起决定作用的主体力量。
柏格理在其日记和著述中多次提及诸位苗族布道员及教师，对他们评价
甚高："在苗人中布道者，必用苗族人才方能驾轻车而就熟路也。厥后
苗族中之布道人才崛起一时，相助为理，于是本省教会受圣灵之恩赐不
亚于当年使徒时代。盖苗族中此辈人才虽学识不深，而仍能胜任愉快，

使教会得建不拔之基于磐石之上。"①

图 3 - 10　杨芝（杨泽江、杨体耀提供）

　　课题组对 1905—1949 年石门坎建校到新中国成立的 45 年间，石门
坎学校培养的高小以上的苗族毕业生情况进行了调查和数据搜集，得知
在石门坎上过学读过书的苗族先辈成百上千，但由于相关的历史资料早
已遗失，所以无法统计具体的人数。所幸一些苗族知识分子的记录手稿
散落民间（其中较多资料来源于王政华先生所提供的王兴中老师的手
稿），经过多方努力，课题组搜集并整理出了 481 位石门坎学校学生的
名单和毕业后的去向。在这 481 位苗族学生中有 151 人被证实在毕业后
从事了教师职业，且基本上都是在石门坎的各个分校进行教学工作。他
们为 20 世纪西南地区的教育事业贡献了较大的力量，20 世纪上半叶石
门坎教育事业取得辉煌的成就与他们的付出有很大的关系。

　　在对石门坎本土苗族教师队伍进行梳理的过程中，有几个问题始终

---

　　①　中华续行委办会调查特委会编：《1901—1920 基督教调查资料（原中华归主修订
版）》，文庸、段琦译，中国社会科学出版社 2007 年版，第 376 页。

盘踞在我们心头：为何石门坎这样一个偏远闭塞的小山村能在 20 世纪上半叶那样艰苦落后的条件下培育出如此优秀的精英人才？为何石门坎的苗族青年们在外出深造学成后，都能不为外界的高官厚禄和优裕条件所动，义无反顾地回到贫穷偏远的石门坎，为石门坎的教育事业呕心沥血？石门坎的"以苗教苗"、"反哺家乡"的教育机制和培养模式是如何得以成功实施的？为了找到较为合理公正的答案，我们采取反观历史的方法，经过多次田野调查和资料分析，返回 20 世纪上半叶的历史时空，站在石门坎苗民的立场，从主观和客观两方面探寻到了以下原因。

（一）主观原因

柏格理等人的出现为石门坎苗民树立了生活和学习的榜样，使他们看见了改变命运的希望和曙光，让他们有了学习的积极性和主动性。强烈的改变命运的主观愿望造就了石门坎的苗族精英。

首先，信仰的引导是石门坎苗民精英成长的重要原因。在石门坎精英的成长过程中，柏格理一众传教士对他们的教育一直贯穿着宗教色彩，可以说宗教经验充斥着这些精英的学习和成长过程。宗教经验是与宗教信仰紧密相关的一种心理因素，是一种具有敬畏、崇敬、神圣等特征的超验感。它是对现实的某种超越，是人们正常生活以外的某种意义，是物质世界之外的某种感知。美国著名哲学家和心理学家威廉·詹姆士在其著作《宗教经验种种》中曾专门对宗教经验及信仰的作用进行过深入的阐释，詹姆士认为：宗教经验的一个主要的触发因素是精神痛苦，50% 的人在有宗教经验之前曾经经历过痛苦、生病、不自在，另有 6% 的人感到困惑，18% 的人曾陷入抑郁和绝望，8% 的人生过病。宗教皈依常发生在人们陷入烦恼和矛盾之时，他们会为死亡、疾病恐惧以及意义的危机而痛苦不堪。结合石门坎当时的状况来看，石门坎苗民处于物质和精神皆穷困到极点的痛苦状态，而柏格理在石门坎地区传播的基督教中平等、自由、博爱的教义精神正好满足了他们获得尊重的心理渴求。基督教的福音说也为生活在绝望中的苗民们指明了方向。因此，石门坎的苗民们开始信奉宗教，并将宗教理想变成他们追求的目标和方向，渴望通过学习来改变命运，可以说，在石门坎苗族精英成才的道路上，是宗教信仰的精神力量为他们增加了巨大的勇气和动力，使他们迎难而上并最终达成自己的目标。

其次，反哺归乡的情结也是石门坎精英成才的一个重要原因。石门坎的历史资料表明石门坎苗民曾长期经受其他民族的打击和压迫，故他们有着一种深沉的民族屈辱感，迫切地希望拯救自己的同胞、自己的民族。以吴性纯等人为代表的第一批苗族精英成才以后陆续回到石门坎来发展和壮大自己的民族，他们兴办学校，发展教育，引入先进的技术。他们的行为和行动结果给石门坎苗民带来了希望，也为后续的人才培养成功树立了榜样，所以朱焕章回来了，张超伦回来了，杨汉先回来了，一批又一批的苗族知识分子在反哺家乡情结的感召下都纷纷回到了石门坎，"以苗教苗"、"反哺家乡"的教育机制也就慢慢形成了。

（二）客观原因

除了苗民自己的主观努力和相互带动外，柏格理等外来传教士先进的教育理念和优质的教学，政府的资助，以及生存的压力也是形成石门坎"以苗教苗"、"反哺家乡"的教育机制和培养模式的重要原因。

首先，柏格理先进的教育理念和优质的教学方法是苗族精英成长过程中一个不容忽视的客观原因。石门坎学校自建校以来，课程开设十分全面，语、数、外、英、体、美等各科俱全，德育、智育、体育、美育、劳动教育面面兼顾，且男女合校、创制苗文、双语教学，还自己针对本土情况编制教材，刊行苗文报纸，并将生计教育完美融合进来，让学生既学到了知识，又培养了生计能力。正是如此先进的学校教育培养了大批的苗族本土人才，也为朱焕章、张超伦、杨汉先等苗族精英后来的深造和提高打下了良好的基础。

其次，本土苗族人才的培养和精英的成长离不开政府的扶持。石门坎苗民曾长期被其他民族欺负，被政府忽视。但随着石门坎光华学校影响力的不断扩大，在 1936 年 8 月，民国边政设计委员会提出要对石门坎展开研究，虽然他们开展研究的初衷是为了阻止传教士对石门坎苗民进行所谓的文化侵略，但这些研究使得政府开始重视石门坎。1937 年，国民政府对西南少数民族采取民族同化政策，制定了将石门坎少数民族纳入保甲组织，建立国民党基层党部，开发石门坎经济，发展文化教育等政策，开始了对石门坎基督教文化的改造。建立国民党基层党部，发展国民党党员，宣传三民主义，推行新生活运动，对石门坎边民灌输了国家观念；建立各级学校，优待少数民族学生的政策，使石门坎边民有了更多受教育的机会；鼓励民族通婚，加速民族融合等政策则带来了石门坎与外界的沟通和交流。总之，从某种角度来说，国民政府的介入为石门坎的精英成才提供了一定的客观条件。

最后，石门坎本土人才的出现有一个不可忽视的客观原因，那就是生存的压力。石门坎地处边远偏僻的西南山区，山高坡陡，土地贫瘠，沟壑林立，气候寒冷，恶劣的自然条件，频繁的自然灾害，极为低下的生产力水平……生活在这里的人们迫切希望能有一种力量可以带领他们走出困境，寻找一条可以生存下去的道路。穷则思变，生存的压力在一定程度上成为了苗族精英成长的一种动力。

综上所述，不管是西方传教士、外来其他民族教师，抑或是石门坎本土苗族教师，他们的主体性是非常强的。作为石门坎教育的主体因素——教师，其内涵是十分饱满的。

第二节 "造血"强劲：学生能动性高

石门坎学校建立初期，学生主要是石门坎的苗族民众，以及少量的汉族和彝族民众。后来随着石门坎光华学校的逐渐发展和多个分校的建立，石门坎光华学校的教育对象逐渐扩展到了云、贵、川三省的多个地区多个乡村，其中苗族占大多数，还有少量汉族、彝族以及回族。

一 缺乏政治地位和民族身份认同的黔滇川少数民族

长期以来，生活在黔滇川的各民族之间的民族关系和阶级关系错综复杂。通常情况下，剥削阶级与被剥削阶级之间的尖锐对立总是存在。历代的中央王朝都以"服不服王化"来区分是非，而各民族的统治者为了维护自身的阶级利益，往往以民族矛盾为借口，挑起民族内外的事端。由于历朝的民族歧视政策和民族压迫政策，以及受传统观念的影响而产生的固有成见的存在，黔滇川地区的少数民族长期处于一种被歧视、被欺压的生存状态，甚至可以说，他们长期扭曲地存在于汉族的权力话语当中。

在四川，汉族人长期视少数民族为蛮野民族，"汉人素以炎黄华胄

自豪，四夷民族，即为蛮夷。而罗彝亦以曲布之子孙自傲，黄天贵胄，
舍我无他"①。他们称羌族和蒙古族人为"蛮子"，称满族为"满板"，
很多汉族都认为"蛮彝畏威不怀德"，因此有着"见蛮不打，三分有
罪"的观念。在云南，汉族人称少数民族为"蛮子"、"老盘"，甚至
"盘匪"，并在民间流传"天见'蛮子'，日月不明！地见'蛮子'，草
木不生！人见'蛮子'，九死一生！草见'蛮子'，叶落又萎根"②的说
法。居住在山上的少数民族到山下汉族地区赶街时，汉族人就会诬以他
们抢匪的罪名，并向他们索要马匹和财物，或是拉到县府不分青红皂白
地关起来。在贵州，少数民族更是长期被视作"刁民"，汉族人认为少
数民族会放蛊毒害人，因此，少数民族上街往往会被汉族人无端地辱骂
欺负，以至于苗族人在见到陌生人时就会害怕地躲藏起来，可见他们受
歧视和受欺压的程度之深。

　　总之，黔滇川少数民族长期处于一种被歧视和受欺压的卑微地
位，长期处于政治话语的边缘状态。到了民国时期，他们仍然处于国
家政治话语的边缘，没有国家和民族的身份认同感。1912 年 1 月 10
日，经中华民国临时参议院专门决议，决定使用由红、黄、蓝、白、
黑组成的五色共和旗作为中华民国国旗，五种颜色分别代表中国汉、
满、蒙、回（穆斯林）、藏五大民族，含有五族共和的意思。而五色
之中没有苗族和彝族的标记。柏格理就此事专门去电询问民国外交部
长伍廷芳："西南各族同居中华领土之上，亦应有一色标记列为国旗
之上，今仅以五色代表五族，而苗、彝反非国民乎？"伍廷芳答道：
"五色旗不过代表中华五大区多数民族之标志，苗族居住于多数民族
汉族之中，即隶属于汉族部分。"③伍廷芳的回答虽然没有否认苗、彝
等少数民族的国民身份，但他只把他们作为隶属于汉族的一部分，否
认了其与满、蒙、回、藏其他四大民族具有平等地位的民族身份。伍
廷芳的观点正好反映出民国政府对待西南少数民族的态度。1936 年 5
月 5 日，中华民国政府公布《中华民国宪法草案》（即"五五宪

---

① 马长寿：《凉山罗彝考察报告》（上），巴蜀书社 2006 年版，第 15 页。
② 杨成志：《杨成志人类学民族学文集》，民族出版社 2003 年版，第 35 页。
③ 张坦：《"窄门"前的石门坎——基督教文化与川滇黔边苗族社会》，云南教育出版社
1992 年版，第 149 页。

草"），并预备于 1937 年举行制宪国民大会正式立宪。国民政府规定参加全国制宪国民大会的代表，除大部分地区的制宪代表由民众选举产生外，还专门为蒙古和西藏设立了 240 席少数民族名额，同为西部少数民族的黔滇川地少数民族却未能享受如此待遇。可见，"在民国政府建构中的国家体制内，西南地区少数民族的族群身份并没有得到官方的确认"。①黔滇川少数民族在国家的政治话语中基本处于缺失的状态。正如台湾文化大学政治学系 1957 年的硕士毕业生赵国治在其学位论文《边疆行政制度之研究》一文中所言："民初实行共和，初行民权，而边疆民意代表仅为蒙族藏族，对于回族与其他西南各民族，照料欠周，实失共和本质。"②

作为西南少数民族的一分子，石门坎大花苗自然也不例外地属于缺乏政治地位和国家身份认同的族群之列。当我们对他们的历史和身份进行考察时清晰地发现，他们的境况甚至比黔滇川的其他少数民族更糟，他们完全没有政治地位和政治权利，经济上也极度贫穷。长期以来，政治上的残酷压迫、经济上的残酷剥削以及精神上的民族歧视，犹如一道道桎梏枷锁深深地笼罩在每一个石门坎苗族同胞的心头。

二 被排挤、遭放逐的石门坎大花苗

(一) 颠沛流离的苦难民族

苗族是中国古老民族之一，其辉煌历史可以追溯到"九黎"时代，他们的祖先在距今 5000 年前居住在长江中下游和黄河下游一带。以蚩尤为首的部落、以黄帝为首的部落和以炎帝为首的部落是当时最大的三个部落，各自雄霸一方，呈三足鼎立的态势。后来黄帝部落联合炎帝部落与蚩尤部落（又称"九黎"）在涿鹿大战，"九黎"败北南迁，部落联盟首领蚩尤被杀。至尧、舜、禹时期，"九黎"的余部便形成了新的部落联盟——"三苗"，他们聚居于洞庭湖、鄱阳湖和汶山等地。然后

---

① 张兆和：《黔西苗族身份的汉文书写与近代中国的族群认同——杨汉先的个案研究》，《西南民族大学学报》2010 年第 3 期。

② 赵国治：《边疆行政制度之研究》，中国台湾私立中国文化学院政治研究所 1970 年版，第 40 页。

又经以尧、舜、禹为首的部落联盟长期征伐，被迫离开平原，开始向西南和西北迁徙。[①] 商、周时期，"三苗"的主要部分再度"党众弥盛"，分布在长江中游地区，与其他部落一起被称为"南蛮"。周王朝时命方叔"南伐蛮方"，苗族先民再一次遭到蹂躏，迁至武陵山区。秦昭王时，令"白起伐楚，略取蛮夷，始置黔中郡"。武陵山区的苗族先民们遭到冲击、分散。

就这样，在历史上的多次征讨中，苗族先民由东向西，由北向南，由平原至丘陵，再由丘陵至深山迁移。族群力量也逐渐由强盛至衰弱，由部落联盟至东零西散。苗族可谓是历史上苦难深重的民族，而在这一苦难民族中，又数被称为蚩尤"近卫军"的大花苗人的际遇最为悲惨。据石门坎本土学者杨汉先在《大花苗移入乌撒传说考》《贵州省威宁县苗族古史传说》等著作中论述，苗族在唐末宋初被封建王朝的炮火击败后，向西南方逃亡，进入川南黔北的"诺地"（彝族地区）。由于此时的苗族先民已完全丧失了战斗能力，进入彝区后并没有与彝族作战，而是完全向彝族奴隶主投靠，以彝族土司为保护伞。因此，他们的身份也就沦落了，沦为了彝族土司大奴隶主的财产——奴隶。"布诺"土司嫁女时，用奴隶当财产陪嫁，"不但青年男女三百人陪嫁，而且一部分苗族父老也陪嫁到乌撒（今威宁）去"。苗族先民就这样逐渐进入了威宁地区。

明洪武十四年（1381）傅友德南征，遣郭英、胡海洋率兵五万"由永宁（今四川叙永）趋乌撒（即现在的威宁县）、大兴屯田"，部分苗族开始迁入滇东北地区。清雍正改土归流后，乌撒土司势衰，属下众土目大举争夺产业，出现土目各霸一方的局面，苗族人随着土地被土目当作财产分占。

综上所述，可以推断，至20世纪初期，大花苗人主要分布在黔西北和滇东北的乌蒙山腹地。从地理位置上看，石门坎无疑是大花苗人分布的中心位置（见图3-11）。

---

① 贵州省地方志编纂委员会：《贵州省志·民族志》（上册），贵州民族出版社2002年版，第14页。

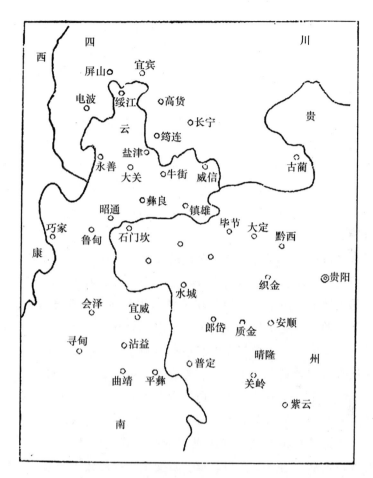

图 3 – 11   黔滇川边苗族分布图 (1951 年制)

(二) 夹缝中求生存

由于几千年来在外族的侵略和压迫下不断迁徙流亡，世世代代遭遇无穷无尽的天灾人祸，造成大花苗人居住分散，总体上呈大杂居、小聚居的分布格局，散布于乌蒙腹地的黔西北和滇东北地区，栖身在彝族土司的地盘之上。因为苗族先民进入"诺地"是为躲避战争而投靠彝族土司的，因此只能屈居于奴隶、农奴或佃户身份；在居住区域上也由不得自己选择，其他强大的民族占领了区位条件优越、土地肥沃、物产丰富的土地，留给苗族的只有荒山野岭。"苗民们面对严酷的现实，只好向着荒岭，一迁再迁（被逼到三十度以上的高山上），直到流离失所，贫无立足之地的地步。"① 传教士王树德在《石门坎与花苗》一文中这样写道："一代又一代的花苗人，为失去自己的土地而遭受痛苦，就好像不断返游于汉族与诺苏之间的一叶孤舟，并被汉族与诺苏认为是'大地上无所作为的一群人'，只适于充当他们的农奴与奴隶。由于内向和恐惧，加之被这些更为强大的邻居所包围，苗族就失去了维护自身权益的能力，他们只好屈服于农奴的身份，变成领主的动产，耕种自己居住地的土地。花苗人居住在人迹罕至的、要穿过浓厚迷雾方能抵达的群山顶部，一见到他们，就给人一种身心憔悴的感觉。他们生活在'沮丧的深渊'之中。"②

居住区域的恶劣条件限制了苗族的发展，散居方式消解了一个民族应有的力量。乌蒙多山，苗族人分布在一个个林立的山头，而不是分布在连片的土地上，山下和平坦的坝子里居住着强大的彝族人和汉族人，一个居住点的苗族通常只有一两家，至多也只有几十家，从一个苗族村寨到另一个苗族村寨一般都需要经过彝族和汉族的地盘。柏格理将苗族的居住地称为"苗地"，他说："'苗地'不是连绵不断的土地，您会发现花苗人独居于一个地点，因为苗族没有土地。所谓苗地，就是汉族人占优势、诺苏领地分布于周围的背景下，人们不易进入的中国的一部分居民点，大量具有相同文化和历史背景的苗族人生活于其中。"③ 大花苗虽有数万之众，但分散在川、滇、黔交境地区的数十个县中，每一区域内的苗族人口占总人口的比例并不大。据资料统计显示：1952 年，威宁县苗族人口为 23072 人，仅占全县总人口的 6.6%，④ 即使是在苗族人口较为集中的石门乡，苗族人口占总人口的比重也不大，据 2011 年石门乡政府统计：苗族人口为 3578 人，仅占全乡总人口的 18.8%

① 杨忠德：《威宁苗族文化史略》，载《威宁文史资料》第二辑，中国人民政治协商会议威宁彝族回族苗族自治县委员会宣传与教育委员会编印 1986 年版。

② ［英］柏格理等：《在未知的中国》，东人达、东旻译，云南民族出版社 2002 年版，第 396 页。

③ 同上书，第 401 页。

④ 贵州省威宁彝族回族苗族自治县志编纂委员会：《威宁彝族回族苗族自治县志》，贵州人民出版社 1994 年版，第 104 页。

（资料来源于威宁县石门乡政府办公室）。从这种散居的现象看，苗族人的村寨仿佛就是一个个小小的"孤岛"，在这样的环境中，苗族人吃尽了彝族和汉族人的苦头。他们与自己的同族人之间从来没有一个正常交往的平台，更无从学到彝族、汉族的语言与文字，他们只能在夹缝中艰难求生。

而且，"普天之下，莫非王土"，即便是流落逃亡到了荒山野岭，由于自己没有土地，苗族人仍然逃不脱土司们、土目们肆无忌惮的剥削、压迫与歧视。正所谓"乌鸦没树桩，苗家没地方，喊天天不应，叫地地不张"（石门坎民谣）。没有土地的大花苗人只能任人宰割，除向彝族土目交纳地租之外，还要交所谓的人租、羊租、猪租、马租、鸡租。其中，最为残酷的是人租：苗族人生育的子女，都属于彝族土目的私有财产，因而需交纳人租。沉重的赋税已经让苗族人苦不堪言，他们的生命财产安全还随时受到威胁。"如果有一位苗族人运气好，饲养了一匹健壮的小马驹，土目就会把它牵走；如果他特别节俭，积攒了一点纹银，土目就会想方设法把它夺去；如果他的畜群增殖扩大，土目就会捏造种种借口，对他进行无休无止的敲诈勒索。"[1] 当他们的利益受到损害时，也注定是状告无门，因为旧社会的法律总是站在富人和有权人的一边。如此一来，大花苗人几乎没有任何发展空间。与此同时，他们还受尽了歧视，如到彝族地主家里干活时，他们只能住在牲畜圈里，吃饭时盛饭菜用的是地主家喂狗的器皿。民国政府官员管承泽，将石门坎人称为"地狱中的边民"，认为他们"于中央的政教莫及，不论是苗夷回汉皆在不劳而获颐指气使的'土目'、'官家'的宰制之下，什么鸡租、牛租、马租、羊租、人租哪！一年之内还要帮官家做工一百余天，无工钱，没饭吃。和平自由的空气决莫有呼吸过一点点。他们的生活比欧洲黑暗时代的农奴的生活有过之无不及"[2]。

新中国成立后，1952 年进行土地改革，划分阶级成分时，威宁县境内的 4000 多户苗族人口，没有地主，绝大部分是贫农和雇农，中农

---

① ［英］柏格理等：《在未知的中国》，东人达、东旻译，云南民族出版社 2002 年版，第 401 页。

② 管承泽：《贵州石门坎苗民的见闻与感想》，载《民国年间苗族论文集》，贵州省民族研究所编印 1983 年版。

也极少，只有两户佃富农，这也充分说明了苗族的穷苦和无地位。

我们课题组在田野调查时记录了一位苗族老人对彝族土目的描述："当时周边的彝族土目，家家都凶得很，苗族些（"些"是威宁方言，意为"们"，表示复数。笔者注）哪点惹得起，躲都来不及。土目些家家都有特点：大官寨家——枪杆子，牛棚子家——大银子，梭嘎陇家——儿子，黑土河家——刀把子。"这里说的枪杆子、大银子、儿子、刀把子，分别代表了权大、钱多、人多、势大。苗族生活在如此强势的彝族土目的辖地上，其低下的地位和受欺压的程度可想而知。

杨汉先也在他的研究论文中记载了石门坎居民的地位和悲惨生活："据二十世纪初期苗族老人说，在'诺'大地主的统治下，苗族是最低层的人，而'诺'自命为'五重天'以上的第一等人。'四重天'是大管家第二等人，'三重天'是大管家第三等人，'二重天'是陆色陆巴（即管苗族的头人）第四等人，'最底层'是苗子，就是地底下的人。……1927年，我们亲眼看到一名杨姓苗族老大娘，被云南永善县的地主活活打死，并将租地收去，儿媳及孙女只好选择到亲戚家来生活（儿子早已死去）。"[①]

总之，大花苗人长期生活在残酷的压迫和剥削中。在他们脆弱而倔强的头顶，始终盘踞着愚昧、压迫和歧视的重石。在这样的历史境遇下，他们是没有能力向更高层次发展进步的。

传教士柏格理1913年9月1日的一段日记真实地记录了当时大花苗人的贫困与无助："我方才从一个村民患伤寒病的寨子回来。我去过一座房屋里，都挤满了病人。有些儿童已经死去，所有人都处在极端贫困之中。我曾进去的一个茅棚仅有卧下一头牛的那么大点地方。在一些屋子里，人和牲口竟躺在一起；不少处于病中的人就歇在地下……这种贫困程度是令人难以想象到的。那些房屋中，有不少座连一元钱也不值，但土目正是靠着多年来对这些人的压迫，而过着富裕的生活。在山中旅行时，我们去了一户苗族人孤零零生活的地方。这家人中的父母患可怕的伤寒病死去了。两个小女儿也染上伤寒，可是却无人照料。她们

---

① 杨汉先：《基督教在滇、黔、川交境一带苗族地区史略》，载《民族研究参考资料》第十四集，贵州民族研究所编印1979年版。

找到邻近的汉族人家，但没有人收养她们，这样她们也死了。只是到了现在，我才开始理解到，这些民众中的不少人正处于多么可怕的贫穷状态。我平时也知道他们穷，但却只是在此刻才体会到他们实际的贫困程度。近来，经过了几次如同刚才我在苗族人家里看到的情景后，我感到无比的气愤和棘手。难道从来就是这样吗？难道这个世界上就没有这些人的希望了吗？如果我们宣讲在天国里没有财主的位置，群众可能嘲笑我们像是在另一个世界里讲话，而他们在人世间到底有什么机遇呢？"①

（三）落后的文化状态

由于长期居住在酷似"孤岛"的高寒山头，生活在"残山剩水"之中，长期被强大的彝族和汉族邻居包围着，乌蒙山区的大花苗人只能在土司和地主惨无人道的残酷剥削下过着极度贫困的生活，面对强势民族的欺辱和歧视，他们备受孤立。艰难的生存状态造成了大花苗人在文化上的极度落后状况。

苗族古歌里说"阿敖（阿敖代指汉族——引者注）不是朋友，石头不是枕头"②，道出了当时苗族人对汉族人的仇恨，这样的民族矛盾源于受到长期的欺辱。在诸如此类的敌对矛盾下，苗族人要想学习汉文化，进学堂读书识字是不可能的。即使他们有读书的要求，汉族人也不可能给他们机会，一方面是因为他们贫穷，另一方面是汉族人排斥、歧视他们。苗族自身无母语文字，他们的文化主要靠"口口相传"的方式得以继承，流传下来的文化中主要包含大量的古歌、民间故事和生产生活知识。显然，这样的文化不具有竞争力，这一弱小民族的星火"知识"完全不足以变成"力量"。

从历史上看，汉文化对大花苗的影响是极小的，苗族人一直到了明清时期才开始有汉姓。中央王朝实行改土归流、土流并治政策后，统治者为征收赋税，将人口登记造册，苗族人开始"被汉姓"（以汉字为姓氏）（见表 3 - 1）。汉姓几乎是他们"接受"汉文化最早的，也是唯一的方式。尽管如此，在 20 世纪初，汉姓的使用也并不常见。一般来说，

---

① ［英］柏格理等：《在未知的中国》，东人达、东旻译，云南民族出版社 2002 年版，第 780—782 页。

② 毕节地区民族宗教事务局编：《中国西部苗族口碑文化资料集成》，云南民族出版社 2009 年版，第 191—192 页。

现在苗族的姓氏分为汉姓和苗姓，汉姓即汉语姓氏，最早是在汉族、彝族对他们的管理中使用。苗族的苗语姓氏，是家庭的称谓，习惯上不与名相连使用。苗族人的汉姓来源主要有二：一是随主姓，随奴隶主或地主姓，因为当时的苗族人都是奴隶或佃户，官方登记户籍时多登于奴隶主或地主名下，故随主而姓沿袭下来；二是"被赐姓"，即汉官让他们姓什么就是什么。由于苗族人多为杂居状态，分布于不同的奴隶主或地主的辖地，所以汉姓与苗姓多不统一，在苗族中仍流行苗姓，以同一苗姓为同宗。

表 3－1 　　　　　　　黔滇川交境地区大花苗的主要姓氏

汉姓	老苗文	音译	释意
张	𝇐 𝇐𝇐 𝇐	卯娄葬	（与）彝人划立界碑的苗家
	𝇐 𝇐𝇐 𝇐	卯娄恶	（与）汉人划立界碑的苗家
杨	𝇐𝇐 𝇐𝇐	卯蚩夹莫	（养）大麦鸟的苗家
	𝇐𝇐 𝇐𝇐	卯蚩奔巴	（养）公猪的苗家
陆苏	𝇐 𝇐 𝇐	卯娆知	（住）陡坡（当）主人的苗家
龙马	𝇐 𝇐 𝇐	卯娆供	（住）陡坡（当）仆人的苗家
罗	𝇐 𝇐 𝇐	卯简佳	（种）糯巴巴米的苗家
	𝇐 𝇐 𝇐	卯简利	（种）饭谷的苗家
潘朱	𝇐𝇐 𝇐	卯拉港刀	（住在）大树下边的苗家
	𝇐𝇐 𝇐	卯拉告刀	（住在）大树上方的苗家
陶	𝇐 𝇐 𝇐	卯鲁里	（养）黑狗的苗家
	𝇐 𝇐 𝇐	卯鲁巴	（养）黑猪的苗家
王	𝇐 𝇐 𝇐	卯荡卓	（崇尚）虎的苗家
	𝇐 𝇐 𝇐	卯荡桑	（崇尚）龙的苗家
韩	𝇐 𝇐 𝇐	卯日闹尖	（与）爷住（会）吃动物心脏的苗家
袁	𝇐 𝇐 𝇐	卯日易闹尖	（与）爷住不（会）吃动物心脏的苗家

　　直到 20 世纪初期，在整个大花苗中，仍然有绝大多数人不通汉语，更不识汉文，整个民族中没有知识分子。

　　《威宁彝族回族苗族自治县概况·苗族篇》记载："威宁苗族的西

方文化和汉文化教育始于 1904 年。据调查，在此之前的威宁县（含今赫章县）仅有四家苗族子弟读过书，一家是今云贵乡李家村民组李正邦的前辈人，当地苗族称其为'读书家'；一家是黑石头区张家村子的张姓老人，因给土目当管家，其子与土目子弟陪读，被群众称为'读书爷爷'；一家是今赫章县可乐区铁匠张朝相，被父拜寄给汉族，因而受教于汉族请的私塾先生，作陪读生；一家是陶贵才。"[①]

民国《威宁县志》称："生苗晦盲否塞，蠢如豕鹿，习俗特殊，或崇拜禽兽以为神，毁伤肌肤以为饰，食肉衣皮而不知耕作，穴居野处而不能营造，殆未脱野蛮社会气象。"

《大定县志·风土志》曰："花苗性朴实，力耕作，有名无姓，不知甲子，唯知十二辰配肖纪年。月日皆用之，星周之外，则渺不能知矣。"

杨万选《贵州苗族考》云："苗族情况……觉獉狉浑噩，不识不知，未出初民时代。吾国最古民族之流风遗俗，可由之以窥全影。"

杨汉先在《基督教在滇、黔、川交境一带苗族地区史略》一文中说："苗族在数字计算上是很幼稚的。赶场不是每个人能够胜任。由于不熟悉汉语，数字计算又低，所以一个村寨只有几个人可以赶场，逢场时，这几个人就为全村寨包揽购买东西了。直到二十世纪，未受基督教影响的一些村寨，二十多岁的人还不能够数上百位的数字。"[②] 石门坎中学的老校长杨忠信说："苗族自迁入黔西北山区以来，头脑里只知道土司土目是最高神圣者，却不知自己是中华民族的成员之一，更不知国家是什么，长年累月，面朝黄土背朝天地为领主们当牛马，一直没有什么权利过问政治或参与政治活动，不知道什么是国家，怎能谈得上爱国保家呢？基督教传入后，办起了学校，苗族人民经过读书，学到了一定的理论知识，方知道有中国，并且懂得中国就是自己的国家，从而才肯定'我们苗族的的确确是中国人'（《石门坎苗文碑》）。据老人们讲，民国成立时，苗族读书的人很少，一般群众对什么是国家、帝制、民国

---

① 威宁彝族回族苗族自治县民族事务委员会：《威宁彝族回族苗族自治县民族志》，贵州民族出版社 1997 年版，第 264 页。

② 杨汉先：《基督教在滇、黔、川交境一带苗族地区史略》，载《民族研究参考资料》第十四集，贵州民族研究所编印 1979 年版。

等名词概念，是弄不清楚的。经过汉族老师们的解释和宣传，初步领略
到国家政治、民族团结的不可分割性。"①

石门坎苗文的《苗族信教史碑》也自称："苗族没有文化已四千余
年，读汉语文书比什么都困难。"

……

从苗族人问初到石门坎的柏格理的几个问题，我们就可以从一个侧
面反映当时苗族人认识世界的状况：

"你们国家也有月亮吗？"

"你们的太阳和我们的一样吗？"

"你们的人不是住在一个箱子里，而出来的时候要顺着一根杆
子从当中的洞口爬出来吗？"

"是不是女人在统治你们的国家？"②

彝族土司的长期强权统治，迫使大花苗这个受孤立民族的社会组织
不能健康发展，始终处于"被组织"的扭曲状态。与贵州黔东南的苗
族相比，乌蒙山大花苗社会的寨老、山甲组织不完整；民主制的"榔
议"活动尚未发育；社会单位小，且无民族凝聚中心。另外，偏僻的
地理位置和长期的土司统治，使中央王朝的教化鞭长莫及，从一定程度
上阻隔了大花苗接受儒家文化的机会。

地处川南数县的苗族，较早进入封建地主经济时代，在文化方面相
对进步一些。清朝末年，一些苗族村寨已经开办私塾，培养了一批能识
文断字的苗族人。清嘉庆、同治年间，四川珙县已有苗族人王明书、王
明标等先后考上秀才。而黔西北、滇东北的大花苗人情况则大不相同，
至 20 世纪初叶，他们还停留在较原始状态，几乎都是目不识丁的汉文
文盲。

---

① 杨忠德：《威宁苗族文化史略》，载《威宁文史资料》第二辑，中国人民政治协商会
议威宁彝族回族苗族自治县文史资料研究委员会编印 1986 年版。

② ［英］柏格理等：《在未知的中国》，东人达、东旻译，云南民族出版社 2002 年版，
第 97 页。

三 苦难与压迫激发了苗民求知的主动性，石门坎教育呈现出强劲的"造血式"发展

"穷则思变，生存的艰辛和命运的苦难激发了苗民改变因无文化而受剥削受欺压的悲惨境地的渴求，进而催生了他们识字和读书的强烈愿望。"① 在柏格理到来之前，因为残酷的现实和沉重的民族历史，威宁苗民就已有着非常强烈的读书愿望，不识字的痛苦催生了苗民谋求发展、想读书的心理渴求。换言之，在 20 世纪初，作为教育活动主体的苗民，在接受教育的过程中呈现出了"我要发展"的主动状态。

就在苗民渴求读书而又求学无门时，柏格理等西方传教士的出现正好迎合了他们强烈的读书需求。而苗民们强烈的学习需求反过来又为柏格理等人的办学和传教事业提供了最适宜的土壤和气候。双方一拍即合，柏格理到石门坎办学的举动得到了当地苗民的大力支持。石门坎学校修建第一栋教学楼时，教会不同意给予资金支持，苗民们当即决定由他们自己捐资建造。这样的决定对于食不果腹、衣不蔽体、为生存苦苦挣扎的苗民们来说无疑是"一项高尚的决定"，从苗民们"高尚的决定"，以及他们"蜂拥而来，为建设自己的教堂、学校出人出力"②的行为，充分体现出了他们内心强烈的求知欲望。上升到理论层面来说，苗民们的行动证明了一个问题，那就是作为石门坎学校教育的主体，他们的主观能动性是非常强劲的。

而柏格理在摸清了苗族人民的主体需要和主观诉求后，充分尊重苗民的主体需求和主观诉求，在与苗民和谐相处的基础上，他采取自下而上与自上而下两条线路发展教育。一方面，他全盘"苗化"，深入苗民生活，与苗族民众打成一片，"成为苗族人中的一位苗族人"，博得苗民的充分信任和敬重，被苗族群众"认可为一种父兄般的形象"，这为他在苗区开展教育打下了良好根基。另一方面，他在搞好底层群众基础的同时，积极结交上层势力和知识分子，拜访有财势有权势的地方士绅，谋求上层人士对教育的支持。同时还借助外国人在中国的特权，与

① 何嵩昱：《石门坎"教育神话"对当代西部民族地区农村基础教育的启示》，《教育文化论坛》2012 年第 3 期。
② 阿信：《用生命爱中国——柏格理传》，大象出版社 2009 年版，第 125 页。

霸道的地方土目、地主斗智斗勇，为修建石门坎校舍"骗赠"土地，为开办石门坎教育"要来"不少经济和政策援助。

柏格理等办学者深知，对于穷苦落后的苗民，一味施与帮助不如激发他们的自救能力，真正能长期救他们的只有他们自己。因此，在具体的办学实践中，柏格理采取尊重教育对象（苗民）的主体需要和主观诉求，极大调动他们的学习积极性和主观能动性的方式，制定适切性的教学方针，大量传授苗民最渴望和最需要学习的内容，如平等民主的思想、普通的科学知识、日常生活常识、简单数字计算方法、日用频率较高的汉字等，将西方文化的工具主义、知识的社会功效传递给苗民。知识带来的巨大作用，使长期生活困顿的苗民更深刻地认识到了生存与发展的重要性。他们对知识的渴求越来越强烈，受教育的积极性也越发高涨，最终促成了石门坎教育的"造血式"的发展模式。随着石门坎光华学校规模的扩大和教育发展需求的增加，到20世纪40年代时，石门坎决定成立初中部，时任石门坎学校校长的朱焕章向教会申请经费以合建初中部。在申请遭到教会拒绝后，当地各族群众自力更生、齐心协力、出资出力，成功创办了西南边疆私立石门坎初级中学，充分体现出石门坎教育主体强劲的"造血"功能。

小　结

综上所述，石门坎教育得以成功的又一原因在于教育主体有极强的主体性和能动性。具体来说，一方面，教师主体性极强。无论是西方传教士、外来汉族教师，还是本土苗族知识分子，作为教师，他们都具有高度的能动性、自主性、创造性、发展性和自我调节性，"内涵"饱满，工作效率极高。另一方面，学生能动性很高。在自身生存困境的逼迫下，以及柏格理等人的充分调动下，石门坎苗族和其他民族子弟表现出了高度的学习热情和求知欲望。作为学生，他们不是被动学习，而是主动积极地参与一切教育活动，使石门坎教育呈现出了强劲的"造血式"发展势头。

第四章　教育客体：适农村之情，切石门之实

从普通意义上来讲，客体是指可感知或可想象到的任何事物。"客体通常是作为一个哲学范畴的概念与主体相对而提出，用以说明主体的实践活动和认识活动。主体是实践活动和认识活动的承担者，是实践活动和认识活动中具有自主性和能动性的因素。而客体指主体以外的客观事物，是主体实践活动和认识活动指向的对象。"① 主体与客体是相互依存、相互制约的，离开主体就无所谓客体，而离开客体也就无所谓主体。主体与客体通常可以相互转换，处于客体的事物，当作用于某一具体事物，或者具体到某一事物时就会衍化为主体的形态，而处于与之相对关系的其他事物则又会相应地变成客体；处于主体的事物，在进行主体的客体层面分析时，又会在演示层面上表现为客体的形态，而与之处于相对关系的事物则又从客体相应地转化为主体。

在传统的教育模式中，通常是教师占据主要地位，甚至是权威地位，学生往往是在教师的引导下进行学习，无条件地服从教师的指挥。因此，在教育研究领域，人们通常把教育者（教师）称作教育主体，受教育者（学生）称作教育客体。但如果从教育内容接收与反馈的角度来看，受教育者（学生）才是接收教育内容的主体。他们是教育任务完成的主体，是学校和教师评价的主体，是学校存在的主体。他们的身心发展特点制约着教育者（教师）的教学实践活动，他们的独立性、选择性、需要性和他们个人的兴趣爱好等主体性特征影响和制约着教育者（教师）的教学活动……从这个角度来说，受教育者（学生）有着

---

① 辞海编辑委员会：《辞海》，上海辞书出版社1979年版，第2753页。

充分的主体性和能动性，教育者（教师）反而成了教育内容反馈的客体，成了教学实践活动的客体。也就是说，在教育活动中，教育者与受教育者（老师和学生）双方的主体地位是可以互换的。在教育过程中忽视受教育者（学生）的主体地位，盲目使教育者（教师）的主体性绝对化，把受教育者（学生）当作被动"接收器"的观点是不科学的。反之，单方面强调受教育者（学生）的主体性和主观能动性，而将教育者（教师）完全置于客体地位的做法也是片面的，是不符合教学实践活动的客观规律的。课题组认为，无论是教育者（教师）还是受教育者（学生），他们在教育活动过程中都发挥着主观能动性，故他们都应该被作为教育主体，对此我们在第三章中已经做过阐述，此处不再赘述。但在此需申明一点：在本课题研究中，我们把具有主观能动性的人，包括教育者、受教育者、教育管理者，都纳入教育主体的范畴，而相应地把物质类和信息类因素都划入教育客体的范畴。也就是说，在本课题的论述中，教育客体是指教育内容、教育中介和教育的其他物质因素，具体来讲主要包括课程设置、教材和教学方法。

第一节　适情：课程内容务实有用

　　课程是基础教育的核心问题。课程设置是指对学校所选定的各类课程进行的安排和设定。在整个教学过程中，课程设置是一个十分关键的环节。课程设置的全面性、科学性与合理性不仅直接影响教师的"教"，更会影响学生的"学"。在本章节中，我们主要从百年石门坎教学活动中选取课程设置最具特色，且成效较为显著的教会办学时期来进行分析，兼而讨论"文革"之前石门坎教育成效较为辉煌的其他几段时期。

　　教会在石门坎地区办学时期非常重视课程设置环节，他们用适度的文化课与丰富的艺术课相结合的方式提高学生的兴趣、拓展学生视野；用专门的理论知识与现实的生活实践相融合的方式使课程内容符合当地实际，让学生学以致用；用道德教育与智力教育相配套的方式将德育贯穿于学生日常生活，从而为石门坎后来的人才延续、"以苗教苗"等教学模式做好成功铺垫……总之，科学的课程设置十分符合石门坎学校的实情，为石门坎教育的辉煌奠定了坚实的基础。

一　课程概况

在教会办学时期，柏格理等人针对当时石门坎苗民长期处于封闭状态、见识面窄、文化底子薄、思想观念落后的实际情况，以扫除苗族文盲、开启苗民心智、开阔苗民视野、转变苗民观念为主要目标，开设了浅显易懂、丰富多彩的各类课程。

首先，以国语、算术、地理等基础文化课程为主体，辅之以社会、卫生、家事、职业指导、苗文识字、英文等应用型课程，为苗民传授基础文化知识，让他们脱离文盲队伍。文化课程的开设遵循循序渐进的原则，初小部以《绘图蒙学》一类的简单启蒙读物为教材，教授基本的识字、加减计算等内容。进入高小部以后就逐步增加《百家姓》《三字经》《千字课》等中国传统经典文化类的课程，还教授卫生、职业指导、家事等应用型课程，并开设以宣传《圣经》为主要内容的基督教教义修身课。

其次，开设面广量大的艺术类、文体类以及生活类课程。具体内容包括篮球、排球、足球、拔河、游泳、射弩、登山、田径、赛马、织麻、穿针线、缝衣等。在开堂授课的同时，学校还利用课余时间和特殊节假日举办各种文体活动及竞赛。因为苗族人非常重视端午节，学校便利用这个对苗民具有特殊意义的节日来举行大型文体活动，从 1910 年开始，学校每年都举办端午节运动会（见图 4 - 1）。运动会的活动项目丰富多彩，不仅包括师生团体操、赛马、足球、篮球、拔河等体育运动

图 4 - 1　1910 年石门坎学校运动会场景

项目，还包括歌咏比赛、妇女织麻、穿针、穿裙等文娱活动和趣味性比
赛项目，甚至把识字能力、文化测验等与基础文化知识学习相关的内容
融入运动会。

二　课程特点

如上所述，教会办学时期石门坎学校的课程设置大致可以分为文化
课和艺术课两大类。两类课程各自具有不同的特点，具体可以概括
如下。

（一）内容实、范围广的文化课

柏格理还未到石门坎办学之前，石门坎苗民便络绎不绝地到昭通教
堂拜访他，他们趋之若鹜地拜访柏格理的根本原因是想向他学习知识。
因此，从那时起柏格理就十分清楚苗民对文化知识的渴求是相当迫切
的，因为文化知识是关系他们生存境况的大事。所以柏格理在设置石门
坎学校的课程时非常重视文化知识类课程，他精心设计和安排了文化知
识课程的内容。

首先，课程涵盖广博的文化内容。一方面，遵照中国传统教育的内
容，开设中国传统文化经典课程，让学生学习《百家姓》《三字经》
《千字课》等知识，了解诸子百家的思想和文化精髓；还开设历史、书
法、国文等课程，提高学生的人文素养，训练他们掌握中国传统文化技
能，继承中华文化的优良传统。另一方面，以西式教育的方式给学生传
授科学知识，开设自然、科学、地理、算术等课程，让学生掌握基本的
生活常识和计算能力，锻炼学生的理性思维能力，同时培养他们追求客
观真理的精神。为了能让零文化基础的苗民尽快掌握各种知识，学校专
门编写了《苗族原始读本》等教材，将实用的生活常识和易于理解的
科学知识用最简单朴实的方式来进行表达和阐释。

其次，课程融合了务实的实践内容。学校不仅以丰富的文化课程开
启苗民心智，让他们增长见识、了解社会发展状况，快速走出愚昧无知
的状态，同时还开设一系列实践性、应用性很强的课程，训练学生的社
会实践能力，授予学生谋生的技能，增加他们的生存保障。比如，卫生
课让学生学到基本卫生常识和常见疾病的预防治疗方法，园艺与农业课
教学生如何挑选动植物的优良品种、如何提高农作物的产量及质量，自

然研究课带学生深入了解身边的大自然，掌握适应和改造自然的能力，家事课教学生料理家常琐事，职业指导课训练学生的谋生技能……

（二）形式多样、内容丰富的艺术课程和文体活动

除了多元的文化课程之外，学校还安排了音乐、手工、体育等丰富多彩的艺术课程，既培养了学生的艺术兴趣，也丰富了他们的校园生活。柏格理尤其重视体育课程，专门发动群众修建游泳池、足球场，并定期召开运动会。石门坎学校的足球运动发展得最为蓬勃，学校足球队曾在多次比赛中取得佳绩，石门坎也因此被誉为"贵州足球的摇篮"①。

另外，石门坎自办学之日起就十分重视音乐教育。除正常的音乐课课堂教学外，课余时间还组织歌咏队。歌咏队不但练齐唱，还练轮唱、男女二重唱、四部合唱等。唱歌和舞蹈本来就是苗族的民族传统爱好，加之学校在这方面的专业指导和培训，使得本来就对此感兴趣的学生十分受益。在一年一度的端午节运动会上，白天进行体育项目的比赛，晚上便开展音乐比赛，有合唱、轮唱、齐唱等多种形式。学校重视音乐教育的传统一直延续了很多年，就连后来朱焕章编写的语文教材《千字课》中也都穿插了多首歌曲，比如第一册的《爱国歌》（见图 4 - 2）、

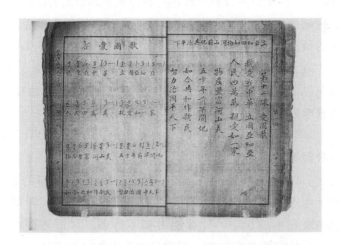

图 4 - 2 《千字课》课文歌曲《爱国歌》（附词曲）

---

① 何嵩昱：《传教目的下的美育操作透视——"石门坎现象"的美学分析》，《人民论坛》2013 年第 9 期。

第二册的《平民歌》《做事歌》、第三册的《中国国民党党歌》，不仅有词，还配有乐谱，词谱相互对应，十分便于学生学习。

文化课与艺术课的合理结合，让从未接受过学校教育的苗家子弟通过自己所熟悉的生活内容和活动项目入手，循序渐进地融入学校教育，自然而然地适应学校的文化环境。文化知识与文体活动相互促进，避免学生陷入"读死书"、"死读书"的学习困境，丰富了他们的学习生活，还开发了他们的艺术潜力，激发了他们的求知欲。更让这些长居深山的穷困民众在开启心智、脱离蒙昧的同时，增强了民族自信心，以一种崭新的姿态出现在世人面前。

第二节　切实：教材教法灵活高效

教材是教学活动最重要的构成元素之一，教材不仅是教师向学生灌输知识的重要载体，更是教师向学生传播思想文化、宣扬道德意识的重要工具。教材内容不仅会对教师的教学效果起到一定的决定作用，更会对学生的学习成效产生重要影响。教会办学时期，石门坎学校高度注重教材的编选，在编写教材时十分重视教学理论与石门坎实际情况的结合。

在合理编选教材之外，石门坎学校还针对当地学生接受能力低和文化基础弱的情况，专门制定了一套适合石门坎学生能力水平的教学方法，从而"在课堂上使教学毕四功于一役，即把能力培养、知识传授、情操陶冶与思维训练等教学的任务熔于课堂教学的一炉之中"[1]，取得了良好的教学效果。

一　教材丰富实用、简单易学

教会在石门坎办学的初期，学生全部是从未受过教育的苗民，他们不懂天文、地理，不知历史、社会，不晓国家、天下，不明政治、经济，甚至连最基本的识字、计算能力都不具备，可谓是真正的愚昧无知。也正因为他们的愚昧无知，导致了他们长期生活困苦艰难，并承受着官府和土目的残酷剥削压迫，而不敢反抗斗争。针对这样的情况，学

---

[1]　郝子权：《农村中小学语文教法改革实践》，《综合天地》2007年第6期。

校在选择和编写教材时，将普及知识、开启蒙昧、启迪心智作为主要目标，把简单易学、实用高效作为重要原则。先后选定和编写了《绘图蒙学》《连词成句》《看图识字》《三字经》《百家姓》《苗民原始读本》《西南边区平民千字课》（以下简称《千字课》）等内容和形式都十分丰富的教材。

首先，石门坎学校的教材都有着简单易学的特点。《绘图蒙学》是低年级学生使用的主要教材，内容十分简单。正如教材名称一样，采取先看图识字，然后连字成词，再连词成句的方式，让零基础的学生循序渐进地接受知识。比如第一课《识字》：先展示数量不同的事物的图片，在图片旁边配以"一、二、六、八"等数字；让学生认识基本的数字；然后进入连词部分，如"一个，一个人"、"八只，八只鸟"等，让学生在认识数字的基础上学会运用数字。

教材不仅内容简单，而且篇幅短小，不会让学生见到教材就产生畏难情绪，而是让他们快速掌握每一课的内容，获得成就感，从而激发学习的兴趣。不管是低年级使用的《绘图蒙学》教材，还是高年级使用的《千字课》教材，课文篇幅都十分短小精悍，且生字重复率高，十分便于学习和记忆。比如《千字课》第一册第一课就是很典型的例子，课文名为《读书》（见图4-3），课文内容为："我也来，你也来，他

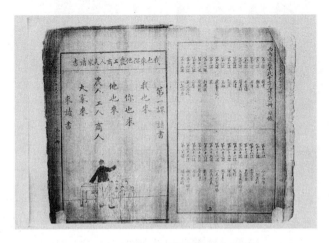

图4-3 《千字课》课文《读书》

也来，农人、工人、商人，大家来，来读书。"课文全篇只有一句话，
21 个字，且相同的字词、相同的句式反复出现，不仅把名词"工农
商"、代词"你我他"的意思和用法清晰地描述出来，还把动词"来"
的目的表述得清楚明了，课文既易于理解，又易于运用。

为了让学生能直观了解教材内容，帮助学生快速掌握知识，教材编
写时还附上了大量图片，达到了图文并茂、形象鲜明、栩栩如生的效
果，将抽象的文章内容和深刻的道理化解在简单明了的图片之中。比如
《千字课》第二册的第七课，课文标题叫《带到学校去的物件》（见
图 4 - 4），但在课文正文旁却附上了眼、耳、手、口四个身体部位的图
片。通常情况下学生需要带到学校去的物件应该是笔墨纸张和书本教
材，可图片却显示的是眼、耳、口、手等器官，学生看到图片后便会产
生疑问，渴望探求答案，于是主动积极地读课文，了解课文内容。这样
生动独特的配图方式不仅激发了学生的探知欲望，还让学生明白了上课
不仅要带书本，更要动手、动耳、动眼认真听课的道理。

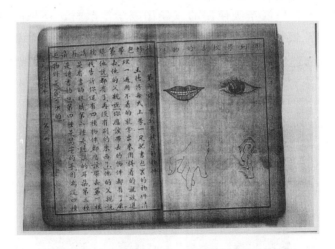

图 4 - 4　《千字课》课文《带到学校去的物件》

其次，石门坎学校的教材讲求高度的实用性和针对性。鉴于 20 世纪
初石门坎贫穷落后，苗民生存困难的现实情况，石门坎学校的教育主要
以解决苗民实际生活困难，培养苗民生存能力为主。因此，在教材的选
择和编写方面，学校注重结合石门坎实际，强调便于学生认知和掌握。

无论是柏格理等人编写的《绘图蒙学》《苗民原始读本》，还是朱焕章等人编写的《千字课》教材都充分体现了针对性强、实用性强的特点。

朱焕章在编《千字课》时在该教材第一册的序言中写道："我先买了中华平民教育促进会、青年协会、中华书局同世界书局所出版的各种千字课，仔细看了几遍，然后从这些书中摘录适合于我们地方情形的，编纂成这一部读本。"从朱焕章的这段文字就可以看出，他在编写教材时十分注重教材内容同石门坎实际情况的适应问题。通过《千字课》第一册的第十三课，我们就能充分感受到该教材的针对性。该课题为《合群》（见图4-5），课文内容是："为人贵自立，又贵合群，各人的事，各人去管，大家的事大家来干，一人的能力有限，大家的能力无穷，只要大家同心合意，不论什么事都能办。"课文表达了"团队合作力量大"的主题思想。为了能让石门坎苗民明白"团队合作"、"合群"等抽象概念，让他们懂得"团结就是力量"的深刻道理，课文选取了石门坎苗民生活中随处可见的场景和苗民们触手可及的物件来对课文进行配图说明。课文总共配了三幅图，第一幅是一个人挑着扁担的样子，第二幅是四个人在田间耕作的场景，第三幅是很多人合力抬着一根又粗又长的木头行走的画面。通过苗民所熟悉的画面的辅助，课文不仅将深刻的主题思想生动形象地表达和传递了出来，还达到了启发学生思考的良好效果。

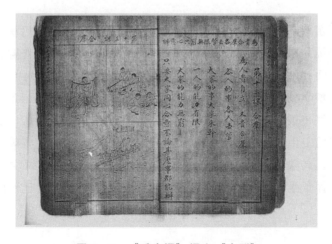

图4-5 《千字课》课文《合群》

为了改变石门坎苗民愚昧无知的状况，有效扩充他们的知识面，开阔他们的眼界，增强他们适应社会生活的能力，石门坎学校在编写教材时注重内容的实用性，多以对苗民生活能起到具体帮助的内容为主。比如在《千字课》教材中大量编入写信、写收条、写请帖、写便条等与日常生活息息相关的常识内容，如《便条》《父信》（见图 4-6）及《收条》《请帖》《做买卖》《王学成的信》等课文。

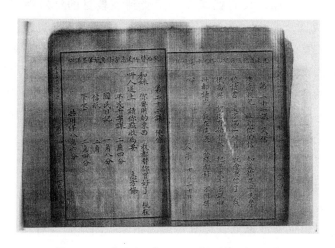

图 4-6 《千字课》课文《便条》《父信》

由于苗族在历史上经历了太多的战争和逃亡，加之石门坎地区恶劣的地理环境和糟糕的生活条件，故石门坎苗民的健康状况普遍较差。而贫困的生活和知识的贫乏又使他们长期遭受多种常见疾病的困扰。因此，石门坎学校在编写教材时十分注意选文与苗民生活的相关度，不仅在教材中宣传饭前便后要洗手、衣服和用具要常清洗、起床以后要刷牙等生活中的卫生常识，还在教材中普及传染病、早婚的危害等卫生健康知识，如《传染病》（见图 4-7）和《早婚的危害》等课文。不仅帮助苗民改掉了生活中的一些不良卫生习惯，还大大增强了他们的疾病防控能力。

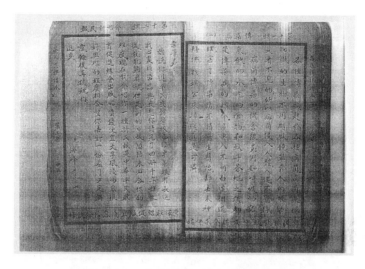

图 4 - 7　《千字课》课文《传染病》

另外，考虑到石门坎苗民长期封闭，不谙世事，没有国家概念，未受中国优秀传统思想的影响，缺乏爱国主义情怀和民族主义精神。故石门坎学校的教材在普及科学文化知识的同时，还注重道德教育，宣扬中华民族的传统美德。一方面，学校选取《三字经》《百家姓》《弟子规》等中国传统文化经典和古代先哲的思想精髓作为教材；另一方面，学校在自编教材中有意安排较多关于品德教育的篇目。例如：《千字课》第一册的课文《自立》，教导学生学会独立，不依附于他人；《千字课》第一册的课文《分工合作》《互助》等课文则讲述了乐于助人，以及团队精神的重要性；《千字课》第一册的课文《做人的一个字》，第二册的课文《服务的道德》《仁爱》及《母教》《忠孝》（见图 4 - 8），《千字课》第三册的课文《相爱》《信义》等则是循序渐进地教会学生做人的道理，引导他们树立正确的道德价值观念。注重品德教育的教材，对于石门坎学校教育起到了十分重大的作用，不仅促进了石门坎地区的和谐发展，也为石门坎形成独特的"教育反哺"打下了根基。石门坎的学生在外出深造之后，总是会学成归来，为家乡做贡献，这与石门坎从教材细节入手，注重品德教育的做法是有很大关系的。

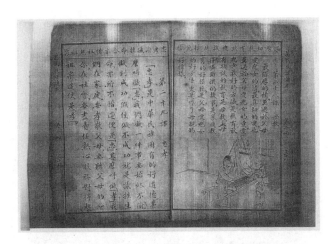

图 4 - 8　《千字课》课文《忠孝》《母教》

总而言之，石门坎学校的教材内容丰富，针对性强，实用性高。既能让学生快速有效地掌握实用的日常生活常识、农业生产知识和卫生保健等知识，也让他们"足不出户而知天下"，学会天文地理、人文历史、世界时事等知识，开阔了视野；还让他们深受德育熏染，培养了爱国主义精神和民族情怀，树立了正确积极的人生观、世界观。

二　教法灵活多样、切实高效

20 世纪初，石门坎学校的学生大多是苗族，由于长期生活在闭塞的地域环境，没有受过汉文化的影响，所以他们当中的大部分人只会说苗语，也只听得懂苗语。学校专门针对石门坎的"本土"情况，采取最适切于苗族学生的教学方法，使教学取得了良好的效果。

（一）创制苗文、编写苗文教材

有学者认为："柏格理创办石门坎教会学校，除培养了一批优秀苗族知识分子外，就是与苗族和汉族教徒共同研究创制了苗族文字。"①的确，苗文的创制是柏格理在石门坎办学过程中最为成功的创举之一。

"民族语言文字是民族情感的纽带，每个民族都有强烈的使用自己

---

① 伍星、石艳霞：《用辩证的观点正确看待外国传教士——论珍贵宗教档案史料记载中的英国传教士柏格理》，《贵州档案》2003 年第 3 期。

本民族语言文字的愿望。"① 民族语言在一个民族的文化发展和教育活动中具有十分重要的意义。从民族文化发展的层面说,"一个民族的语言文字容易激发本民族内部的民族意识和民族情感,产生民族文化认同感和归属感"②。从民族教育的角度来看,民族文字的使用对教育活动和教学活动的进行有着强大的推动作用。尤其是对那些处于文化落后状态,以自己的本民族语言作为主要交流用语的少数民族群体来说,本民族文字的运用成为了教学活动成败的关键因素。

柏格理在昭通接触到石门坎苗民后,他清楚地意识到"他们迫切地想读书",他在自己的日记中对苗民的求知欲望作过详细的记载和评价:"他们的求知欲望迫切,就连一分钟也不愿将我放过,而他们的愚昧无知实在令人痛惜,最初之时,他们甚至坚持把我称为'上帝'。日复一日,一批又一批寻找而至的苗民相继而来。截至那个月底,我们共接待了八批。在一个星期日上午到达的最后一批共有 12 人,他们在大雨中整整淋了一夜。由于急切希望尽早到达传教士的所在之处,他们对此毫不在意。他们对我说,数以千计的人们正在山里翘首以待……有一天来了 2 人,翌日另外 50 人又至,继而又是 1 人、200 人、5 人。最后,在一个刺骨的寒风横扫山野,厚厚的积雪覆盖大地之日,竟有1000 人走进了我们的大门。"③ 苗民们强烈的求知欲给了柏格理极大的震动,也让他对石门坎的传教事业充满了无限的信心。于是,他带着大干一番的豪情壮志来到了石门坎,开办了学校。可当他在石门坎正式开始对苗民的教学活动时,他立即感觉到了语言隔阂带来的教学困难,也意识到了苗族语言和文字对苗民"读书"有着至关重要的作用。于是,他萌生了创制苗文的念头,并最终在苗族老师、汉族老师的协助下,创制了"坡拉德苗文"。

苗文创制成功后,柏格理用苗文翻译了《圣经》部分经文段落、赞美诗及简单的基督教教义,还配制了印刷字体。后来又相继翻译出版《马可福音》及其他几部《福音》。1917 年,英国海外圣经会社印刷和

---

① 何嵩昱:《石门坎现象与苗族文化关系》,《教育文化论坛》2012 年第 3 期。
② 同上。
③ [英] 沃尔特·柏格理:《柏格理在中国》,苏大龙译,载《民族研究参考资料》第二十八集,贵州省民族研究所编印 1989 年版。

发行苗文《新约全书》，第 1 版就发行了 5000 册，随后又于 1919 年、1929 年发行第 2 版和第 3 版，共 10000 册。1936 年 2 月出版修订本苗文《新约全书》，7000 册刚发行就立即销售一空。英国海外圣经会社的 G. W. 谢泼德牧师大为感叹："根据任何一种民族所创造的语言文字编译的书籍，第一次出版就能达到如此高的销售纪录，实在是少见的情况。"①

苗文的创制和苗文教材的编写对石门坎的教学活动起到了十分积极的推动作用。对于没有文化基础的石门坎苗民来说，学习新知识无疑是相当困难的，但苗文的使用让他们从自己最熟悉的本族语言入手，说着亲切熟悉的苗语，读着相对应的苗族文字，既消除了他们对陌生事物的恐惧心理，又减少了他们对新知识的理解困难，在循序渐进的过程中培养了良好的学习习惯，找到了学习的信心和乐趣。

苗文的创制让石门坎苗民因为拥有一套可以称之为自己的、根据他们的语言产生的文字结构而变得自豪起来，苗文让他们产生了从未有过的民族自信心。"而当一个民族有了民族自信的时候，便会以主体的方式来进行革命，在这种力量之下，任何奇迹都是可以创造的。"②在拥有了自己本民族的文字后，石门坎苗民的学习热情被极大地点燃，石门坎教育的蓬勃发展也就是情理之中的事了。并且，苗文的创制还为后来石门坎学校"双语教学"方式的运用打下了基础。

（二）"以苗教苗"

20 世纪初，由于石门坎光华学校的发展迅速，师资短缺问题日益突出，柏格理便提出以培训本土苗族教师来解决的办法，并最终形成了石门坎独特的"以苗教苗"模式。

"以苗教苗"模式的形成首先是以石门坎学校培养了一群本土苗族精英为前提的。20 世纪初，由于伯格理对石门坎的改造策略得当，再加上石门坎的大花苗民自身有着想要改变命运的高度渴求，石门坎学校开办后不久便涌现出了大批成绩优异的苗族学生。随后，学校选派这些优秀的学生前往北京、成都、南京、昭通等地的中等或高等学府学习深

① 何嵩昱：《石门坎现象与苗族文化关系》，《教育文化论坛》2012 年第 3 期。
② 同上。

造。而这些外出学习的学生由于得到教会的大力支持，并负载着家乡父老乡亲的殷切期望，所以他们总是心怀回报家乡的责任感，他们的体内总是流淌着反哺家乡的血液，学成之后，他们都能坚决地放弃城市优越的条件和发展的机会，义无反顾地带着自己的成就荣归故里。回到家乡后，他们全心全意地投身家乡的教育事业，不求回报，不计得失，尽自己的最大力量为家乡的发展呕心沥血，用自己的知识和能力为故土换新颜。在他们的带领下，石门坎开设了医院、学校和教堂，在他们的努力下，石门坎的教育事业蓬勃发展，如日中天。

对于石门坎这样一个穷乡僻壤，柏格理的到来可谓是一次重生的开启，而本土苗族人才的回归则又是一次补充和推动。朱焕章、张超伦、吴性纯等优秀人才的归来，对石门坎来说无疑是"再次造血"，他们的回归伴随着人才、技术和希望，带来了学校、医院、知识……随着本土苗族学子的纷纷回归，石门坎学校在无意中形成了一种"人才反哺"模式，学成人员不会远走高飞，而是扎根故土，把石门坎建设成了科学技术传播中心、人才中心。精英的反哺给石门坎带来再生的动力，他们用精神鼓舞苗民进步，用行动促进苗乡发展。

苗族本土人才的不断回归和利用，最终形成了石门坎学校"以苗教苗"的新型教学模式。这种模式不仅解决了外来教师一离开，教学便无法继续的问题，还为石门坎学校的教学延续夯实了基础。

（三）苗、汉、英三语教学

20 世纪初的石门坎学校师生构成较为复杂。教师队伍主要由英国传教士和汉族教师构成，而学生主要是零文化基础、完全不懂汉语的苗族人。在这样的情况下，教师仅仅使用汉语进行教学显然行不通。于是，学校"因人制宜"，在教学中采取了苗、汉、英三种语言并行使用的教学方法。

当时，学校的教师们基本上都会几种语言。柏格理等传教士尽管来自英国，但他们一进入中国后就潜心学习汉语，而进入石门坎后则更是完全"苗化"，十分熟练地掌握了苗族语言。而钟焕然、李司提反等汉族教师也都能纯熟地使用苗语。有了这样的师资条件，石门坎学校的苗、汉、英三语教学几乎是水到渠成的事，教师们在教学中都能十分灵活地根据教学内容需要，针对学生语言运用情况，将苗、汉、英三种语言进行交叉使用、并行使用，积极地推进了石门坎教育的发展。

小　结

石门坎学校作为一所地处偏远边地，以贫穷落后的苗族学生为主要培养对象的农村学校，有着许多特殊的地方。石门坎的教育发展也存在着许多现实的困难：学生文化基础差、学习起点低、不懂汉语，学校办学条件艰苦、师资匮乏等。为了解决这一系列的问题，石门坎学校充分考虑自身的特殊性，在课程设置、教材编写、教法使用等方面独辟蹊径，创制了一套适合石门坎当地情况、切合石门坎苗民的教学模式。一方面，针对学校和学生特点，设置适情的课程，编写实用的教材。另一方面，尊重学生的情况，量身定制三语教学、"以苗教苗"等高度适合石门坎学生的教学方法，有效地推动了石门坎教育的发展，最终把石门坎教育办得有声有色，硕果累累。

首先，苗文的创制为苗民的学习提供极大的便利，为石门坎教学活动的顺利开展奠定了坚实的基础，还为保留和传承苗族优秀文化传统提供了一定的保障。其次，"以苗教苗"的特殊教育模式为石门坎培养了一批甘于奉献的本土教师，为石门坎地区教育发展的延续创设了保障机制。另外，三语教学的实施又极大地提高了教师的教学效果和学生的学习效果。总之，苗文创制、"以苗教苗"、三语教学这三大适情、切实有效的教学方法，可谓是教会在石门坎地区发展教育的三大法宝，为石门坎教育的成功发展提供了最有效的技术保障。

现 状 篇

西部民族地区农村基础教育的
现状及存在的问题

引　论

　　温家宝曾说："教育是国家发展的基石，事关民族兴旺、人民福祉和国家未来。只有一流教育，才能培养一流人才，建设一流国家。"2003年国务院制定下发《关于进一步加强农村教育工作的决定》，在该《决定》中指出："农村教育在全面建设小康社会中具有基础性、先导性、全局性的重要作用。发展农村教育，办好农村学校，是直接关系8亿多农民切身利益，满足广大农村人口学习需求的一件大事；是提高劳动者素质，促进传统农业向现代农业转变，从根本上解决农业、农村和农民问题的关键所在；是转移农村富余劳动力，推进工业化和城镇化，将人口压力转化为人力资源优势的重要途径；是加强农村精神文明建设，提高农民思想道德水平，促进农村经济社会协调发展的重大举措。"国富才能民强，民强方可国富。我国是一个农村人口占多数的国家，三农问题一直是一个不衰的话题，农村教育发展水平直接影响到我国国民经济的整体发展和复兴中国梦的实现。

　　我国西部地区包括重庆、四川、贵州、云南、广西、陕西、甘肃、青海、宁夏、新疆、内蒙古、西藏12个省、自治区、直辖市，总面积约686万平方千米，约占全国总面积的72%；西部地区的人口总数约为3.8亿，占全国总人口的29%左右；西部地区少数民族总人口为13379.22万人，占全国总人口的8.49%，占全国少数民族总人口的86%，全国的5个民族自治区和6个多民族省、市均在西部。同时，西部自然条件十分恶劣，整个西部地区约有48%的土地资源是沙漠、戈壁、石山和海拔3000米以上的高寒地区，平原、盆地面积还不到10%；气候条件也比较恶劣，大部分省、区、市年平均气温在10摄氏度以下，有近50%的地区年降水量在200毫米以下。西部地区又是我国最主要的贫困地区，根据《国家"八七"扶贫攻坚计划》公布的数据，在592个国家贫困县中，有258个是少数民族自治县，而这258个少数民族自治县中有224个分布在西部地区，占民族贫困县总数的86.8%。由于地处边远、地形复杂，交通基础设施十分落后，按照地区面积来进行计算和比照，西部地区无论铁路，还是公路的线路密度都大大低于全国平均水平，与东部和中部的差距甚远。"若按人口和面积综合计算，西部铁路网和公路网的密度仅相当于全国平均水平的68.3%和85.2%，东部地区的55.2%和55.6%。"[1] 西部地区经济水平低下导致了西部地区人民生活水平落后，人口素质低下等一系列问题。课题组特意抽取1998年和2007年的中部、东部、西部人口粗文盲率来进行对比分析（见图一、图二），从时间纵向比较来看，在西部大开发之后，西部地区的粗文盲率较之西部大开发之前已大为降低。但从区域横向比较来看，西部地区在西部大开发以后的粗文盲率仍然要比中部和东部地区高得多。

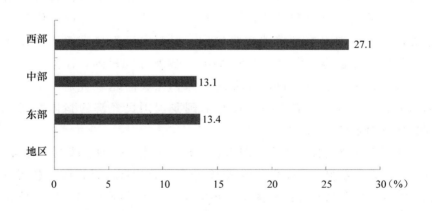

图一　1998年我国区域人口粗文盲率

（数据来源：1998年《中国教育年鉴》）

---

① 张毅：《中国西部人口素质评价及发展策略研究》，博士学位论文，武汉理工大学，2012年，第66页。

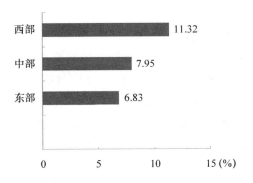

图二　2007 年我国分区域人口粗文盲率

（数据来源：2007 年《中国教育年鉴》）

因此，西部民族地区既是全国扶贫攻坚的重点和难点地区，也是中国农村基础教育滞后的重灾区。西部民族基础教育的发展，既是我国消灭城乡差别、缩小东西部地区差距的根本支撑与持久动力，也是促进西部全面发展、构建社会主义和谐社会的根本途径和重要环节。西部民族地区农村基础教育的发展水平直接关系到我国的民族团结和全面建设小康社会伟大目标的实现。

一　现状调查的目的

自改革开放以来，我国政府高度重视西部农村基础教育，尤其是西部大开发的战略政策实施以来，中央和各级政府为西部农村基础教育提供了较多的政策扶持和经济支持，我国的农村基础教育从普及教育、义务教育，到公共教育，再到免费教育一路上升，快速发展，取得了不少成果。但就目前我国的教育状况来看，东西部教育间的"马太效应"仍然存在，西部农村基础教育依然有着诸多问题。"现状篇"的研究，就是想通过对西部民族地区农村基础教育的现状的分析梳理，结合"石门坎"兴衰发展的历史眼光进行审视，以求更清晰地了解西部民族地区农村基础教育的现实状况，洞察西部农村基础教育的发展趋势和社会支持等问题，分析影响西部民族地区农村基础教育发展的原因所在，从而为解决西部民族地区基础教育问题提供数据支撑和理论支持。

二 现状研究的方法

（一）研究的视角。延续"历史篇"的研究视角，以布迪厄的"场域"视角对西部民族地区农村基础教育进行理论意义上的重新阐释与解读，从"教育场域、教育主体、教育客体"三个不同的角度进行分析，从教育与其他社会事物的普遍联系中，以及教育内部各要素错综复杂的关系中找出当前西部民族地区农村基础教育存在的问题及产生问题的原因。

（二）研究的方法。课题组运用文献分析、田野调查、问卷调查统计、访谈、历史比较和推理计算等方法，通过对我国改革开放以来国家教育方针政策的宏观梳理，对西部大开发以来西部民族地区的教育发展概况进行综合调查，以及对西部 5 个省、1 个直辖市的中小学教师、学生，以及学校课程设置等情况进行案例调查，具体查询了大量的国家政策与文献数据资料，走访了重庆、云南、四川、贵州、广西等省份的多所农村中小学校，深入到贵州民族地区的十几所农村中小学校进行田野调查，多次入驻石门坎地区的多所中小学进行历时较长的调研和考察，并针对贵州、云南、四川、重庆 36 所农村中小学教师代表进行了问卷调查。具体方法有：

1. 文献分析法：对关于我国教育现状的研究成果、国家教育政策、西部农村教育的各类统计数据进行搜集、鉴别、整理和分析。

2. 问卷调查法：对贵州省农村 260 所学校的 4560 名中小学教师，以及对贵州、云南、四川、广西、陕西的 4088 名学生和家长分别进行了问卷调查。（本课题的问卷调查实施主要有三种渠道：一是由 2011—2014 年间贵州师范大学派往贵州省各地农村中小学进行"顶岗实习"的数百名学生将问卷带往实习学校，对实习学校的学生、老师和家长进行问卷调查；二是对 2011—2014 年间贵州省各地农村中小学选送到贵州师范大学参加"中小学教师国家培训计划"的数千名教师进行问卷调查；三是课题组专程前往部分样本地区进行问卷调查。）

3. 访谈法：课题组或随机抽取或专门指定样本地区共计 486 名教师、学生和家长，以及石门坎的老校友和普通民众进行个别访谈和集体访谈。(本课题访谈主要通过两种渠道进行实施:一是对 2011—2014 年间贵州省各地农村中小学选送到贵州师范大学参加"中小学教师国家培训计划"的数千名教师进行个别访谈、集体访谈和座谈;二是课题组专程前往部分样本地区进行访谈。)

4. 实地考察法:课题组深入样本地区,考察部分样本学校的教室、办公室、宿舍、校园、操场、体育器材、教具等,查阅了部分教师的教案。其中在石门坎进行了为时较长的田野调查,与石门坎的教师、学生同吃同住,深入了解他们的生活、工作和学习情况。

5. 实物收集法:调查中收集到样本学校的教师名册、学校的管理办法、工作计划、工作总结、课程表、教学活动安排表、作息时间表、教师奖惩制度细则,还收集了学生的作业、留守儿童心灵语录等。

6. 分析整理法:对收集到的所有资料和信息进行分类和整理,并在此基础上进行数据统计和信息分析。

三 样本对象的选取

对于调查样本的选取,课题组主要选取了云南、四川、贵州、广西、陕西、重庆为调查样本,其中又以贵州为重点,且把石门坎作为重中之重,原因有三:

(一)出于对实地调查的可行性和操作性的考虑。西部幅员辽阔,地形地质较为复杂,农村中小学星星点点地分散在高寒山区的大山深处,甚至是沙漠戈壁之中,而西部农村交通十分不便,课题组人手和经费有限,故我们只选取 1 个省份(贵州)作为调研的重点对象,辅之以少量几个省份。

(二)出于对研究对象典型性代表的考虑。因为西部农村同处于国家西部政策辐射区,西部各地的经济社会发展水平有着极大的相似性,西部各地教师结构变化情况也有着同质性,故选取西部地区的部分省份来做研究具有一定的代表性和普适性。而其中贵州是一个典型的农业大省,农业人口比重较大;贵州还是一个少数民族大省,少数民族人口较多。同时,长期以来,贵州在西部地区 12 省份中属于发展较为滞后的省份,但近几年的发展速度却非常快,其经济增长速度连续四年居全国前三,2014 年经济增速位居全国第二。故贵州有一定的区域代表性,同时又具有发展的典型性。

（三）出于对本课题"历史篇"研究的衔接考虑。为了便于和 20 世纪的石门坎教育进行同一主体的历史纵向比较分析，故我们将石门坎地区作为调查对象的重中之重。

四　样本地区基本情况

贵州简称黔或贵，位于中国西南部云贵高原的东斜坡，东毗湖南、南邻广西、西连云南、北接四川和重庆，在西南地区处于承东启西、连接南北的重要地位，是西南地区南下出海的重要通道和陆上交通枢纽。东西长 570 千米、南北宽 510 千米、面积 17.61 万平方千米，辖贵阳、遵义、安顺、六盘水、毕节、铜仁 6 个市，黔东南、黔西南、黔南 3 个少数民族自治州，贵安 1 个国家级开发新区，下辖 9 个市辖区、9 个县级市、56 个县、11 个自治县、2 个特区，省会贵阳市。全省国土总面积 176167 平方千米，占全国总面积的 1.8%。地貌雄峻，地势西高东低，平均海拔 1100 米。地貌的显著特征是山地多，山地和丘陵占全省总面积的 92.5%，其中喀斯特地貌面积达 61.9%，是世界上岩溶地貌发育最典型的地区之一。（见图三）

贵州是一个多民族的省份，至 2012 年末，贵州省常住人口为 3484 万人，其中少数民族人口为 125807 人，占总人口的 36.11%，贵州少数民族成分居全国第五位，少数民族人口数量居全国第三位，全国少数民族人口总量为 11379 万人，贵州占全国 11.05%。据第六次人口普查系列分析报告显示，除塔吉克族和乌孜别克族外，贵州省共分布有 54 种民族，各民族在省内 88 个县（市、区、特区）均有分布。其中世居少数民族有苗族、布依族、侗族、土家族、彝族、仡佬族、水族、回族、白族、瑶族、壮族、畲族、毛南族、满族、蒙古族、仫佬族、羌族 17 个少数民族。其中人口最多的少数民族依次为苗族（397 万人）、布依族（251 万人）、土家族（144 万人）、侗族（143 万人）、彝族（83 万人）。在贵州生长繁衍的布依族、水族和仡佬族占全国本民族人口的绝大多数，在贵州聚居的苗族、侗族人口数量占全国最多。

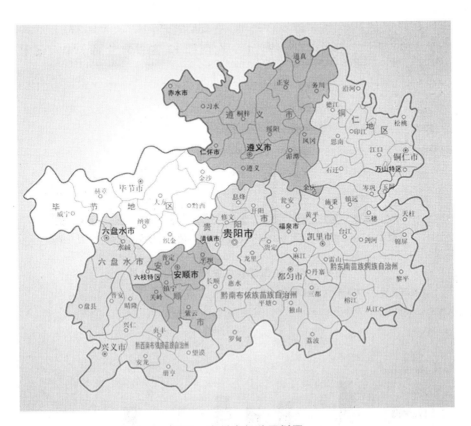

图三　贵州省行政区划图

　　贵州是传统的农业"大"省，主要体现在农业人口比重"大"和农业产业比重"大"两个方面。根据最新的人口普查数据，按常住人口计算，到2012年末，全省农村人口2215万人，占总数的63.6%；第一产业就业人员1189万人，占总就业人数的65%；2012年全省农民人均可支配收入4753元，以农业为主的家庭经营收入占47.3%。

　　贵州省在全国的经济地位较低，甚至在西部地区其经济发展也滞后于许多省份，但近几年发展速度激增。据贵州省政府2014年主要统计数据发布暨新闻通气会宣布，2014年贵州省地区生产总值（GDP）9251.01亿元，比2013年增长10.8%，经济增速位居全国第二位，且连续四年居全国前三位。

　　据2013年《中国教育年鉴》数据显示，截至2013年，贵州省共有

农村初级中学 1061 所，数量在西部 12 省中位列第二（见图四）；农村
小学 8209 所、小学教学点 3191 个，在西部 12 省中数量属于中间偏上
（见图五）。

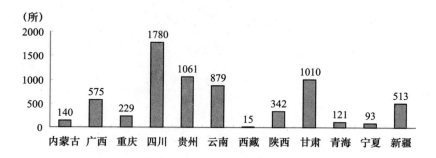

图四　2013 年西部各省农村初级中学数量

（数据来源：2013 年《中国教育年鉴》）

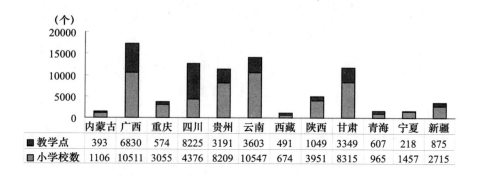

	内蒙古	广西	重庆	四川	贵州	云南	西藏	陕西	甘肃	青海	宁夏	新疆
■ 教学点	393	6830	574	8225	3191	3603	491	1049	3349	607	218	875
▨ 小学校数	1106	10511	3055	4376	8209	10547	674	3951	8315	965	1457	2715

图五　2013 年西部各省农村小学及教学点数量

（数据来源：2013 年《中国教育年鉴》）

从 2011 年至 2013 年《中国教育年鉴》的数据变化来看，贵州省
农村基础教育状况基本稳定。从学校数量看，初中学校数基本稳定，
小学学校数有一定幅度的降低，小学在农村的覆盖面有所下降（见图
六）。

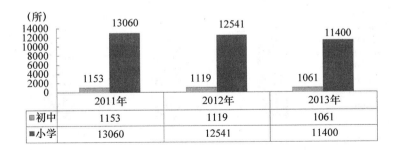

图六　贵州 2011—2013 年农村中小学数量

（数据来源：《中国教育年鉴》）

　　从专任教师的数量看，中小学校教师总量下降较为明显（见图七）。

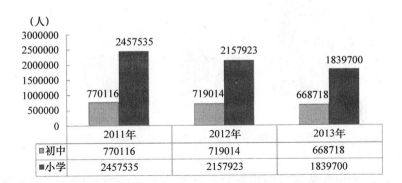

图七　贵州 2011—2013 年农村中小学专任教师数量

（数据来源：《中国教育年鉴》）

　　从学生数量看，初中学生数相对稳定，小学生数量有一定程度的下降（见图八）。

　　从师生比看，在 2012 年有较大幅度下降后，在 2012 年、2013 年基本保持在 17. 50 至 18. 00 的水平（见图九）。

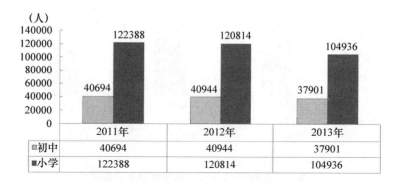

图八　贵州 2011—2013 年农村中小学学生数

（数据来源：《中国教育年鉴》）

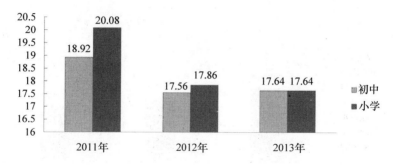

图九　贵州 2011—2013 年农村中小学师生比

　　总的来说，从区域经济发展实际水平和义务教育的主要构成情况看，样本地区教育发展水平居西部地区整体教育发展水平的中游偏下，且与东部地区、中部地区的状况有着鲜明的对比。因此，对于类似的西部民族地区的农村教育具有一定的区域代表性和典型性。

第五章 教育场域："经"顺，"纬"不畅

第一节 大背景良好：综合国力增强，教育形势大好

自十一届三中全会以来，中国开始全面推行改革开放政策，经过三十多年的实践，如今已取得了十分显著的成效。现阶段的中国，社会主义市场经济蓬勃发展，国内生产总值逐年增加，产业结构也得以逐步调整，国家的各项事业均取得了巨大成就，经济实力、综合国力迈上了新台阶，教育大环境十分良好。

一 经济发展快，综合国力大提升

自改革开放以来，中国经济高速发展。国家统计局公布的数据表明，我国经济总量已升至世界第二位。1978 年时，我国 GDP 只有 1482 美元，居世界第十位。改革开放三十多年来我国经济一直保持快速增长，年均 GDP 增速达 9.8%，2013 年 GDP 总量达 588018 亿元，国家经

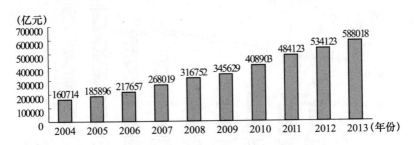

图 5 - 1 2004—2013 年中国 GDP 发展情况

（数据来源：国家统计局公布）

济总量一跃成为世界第二，仅次于美国（见图5－1）。人均GDP也逐年增加，2013年达43320元（见图5－2）。

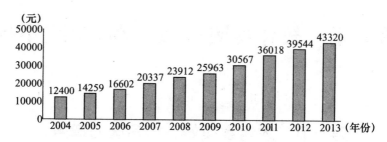

图5－2　2004—2013年中国人均GDP
（数据来源：国家统计局公布）

我国农产品产量位居世界前列。近年来，我国肉类、谷物、籽棉、茶叶、水果、花生等农产品产量稳居世界第一位。制造业大国的地位也初步确立，到目前为止，我国钢、煤、水泥、棉布等200多种工业产品居世界第一位。我国货物出口额也从1978年的世界第29位发展到2009年跃居世界第一位的水平……总而言之，在党中央的领导下，我国的经济发展迅速，综合国力已经得以大幅提升。

二　教育投入大，教育保障水平大进步
随着国家综合国力的提高和中央对国民教育的不断重视，我国教育

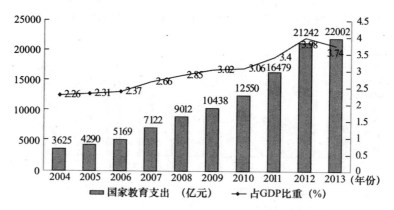

图5－3　2004—2013年中国教育支出及其占GDP比重
（数据来源：《中国教育经费统计年鉴》）

投入绝对数稳步增长，教育投入资金占 GDP 的比重也逐步提高。2013年国家财政教育支出 22002 亿元，占全国 GDP 总额的 3.74%，已基本逐步赶上中等发达国家的教育投入比重（见图 5-3）。

三 制度环境好，教育政策大完善

自 20 世纪 70 年代末以来，我国的教育走出"文革"的挫折，开始恢复正常的教育秩序，国家大力扶持教育产业，制定出台了一系列政策制度。

（一）基础教育制度逐步完善

1978 年 1 月国务院批转《教育部关于加强中小学教师队伍管理工作的意见》的通知，教育部发布《关于实行全日制中学暂行工作条例（试行草案）》和《全日制小学暂行工作条例（试行草案）》，表明我国教育政策已经走出"文革"的错误方向，有了新的积极的变化。同年 9 月教育部印发《关于加强和发展师范教育的意见》和《关于中等教育结构改革的报告》等政策文件，从中可以看出国家开始聚焦农村，着力于农村教师资源的扩充。1981 年教育部出台《关于增加中小学民办教师补助费的办法》和《关于调整中小学教职工工资中若干具体政策问题的处理意见》，1984 年国务院发出《关于筹措农村学校办学经费的通知》，开始强化农村教育经费的投入，大范围地调整了教职工工资。1985 年以后，各项政策更是如雨后春笋般相继出台，从各方面积极地推动我国的西部农村教育的发展。1985 年颁布的《中共中央关于教育体制改革的决定》，按照简政放权、分级管理的原则，把发展基础教育的责任下放给地方。1986 年颁布的《中华人民共和国义务教育法》为适龄儿童和少年享有接受义务教育的权利提供了法律保障。1992 年颁布的《九年义务教育全日制小学、初级中学课程计划（试行）》对西部农村的教育课程和内容进行了详细的规定，提出编写地方性教材的方案。1993 年颁布的《中国教育改革和发展纲要》提出基础教育必须由"应试教育"向素质教育转变的教育方针。

进入 21 世纪以后，随着西部大开发战略的实施，我国加大了对西部农村基础教育的经济扶持力度，中央和各级地方政府制定了一系列的教育发展规划和政策，加大了对西部教育的投资。2000 年，教育部为

了支持我国西部地区尤其是西部偏远山区启动现代远程教育工程拨付了
8000 万元专款。从 2001 年起，政府开始实施"农村中小学危房改造工
程"，中央和各级地方教育主管部门共计投入专款 100 多亿元，用于改
造全国中小学危房，而这项专款中的大部分都用在了西部地区。2002
年，国务院开始实施《国务院关于深化改革，加快发展民族教育的决
定》，专门提出把中央财政扶持教育的重点区域放在边境地区、边远的
农牧山区、少数民族地区以及发展落后的人口较少民族聚居区的决定；
同年，国务院颁布了《国家西部地区"两基"攻坚计划（2004—2007
年）》和《国家西部地区农村寄宿制学校建设工程实施方案》，并在
2004—2007 年期间配套投入资金 200 亿元。2003 年，国家颁布《关于
进一步加强农村教育工作的决定》，明确指出农村教育工作是全面建设
小康社会的重要组成部分。同年，中央启动"农村中小学现代远程教
育工程"，配套投入资金 19.14 亿元，用于促进城乡优质教育资源共享，
提高农村的教育质量和效益。2004 年中央财政转移支付了 100 亿元资
金，用于专门支持西部农村义务教育的发展。2005 年，教育部将农村
义务教育全面纳入了财政保障范围，颁布《进一步推进义务教育均衡
发展的若干意见》，并投入资金 70 亿元，用于在西部农村地区实施农
村义务教育分阶段性免收学杂费用、教科书费用和贫困生寄宿费用等，
并给予在校学生"两免一补"的生活补助政策，自此以后我国农村贫
困地区义务教育经费保障新机制基本建成。2006 年，政府修订了《中
华人民共和国义务教育法》，以法律的形式确定了义务教育免费的原
则。2007 年，全国农村义务教育实现全部免除学杂费。2009 年，我国
开始实行"特岗教师计划"，公开招聘高校毕业生到西部地区"两基"
攻坚县县以下农村学校任教，引导和鼓励高校毕业生从事农村义务教育
工作，旨在创新农村学校教师的补充机制，解决农村学校师资总量不足
和结构不合理等问题，提高农村教师队伍的整体素质，促进城乡教育均
衡发展。同年，教育部还进行了《2009—2012 年中小学教师国家级培
训计划》的总体部署和《教育部办公厅关于印发"2009 年中小学教师
国家级培训计划"的通知》具体安排，并划拨专项经费，用于加强中
西部地区教师队伍建设，促进基础教育质量的提高。

进入 21 世纪的第二个十年后，政府首先颁布了《国家中长期教育

改革和发展规划纲要（2010—2020 年）》，对这十年中我国的教育发展做了科学的规划。2010 年，教育部制定颁布了《关于贯彻落实科学发展观，进一步推进义务教育均衡发展的意见》，明确提出了缩小教育校际、城乡和区域发展差距的具体思路和办法。2011 年，国务院下发《关于实施农村义务教育学生营养改善计划的意见》，规定从 2011 年秋季学期起为特困地区 2600 万农村学生提供免费营养膳食补助。2012 年，国务院发布《关于深入推进义务教育均衡发展的意见》，进一步明确未来推进义务教育均衡发展的指导思想，并制定"总体规划、统筹城乡、因地制宜、分类指导、分步实施"的基本策略。同年，国务院办公厅还颁布了《关于规范农村义务教育学校布局调整的意见》，对布局调整中出现的"交通安全隐患增加、学生家庭经济负担加重以及城镇学校班额过大"等问题提出了调整意见。

由上所述政策发展的趋向可以看出，自改革开放以来，我国政府越来越关注西部农村教育的发展，对西部农村教育的认识一直在不断深化，无论是在政策上还是在经济上都对西部农村教育予以了较大力度的扶持。首先在政策上，越来越凸显西部农村教育的重要性，并明确规定把农村教育作为教育工作的重中之重，国家对于西部地区农村教育的政策也越来越走向科学化和务实化。其次在投入上，政府不断加大经济扶持力度，特别是 2001 年后，中央与省级财政进一步加大了转移支付力度，建立"以县为主"的农村义务教育投入体制以来，农村地区义务教育经费的来源结构发生了较大变化，西部农村教育的投入情况有了极大的改善，政府预算内的经费投入在农村义务教育经费中所占的比例越来越高。而政府推行的"国家贫困地区义务教育工程"、"中小学危房改造工程"、"农村寄宿制学校建设工程"、"农村中小学现代远程教育工程"和"两免一补"等扶持项目更是为西部农村教育的发展注入了强劲的经济动力。

（二）民族教育再沐春风

自改革开放以来，党和政府高度重视民族教育工作，把少数民族地区教育工作作为提高国民素质、缩小城乡差距、促进经济发展和社会进步的基础工程，放在了突出的战略地位。

1. 在思想认识上进行了拨乱反正，彻底推翻了"四人帮"炮制出来的"两个估计"错误思想，恢复了对民族教育的正确定性。重新认

定民族教育是无产阶级的，是我国社会主义教育的重要组成部分；认定
民族教育战线各民族知识分子是无产阶级的，是工人阶级的一部分；推
翻了"四人帮"在民族问题上制造的种种极"左"谬论，恢复了党的
正确的民族观，确定社会主义条件下的民族关系是劳动人民之间的关
系，而不是所谓的"阶级关系"；民族问题是社会总问题的一部分，而
不是所谓的"阶级问题"；否定了"四人帮"在民族问题上鼓吹的超越
历史阶段、无视现实和基本国情的极"左"观点，恢复了我们党关于
在教育问题上正确认识和处理社会主义民族关系的基本观点，即：社会
主义时期是各民族共同发展繁荣的时期，民族特点、民族差别将长期存
在，反映在教育上，就是要把社会主义的内容与民族形式相结合，采取
适合于各民族人民发展和进步的民族形式。① 在正确思想观念的指导
下，民族教育工作蓬勃发展。在党的十一届三中全会精神和党中央提出
的"调整、改革、整顿、提高"方针的指引下，1980年1月教育部恢
复民族教育司，并于同年10月发布了《关于加强民族教育工作的意
见》，明确提出恢复和发展民族教育的方针政策和重大原则。随后于
1981年、1992年、2002年召开了第三次、第四次、第五次全国民族教
育工作会议，分别对各个时期民族教育的改革发展作出了整体部署，并
根据少数民族和民族地区的特点与需要，制定了一系列适合发展民族教
育的政策方针和具体举措，加快了民族教育事业的不断发展壮大。在
20世纪70年代末，我国的民族教育从拨乱反正走向逐步恢复；20世纪
80年代初期，我国的民族教育事业走上了稳步发展的轨道；20世纪80
年代中期到现在，我国的民族教育事业不断进行着深化改革，并一直在
加速发展。经过三十余年的改革和发展，我国民族教育事业取得了令人
瞩目的成就。

2. 恢复了"文革"期间被撤销的各级民族教育行政机构，强化了
民族教育工作的组织和管理。1981年，第三次全国民族教育工作会议
重申了1952年中央人民政府政务院的《关于建立民族教育机构的决
定》，要求各地结合实际情况，逐步恢复和建立民族教育行政管理机

---

① 参见中华人民共和国教育部民族教育司《蓬勃发展的中国少数民族教育——纪念党
的十一届三中全会召开二十周年》，http：//www.wxjy.com.cn/jywz/2000/cedu20/8.htm。

构。教育部于 1981 年恢复了民族教育司，随后，各级民族教育管理机构日益健全和完善，职能日益明确。到 80 年代末，除西藏、新疆、宁夏 3 个自治区没有另设民族教育处以外，其他已有 11 个省在省一级的教育机构中设立了民族教育处，在一些地、县一级教育行政部门也相应恢复了民族教育机构，或设专人负责民族教育工作。

3. 恢复了"文革"期间被取消的民族教育扶持政策，并加大了扶持力度。1980 年 7 月 2 日，教育部和国家民委共同印发了《关于从民族地区补助费中适当安排少数民族教育经费的建议》，要求各省、自治区从自己的实际情况出发，采取有效措施，加大对民族教育的投入，促进少数民族地区教育的发展。自 1985 年起，国家每年拨出 1 亿元作为普及小学教育基建专款，用于支持老少边山穷地区发展基础教育，帮助这些地区解决办学经费不足的困难，其中拨给新疆、内蒙古、宁夏、广西、西藏、青海、云南、贵州 8 省区的占 54%以上。从 1990 年起，国家每年拿出 2000 万元设立了少数民族教育补助经费，专门用于扶持民族地区发展教育事业。1991 年国务院印发《关于进一步贯彻实施〈中华人民共和国民族区域自治法〉若干问题的通知》，该通知专门提出："国家设立'少数民族教育补助专款'，实行专款专用，保证直接用于少数民族教育事业。"根据中央设立民族教育补助专项经费的精神，一些省区也设立了民族教育专项补助经费。国家在"七五"和"八五"期间对民族教育总投入近 20 亿元。"九五"期间国家专门设立了新中国成立以来数目最大的一笔教育专款——"国家贫困地区义务教育工程"专款，中央投入 39 亿元，加上地方配套款后高达 100 余亿元。其中 23 亿元专门投向"三片"9 省区，即属于"普九"第三片的少数民族人口集中的 9 省区，加上地方配套共 60 亿元用于民族地区的义务教育工程。1997 年又设立了"国家义务教育人民助学金"，用以资助因家庭经济困难而失学或辍学的儿童，特别是少数民族儿童和女童。"十五"期间，国家用于民族贫困地区"普九"的投入更是高达 50 亿元，用于改造农村中小学危房工程的投入达 30 亿。从 2001 年起，国家首先在西部地区实施"两免一补"政策。在西藏，国家对农牧区义务教育阶段的学生实行包吃、包住、包学习费用的"三包"政策。在新疆，56 个边境县全部率先实行"两免"政策。2006 年，率先在西部地区全部免除农村义务教育阶段学生的学杂费。国家对 22 个人口较少民族义务教育阶段的学生全部免收杂费、书本费，中央补助寄宿生生活费，对 89 个人口较少民族聚居县的近 10 万学生给予的生活补助每年近 2500 万元。2008 年，国家开始在全国全面实行城乡免费义务教育，同时提高西部民族地区义务教育经费补助和校舍维修补助标准。在中央政府不断加大民族教育扶持力度的同时，地方各级政府也对民族教育给予了不同程度的经费支持和政策倾斜。另外，国家还争取世界银行贷款等外援项目，加大对民族地区教育的投入，自 20 世纪 90 年代以来，国家通过"贫困一"、"贫困二"、"贫困三"、"贫困四"、"贫困五"等基础教育发展项目，对 22 个省安排了 51.5 亿美元的世行教育贷款，西部 12 省份均在受益地区之列。

4. 恢复了"文革"期间严重受挫的民族中小学教育，恢复和扩展了民族教育的办学形式。1981 年，第三次全国民族教育工作会议在北京召开，会议提出了恢复和发展我国民族教育事业的方针和任务：一是大力恢复和加强中小学教育，根据少数民族地区的实际情况，采取多种形式恢复和发展民族地区的小学教育，把民办小学逐步改为以公办为主；在少数民族牧区和居住分散的边远山区，开办寄宿小学，在州、县开办寄宿制民族中学；有重点地办好一批民族中小学；要重视发展职业教育和技术教育。二是调整和办好少数民族的高等教育和中等专业教育，全面恢复和切实办好民族学院，大力培养各民族的社会主义"四化"建设人才；有关高校应积极创造条件，举办民族预科班或民族班；要逐步恢复和发展民族地区的中等专业教育，调整专业结构，使其与民族地区现代化建设的需要相适应；少数民族自治地方的中专学校和大专院校要增设民族语文授课的系科和专业。三是大力扫除文盲，逐步发展业余中小学和各种技术学校，不断提高农牧民的科学文化水平，组织力量编写本民族文字的教材进行扫盲。

5. 加强了民族师范教育，少数民族教师队伍建设全方位提升，素质结构全面优化。加强师资队伍建设是发展民族教育的根本，在"文革"期间，很多教育工作者和少数民族知识分子遭受各种打击和迫害，造成了民族教育的极大损失。改革开放后，国家和民族地区十分重视义务教育师资队伍的建设，尤其重视西部民族地区的民族教育师资队伍建设，采取了一系列措施。1980 年，经国务院研究批准，教育部印发了《关于师范教育的几个问题的请示报告》，在报告中明确规定："有关省、自治区应注意适当办好民族师范学校（包括幼师）。民族师范学校应以招收少数民族学生为主。现有的民族师范学校要认真做好整顿、巩固工作，努力提高教育质量，逐步做到少数民族地区小学的多数教师，由合格的少数民族教师担任。"随后，各级政府又兴办了一大批民族师范学校和专门的民族师范班。从 1985 年开始，为了加强对民族师资的专项培训力度，教育部还依托西北师范大学和西南师范大学，先后建立了西北少数民族师资培训中心、藏族师资培训中心和西南少数民族师资培训中心。到 1989 年，全国已有民族师范学校 189 所，在校的少数民族学生人数高达 64200 人。

6. 大力开展各种支援帮扶专项活动。从 20 世纪 80 年代开始，政府开始推行"教育对口支援"活动，选派优秀教师赴边疆少数民族地区从事教育工作，同时鼓励、支持民族地区中青年教师到内地高校进修，改善民族地区的教育质量。此外，政府还专门组织"西部大学生志愿者计划"，计划涉及 20 个省、自治区和直辖市的近百万名中小学教师；自 1998 年起，教育部更是和团中央联合发起"中国青年志愿者研究生支教团"行动计划，采取公开招募的方式，每年在全国部分重点高校中招募一定数量具备保送研究生资格、有奉献精神、身心健康、能够胜任支教扶贫工作的应届本科毕业生，以志愿服务的方式到国家中西部贫困地区中学开展为期一年的支教工作，同时开展力所能及的扶贫志愿服务。服务期满后，由下一批志愿者接替其工作，形成"志愿加接力"的长效工作机制。"截至 2008 年，该项目共选派了 3529 名青年志愿者赴西部 20 个省（区）78 个县的 300 多所中小学开展服务。"[①]2006 年，教育部、财政部、原人事部、中编办联合启动了"农村义务教育阶段学校教师特设岗位计划"，招募高校毕业生到西部地区"两基"攻坚县农村学校任教，中央已下拨专项资金 2.45 亿元，有 1.6 万余名大学毕业生充实到西部地区 260 多个县的 2850 所农村小学。民族

---

① 柳晓森：《新一批青年志愿者赴贫困地区支教》，《人民日报》2008 年 8 月 28 日。

地区义务教育阶段已经基本结束师资紧缺的时代，初步形成一支以少数民族为主体、结构较为合理、能够基本满足义务教育发展需要的教师队伍。截至 2003 年底，民族自治地方普通中学专任教师由 1986 年的 33.09 万人增加到 55.15 万人，小学专任教师由 1979 年的 61.25 万人增加为 87.69 万人，其中全国普通中学少数民族专任教师由 1986 年的 13.92 万人增加到 33.35 万人，少数民族小学专任教师由 1986 年的 42.13 万人增加为 57.09 万人。

（三）民众重视度高，家庭教育投入力度大

随着民众可支配的财力的增加和对子女教育重视程度的提高，家庭教育支出力度也逐步增大。根据美国投行 Jefferies 2013 年的调查数据显示，近十年来，中国家庭教育支出规模年均复合增速为 10.7%，2013 年家庭教育支出总额达 9830 亿元（见图 5 - 4）。

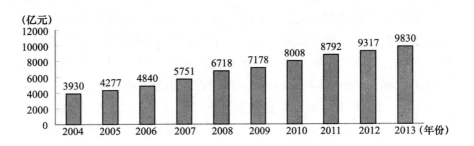

图 5 - 4　2004—2013 年中国家庭教育支出

（数据来源：美国投行 Jefferies 调查统计）

第二节　小环境堪忧：地域差异加大，
　　　　　　西部问题较多

在我国经济蓬勃发展，综合国力大幅提高，举国教育大发展的背景下，西部民族地区农村基础教育却依旧独自黯然，呈现出了与国家大环境和时代大背景的可喜势头不相符的现象，具体表现为四个方面的"背离"。

一 西部民族地区农村教育经费投入比重"降"与国家经济总量 "增"相背离

首先，经济总量东、西部差距越来越大。根据国家统计局公布的数据，随着西部大开发战略的开展，西部地区虽然经济发展十分迅速，但由于受自然条件、人文条件和技术条件等限制，与东部发达地区的绝对值差距却越来越大。到2013年，东西部GDP相差已达216578.2亿元（见图5-5）。

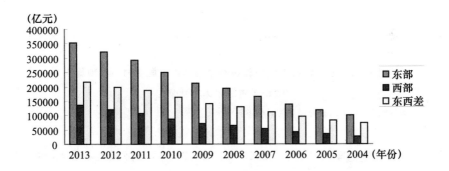

图5-5 2004—2013年中国东西部GDP对照

（数据来源：国家统计局公布）

其次，西部民族地区农村教育经费投入比重逐年降低。根据《中国教育经费统计年鉴》数据分析，从年度预算内教育经费看，2010—2012年国家投入到全国农村小学的预算内经费在逐年增加，投入到西部民族地区农村小学的预算内教育经费也在逐年增加，但是西部民族地区农村小学预算内教育经费占全国农村小学预算内教育经费总投入的比例却是逐年降低（见图5-6）。也就是说，虽然国家投入到西部民族地区农村小学的预算内教育经费在逐年增加，但是相对于我国预算内教育经费的增长速度，其实质上是呈现出变相递减的趋势。

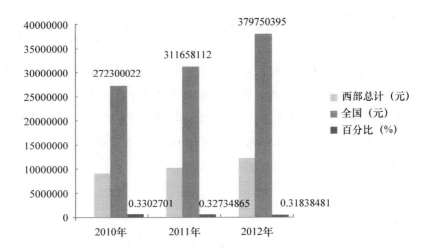

**图5-6　西部农村小学预算内经费及其占全国农村小学预算内
教育经费总投入的比例**

（数据来源：《中国教育经费统计年鉴》）

同时，通过对2010年、2011年、2012年西部民族地区农村小学生
均预算内教育经费和东部地区农村小学生均预算内教育经费的横向比较
看，东西部差距十分明显，西部投入力度明显低于东部发达地区（见
图5-7至图5-9）。

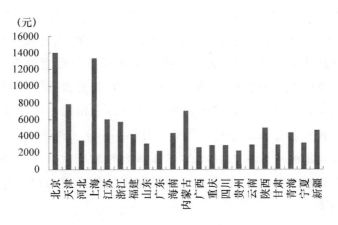

图5-7　2010年东西部农村小学生均预算内教育经费

（数据来源：《中国教育经费统计年鉴》）

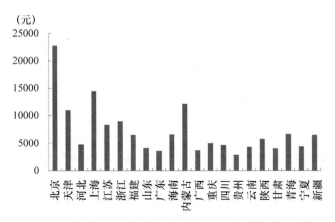

图 5 - 8　2011 年东西部农村小学生均预算内教育经费

（数据来源：《中国教育经费统计年鉴》）

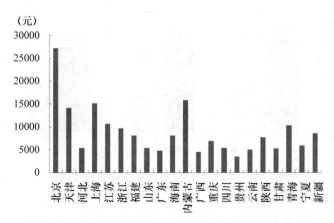

图 5 - 9　2012 年东西部农村小学生均预算内教育经费

（数据来源：《中国教育经费统计年鉴》）

二　西部民族地区农村教育条件"困"境与国家"高"要求相背离

　　近年来，国家高度重视教育工作，特别是西部民族地区农村教育工作，要求各级党委政府从经费投入、校舍建设、师资配备等方面向西部民族地区农村教育倾斜。2003 年国务院下发的《关于进一步加强农村教育工作的决定》中明确要求：力争用五年时间完成西部地区"两基"攻坚任务，消除现存校舍危房，要以加强中小学校舍和初中寄宿制学校建设、扩大初中学校招生规模、提高教师队伍素质、推进现代远程教育、扶助家庭经济困难学生为重点,周密部署,狠抓落实。但从实际情况看,西部农村基础教育的基本条件却还是"困"境重重。

(一)中小学学校数量逐年降低,广大西部地区农村的学校覆盖面有所下降

从 2011 年、2012 年、2013 年《中国教育年鉴》统计的数据看,西部地区农村中小学学校数量持续下降,从 2011 年的 102496 所下降到 2013 年的 92044 所,所占全国农村学校数的比例也从 40.80% 下降到 39.60%(见图 5-10)。同时,西部地区农村小学学校数量中,非完整学校建制的教学点比例也十分高。从 2011 年到 2013 年,西部地区农村

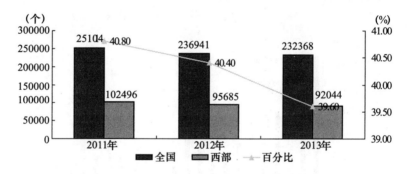

图 5-10 2011—2013 年西部地区农村学校数

(数据来源:《中国教育年鉴》)

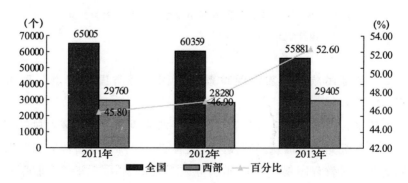

图 5-11 2011—2013 年西部地区农村小学、教学点数

(数据来源:《中国教育年鉴》)

小学学校数量从 65005 所下降到 55881 所，且小学教学点的比例也从 45.80% 上升到 52.60%（见图 5-11）。这些数据充分表明近年来西部农村学校建设力度有些弱化，学校条件改善步伐有些放缓。

（二）师生比虽逐年降低，但与东部的差距仍然较大

从 2011 年、2012 年、2013 年《中国教育年鉴》统计的数据看，东部农村师生比稳定在 14.91—14.94 之间左右，西部地区师生比虽然逐年有所下降，但与东部始终保持有 1.2 个百分点以上的距离，差距还十分明显（见图 5-12）。这说明西部地区农村教师数量不足现象还没有得以有效解决。

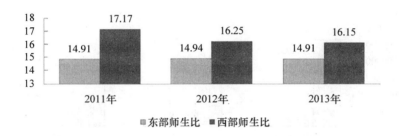

图 5-12 2011—2013 年中国东西部农村中小学师生比

（数据来源：《中国教育年鉴》）

（三）学校教学条件还比较落后，教学设施不全问题十分突出

首先从校舍建设情况看，根据 2011 年、2012 年、2013 年《中国教育年鉴》统计数据分析，近三年西部地区农村学校校舍面积基本平稳（见图 5-13），但危房现象还十分突出：从危房率看，西部农村学校危房率始终保持在 13% 以上，而东部在 2013 年已下降到 0.58%，显然西部危房率远远高于东部（见图 5-14）；从危房占有百分比看，西部民族地区农村学校危房面积占全国农村学校危房总面积的百分比始终维持在 50% 以上，并逐年上升，到 2013 年已达到了 67.8%，而东部地区却始终维持在 10% 以下的低位，且逐年下降，到 2013 年已下降到 2.2%（见图 5-15）；从东西部危房面积比看，东西部差距越来越大，到 2013 年东西部农村学校危房面积比达到惊人的 1：30.6，也就是说，西

部农村学校危房面积已经是东部的 30 倍有余（见图 5 – 16）。这些数据都充分说明，作为教育最基本的房屋条件，西部民族地区农村还十分落后，且与东部的差距越来越大。其次从教学配套设施达标情况看，260份对样本地区中、小学校校长调查问卷的结果表明，体育运动场达标学校有 153 个，占 58.85%；体育器械达标学校有 94 个，占 36.15%；音乐器械达标学校有 83 个，占 31.92%；美术器械达标学校有 78 个，占30%；自然实验仪器达标学校有 65 个，占 25%；建有校园网的学校有41 个，占 15.77%（见图 5 – 17）。显然整体达标水平还十分低，教学设施保障能力亟待提升。

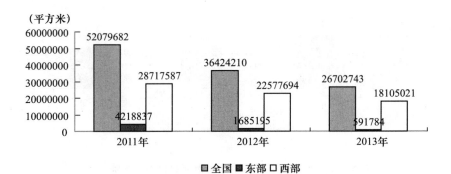

图 5 – 13　2011—2013 年东西部农村学校危房面积

（数据来源：《中国教育年鉴》）

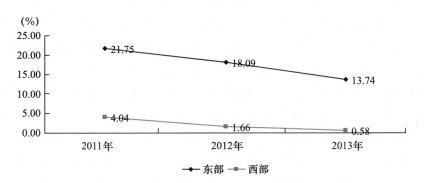

图 5 – 14　2011—2013 年东西部农村学校危房率

（数据来源：《中国教育年鉴》）

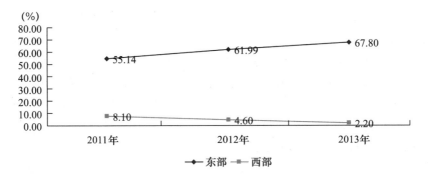

图 5 – 15   2011—2013 年东西部农村学校危房面积占全国危房总面积比例

（数据来源：《中国教育年鉴》）

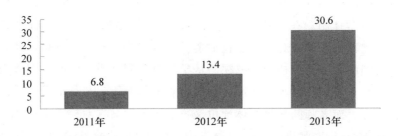

图 5 – 16   2011—2013 年东西部农村学校危房面积比

（数据来源：《中国教育年鉴》）

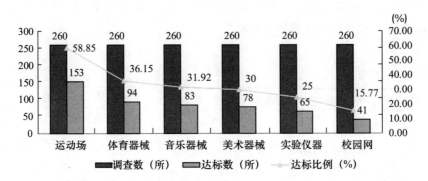

图 5 – 17   2013 年部分农村学校教学设施达标调查情况（贵州样本地区）

三 国家政策推动的"同一"性与西部民族地区农村"差异"性相背离

在课题组进行问卷调查和走访座谈的过程中,老师和家长都普遍反映,国家近年来推动西部民族地区基础教育的力度十分巨大,但制定出台的政策更多是考虑到各地区的协调发展和教育公平,而结合各民族地区实际情况却有所欠缺,很多政策一到民族地区农村就"水土不服",不能充分发挥政策的推动效能,主要体现在以下两个方面。

(一)统一的民族教育管理体制与学校和教师教育主体性发挥不相适应

从国家管理层面看,目前我国农村基础教育阶段的管理体制仍然沿用 20 世纪 80 年代提出的"政府统筹、地方负责、分级办学、分级管理"的办学体制。在这种管理体制下,教育管理权主要指向各级管理者。因此教育管理者对教育大包大揽,对教育参与较多、统得过死,学校和教师的主体地位被严重忽视。从学校管理层面看,学校内部管理体制为校长负责制和教师聘任制,在这种管理体制下,校长的管理话语权得到彰显,而老师的教育主体地位又再次被削弱。在对样本地区 260 位校长和 4560 位老师进行的问卷调查中,61.92% 的校长和 75.39% 老师认为学校和老师在教学活动中主体地位"不好"或"很差"(见表 5 - 1),对于学校和老师在教学活动中主体地位不好的原因,56.15% 校长和 80.45% 老师认为是"政府管得太多",35% 的校长和 71.34% 的老师认为是"校长管得太多"(见表 5 - 2)。

表 5 - 1

学校和老师在教学活动中的主体地位好不好?(校长)		统计人数:260 人
选项	人数	百分比(%)
A. 好	27	10.39
B. 一般	72	27.69
C. 不好	132	50.77
D. 很差	29	11.15

续表

学校和老师在教学活动中的主体地位好不好？（老师）		统计人数：4560 人
选项	人数	百分比（%）
A. 好	228	5
B. 一般	894	19.61
C. 不好	2719	59.62
D. 很差	719	15.77

表 5 - 2

你认为学校和老师在教学活动中主体地位不好的主要原因是什么？（校长）		统计人数：260 人
选项	人数	百分比（%）
A. 政府管得太多	146	56.15
B. 校长管得太多	91	35
C. 老师个人积极主动性不强	47	18.08
D. 家长和学生支持配合不好	23	8.85
E. 其他	19	7.30

你认为学校和老师在教学活动中主体地位不好的主要原因是什么？（老师）		统计人数：4560 人
选项	人数	百分比（%）
A. 政府管得太多	3669	80.45
B. 校长管得太多	3253	71.34
C. 老师个人积极主动性不强	553	12.13
D. 家长和学生支持配合不好	712	15.61
E. 其他	399	8.75

在访谈中，贵州玉屏朱家场完小的 Z 老师说："我们学校规模小，学生和教师人数都少，校长就像一个家长一样，事无巨细都要管。其实，他作为校长，的确是应该管的，但他太强势了，管得太死了，扼杀了大家的工作积极性。"

贵州盘县乐民镇第二小学的 T 老师则给我们讲述了他的一段亲身

经历："我刚分到学校的那一年，看到学校老师们的教学基本上都是死板地坐在教室里以老师讲学生听的方式来进行满堂灌，我觉得这样容易扼杀孩子们的学习兴趣。作为一名语文老师，我想我不仅应该教会学生读拼音，认汉字，我还应该教给孩子们怎样去领悟文字的美和语言的魅力，所以我想采取一些情景式教学激发孩子们的学习兴趣，提高他们的人文素养。在我给孩子们上《小池塘》那一课时，我把他们带到了村子旁的一个池塘边，让他们观察池塘里的水、植物、小虫子、倒影，并让他们用自己的语言来尽情地描述池塘的美。孩子们可开心了，每一个孩子都特别富有想象力，而且都特别踊跃地发言。正当我们的室外课上得热火朝天时，突然一个粗暴的声音打断了孩子们的欢笑声。我回头一看，只见我们的校长站在池塘附近高处的石头上，脸色铁青，用手指着我，大吼道：'你干什么？谁允许你把学生带出学校的？谁允许你上课时间离开教室的？简直是无法无天！……'看到校长暴跳如雷，我和孩子们都被吓坏了，我急忙给校长说明我这样做的原因，可无论我说什么，校长都认为我这样做是错的，而且警告我以后绝对不能再有第二次。"T老师在给我们描述这段经历时脸上露出了百般无奈的神色，他说他到现在也忘不了校长那恐怖的表情，他说他不明白校长怎么就不能给他一点自由发挥的空间，难道要在教室才能算上课吗？难道连上课的形式和方法都需要征求校长的意见吗？

有着T老师类似遭遇的老师并不少，老师们普遍认为校长管得太多太死，有的校长不仅管老师的教学，还管老师的生活细节，甚至提出很多无理的管理条规。贵州省毕节地区赫章可乐小学的S老师告诉我们，自从2012年11月毕节七星关区男童垃圾箱取暖死亡事件发生后，学校的管理越来越严格，甚至到了病态的程度。她说："校长规定，从早上8点开始到下午4点放学，八个小时之间不允许任何一位老师放学生出校门。同时，还要求班主任管好自己班上的学生，除了上体育课，其他时间尽量不要让学生出教室门，活动范围尽量控制在本班教室。而对老师也一样严格，规定上班时间不得以任何理由离开学校。"S老师愤愤地说："校长简直就是把我们当囚犯了，上班等于坐牢。"

看到老师们的意见如此之大，课题组又专门就同样的问题对多所中小学的校长进行了走访。校长们感觉自己是最为难的，他们之所以管得多、管得严是因为上级部门和政府机构的要求太严太多，他们自己也受到太多管束。水城县滥坝镇新河小学的K校长说："校长不好当呀！我们是夹在中间两头受气，上头给我们提出各种要求和各种指标，我们执行不好就要挨上头批评。为了完成上头的要求，我们就得对下面提出要求，可是一旦要求严格就会遭到老师们的反感。"

贵州松桃寨英镇邓堡中学的L校长说："作为校长，有时我们也很无奈。我们也想少管事，让老师们多些自由的教学空间。但现在各种教学硬性指标和规定动作十分多，且必须完成，有很多内容又不受老师和学生们欢迎。如果我们不加强管理，强化落实，就会影响学校的排名和声誉。如果我们管得太严，老师和学生又怨声载道。"

对于毕节地区学校在男童垃圾箱取暖死亡事件后管理方式不合理的问题，我们也专门对毕节地区几所中小学的校长进行了访谈。他们在访谈时一致表示严格管理是上级要求，他们必须执行。毕节地区威宁县羊街中学的C校长告诉我们："男童垃圾箱取暖死亡事件发生后，外界的舆论压力很大，上级教育管理部门担心再出任何事情，于是对学校管理提出严格的要求，确保不能出任何闪失。作为学校领导，我们也担心出事，一旦出事，我们就只能吃不了兜着走了。严格要求老师和学生，都是为了确保师生安全和学校平安。"

老师们因校长管得太多而失去工作积极性，校长又因上级行政部门管理太死而失去自主性。这样的管理方式是否科学，或许值得深思。

（二）划一性的教育制度及教学规范与各地区各民族差异性需求不相适应

现行的许多教育制度和教学规范忽略了地区差异和民族差异，忽视了学生的个性和自主性，集中表现为流水线式的教学模式和整齐划一的管理制度。统一的教材、统一的进度、统一的教案格式、统一的教学语言表达、统一的年龄班组、统一的考试评分、统一的学校服装，甚至到学习用品都有统一性要求。这种统一性的规定不仅有悖于现代社会对生命独特性的弘扬，更是对各地区的实际特点、各民族的文化需求、精神需求、历史传统和民族特点的割裂。由于脱离了民族地区实际需求的土壤，精心设计的政策制度就无法"接地气"，而是

"水土不服"，甚至成为阻碍发展之石。联合国教科文组织国际教育发展委员会编写的《学会生存》一书中指出了传统的划一性教育存在的两个弱点："第一是它忽视了个人所具有的微妙而复杂的作用，忽视了个人所具有的各式各样的表达方式和手段。第二个弱点是它不考虑各种不同的个性、气质、期望和才能。"①在对样本地区 260 位校长和4560 位老师的问卷调查中，74.86% 的校长和83.54% 的老师认为现行的教育制度和教学规范与民族地区的相适应性"不好"或"很差"（见表 5 - 3）。

表 5 - 3

你认为现行教育制度和教学规范与本地区实际相适应的情况如何？（校长）

统计人数：260 人

选项	人数	百分比（%）
A. 好	19	7.32
B. 一般	46	17.82
C. 不好	134	51.55
D. 很差	61	23.31

你认为现行教育制度和教学规范与本地区实际相适应的情况如何？（老师）

统计人数：4560 人

选项	人数	百分比（%）
A. 好	282	6.18
B. 一般	469	10.28
C. 不好	2431	53.31
D. 很差	1378	30.23

四 西部民族地区农村民众对教育"低认同"与国家教育事业"大发展"相背离

课题组在进行问卷调查和走访座谈中发现，西部民族地区农村各类

---

① 联合国教科文组织国际教育发展委员会：《学会生存》，教育科学出版社 1996 年版，第 105 页。

人群对农村基础教育的态度与课题组的预期设想有很大不符：样本地区的老师、家长和学生对国家大力发展的农村基础教育的做法都不同程度地抱有消极情绪，整体认同感并不高。在对样本地区 4560 位老师和 4088 位学生家长进行的问卷调查中，分别有 54.36% 的老师和 33.12% 的家长认为学习是改变孩子未来最有效的方式，分别有 15.83% 和 32.17% 的老师和家长认为经商是改变孩子未来最有效的方式，分别有 26.42% 和 32.54% 的老师和家长认为打工是改变孩子未来最有效的方式（见表5-4）。在回答"你认为考上大学和外出打工哪个更容易改变你的生活和命运"这一问题时，有 74% 的学生认为打工比上大学更容易改变他们的生活和命运。

表5-4

能改变孩子未来生活最有效的方式是什么？					
	学习	经商	打工	务农	其他
老师（4560）	2479（54.36%）	722（15.83%）	1205（26.42%）	98（2.15%）	56（1.24%）
家长（4088）	1353（33.12%）	1315（32.17%）	1330（32.54%）	5（0.13%）	83（2.04%）

针对以上情况，课题组又进行了有针对性的走访座谈。对老师进行走访座谈时，谈及为什么会有 45.64% 的老师认为学习不是改变孩子未来最有效的方式，老师们主要谈了三种原因：一是对于农村家庭来说教育成本太高。虽然基础教育阶段学费较少，但初中以后学费太高，许多贫困家庭没有经济能力供养孩子上大学。二是大学生就业形势严峻，大学毕业就失业的现象十分普遍，靠读书改善生活的做法风险较大。三是农村教师自身生存状况不好导致他们对学习的重要性产生怀疑。贵州锦屏县黄门中学老师 HHL 说："我们读中学时，曾经都是本地的学习标兵，二十几年前考上大学就成名人了，也是许多家长教育孩子认真学习的楷模。可现在在这里教了二十多年书，家里的生活也没有多大改善。现身说法，不要说有什么激励作用，简直成反面典型了！"对于"读书重不重要"和"读书的作用大不大"等问题，学生家长普遍有三个观点：一是学校教的东西没什么用，既不能变钱，也不能顶饿。二是学习好没什么用，很多不爱学习不读书的人出去打工或做生意都能赚大钱。

三是经济负担重，没钱供孩子读书。这些观点集中反映出在西部农村群众生活水平还未得以极大提高的情况下，"读书无用论"又有了重新抬头的趋势。

第六章 教育主体：“内涵”虚空，"造血"能力弱

根据教育学理论，教师和学生是教育工作的主体，是整个教育教学工作中最主要、最生动的角色。教师和学生在教育教学过程中的主体性能否有效体现是教育能否成功的关键。在本章中，课题组采用点面结合的方式，对全国中小学教师和西部民族地区农村中小学教师的结构状况、素质状况、生存状态和精神状态进行深度分析，对学生的家庭生活情况、社会生活情况和学习情况进行全面梳理，力求找出西部民族地区农村基础教育在教育主体方面存在的问题，并探究问题产生的根本原因。

第一节 教师：量少质差,德薄力弱

课题组通过文献资料和国家数据的查询与分析，对西部民族地区农村教师的整体情况进行宏观了解，将西部民族地区教师群体放置在我国教师队伍的背景下进行宏观把控，将西部与东部农村教师进行比照分析。同时，选取样本地区作为具体调查对象进行多个维度多种方式的调查研究，共发放问卷4560份，问卷发放对象涉及贵州省全省各地区农村中学160所，小学100所，中学教师2356人，小学教师2204人。实地考察了贵州、四川、云南、广西的农村中学10所，小学15所，个人访谈与集体访谈共56次，涉及访谈对象共486人。本课题所调查的"西部民族地区农村教师"，是指在生源为农村家庭的民族地区乡镇、村中小学工作的教师，且仅指全日制普通中小学的专任教师，不包括专职行政人员、教辅人员、学校其他勤杂人员。

课题组通过调查和走访发现，西部民族地区教师数量少、素质低、

能力弱、主体性差等问题十分突出。

一 教师队伍量少质弱，人员配置很不科学

（一）东西部师生比差距大，西部各省区地区差异较大

从教师总量来看，西部总体保持稳定。通过对大量文献资料及2011—2013年《中国教育年鉴》统计数据的整理和对比，我们发现近年来我国西部民族地区农村基础教育阶段教师人数虽然逐年减少，从2011年1081075人降至2013年的918918人，但其占全国农村教师人数的比例相对稳定，分别为32.76%、32.96%和31.36%（见图6-1），其绝对数量比东部稍高。

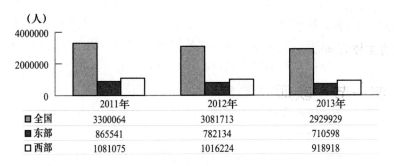

（人）	2011年	2012年	2013年
▨ 全国	3300064	3081713	2929929
■ 东部	865541	782134	710598
□ 西部	1081075	1016224	918918

图6-1 2011—2013年全国、东部、西部教师数量

从师生比看，东西部差距明显。从"现状篇"第五章第二节统计的数据（见第213页图5-12）分析看，东部农村师生比基本维持在15以下，而西部始终保持在16以上。同一时间，东西部师生比差始终在1.2以上。

从西部各省教师分布情况看，各省、区、市之间差异较大。从教师总量看，云南、四川、贵州、广西、甘肃、新疆数量较多，占西部农村教师总数的82.35%，陕西、内蒙古、重庆、青海、宁夏、西藏数量相对较少，占西部农村教师总数的17.65%（见图6-2）；从师生比看，广西、贵州、四川、云南、青海、西藏、宁夏始终维持在15以上，特别是广西、贵州、四川、云南保持在17以上，内蒙古、陕西基本保持在10以下（见图6-3）。

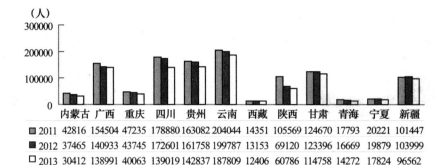

图 6 - 2 2011—2013 年西部各省农村教师数

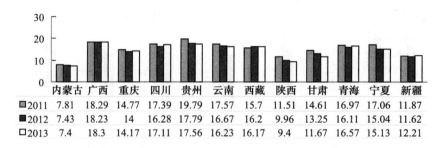

图 6 - 3 2011—2013 年西部各省农村师生比

（二）教师低学历比重大，学历水分重，整体素质不高

从各级学历层次分布看，大专以下低学历比重高。课题组通过对
2011—2013 年《中国教育统计年鉴》统计数据进行分析发现，东西部
农村中小学教师的学历主要以本科、大专和高中为主，大专学历比重最
大（见图 6 - 4）。2011—2013 年，西部农村中小学教师大专以下学历
比重虽然逐年下降，但绝对值一直很高，在七成左右：2011 年占
72.44%，2012 年占 69.93%，2013 年占 66.31%（见图 6 - 5）。这说
明大专以下学历的教师是西部民族地区教师的绝对主体。

从学历取得方式看，不少教师学历水分较大。课题组在对西部民族
地区农村中小学教师的学历获取方式进行调查时发现，大多数教师都曾
以继续教育的方式进行过学历教育。在对教师进行"现有学历是否第
一学历"的问卷调查中，有 3488 人选择了"否"，占总数的 76.50%
（见图 6 -6）；对于"你获得最高学历的方式"这一问题，有 2326 人选

择了"职后函授、自考、电大、职大",占总数的51%（见图6-7）；
对于"你获得最高学历阶段（时期）的学习情况"一问，有2294人选
择了"利用假期和休息时间，学习不充分"或"混文凭而已，没有实
质性收获"，占总数的50.30%，只有2266人选择了"正规科班培养，
系统学习"，占总数的49.70%（见图6-8）。以上数据表明，教师队
伍现有学历水分较大，有不少教师的学历资格和他的真实才学是不相匹
配的，素质水平值得怀疑。

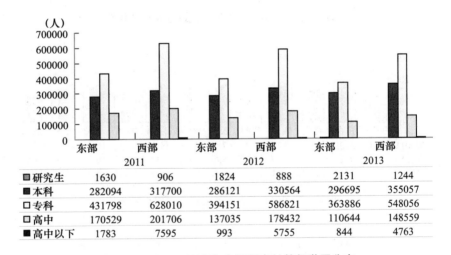

	研究生	本科	专科	高中	高中以下
东部 2011	1630	282094	431798	170529	1783
西部 2011	906	317700	628010	201706	7595
东部 2012	1824	286121	394151	137035	993
西部 2012	888	330564	586821	178432	5755
东部 2013	2131	296695	363886	110644	844
西部 2013	1244	355057	548056	148559	4763

图6-4 2011—2013年东西部农村教师学历分布

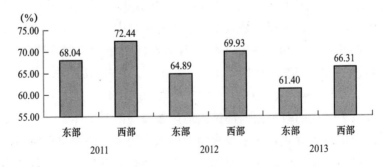

图6-5 2011—2013年东西部农村教师专科以下学历比率

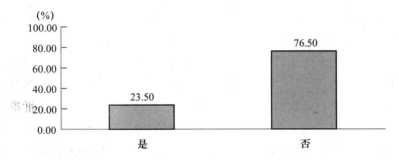

图 6 - 6　调查对象第一学历情况

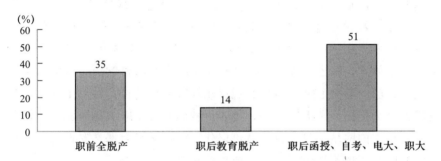

图 6 - 7　调查对象最高学历获得方式

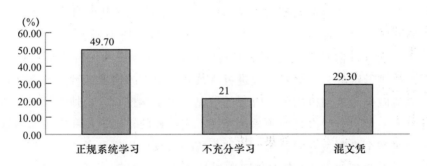

图 6 - 8　调查对象学历教育学习情况

　　为了进一步确证问卷情况的可靠性，课题组对贵州省样本地区的部分中小学校长和老师进行了访谈，其中关岭自治县板贵中学的副校长 Z 说："有很多老师是在工作以后才去补文凭的，但是学校的课离不开他们，他们只能是利用寒暑假去县里或是市里参加学习，而且不少老师还是拖儿带崽地去学习，学习效果自然是不会太好的。"福泉市仙桥乡干

坝小学的 T 校长对成教、函授、电大等培训是这样评价的："其实培训
老师和学员都知道，参加培训的主要目的不是为了真正的学知识，只不
过就是为了要一个文凭，以后评职称什么的可以有用，所以学习效果肯
定是不太好的。"独山县下司镇中心小学的一位 29 岁的女老师 L 告诉我
们她正在攻读贵州师范大学的自考本科学历，由于所在的学校不批准老
师脱产外出学习，加上自己家里孩子很小需要照顾，所以从 2011 年 9
月入学到 2014 年 1 月两年多的时间里，她几乎没有时间到贵阳以及贵
州师范大学设在县城的授课点去参加课程学习，主要是找同学要授课老
师们发的复习资料和划定的考试范围，突击性地进行复习并参加考试。
她说其实学习就是为了拿一个文凭，以免以后竞争大，害怕被淘汰，对
于能学到多少实际的知识和技能她并不在乎。与 L 老师一样，思南县
河东小学的 S 老师也在攻读贵州师范大学的自考本科学历，但她入学时
间较长，已经考完了所有科目，现在正在写毕业论文。她对于毕业论文
的写作毫无把握，也无从下手，她告诉我们："听其他老师说，网络上
有代写论文的网站，只要付钱就可以代写，我又要上课又要带娃娃，根
本没时间写，也不懂该怎么写，所以我也想上网试试。"

在对中小学教师进行调查的同时，课题组进入贵州师范大学、贵州
师范学院（其前身是贵州省教育学院）、贵阳学院（其前身是贵阳市马
王庙师范专科学校），以及毕节学院（其前身是毕节师范专科学校）、
凯里学院（其前身是凯里师范专科学校）等多所贵州的各级老牌师范
类院校进行调查，对这些学校进行继续教育培训的情况进行了解。从这
些高等院校和培训机构所了解到的情况与中小学校长、老师所反映的情
况基本一致：继续教育对于学员来说，实质性的知识学习和能力培养远
不及脱产全日制教育的效果。毕节学院一位长期从事自考函授管理工作
的老师 L 告诉我们："自考函授主要是一种学历教育，来参加我们学校
自考函授学习的学员大部分都是农村中小学教师，他们工资低学历低，
但为了能保住工作，他们只得不惜血本地补文凭，但是他们时间少基础
差，学习效果普遍不好。"贵州师范大学一位从事过多年函授自考教学
工作的一线教师在访谈中说："函授自考教学是一项比较折磨良心的工
作，从老师教学的角度来说，教学没有成就感，因为学生素质普遍较
低，基础也很差，而且还很难保证上课时间，所以上课出勤率很低，且

讲授的课程很少有学生认真听，更不用说课堂上有回应有互动了；从学生的角度来说，大部分学生是因为评职称、晋升职务等现实和功利的原因才参加学习的，他们抱着交学费换文凭的心态而来，所以学习没有主动性，对老师的劳动成果也不会十分珍惜。最终的结果就是老师们为了完成工作，为了学校的工作能顺利开展，在多方压力之下作出让步，想尽办法让学生们过关、拿文凭，对于实际的教学质量和教学效果则不能多加考虑了。"

　　无论是对中小学教师的调查，还是对高校培训机构的考证，结果都证明样本地区农村教师的学历层次十分低，对于原因，课题组总结梳理了两条：一是大量民办教师整体转正，大量低学历人员进入农村中小教师队伍。过去贵州农村中小学校教师以民办教师为主，2000年，国家一次性让一大批民办教师直接转正，成为了农村中小学教师的主力军，并长期占据岗位编制，而这一批教师普遍存在年龄偏大和学历偏低的问题。就目前一些样本地区农村小学来看，现有公办教师中近80%是由民办教师转正的。在他们转正后，许多教师为了补上学历较低的不足，就纷纷参与继续教育学习。所以在西部很多省2000年左右出现的函授、自考热也佐证了民办教师转正对西部农村教师队伍的冲击。贵州师范大学长期从事函授自考工作的Y老师在访谈中说："在2000年左右，我们的自考函授生源特别多，很多的农村中小学老师蜂拥而来读我们的函授自考专科、本科，为了方便学员们的学习，我们还在全省很多州（市）、县都设有教学点，比如在安龙、赫章等地，一个教学点就有七八百位学员，一到寒暑假，我们的老师们就被派往各个教学点进行教学。"二是高学历的教学人才不愿到农村教学，新鲜血液得不到有效补充。课题组在调研走访中了解到，除了老教师存在学历低等问题外，少量新进的教师情况也十分令人担忧。绝大部分进入农村中小学的教师都是城市选剩的师范类毕业生，他们大多是在毕业就业竞争时的落后者，各方面素质都相对较低，发展潜力比较有限，进取意识也比较薄弱。在课题问卷中关于"你选择到农村学校工作的原因是什么"这一问题的调查结果表明，有2321人选择"竞争太大，别无选择"，占总人数的50.9%，只有260人选择"热爱农村，想为农村教育做贡献"，占总人数的5.7%。可见大部分人在就业时选择到农村中小学并非出于己愿，更多是因为现实的无奈，甚至是作为城市就业竞争中的淘汰者而迫不得已选择农村的。对此，我们专门对贵州、四川、云南、广西的样本学校的教师采取了随机抽样访谈，四川省甘孜藏族自治州道孚县八美镇高尔卡小学的一位刚参加工作的年轻教师说："谁都向往城市生活，谁都想在城市工作，但是就业形势太严峻，竞争太大了，我来这里之前曾经报考过几所县城的小学，可是我考不上，那就认命吧，至少在这里我也算是一名正式的公办教师。"贵州省独山县尧梭乡中心小学的 W 老师告诉访谈人员："说实话，有能力留在城市的，或是有能力找到别的工作的基本上是不会到我们这种农村小学来教书的，我们学校的许多年轻老师都是因为大专毕业分不出去了才来这里的。"而贵州省某样本县教育局的工作人员则告诉我们："有大本事的根本就不回到县城，都去了大城市，有小本事的就回县城找工作，实在没本事又没有关系的，那当然只好去农村工作了。"

（三）代课、兼任教师比例较大，教师流动性强，教学质量无法保证

首先，西部民族地区农村代课、兼任教师比例大。课题组通过对2011—2013 年《中国教育统计年鉴》统计数据的深度分析看出，近年来，西部民族地区农村学校代课和兼任教师的比例始终高达 6% 以上，几乎是东部的两倍（见图 6 - 9）。同时，这些代课和兼任教师几乎占全国代课和兼任教师总数的 50% 左右，而 2013 年西部兼任教师更是占全

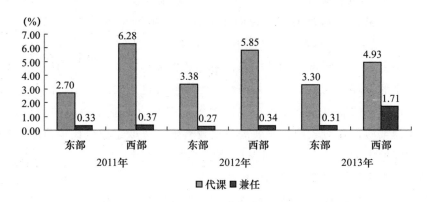

图 6 - 9　2011—2013 年东西部农村代课兼任教师百分比

国兼任教师总数的 78.48%（见图 6 - 10）。也就是说，较之东部地区，西部地区中小学教师代课和兼任现象更为普遍。

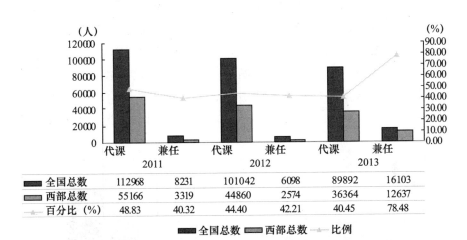

	代课 2011	兼任 2011	代课 2012	兼任 2012	代课 2013	兼任 2013
全国总数	112968	8231	101042	6098	89892	16103
西部总数	55166	3319	44860	2574	36364	12637
百分比（%）	48.83	40.32	44.40	42.21	40.45	78.48

■ 全国总数 ■ 西部总数 ▲ 比例

图 6 - 10　2011—2013 年全国、西部农村代课兼任教师数量对比

从问卷调查的情况看，贵州样本调查地区"临时顶岗教师"数量更为庞大。在抽取的 4560 份有效调查样本中，特岗教师有 255 位、代课教师有 492 位、支教或返聘教师有 27 位，特岗、代课、支教和反聘教师比率高达到 17%，代课教师比率也高达 10.8%，远远超过西部平均水平（见图 6 - 11）。

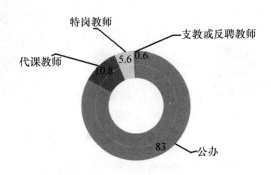

特岗教师　支教或反聘教师
代课教师
5.6　0.6
10.8
83　公办

图 6 - 11　西部民族地区农村教师类别（贵州样本区）情况

其次，从代课教师和特岗教师从业现状看，流动性较大，整体教学水平不高，极大影响了教师队伍的稳定性和专业性。

对于课题问卷中"代课教师和特岗教师是否安心工作"这一问题，有63%的老师认为代课教师"不安心"，有77%的代课教师自认"不安心"（见图6-12）；有54%的老师认为特岗教师"不安心"，有49%的特岗教师自认"不安心"（见图6-13）。显然代课教师和特岗教师"不安心"自认率和他认率都十分高，队伍稳定性十分堪忧。在进行"不安心"工作的原因调查时，91%和85%的代课教师选择了"没有前

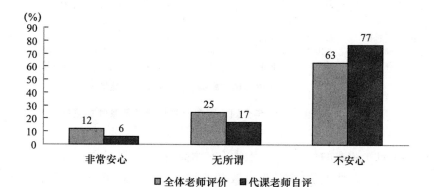

图 6-12　代课教师工作安心情况评价

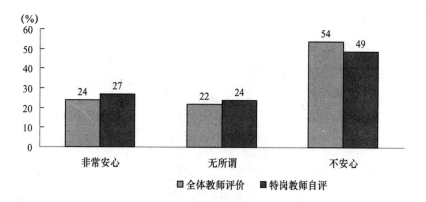

图 6-13　特岗教师工作安心情况评价

途"和"待遇太差"（见图 6 - 14）；89% 的特岗教师选择了"准备跳槽"（见图 6 - 15）。从这组数据可以看出，代课教师虽然有心好好工作，但"工作没保障"和"工资待遇太差"两个现实问题极大动摇了他们的信心；而特岗教师则更多地把这份工作当成更换理想工作的跳板。

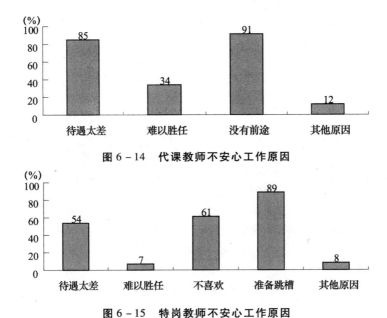

图 6 - 14　代课教师不安心工作原因

图 6 - 15　特岗教师不安心工作原因

　　在课题组对石门乡年丰小学的代课老师 L 进行访谈时，L 老师告诉访谈人员，他的父亲曾经是这所小学的校长，他自己只是一个高中毕业生，在他父亲担任该校的校长期间，该校缺老师，他父亲便叫他来学校代课，一代就是 8 年之久。当谈及今后的打算时，L 老师说："我又不是正式编制，而且工资也不高，如果有机会找点别的事情做的话，我就不干了。这些年来一直坚持在这里教书主要是因为我父亲希望我能继续他的工作，而且我们这里条件太差了，实在是招不到老师来上课，以前分来过几个老师，教了一段时间后就又走了，他们都嫌这里穷，工资低，条件差。"课题组在对石门坎中心学校的师资队伍进行调查时发现，近五年每年都有新的特岗教师分到石门坎，但每一年又都有特岗教师离开，而且部分老师是在服务期未满的情况下就提前离开了。这样的情况并不鲜见，在课题组调查的多所样本学校中都有特岗教师在未满服务期之前就私自离开学校的情况发生，他们要么考研，要么考公务员，或是下海经商。在 2012 年，课题组对贵州省 20 所农村中小学的 53 名特岗教师的去留和工作情况进行了小范围的抽样调查跟踪，结果表明：有 19 人服务期满或未满时离开，占调查总人数的 35.85%（见图 6 - 16），离岗率较高。

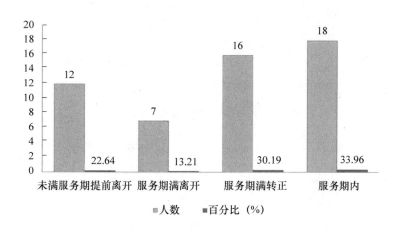

图 6 - 16 特岗教师去留情况

为了弄清特岗教师离开的真实原因，课题组专门在石门坎中心学校进行了为期一个月的实地考察，深入特岗教师的生活，了解他们的想法。我们发现特岗教师的工资基本是有保障的，但他们的生活条件十分恶劣，几位老师挤在一间十来平米的寝室里，而且房屋破旧多年失修，一遇到下雨天时就有不少地方漏雨，他们只得把洗脸盆、洗脚盆、洗菜盆全都拿出来接水（见图 6 - 17）。

由于学校的自来水管坏了一年多，他们生活用水十分不便，必须自己拿着盛水的容器跑到几千米以外的地方去取。石门坎山高路滑，遇到寒冬冰凝天气，担水成了十分危险的事情。除了生活条件艰苦之外，工作的压力也十分大，学校领导和老教师认为特岗教师是年轻人，且他们没有正式编制却拿着跟正式教师一样的工资，所以便将学校的重活累活都交给他们，干得好没奖励，干不好却要挨不少批评。在生活艰苦和工作艰难的双重压力之下，他们无法安心工作，更不愿扎根当地，但凡有考公务员或是报考别的工作的机会，他们都会偷偷争取。

图 6 - 17　石门坎教师宿舍现状

　　除了石门坎中心学校外，课题组还分别对贵州省及四川省部分样本学校的特岗教师进行了抽样调查和个体访谈，以探究他们的行为和思想。课题组在贵州省德江县楠杆乡民族小学接触到了该校的特岗教师 LS，LS 是贵州罗甸人，2010 年于黔南民族师范学院本科毕业。毕业时和同学相约参加特岗计划，被分配到楠杆乡民族小学。LS 说她当特岗教师主要是因为毕业时没有更好的就业选择，而关系要好的几位同学又都相互邀约参加特岗计划，所以她也就报名参加了特岗计划，本以为大家能分到一起，可结果两位同学都分到了毕节地区，离自己很远，工作三了年都没能见面。对于当初的选择，LS 用"年少轻率"四个字来加以评价，她说："刚到这里时，感觉自己好孤独好无助，每天都想着回家。身边没有亲人朋友，而这里的人生活习惯和我的家

乡不太一样，有很多不适应，幸亏在这里认识了 HSY，他在我最难熬
的日子里陪伴我，所以我很感激他，我们打算明年结婚。他是这里的
正式老师，两个人在一起工作挺好的，可能服务期满后我就留下来不
走了。"

SL 是贵州省遵义县南白镇龙山小学的特岗教师，遵义地区是属于
贵州省经济较为发达的地区，南白镇又是遵义地区最为富有的地方之
一，SL 对他目前的工作环境非常满意："当时（毕业时）报特岗计划
实在是有一点犹豫，我是遵义师范学院美术专业毕业的，我很想在遵义
市找一份工作，可是除了一些私人的广告公司外，我应聘和报考了好几
个单位都没有成功，遵义市的学校就更别想了。不少好学校的毕业生，
包括一本毕业的学生都回来考，我们这些差学校的学生根本就没有希
望，我连报名都不敢报。后来听辅导员说特岗教师的待遇不错，鼓励大
家报名，我就报了。能分到这个学校应该算是我的运气比较好，因为这
里一直缺美术老师，学校的美术课都是教其他课程的老师兼着上，上得
不好，而且还经常不上。最近几年国家比较重视音、体、美的教学，教
育局还经常会来检查，所以学校就想要一个美术专业老师，于是我就被
分到这里了。学校对我们很好，还给我们租房子，正式老师享受的一些
福利我们也都有，同事也很好相处。对我一个农村出来的人来说，我觉
得在这里当一个老师还是很不错的，我的很多同学毕业几年了都还找不
到工作，还在到处打工。"

对于特岗教师的情况，课题组还专门组织了一次校长集体访谈。贵
州师范大学近几年都要举办"中小学教师国家培训计划"（以下简称
"国培计划"）工作，每年都会有很多来自不同地区不同农村学校的老
师到贵州师范大学来参加学习培训。课题组专门找到了七位参加 2013
年"国培计划"的农村中小学校长进行访谈。他们分别来自贵州省的
铜仁地区、黔东南地区、黔南地区、黔西南地区、遵义地区和毕节地
区。对于"特岗教师"的工作，他们基本持满意的态度。他们认为特
岗教师毕竟属于科班出身，受过良好的学历教育，比起很多学校原有的
老教师来说，特岗教师的知识水平还是不错的。而且特岗教师年轻，有
活力，有精力，能给学校注入新鲜的血液。他们在城市上过大学，眼界
比较开阔，能给学生们一些积极影响。但是对于特岗教师稳定性问题，

七位校长都表示担忧，因为农村学校条件差，很多特岗教师不安心扎根，而且大部分大学毕业生选择特岗计划的原因并不是真正想到农村当老师，只不过是因为暂时找不到好的工作，迫于就业的严峻形势才选择做特岗教师。很多特岗教师把三年服务期作为一个跳板，三年当中他们总是在不停寻找其他的工作机会，还有的在特岗合同期内多次参加公务员和研究生招考。他们在农村学校积累了几年的教学经验和工作经验后再重新回到城市找工作，竞争力就会强一些。

在访谈中我们还发现，代课教师和特岗教师大多业务水平较低、专业能力有限，而且工作积极性和稳定性都不高。这在一定程度上影响了学校的日常教学水平。石门乡年丰小学的代课老师 L 老师说他在来年丰小学代课之前，从来没有当过老师，也没有学过教育学、心理学、课程教学一类的专业知识，甚至连怎么备课怎么讲课都不知道。进来学校以后他随堂听了一个星期父亲的课，然后就开始自己独立承担起小学一年级的语文和数学课教学了。当访谈工作人员问他上课是否有难度，是否有自己没有把握的知识时，刘老师略微有点尴尬地说："我只是一个高中毕业生，而且原先上学时我父亲忙于学校的工作，家里的劳动力不够，所以我要帮家里干农活，没得多少时间可以学习，所以我们的学习成绩一直都不太好。现在来教这些娃娃学东西，还是觉得比较难的，刚开始教的时候经常遇到我不认识的字。主要是我的普通话差得很，实在不会的就只有查字典。有些数学题实在做不出来上课时就只好不讲了。"

（四）学科专业配置不合理，学非所用现象突出，教师专业化程度不高

从教师配备看，辅助科目教师十分匮乏。受传统教育观念和应试教育的影响，大多数农村学校把有限的师资力量集中在语文、数学、思想政治等传统科目上，极大地忽略了以素质教育为目的的辅助科目，而且小学比中学缺失现象更加突出。根据样本调查区抽取的 260 所学校调查数据分析，在 100 所小学中，分别有 95%、86%、81%、80%、73%、72% 的学校缺少外语、信息技术、美术、音乐、体育、劳动等科目的教师（见表 6 - 1）；在 160 所初级中学中，也分别有 89%、78%、73%、71%、69%、65% 的学校缺少外语、信息技术、体育、音乐、美术、劳动等科目的教师（见表 6 - 2）。走访中，一些老师反映，在许多农村小

学几乎没有专职的音、体、美、劳教师，更不要说外语老师和计算机老师了，其实很多学校基本上就不开这些学科的课程。

表6-1 　　　　　西部民族地区部分农村小学老师缺少情况统计　　　单位：所

	语文	数学	外语	思品	自然	社会	信息技术	音乐	体育	美术	劳动	其他
缺人学校	5	8	95	11	18	22	86	80	73	81	72	5
所占比例（%）	0.05	0.08	0.95	0.11	0.18	0.22	0.86	0.8	0.73	0.81	0.72	0.05

表6-2 　　　　　西部民族地区农村部分中学老师缺少情况统计　　　单位：所

	语文	数学	外语	政治	物理	化学	历史	地理	生物	信息	音乐	体育	美术	劳动	其他
缺人学校	14	16	142	14	34	37	18	27	40	125	114	117	110	104	11
所占比例(%)	0.09	0.1	0.89	0.09	0.21	0.23	0.11	0.17	0.25	0.78	0.71	0.73	0.69	0.65	0.07

　　从授课教师的情况来看，老师所学专业与所教课程不符，用非所学现象比较严重。由于各科任教老师数量不均衡，许多教师不得不跨专业或换专业任课，去教授那些没有专业老师授课的科目。这不仅不能保证这些紧缺科目的教学质量，也造成这部分换专业授课的教师专业特长能力的极大浪费。在问卷调查中，有61%的教师有跨学科教学经历，有43%的教师长时间跨学科任教。

　　从教师任课情况看，一人任教多科的现象很普遍。在一些偏远的学校，由于教师数量严重不足，一个老师任教多科的现象比较常见。在问卷调查和走访座谈中，有50%以上的老师任教两科以上，个别教师任教达到四至五科，这不仅大大加重了教师的负担，也不利于教师的专业发展。

　　在走访中，紫云县宗地民族中学教师 WYG 介绍了他们学校的情况："我们农村初级中学，本来教师就很少，由于还要为中心中学和高级中学输送优秀的老师，很多课程根本无法开课。比如我们原来有一名老师兼职上全校的英语和民族语言课，虽然课程任务重，但她上得非常好，也深受学生们的欢迎。但今年被县一小给挖走了。我们一下就没有英语和民语课老师了。我们其他老师语言水平又太差，代不了课，我们的语言课都已停了几个月了。真希望上级教育管理部门能尽快给我们派教师来。"

二 教师生活困难重重，生存状况令人担忧

（一）福利待遇水平较低，生活保障捉襟见肘

首先是工资待遇比较低。根据样本调查地区抽查的数据分析，该地区农村中小学教师的工资比较低，收入少于3000元的占14.70%，3000—4000元的占78.70%，4000元以上的占6.60%，教师工资水平主要集中在3000—4000元之间（见表6-3）；同时，调查数据还显示95%的教师除工资以外没有其他收入（见表6-4），一家人的生活开支，主要就靠每月的工资。调查结果中，有85%的人对自己现有工资收入不满意（见表6-5）。在走访中大家普遍反映，老师的工资普遍不及当地公务员，有时候还不够一家人一个月的生活开销，"寅吃卯粮"的现象常常发生。

表6-3　　　　　　　　　　调查对象工资收入情况

调查对象工资收入情况				统计人数：4560人
工资（元）	2000以下	2000—3000	3000—3500	3500—4000	4000以上
人数	68	602	1387	2202	301
百分比（%）	1.50	13.20	30.40	48.30	6.60

表6-4　　　　　　　　　　调查对象其他收入情况

你是否有其他收入			统计人数：4560人
	否	有	
人数	4332	228	
百分比（%）	95.00	5.00	

表6-5　　　　　　　　　　调查对象对现有工资满意程度

调查对象对现有工资满意程度			统计人数：4560人
	非常不满意	不满意	满意	非常满意
人数	1765	2111	597	87
百分比（%）	38.70	46.30	13.10	1.90

走访中谈及工资问题时，贵州省玉屏县朱家场镇中心完小的老师ZM十分感慨："我家在农村，老婆在家务农，身体不是很好，经常吃药；两个孩子都在念初中，家里开支很大，这点工资一月到头根本不够用。为了省点车费，我基本上是一个月才回家一趟。"

其次是住房保障十分困难。这里说的住房是指教育管理机构或学校提供给教师的公寓、宿舍或者工作周转房屋。根据问卷调查数据，有78.60%的老师没有享受过学校提供的住房（见表6-6）。样本调查地区住房条件十分有限，大多数老师根本没有自己的住房或者宿舍。同时，有71.30%的老师非常关注自己的住房问题（见表6-7）。高关注度与低保障率形成了强烈的反差，也进一步表明西部民族地区农村教师住房保障形势不容乐观。不"安居"何以"乐业"呢？

表6-6　　　　　　　　　　　调查对象住房情况

为教师提供住房情况的统计		统计人数：4560人
	有	没有
人数	976	3584
百分比（%）	21.40	78.60

表6-7　　　　　　　　　　　调查对象对住房的关注程度

教师对提供住房的关注程度统计			统计人数：4560人
关注度	非常关注	一般	不关注
人数	3251	1031	278
百分比（%）	71.30	22.60	6.10

在走访座谈中，许多老师感叹，现在学校外地教师多，本地教师离家远的也不少，教师宿舍需求量大，几个教师住在一起的现象十分普遍。许多老师住在一起不仅生活不便，而且由于各自生活习惯不同，极易产生矛盾纠纷，很不利于工作的开展。

贵州省铜仁市万山区敖寨中学青年教师YXF在谈到住房问题时十

分无奈：“我是外地人，在学校工作了近五年。今年刚谈了一个志同道合的女朋友，女朋友为我放弃了县城安逸的生活，来到乡村小学任教。今年我们两人准备结婚，并商量好结婚后继续扎根农村当老师。但由于我们两人的学校都不能提供单身宿舍，我现在也是和学校的两名外地特岗教师一起挤在一间十来平米的寝室里，房屋破旧多年失修，一遇到下雨天时就有不少地方漏雨，根本无法用于结婚。结婚后的住处成了一个大难题。”

（二）同时面对多重压力，心理负担比较沉重

问卷调查统计数据显示，有 78.40% 的老师认为工作压力巨大，有 16.30% 的老师认为压力一般，只有 5.30% 的人认为没有压力（见表 6-8）。这也充分说明样本调查地区教师心理压力较大，教师队伍心理健康形势十分严峻。

表 6-8   调查对象工作压力情况

教师工作压力情况统计			统计人数：4560 人
压力度	压力巨大	压力一般	没有压力
人数	3575	743	242
百分比（%）	78.40	16.30	5.30

在问及老师面临的具体压力因素时，分别有 81.50% 的人选择了“学生成绩”、有 78.10% 的选择了“考核评比”、有 75.40% 的人选择了“工作量大”、有 75% 的选择了“待遇太差”、有 73.60% 的人选择了“能力不足”、有 65% 的选择了“缺少关心”、有 61.80% 的人选择了“名声不好”（见表 6-9）。总结来看，产生压力的主要因素既有“学生成绩”和“考核评比”等硬性的指标性压力，也有“工作量大”和“能力不足”等软性的自我认知性压力，还有“缺少关心”、“待遇太差”和“名声不好”等自我心理性压力。可谓因素众多，压力多元。

表6－9　　　　　　　　　　　　调查对象压力缘由

教师面临的主要压力有哪些？						统计人数：4560人		
	工作量大	能力不足	学生成绩	考核评比	名声不好	缺少关心	待遇太差	其他
人数	3438	3356	3716	3561	2818	2964	3420	652
百分比（％）	75.40	73.60	81.50	78.10	61.80	65	75	14.30

课题组为了弄清产生这些压力的原因，又进一步对样本地区的226名教师进行了专题问卷调查。经梳理分析，总结出以下几个方面的原因：

一是压抑式管理带来的职业生存压力。调查中，87％的老师认为现行教育管理过于集权化和指令化，单向的纪律约束、粗放的评价手段、惩戒性的激励办法，不仅强烈地阉割了教师的主体意识，更是将教师与管理者置于管理与被管理、领导与被领导的对立地位，从而让广大教师在教育活动中始终处于一种惶恐不安的心情之中。

二是应试型教育带来的教育价值的自我否定。调查中，92％的老师认为"应试教育"是给老师带来压力的最大因素。在西部民族地区，目前仍有相当多的贫困家庭将高考升学当作孩子跳出"农门"的捷径。从政府到学校、从家长到学生都十分关心和关注学业成绩，如果学生的考试成绩不好，家长、学生乃至社会各方面的压力都将随之而来，而这种压力最终都会汇集到老师的身上。更让老师痛苦不堪的是，一边要用"阿Q"式的精神胜利法激励自己和学生在学习中充分发挥自主性和创造性，而另一边却要进行"填鸭式"呆板的教学，用追求考试分数的行动强奸追求真善美教育价值的自我认知。

三是教学改革带来的职业能力危机的压力。调查中，73％的老师认为教学改革后给他们的执教能力提出了较大挑战。挑战主要集中在两个方面：一方面是传统的教学理念、教学方法、执教习惯和知识要求与改革后的教学要求不相适应；另一方面是在新的教学改革中，教师的教学不仅要能满足家长对孩子"考好"的短期需要，还要能满足课改"素质提高"的长期需要，如何在应试教育与素质教育的夹缝中求得生存，无疑也是个巨大的挑战。

四是对个人身心健康的忽视带来职业倦怠的压力。调查中，85%的老师认为，国家、社会和民众更多地关注老师"教师"的微观社会角色和"道德模范"的宏观社会角色，而基本漠视了老师作为一个自然"人"角色的自然需求，老师的个人身心健康被严重忽视。从前面统计的数据显示，有61%的老师兼任多门课程，工作任务比较繁重；有78.49%的老师觉得工作"压力巨大"，有65%的老师觉得自己"缺少关心"，有67%的老师觉得自己有职业倦怠感，工作的激情和动力逐步消退。

在走访座谈中，贵州省威宁县石门中心小学的××老师说："我是一个外地人，家离学校比较远，在这里工作好几年了，一周能回一次家就不错了，基本上管不了家里。现在我不怕上课，就怕放学和放假，每天晚上的生活都一样，太单调，除了批改作业和备课以外，只能看着天花板发呆。同事之间很少交流，与学校外的人很少有机会交流。以前我性格很开朗，现在慢慢变得不爱说话了。每想到这些心里就挺难受。"

（三）专业培训水平不高，职业发展路径不畅

教育专业化和教师职业化已经是教育发展的必然趋势，专业培训是教师提升职业能力、拓宽职业视角、推动职业发展的主要途径。但课题问卷调查结果表明，目前样本地区农村教师的职业培训还存在许多问题。

首先是培训机会少，时间短。通过问卷调查了解，在调查的4560名老师中，有2143人没有参加过职业培训，占总调查人数的47%（见表6-10），显然未参加培训人员比例还很高。在参加过培训的2417人中，参加校内性质和短期培训班的人员较多，而参加校外长期培训的人较少，只有19人（见表6-11）。这种近亲繁殖式的校内短期培训交流意义并不大，培训效能并不高。

表6-10　　　　　　　　**调查对象培训情况**

老师是否参加过职业培训		统计人数：4560 人
	是	否
人数	2417	2143

续表

老师是否参加过职业培训		统计人数：4560 人
	是	否
百分比（%）	53	47

表 6 – 11　　　　　　　　**调查对象参加培训类别**

教师参加职业培训情况							统计人数：2417 人
	校内教研	校内评课	短期进修	长期进修	校外观摩	专家培训	其他
人数	2248	2079	1088	19	773	508	290
百分比（%）	93	86	45	0.80	32	21	12

　　其次是培训自主选择性较为欠缺。问卷调查结果显示，参加过职业培训的教师有 78% 认为培训自主选择性不强（见表 6 – 12）。走访中，许多老师提出，他们对于培训的专业或项目、培训方式和时段很少有自主选择的机会，通常是教育管理者以行政命令方式通知参训，往往是想去的培训班去不了，不愿学的或不需学的却被逼着学。在这种情况下，很多老师就把培训当作任务去被动执行，应付了事，培训学习效果自然也就很不好。

表 6 – 12　　　　　　　　**职业培训自主选择性统计**

参加职业培训自主选择性统计			统计人数：2417 人
	自主性强	一般	不强
人数	65	409	1679
百分比（%）	3	19	78

　　最后是培训者参与意识被弱化。参加过教育培训的教师都有一个共识：培训就是一个事前设定的目标，进行大一统的课程设置，执行统一的进度安排，实施统一的考核评价，并贯之以强力的"满堂灌"政策，基本不考虑参训者差别化特点和个性化需求。同时，在培训中，始终把广大参训教师放在一个"学生"的位置上，严重忽视了培训者作为一

个教育实施者的主体参与权利,培训效果通常不高。

在课题研究过程中,课题组连续四年到贵州师范大学跟进贵州省的"国培计划",与从贵州各地农村中小学前来参加"国培计划——西部农村骨干教师培训项目"的上千名老师深入接触,充分了解他们的思想动态。这些老师对"国培"的效果表示不尽满意,他们普遍的观点是:"国培"意义重大,无论是专业理论还是实践活动(即跟岗)都让他们有所收获。但也存在一定的问题:首先,国培课程的授课老师大部分是大学老师,他们学历很高、理论基础也十分扎实,掌握的东西都十分前沿,但是他们教授的知识和理论与接受培训的中小学教师的实际水平差距太大,这样一来,接受培训的老师们很难跟上课程,感觉上理论课程时简直就是云里雾里,无法接受,更谈不上运用。同时,他们认为授课老师没有中小学一线教学的经历,讲授的内容大多是纸上谈兵,而作为农村中小学的一线教师,他们更希望学习到一些实用的教学方法,学到一些能直接用于教学,并能马上见效的方法和内容,而不是空谈理论,让培训流于形式。

三 职业认同感缺失,精神状态较低迷

(一)自我归宿感差,缺乏内在动力

首先是教师的职业责任感缺失,职业价值感降低。韩愈曾在《师说》中把教师的职业责任高度概括为"师者,所以传道、授业、解惑也"。也就是说,老师的主要职责有三个:一是传授普世的政治伦理道德观念;二是讲授各种知识文化和学业技能;三是解答各种疑问和困顿。这三者以传道为宗旨,以授业为效果,以解惑为方法,互为一体,是我国传统文化对教师职业责任的最好诠释。为了全面了解现在样本地区老师对教师专业责任的认识情况,课题组在问卷中设计了"你是否认为知识能改变命运"、"你认为当老师最大的价值是什么"两个问题。

从"你是否认为知识能改变命运"这一问题的回答情况来看,虽然有 63% 的老师认为"是",占据多数,但也有 21% 的老师认为"否",还有 16% 的老师认为"不确定"(见图 6-18)。这说明有相当一部分老师对知识的作用有所怀疑,也进而说明他们对教师传授知识的职业作用有所犹豫。

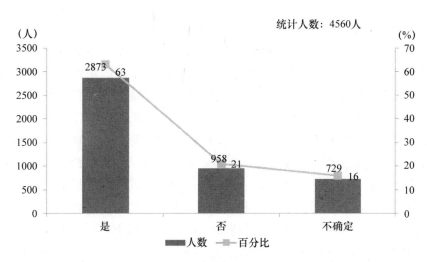

图 6 - 18 "你是否认为知识能改变命运"问题统计情况

从"你认为当老师最大的价值是什么"这一问题的回答情况来看，"谋生手段"的选择比例超过"培育人才"和"传播知识"成为最高，达到 35.90% （见图 6 - 19）。这说明西部民族地区农村教师的"教书匠"意识逐步抬头，而作为教师"教书育人"的职业责任认同感则有所缺失。

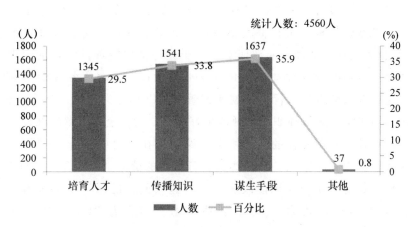

图 6 - 19 "你认为当老师最大的价值是什么"问题回答统计情况

其次是工作满意度低，自我归宿感不强。"教师工作满意度是教师对其工作与所从事职业以及工作条件与状况的一种总体的、带有情绪色彩的感受与看法。"① 教师工作满意度越高，教师工作热情也就越高，其教师职业归宿感也就越强。课题组从教师的工作压力、同事关系、教师评定、福利待遇、教学需求等几方面对样本地区教师工作的满意度进行了调查。从统计数据看，除"同事关系好"一栏满意度达71.5%外，其他10项的满意度都没有超过50%，11项合计起来的平均满意度只有32.91%（见表6－13）。可以看出，教师对学校工作的满意度十分低。其中，对学校最不满意的是"福利待遇"，其次是"工作压力大"。换言之，就是老师们拿着"最不满意的福利待遇"，却常年干着"工作压力大"的工作，自我荣誉感和归宿感低下也就在所难免了。

表6－13

教师对工作的满意度 统计人数：4560人

选项	工作压力大	同事关系好	教师评定			福利待遇		教学需求			
			职称评定合理	评优评先科学	年终考核合理	工资收入满意	福利待遇好	教学资料与仪器充足	教学参考资料充足	需要时能得到帮助	教学交流机会多
人数	1218	3260	1742	1883	1664	597	511	1477	1259	1290	1605
百分比（%）	26.7	71.5	38.2	41.3	36.5	13.1	11.2	32.4	27.6	28.3	35.2

最后是等待观望情绪严重，主动作为意识淡薄。调研中，大家普遍反映西部民族地区农村教育问题较多，但对于如何解决问题大家众说纷纭，莫衷一是。为了深入了解样本地区教师的真实思想动态，课题组在问卷中设计了"你是否安心继续工作"和"改变目前农村教育困境的主要力量是什么"两个问题进行调查。

从问卷统计结果看，对于"你是否安心继续工作"这一问题，选择"安心"的最少，只有24.40%；选择"等等看"的最多，达到

---

① 王嘉毅：《教育部师范司研究课题"提高中小学教师队伍质量研究"子课题研究报告之一：中小学教师队伍质量研究——以甘肃为例》，西北师范大学2008年版，第78页。

47.80%，等待观望心态十分明显（见图6-20）。

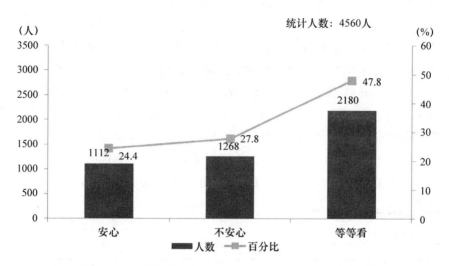

图6-20 "你是否安心继续工作"问题回答统计情况

对于"改变目前农村教育困境的主要力量是什么"这一问题，选择"国家"的最多，达73.40%；而作为教育实践首要角色的"老师"，老师们自我选择率只有15.56%（见图6-21）。这不仅反映出老师们的自我价值感较低，更体现出他们主体精神较弱、主动作为意识较淡。

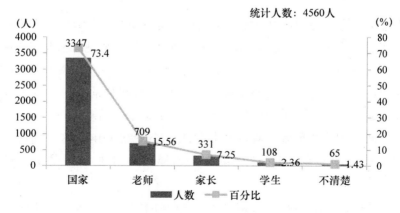

图6-21 "改变目前农村教育困境的主要力量是什么"问题回答统计情况

（二）社会认可度低，缺乏外生推力

所谓社会认可度，就是大众的接受程度。教师的社会认可度的高低决定着其受尊重的程度。因此社会认可度的高低，对于教师的职业心理和精神状态具有很大影响。下面我们从教师自身对社区尊重教师的认可度、学生家长对教师的认可度和学生对教师的认可度三个不同的角度来解析西部民族地区农村教师这个群体的社会认可度现状。

从教师自身对社区尊重教师的认可度统计看，有41.70%的老师觉得教师不受社区尊重，有24.70%的老师认为教师在社区受尊重，还有33.60%的老师不能确定教师是否受社区尊重（见图6－22），显然，总体认可程度比较低。

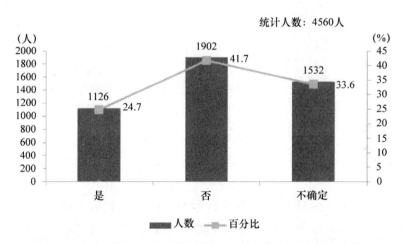

图6－22　"所在社区是否尊重老师（老师）"问题回答统计情况

贞丰县珉谷镇牛坪小学的 L 老师在接受访谈时说："我爸爸是老师，我现在是老师。但是时代不同了，人们对老师的尊重程度也完全不同了。还记得我小时候，跟爸爸走到哪里都会觉得很自豪、很骄傲，因为我爸爸是老师，所有人都特别尊重老师，一听说他是老师，马上就会表现出百般的尊敬，甚至崇拜。而我现在呢，一说自己是老师，别人根本不以为然，甚至有些人马上把我跟穷酸联系在一起。学生家长的态度也不完全都是尊重，有部分学生家长根本不把老师放在眼里，孩子有错老师还不能批评，否则就说是怪老师管得不好，甚至还会在孩子面前诋毁老师，说老师没本事，穷光蛋。在这样的情况下，我们老师的社会地位是不会很高的。"

从学生家长对教师的尊重情况统计看，有35.50%的家长尊重教师，有32.10%的家长并不尊重教师，还有32.40%的家长不确定是否尊重教师（见图6-23）。虽然家长尊重教师的比例是最高的，但绝对比例还是很低的，也只有总量的三分之一左右。

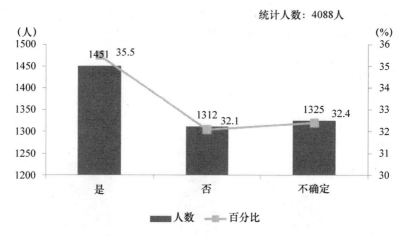

图6-23 "你是否尊重教师这个职业（家长）"问题回答统计情况

在进一步分析学生家长尊重教师的原因时，我们发现选择"工作辛苦"、"有长假期"、"收入稳定"几个选项的比例较高，分别占63.70%、57.60%、40.20%，排在前三位，而最能表达教师职业内核的"职业崇高"、"为人师表"、"知识丰富"等选项选择比例却较低（见图6-24）。这也进一步说明学生家长对教师的职业认同并不高。

课题组在农村进行田野调查时，跟一些学生家长讨论老师这一职业是否高尚的问题，家长们大多不以为然，他们认为老师和其他职业一样，反正也就是混口饭吃。云南省腾冲县和顺镇的一个家长说："说实话，现在的老师还是挺可怜的，工资又不高，国家又不管他们的住房，还不如我们这些老农民。我在古镇上卖点小吃，遇到国庆、五一、春节这些节假日，游客多生意好，我几天就可以赚几千元，听说那些当老师

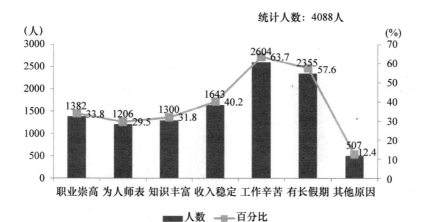

图 6-24　家长尊重教师原因统计情况

的一个月才一两千元的工资。其实他们也没得啥子意思，读了那么多年的书，还没有我们这些老农民挣钱多。比起乡里的那些干部来说，他们就更不划算了，人家有公家的车开，有公家的饭吃，他们啥子都没有。以后我家娃娃我是不想让他当老师的，去做点生意，或是干别的工作都可以，反正当老师没啥子意思。"由于民族地区农村教师生活条件差和工资待遇低，直接导致了他们的社会地位也变得低下。而对于这个职业本身所具有的知识丰富、道德崇高等职业特性，家长们也并不认可。贵州省都匀市墨冲镇罗马村的一位学生家长这样说："老师是比其他人多读了一点书，多认得几个字，但那又怎么样呢？他们能多挣几个钱吗？不能嘛，他们比好多在外头打工的还不如，要说老师高尚，我也不认为，有啥子高尚的嘛，还不是一样的干活拿钱过日子，高尚在哪里呢？"

从学生对老师的喜欢程度调查情况来看，有 62.40% 的学生喜欢自己的老师，有 33.40% 的学生并不喜欢老师，还有 4.20% 的学生不确定是否喜欢教师（见图 6-25）。可以看出学生总体对自己的老师喜欢程度还是比较高的。

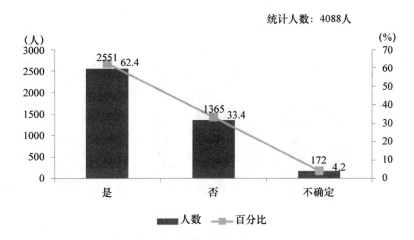

统计人数: 4088人

图 6-25 "你是否喜欢你的老师" 问题回答统计情况

通过对学生喜欢老师的原因调查，可以清楚地看到，容易被孩子感知的"对人和气"、"上课生动"、"工作辛苦"三个原因分别占63.40%、56.30%、50.30%，排在前三位，而更能让孩子产生心灵向往的"职业崇高"却排名靠后（见图 6-26）。这说明教师这个职业还没有在孩子们的心中树立起理想的丰碑。

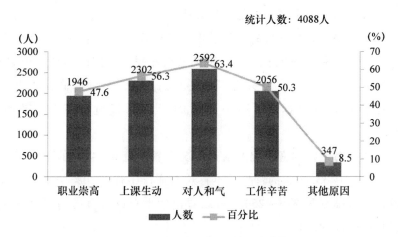

统计人数: 4088人

图 6-26 学生喜欢老师原因统计情况

课题组在进行实地走访座谈时，有一半受访的教师对目前民族地区农村教师这一行业的态度并不乐观。且这种不乐观的心态在青年教师中更为普遍。沿河县沙子镇青山完小语言老师 ZYL 在座谈时表示，一些年轻教师刚分到农村学校时富有工作热情，很想干一番事业，希望得到各级领导的重视和社会的认可，但随着时间的流逝，他们感觉这些偏远的农村学校仿佛是被人遗忘了的角落，感觉农村教师越来越边缘化。他们受到的尊重和重视越来越少，工作的热情和信心也越来越少。独山县尧梭乡中心小学老师 WGQ 说："在当地，我感到自己的教师身份受到质疑，工作和生活的现状不能让我感受到作为一名教师所应受到的尊重。"她认为，目前一些人为的主观因素干扰了人们对于整体教师行业的判断。"由于社会上对教师的评价很低，媒体还经常报道一些关于教师的负面新闻，所以在学生家长面前，我经常要为自己进行辩解"，她表示，"由于计划生育政策的影响，孩子正逐渐成为家庭中的小国王，老师如果对一个孩子进行了批评或处罚，家长就会感到不高兴。"三穗县台烈颇洞小学的青年教师 YZM 表示自己也有同样的感受。"提起教师，人们总会想起他们长长的假期，却很少有人体谅教师工作的辛苦。作为一名青年教师，每天我需要花大量的时间写教案和批改作业，压力非常大，但家长们并不理解和体谅，工作中只要有一点点做得不够好，他们就会有很多抱怨和不满，甚至会向学校和领导告状。"

第二节　学生：观念不正，动力不足

学生是一切教育活动的指向对象，也是解决一切教育问题的根本所在。教育质量的高低和教学效果的好坏在很大程度上取决于学生质量的高低。国家实施义务教育以来，特别是近年农村义务教育全免费后，西部民族地区的基础教育工作已取得了较大的发展，但在良好的教育机会和学习条件面前，广大西部民族地区农村中小学学生是否顺应了时代的呼唤，精神饱满、斗志昂扬、勤奋努力地学习呢？为了全面了解西部民族地区农村学生的情况，课题组通过文献资料查询和国家数据分析，对西部民族地区农村中小学生基本情况进行整体了解，将西部民族地区学生群体构成进行分类解析。同时，针对样本地区进行多个维度多种方式的调查研究，共发放调查问卷 4088 份，问卷发放对象涉及贵州省全省各地区农村中学 160 所，小学 100 所，中学生 2056 人，小学生 2032 人。实地考察了贵州、四川、云南、广西的农村中学 10 所，小学 15 所，个人访谈与集体访谈共 56 次，涉及访谈对象共 486 人。

调查和走访结果表明，西部民族地区学生学习态度不端正、学习动力不足的问题十分突出。导致这些问题的原因主要是学生的成分复杂多元、学生的家庭环境艰苦、面对的社会思潮复杂、学生的认知模糊。

一 民族率高，学生的成分比较多元

（一）西部民族地区农村学生数量占全国农村学生总数的比例逐年增加

课题组对 2011—2013 年国家统计数据进行了深入分析，结果显示，西部民族地区农村学生的绝对数量逐年微降，从 2011 年的 18561152 人降至 2013 年的 14843485 人，下降了 3717667 人；但占全国总量的比重却逐年增加，从 2011 年的 35.50% 上升到 2013 年的 36.82%，上升了 1.32%（见图 6 - 27）。

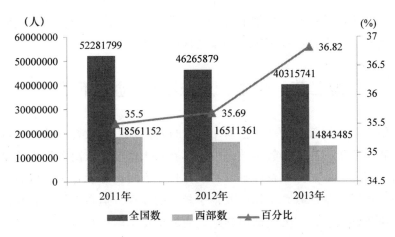

图 6 - 27 2011—2013 年西部农村中小学学生数

（二）西部民族地区农村学生民族比例很高

根据问卷调查结果统计，在接受问卷调查的 4088 名学生中，有

2878 名是少数民族，占调查总数的 70.40%，少数民族学生比例较高（见图6－28）。

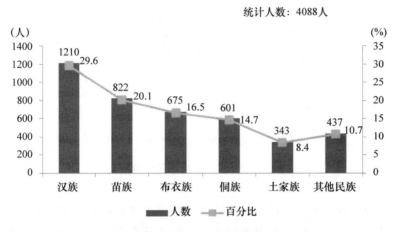

图 6－28　学生民族情况

（三）西部民族地区农村学生的民族种类较多

据课题组不完全统计，西部共有 44 个聚居的少数民族，是我国少数民族分布最集中的地区。问卷调查结果也显示，在 4088 名被调查学生中包含苗族、侗族、布依族、土家族等 23 个少数民族，民族种类较多。由于各民族之间在政治、经济、文化、语言以及生活方式、风俗习惯、心理认同等方面存在着一定的差异，不同民族的学生对文化学习的看法和态度也有所不同。

二　条件艰苦，缺乏孕生良好学习观念的家庭小环境

（一）家庭贫困面大，物质基础较为薄弱

根据问卷调查，在接受调查的 4088 名学生中，认为家庭条件好的只有 642 人，占 15.70%，认为经济条件不好和十分贫困的有 2743 人，占 67.10%，显然，西部民族地区农村学生的家庭贫困面比较大（见图6－29）。

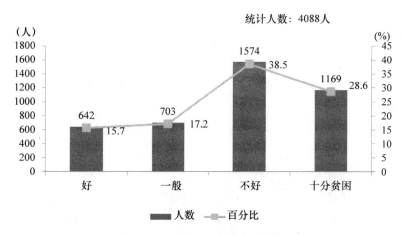

统计人数: 4088人

图 6 - 29   学生家庭经济经情况

　　贫穷拮据的家庭经济状况, 致使许多家庭不能给孩子提供良好的学习条件。关于"你对家庭提供的学习条件是否满意"这一问题, 只有 977 名同学认为满意, 占 23.90%, 有 2179 名同学认为不满意, 占 53.30% (见图 6 - 30)。可以看出多数家庭不能为孩子提供较好的学习条件。

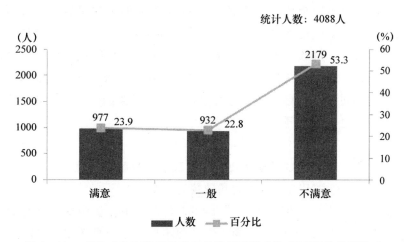

统计人数: 4088人

图 6 - 30   "你对家庭提供的学习条件是否满意"问题回答统计情况

（二）父母文化基础差, 教育指导水平不高

家庭教育水平会对孩子的学习观念和学习习惯产生直接的影响。据

问卷调查，不管家庭收入情况如何，大部分父母都支持自己的子女接受义务教育。在课题组发放的 4088 份问卷中，有高达 98.43% 的孩子认为家长"支持自己接受义务教育"，其中持非常支持态度的达到83.12%（见图 6 - 31）。

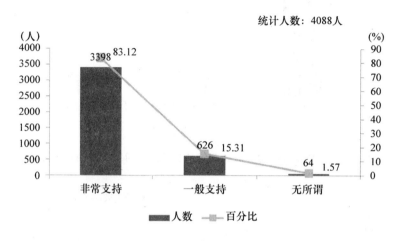

图 6 - 31 父母对义务教育的态度

同时，通过问卷调查发现，有 64.97% 的学生表示父母很关心自己，当父母在家时会主动找他们聊天，这不仅能增进父母与孩子之间的感情，也是孩子与父母交流学习情况的机会，但这样的交流仅限于浅层。问卷调查表明，当子女的成绩不理想时，父母不会和他们进行深入的交流，也不会和他们共同探讨、分析原因。有 35.03% 的学生表示不会和家长沟通，这其中既有家长过于忙碌无暇照看孩子的原因，也有出于种种隔阂，家长无法和孩子沟通的原因（见图 6 - 32）。

从以上数据分析，可以看出，现在支持孩子读书、关心孩子学习的家长占了较大的比例。但与此同时，调查数据也显示，大部分西部民族地区农村中小学学生的父母学历不高，他们多是小学及以下学历，获得高中及以上学历的非常少。在接受问卷调查的 4088 名学生家庭当中，父亲为小学及以下学历的有 1880 名，占总数的 45.98%；学历为高中及以上的只有 573 名，仅占总数的 14.01%。母亲的学历更低，有83.73% 的母亲学历为小学及以下，高中及以上学历的仅有 7.20%（见

图 6 - 33)。

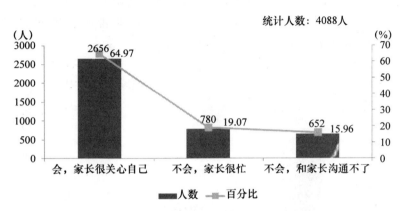

图 6 - 32　"你是否经常和家长聊天谈自己的学习"问题回答统计情况

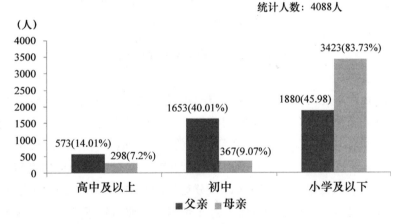

图 6 - 33　学生父母学历情况

　　由于自身文化层次较低，这些父母即便在主观上支持、鼓励自己的孩子接受教育，然而在客观现实生活中，却依然无法，也无力在学习上给予孩子有效的指导。他们通常只会以考试分数来衡量学习的好坏并决定奖惩——或是奖励钱物，或是严厉打骂训斥。这样简单粗暴的教育方式很容易使孩子丧失学习的兴趣，根本谈不上通过良好的家庭教育帮助孩子孕生良好的学习观念和学习习惯。

（三）留守情况普遍，情感缺失严重

为了维持家庭生计，许多西部民族地区农村中小学学生的父母长期外出打工，留守儿童较多。在接受问卷调查的4088名孩子中，97.55%的孩子没有和父母居住在一起，其中55.36%的孩子和爷爷奶奶住，21.31%的孩子与亲戚住，20.89%的孩子自己住（或和兄弟姐妹一起住），和父母住的只有2.44%（见图6–34）。

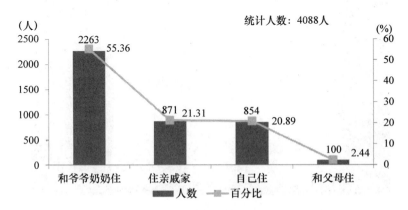

图6–34　留守儿童情况统计

由于父母长期不在家，许多孩子不得不由祖父母隔代监护或亲友临时监护，他们的监护人要么是年事已高、文化素质较低的年老长辈，往往只能为他们提供最基本的衣食保障；要么是忙于农务、家务的亲戚，对他们往往疏于精神上的关怀；而那些自己一个人居住或是和哥哥姐姐们一起生活的孩子，因年龄幼小、自律自觉性差，不可能管理好自己的学习。而且，由于长期没有父母的陪伴，留守儿童严重缺乏父母关爱。他们正常的情感需求得不到满足，遇到困难和问题时得不到及时有效的疏导解决，因此身心健康受到了影响。

四川省平昌县凤凉镇原山小学的FXY老师说自她任教十年来，她所教的班级里留守儿童所占的比例一直很大，留守儿童相较于其他学生来说，学习普遍较差，性格也较怪异。教语文的FXY老师把学生在课堂上口述的，或是日记、作文中写下的一些心里话进行了记录和摘抄，做成了一本厚达90多页的《留守儿童心里话语录》，在此，我们选取

其中几页拍照附在文中，以观留守儿童的思想状况和情感动态（见图6-35至图6-37）。

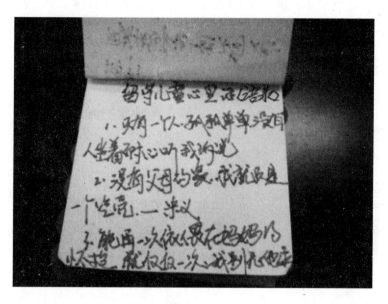

图6-35

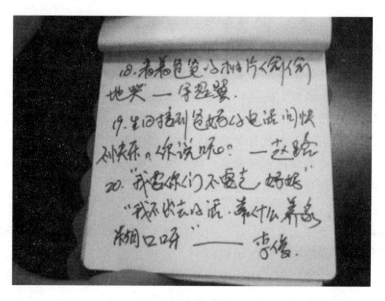

图6-36

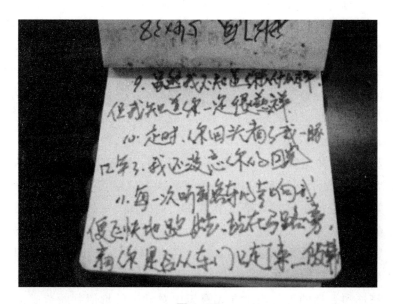

图 6-37

三 意识冲突，培育良好学习观念的社会大环境比较复杂

由于长期处于相对封闭的生活状态，西部民族地区农村人口的整体文化观念相对滞后。但随着西部大开发的深入实施，地域和民族的文化界限逐渐消解，大量从外界涌入的思想意识充斥着这片"原生态"土地，也疯狂地冲击着西部农村的中小学生。中小学生正处于身心快速发育阶段，思想尚未成熟，在价值判断上非常容易受到周围社会环境的影响。问卷调查结果和访谈情况显示，对西部民族地区农村中小学生冲击较大的社会思潮主要有两种，具体表现如下：

（一）以教育功利主义为核心的"读书无用论"重新抬头。随着市场经济社会的发展和扩大高考招生政策的实行，"知识改变命运"这一曾经振奋无数寒门学子的口号逐渐变成了一种奢望，不少贫困家庭陷入"不读书永远穷，一读书马上穷"的悖论中。"读书无用论"逐渐在社会上风行起来。许多家长只从眼前利益出发，认为接受教育是在浪费时间，他们无法从长远规划上意识到科学文化知识对于改变一个人命运的重要性，更不会明白知识对乡村建设发展的重要性。因此，他们不但不看重孩子的学习成绩，还时常对孩子灌输"读书无用论"的思想。

在第六章第二节第 257 页的图 6 – 31 中显示，虽然有 98.43% 的家长支持孩子接受义务教育，但在第五章第二节第 221 页的表 5 – 4 中显示，却只有 33.12% 的家长认为"学习"是孩子改变生活最有效的方式，而认为"经商"、"打工"和"务农"是改变生活的最有效方式的家长却大有人在，比例高达 64.84%。这就充分说明在很多家长的潜意识中，"读书无用"的观念已悄然固化。

甚至连一些老师也认为，读书未必有用。在第五章第二节第 221 页的表 5 – 4 中显示，有 54.36% 的老师不认为"学习"是孩子改变生活最有效的方式；在第六章第二节第 246 页的图 6 – 18 中显示，虽然有 63% 的老师认为"知识改变命运"的观点是正确的，但也有 21% 的老师不赞同"知识改变命运"的观点，还有 16% 的老师不确定知识能否改变命运。这说明已有相当部分的老师对知识的作用产生了怀疑。

家长和老师的思想观念在无意识中对学生的价值判断造成了影响，让很多学生对学习的作用和意义产生了怀疑。他们认为不上大学照样可以挣大钱，上大学不仅是在浪费时间，而且未来的就业也无法得到保障，投入和回报不成正比。因此，有 49.16% 的学生把明星作为自己人生的榜样，46.33% 的学生把商人作为自己人生的榜样，而仅有 2.83% 的学生把老师作为自己的榜样（见图 6 – 38）。

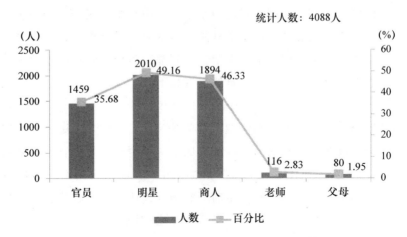

图 6 – 38　"你将来想成为什么样的人"问题回答统计情况

在接受问卷调查的 4088 名西部民族地区农村中小学生中，有 2166 人对外出打工的亲戚朋友表示羡慕，占总人数的 52.98%；有 40% 以上的在校学生因受多种思想的影响不想上学；只有 190 人相信考上好大学，就能过上很好的生活，占总人数的 4.65%（见表 6 - 14）。显然，相信通过学习能改变生活和命运的人不多。

表 6 - 14

你内心有过以下哪种想法？（可多选）		统计人数：4088 人
选 项	人数	百分比（%）
A. 我的亲戚或老乡学习很努力，考上了好大学，过上了很好的生活	190	4.65
B. 我很羡慕那些外出打工的亲戚朋友，他们可以挣钱	2166	52.98
C. 听说现在大学生毕业也找不到工作，我不想考大学了	1482	36.25
D. 我身边很多同学都不上学了，我也不想上了	1635	40.00
E. 农村学生要考上大学太难了，我对自己没信心，不想上学了	1880	45.99

一位接受采访的贵州沿河县思渠镇初级中学的学生小 Z 这样说道："我们家家庭条件不是很好，爸妈平常就靠种地为生。哥哥读书时，家人非常支持，爸妈觉得就算是砸锅卖铁也要供他。后来他考上一个省城的大学，每年花费很大，爸妈没钱就只能向亲戚朋友借钱。现在他大学毕业一年了，不停地在换工作，始终没有找到称心如意的工作，家里欠的债到现在还没有还完。我读完初中就不打算再读了，读书没什么意思。"贵州锦屏县黄门中学的教务主任 LSY 在访谈中直接指出："现在新一轮的'读书无用论'思想又开始在农村盛行，许多家长和学生都认为读书上大学没有太大的意义。他们认为农村孩子即使成绩好能考上大学，但最终还是没法找到好工作，也没法改变一家人的生活状况。一个农村家庭为了培养一个大学生往往要倾其全力，甚至负债累累，但最后却没有什么好的结果。相反，大部分辍学外出打工的人反而能很快挣到钱，改变生活状况。所以辍学现象在我们农村中学还是比较严重的。每次新学期开始之前，我们都要求老师给班上的学生逐个打电话，劝说他们要来上学，可有些学生和家长根本不听老师的劝告，学校也不可能

强求学生来上学。"

贵州玉屏县彰寨九年制学校的学生小 W 在接受采访时这样说道: "我很羡慕村里打工的那些人,我也想去打工。我不想读大学了,我觉得我考不上好大学,而且电视上经常说大学生毕业找不到工作,我还不如早点出来赚钱。"W 的想法代表了大部分西部农村学生的心声,有 36.25% 的学生不想考大学,是因为他们觉得即便自己努力考上大学,可大学毕业也还是找不到工作;40.00% 的学生受自己身边同伴影响,在辍学和继续上学两种选择之间动摇;45.99% 的学生认为农村学生要考上大学太难了,他们对自己没有信心,因此也就不想再继续接受教育了(见图 6-39)。

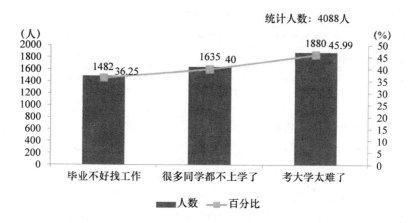

图 6-39 "你为什么不想继续学习考大学"问题回答统计情况

(二)以考试成绩为唯一目标的"应试教育"成为主流。我国推行素质教育已有多年,但就西部农村地区而言,实际推行效果却很不理想。由于我国人才培养目标、人才培养方法以及人才选拔方式多是通过考试的形式来实现,应试能力也就成为了彰显个人能力的主要方式。因此,在西部农村,"考试考什么,老师就教什么,学生就学什么"、"学得好不好,家长就看考得好不好"的思想观念十分普遍。在对"你认为老师(或家长)最看重什么"这一问题的回答中,有 89.80% 的学生们认为老师最看重考试的成绩,所占比例非常高(见图 6-40);而在

问及家长最看重什么时，有 98.60% 的学生认为家长最看重的是考试的
成绩，所占比例也相当高（见图 6－41）。在绝大多数学生的眼中，考
试成绩是老师和家长衡量自己学习是否认真、表现是否优秀的唯一标准
准。这种"应试教育"思想，不仅会让学生产生狭隘的教育目标观和
功利化的行为指向，还会加重学生的课业负担，更会影响其身心健康和
全面发展。

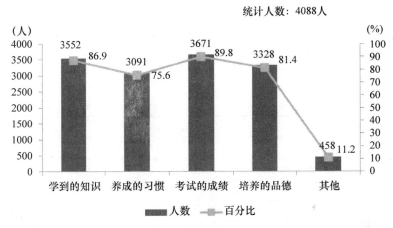

图 6－40 "在学习中，你认为老师最看重什么"问题回答统计情况

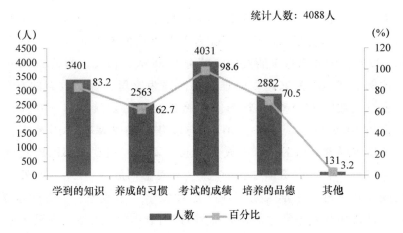

图 6－41 "在学习中，你认为家长最看重什么"问题回答统计情况

四 思想混乱，动力不足，辍学现象比较普遍

根据以上数据分析可以看到，西部民族地区农村中小学生由于受复杂多元的民族特性、艰苦的家庭生活条件和复杂的社会环境等因素的深刻影响，大多数学习目的不明、学习动机不正，思想比较混乱，学习主动性不强，厌学情绪较浓。在接受问卷调查的4088人中，只有606人喜欢上学，仅占14.82%，比例较低，这类学生流露出对知识的渴望，认为上学能学到知识，自发地想要上学；有2350人既不喜欢也不讨厌上学，占57.49%；不喜欢上学的有1132人，占27.69%，几乎是喜欢上学人数的两倍（见表6－15）。

表6－15

你喜欢上学吗？		统计人数：4088人
选　　项	人数	百分比（%）
A. 很讨厌上学，对学习毫无兴趣	301	7.36
B. 不喜欢，但家里非要我上	831	20.33
C. 一般，不喜欢不讨厌，反正大家都上，我也上吧	2350	57.49
D. 喜欢，上学能学知识	606	14.82

进一步调查他们不想学习的原因时发现，觉得学习辛苦无聊的有1023人，占总人数的25.02%；认为学习无用的有568人，占总人数的13.89%；受外出打工朋友影响的有1098人，占总人数的26.86%，所占比例最高；因为家庭太困难，想挣钱为家里分忧而放弃的有963人，占总人数的23.56%；认为干什么都比学习好玩的有436人，占总人数的10.67%（见表6－16）。与以往被动性辍学（因经济、政治、环境等因素导致的不得不放弃学业）不同，现今西部民族农村地区学生多是"自愿性辍学"（因个人主观意愿而放弃学习）。此外，西部民族地区农村中小学大量存在"隐性辍学"的现象。"隐性辍学"的学生是指那些有正常学籍，心却整日游离于课堂之外，直至毕业也没有完成规定课程的学生们。在西部民族地区农村中小学，不少学生内心不想上学，但迫于家长的压力不得不上，因而造成"人在校内，

心在校外"的现象。一些学校在难以管理或疏于管理的情况下，对这部分学生放任自流，允许他们在不影响正常教学秩序的情况下在学校混日子，到毕业时还给他们颁发毕业证。学校对"隐性辍学"行为的纵容和姑息，在很大程度上助长了学生们厌学思想的形成，可以毫不夸张地说，"隐性辍学"现象是农村基础教育的一颗"毒瘤"，如果不能及时有效遏制，将会对学生、家长、学校及整个教育管理机体造成破坏性的影响。

表 6 - 16

你或者你的同学不想学习的主要原因是什么？		统计人数：4088 人
选　项	人数	百分比（%）
A. 学习太辛苦无聊	1023	25.02
B. 学习没什么用处	568	13.89
C. 很多朋友都去打工了，也想出去打工	1098	26.86
D. 家庭太困难，出去挣钱为家里分忧	963	23.56
E. 干什么都比学习好玩	436	10.67

　　在走访中，我们发现还有一些学生上课总是疲惫走神而跟不上教学进度，学校生活对他们没有吸引力，他们感到在校学习没有任何价值和意义，纯粹是混日子。贵州石阡县五德镇初级中学学生小 A 说："我的成绩不好，经常是倒数几名，老师上课的很多内容也听不懂，刚开始还会问同学，后来发现问同学同学也不会，就索性不问了。再后来问题越积越多，成绩也越来越差，学不走，也不想学了，混一天算一天吧，和同学们打打闹闹比学习有趣得多。"小 A 的情况绝非个例，因学习上遇到问题无法及时解决，或因家务繁重跟不上学业进度而带来厌学情绪是造成农村学生辍学的又一常见因素。

　　同时，受经济条件的限制，西部民族地区教育资源非常有限，农村中小学办学条件相当艰苦。不管是软件设施还是硬件设施，西部民族地区的条件与发达地区、城市地区相比都存在着较大的差距。在硬件方面，学校缺乏多媒体等现代教学设备，缺少设施齐全的实验室，缺少藏书丰富的图书室，没有室内体育馆，体育场内设施少、设备简陋，学生缺乏合适的休闲娱乐活动场所和安静舒适的学习环境；在软件上，西部民族地区农村教师的整体质量偏低，授课方式传统刻板，缺乏新意，对学生没有吸引力；且低廉的薪酬使老师们缺乏教学热情，对学生缺乏关爱，当学生不能按时完成老师布置的作业或是达不到老师的要求时，老师就会施以粗暴的体罚；在课程设置方面，课程内容和教材难度往往与农村学生的学习能力和接受范围不适配……这种种因素进一步加剧了西部民族地区农村学生的厌学心理，助长了西部民族地区农村学生的辍学现象。

在接受问卷调查的学生中，有70.43%的学生认为现有教材内容难懂，其中42.08%的学生认为现有教材不适合农村使用，只有29.57%的学生认为教材好懂、有趣、有用（见图6-42）。

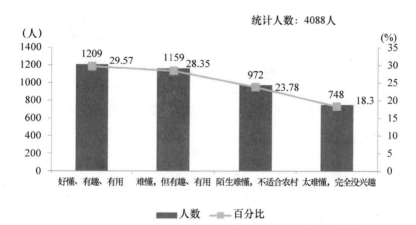

图6-42 "你对学校使用的教材的看法"问题回答统计情况

同样，在接受问卷调查的学生中，有17.8%的学生明确表示他们只想读到初中毕业。而当问及是否有过辍学的想法时，只有40.68%的学生回答从来没有过辍学想法，剩余的59.32%的学生经常或偶尔有辍学的想法（见图6-43）。

统计人数:4088人

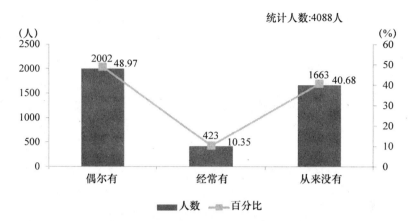

图 6 – 43 "你有过辍学的想法吗"问题回答统计情况

在访谈中，有不少老师反映初中、高中阶段辍学现象最为严重。贵州省松桃寨英镇邓堡中学的 TXJ 老师说："好多学生在读完初中后就出去打工了，还有一些甚至只念完初一或初二就不上学了，很多学生都不愿意上高中，老师劝都劝不住，非要退学。"雷山县大塘中学的 YZQ 老师担任班主任多年，他说每一年寒假暑假过后开学的时候都是他最焦虑的时候。因为每一次假期结束后，班上总会少掉几个学生，有的学生在假期受到在外打工回家过年的亲戚朋友的影响，过完春节后就跟着亲戚朋友一起外出打工去了。YZQ 老师说每一个新学期开始之前，他都会打电话或是直接进行家访，他想要通过自己的劝说留住学生，不想让学生辍学，但老师的劝说对学生来说通常没有太大效果，辍学的现象依旧很严重。YZQ 老师很无奈地说："尽管我们百般劝说，但效果并不好，因为学生更愿意听那些在外打工回来探亲的人们的见闻，听他们说城里的生活如何精彩。看到那些没有太多知识文化的亲戚朋友们可以在外过得很好，学生根本就不相信老师们所说的没有知识、没有文化就不能过好日子的劝告，他们更加相信'读书没有用，打工能挣钱'的说法。"

为了能更深入地了解那些辍学学生的真实想法，课题组专门在春节期间深入到样本地区的各地农村，与那些辍学打工后回乡过年的孩子们进行较为深入的交流，最终了解到他们辍学的原因主要集中在三个方面：一是认为读书无用；二是感觉学习太难；三是家庭贫困。贵州威宁县金钟镇的 LX，今年 19 岁，三年前初中毕业时跟随叔叔一起到浙江温州的一家鞋厂打工，在工厂认识了广西籍的打工妹 JXL，JXL 也是初中毕业后就辍学跟随父母到温州打工的，两人在工厂里相识相恋两年后决定结婚，2014 年 1 月 20 日在男方老家威宁金钟举办婚礼，课题组两位成员通过朋友介绍也来到金钟参加了他们俩的婚礼。在婚礼上，课题组见到了 19 位和 LX 一样在中学阶段辍学外出打工的年轻人，跟他们进行了深入的交谈。当问及他们为何选择辍学打工的人生道路时，他们当中的大部分轻描淡写地回答说："读那么多书干啥子？读到初中高中能认字会识数就够了。反正还不是一样的可以挣钱养家糊口。"其中有两个女生告诉我们："读到高中要花不少钱，镇里没有高中，只有到县城才能上高中，要住校才得行，家里要交学费，还要管住宿费生活费，读完了还不一定能考上大学，考上大学了也不一定能找到工作，还不如直接去打工，早点挣钱更好。"这群年轻人对自己的选择没有表现出任何的后悔和遗憾，他们对自己现在的生活都比较满意，其中一位男生告诉我们："在城市里打工，我们虽然挣钱不算多，也比较辛苦，但是比起在农村干农活要轻松多了，还可以感受很多的新鲜事物，城市里的生活还是蛮精彩的。"新郎 LX 甚至有些自豪和骄傲地说："像我这样打几年工，攒了一点钱，回老家盖了房子娶了老婆，还可以继续出去打工，也可以在老家做点小生意，日子还是过得不错的。我看那些考上大学的也没有几个找得到好工作、挣得起好多钱的嘛。"

在这种思想的影响下，西部民族地区农村学生的辍学问题一直没法改善，使得基础教育一直在低水平、低层次上重复。这不仅严重影响西部教育文化水平的提高，也给我国经济、社会发展带来许多困难和障碍。

在 2012 年课题组赴石门坎进行调研时，专门邀请了贵州师范大学文学院二年级的学生 JQS 参加了调研工作。JQS 是一位从石门乡中心学校毕业后考入贵州师范大学的学生，在我们课题研究的四年间，他是石门乡考上大学的仅有的三个学生之一。和他一起从小在石门坎上小学、中学的同学大多早已辍学打工或是回家务农。作为石门坎稀有的大学生，JQS 以一种独特的身份参与我们的课题组到石门坎进行实地调查，以一种"山外看山"的姿态审视自己的故乡。以一个西部民族地区农村出来的大学生回望西部民族地区农村基础教育时，JQS 的感触非常多，在为期一个月的调研结束回到大学校园的当晚，他心情难以平静，提笔一口气写下了自己内心汹涌的思绪和调研感受。这篇感受从某种角度深刻地反映出了当前我国西部民族地区基础教育中存在的诸多问题。在此，我们将 JQS 的调研感受一字不改地全文附上，以便于更深刻地透视西部民族地区农村学生的生活状况、学习状况以及心理状况。

石门坎调研感受

很高兴能参加这次"旅行"，对我来说简直就是一次"洗礼"。经过这次实地调研，我看到了很多以前没能看到的东西，也是以前不能理解的事情。让我对石门有了新的认识，也对我自己产生很大的影响。闲话少叙，言归主题。

我虽然在石门坎生活了二十年，但从来没有对石门坎历史进行了解和思考，没有刻意的去了解，可以说就是个"灯下黑"。对石门坎现在的境遇也没有去具体思考为什么，只知道抱怨这抱怨那的。通过参加这次调研，真的让我对石门坎有了全新的认识，让我去思考了为什么。

首先使我感受最深的是石门坎的教育。说现在的教育落后一点也不过分。石门坎的学生，不管是中学还是小学，学生的升学率都普遍较低，其间还有很多辍学的。以前我并没有去思考他们为什么辍学，现在好好想想也可以理解。辍学的大多出现在中学，都是成绩不好的，年龄稍大点的那种，或者就是比较调皮，经常在学校惹祸的。他们辍学后有的结婚，有的外出打工。父母其实都支持子女读书的，就算家庭困难也坚持，可自己的子女不争气也没办法。那些辍学回家的并不是家庭困难的原因，而是自己不想读，父母也没办法。就算把他硬撑回学校又如何？最多还不是去混日子，还不如让他自由飞。可这只是其中一个原因，要是问他们不想读的原因，那就又要回到学校的问题来了。现在石门坎不论是中学还是小学，都严重缺少师资，教育投入经费又少，政府又对教育不重视，导致学生宿舍拥挤，两个至三个同挤一小张床。更严重的是还缺少水源，冬天也无热水供应，石门坎的海拔又高，冬天温度基本上每天都是零下好几度,手脚都冻生疮了。这样他们哪有心思好好学习呢?还有,小学里基本上是一个老师带一个班。这样的话,这个班的学生就只能从这个老师身上汲取到有限的知识,换句话说,这个老师的一言一行都会影响到全班学生。如果这个老师是比较有才华,有素质的,各方面都比较优秀的话,那他(她)带的学生也可能会受到积极的影响。反之,如果这个老师自己本身的生活态度都比较消极,文化素质又低,各方面知识都比较欠缺,又缺少教育经验的话,那这个班的学生会受他(她)多大的影响啊?能学好的就肯定没几个了。这是学校方面的。在农村,不管是石门坎还是其他地方,都一样,学生回到家里,根本就没时间做作业,回到家里就成了家里的"佣人",各种家务都包在了身上。晚上等忙完后都一大晚上了,累得不想起来,还做什么作业啊?父母也累了连开口叫孩子做作业都不想开口,这样看来,学生学不懂,不想读也可以理解的。不过按理说,上个世纪二三十年代、四五十年代,条件比现在艰苦多了,可为什么石门坎能培养出一个又一个的人才呢?现在社会进步了,条件相对来说也较好了,反而教育越落后了。好多年都不能出一个像样点的人才。就算好不容易培养出了几个大学生,也成了嫁出去的姑娘,不回娘家了。

其次,就是教徒,石门坎的基督教信徒不算多,但也不少,他们信教的,宣扬自由平等,团结互助,无私奉献,让我对信教的有了新的看法。他们不光是这样说,还这样做了。他们自愿捐资出粮,出义务工,不收任何回扣。不像现在社会里一些人,勾心斗角,损人利己,一切向"钱"看,嘴上一套,做的又是一套。所有他们教徒的这种精神很值得赞扬和推广,如果全社会都像教徒一样那将会是个怎样的和谐社会啊。

学校的豆腐渣工程。就拿云炉小学来说吧,总共三栋教学楼,有两栋是修了近二十年了,另一栋才修完五年,可在前不久的彝良地震中,损失最严重的反而是后面新修的。真想不明白现在的技术是进步还是愈来愈倒退,现在的政府是政府还是政腐。一个地方的教育,如果政府都不重视,那还能发展吗?

学生对英语、物理、化学、生物都不太感兴趣,除了极少数成绩好的同学外。他们对文科类的比较有兴趣，究其原因也可以理解。文科类的都是汉字，能读懂，而理科类的就不一样了。石门坎没有实验室，就算有也缺少专业老师指导。学生仅靠书本和老师的讲解是很难学懂的，一旦学不懂就会失去兴趣，就会形成一个恶性循环。农村的孩子不像城市的孩子那样有条件，需要什么就买什么。城市里的孩子在学校里学不懂回到家里还可以问爸爸妈妈，甚至还有爷爷奶奶，或者家庭教师。而农村的孩子呢，在学校不但学不懂，回到家里也没有问的对象，就连做作业的时间都没有，一堆堆的农活家务摆着等自己去做。更何况，农村的父母有几个懂物理化学的？

石门坎的人对去石门坎做工作和搞调查的人都很欢迎，也很配合，态度和蔼，他们也希望能借外人的手将石门宣扬出去，让石门得到好的发展。在我们走访的老人中，他们都将他们的故事毫不吝啬的说给了我们听。从他们说话时的感情和语气可以判断得出他们对现在的石门的失望。

柏格理对石门坎的苗族影响很大。当地苗族称他为"苗族的救星"，从他在石门坎的事迹来看，不愧为这个称号。他在石门坎建学校，修孤儿院、麻风病院……为石门坎的经济、教育、社会，做了这么大的贡献，使石门坎在当时远近闻名。尤其是石门坎的教育更是辉煌。说到教育，我在一些有关石门坎的书籍上看到，说当时的苗族学生占了全部的百分之八九十，也就是说汉族和其他民族只占了很少的比例。这是为什么呢？难道学校不许其他民族的孩子去上学，还是当时的汉族比较少？不过就现在石门坎的民族结构来看，当时的汉族人口应该不少于苗族，可为什么学生中汉族的比例会这么少呢？那在当时苗族都有文化了，汉族反倒落后了吗？这也许这就是为什么当时的老师和乡干部全是苗族的原因吧！

虽然我是石门坎本地人，但对石门坎的历史及柏格理却很陌生。一直到去年我在图书馆里偶尔看到杨大德写的《中国石门坎》，出于好奇，借来看了后，以及经过这次调研，现在才算对柏格理有一点了解，才意识到原来我的家乡曾经是如此辉煌。不过里面所说的都是苗族和彝族地主的一些事情，对汉族的情况却只字未提，对当时苗族和汉族的关系也没有涉及，好像石门坎这个地方没有汉族的存在似的。要是一个对石门坎不了解的人读到，可能还以为那里是苗族和彝族的集居地，没有汉族。不仅是杨大德的这本书里这样说，其他的一些资料上对汉族的情况的描述也很少。都只说苗族被彝族地主奴役统治，苗族租种彝族的土地，被剥削，没有自由等。我在想，那当时的汉族处在一种什么地位呢？这三种种族之间是种什么关系？是汉族和彝族共同奴役苗族？还是汉族和苗族都被彝族奴役统治呢？或者是汉族"与世无争"，显然第三种很不可能。众多的资料上都这样记载，当年柏格理建学校和教堂的土地是从彝族地主的手里"购来的"，而不是汉族地主的手里，那说明当时石门坎都是被彝族统治着的，汉族也同样受到奴役。可为什么柏格理来到石门坎后，众多的举措都是针对苗族，对汉族并未涉及。建立学校后也大多都是苗族学生。我之所以这样说，可能因为我是汉族吧，并且对柏格理的事迹又不了解，从小都没听到家里人说过。估计就是因为柏格理对石门坎的汉族影响小的原因吧！如果是苗族，那可能在家里随时都能听到柏格理的事迹，因为在石门坎，柏格理已经被苗族神话了。

这次调研，有人问我以后想不想回石门坎。其实现在我根本就没想过以后要回去，除非没办法时。因为那里的一切我都好像看厌了。没有什么值得我去留恋，也没有什么可以作为我回去的理由。更重要的是我回去也不能为石门坎做些什么。都说当年的朱焕章等人他们拒绝功名利禄，坚决回到石门坎，为石门坎服务，是多么可贵的精神。而现在的从石门坎出去的人却没有返回家乡服务的。如果把现在的情况和当时朱焕章他们时期的背景做个比较，很快就可以得出结论，朱焕章他们义无反顾地回到石门坎和现在的情况相反也可以理解的。想想当时的石门坎对朱焕章等人有多大的影响啊？有多大的恩情啊？他们能忘怀吗？而现在呢？根本就不能和那个时候相提并论，现在的石门坎可以说根本就不值得回去。如果当时的朱焕章等人也生活在现在的话，我相信他们并不一定会做同样的选择。

最后还是说说高考吧。这次回去，有些石门坎中学的学生问我，如果高考没能考到二本，去读专科或者读职校有没有意思？这个问题让我想到高考加分的制度。少数民族加二十分，公干子弟加十分。我一想到这里，就莫名的愤怒。为什么这个制度不改成：农村子女加二十，贫困子女加二十呢？我们汉族，也和其他少数民族的孩子一样，在一起学习，也没什么特别待遇，却偏偏高考要少人家二十分。什么逻辑啊？更可恶的是公干子弟也要加分，这简直就是有意的在拉大贫富差距嘛。农村人都是把所有的希望都寄托在读书上，一个高考完全可能断送了一家人的幸福。网上不是流行这样一句话吗？"没有高考，你拼得过富二代吗？"石门坎的农民是这样，其他地方的农民也是这样，都是把所有希望都寄托在了孩子的读书上，都希望有一天能学有所成，让日子好过些。可是高考，还说什么公平竞争，什么公正严明……简直就是瞎扯，我看一点都不公平。首先，农村的孩子和城市的孩子，他们条件不同，所得到的教育当然就不一样。城市的家庭条件好，可以请家教，自己也可以辅导孩子，那农村孩子呢？要什么没什么，只靠自己死读硬拼。怎能和城里的孩子竞争呢？更气人的是，城里的少数民族还要加二十分。这还说什么公平呢？其次，那些公干子弟，本来自己的家庭都是文化人，那家庭教育辅导肯定很到位，根本就不需要加分。恰恰需要加分的农民子女又没加。这不是使得穷的永远都穷，富的越来越富吗？农民永远为农民吗？那全国的贫富差距岂不是会越来越大？所以说，石门坎之所以现在这么落后，也没什么想不通的了。在这种制度下，不穷才怪呢？一个国家的教育制度都落后了，一个小小的乡镇还有什么好说的呢？

所有我认为石门坎之所以从曾经教育巅峰跌落到山谷，除了石门坎自身的一些原因外，更重要的是国家的政策的失误，国家教育制度的落后才导致这样的结果。

谢谢阅读，表达能力有限，请见谅。

作为一个从石门坎考出来的青年大学生，JQS亲历过贫穷、教育资源匮乏、学习条件差等西部民族地区农村基础教育的困境，也感受过以低起点、低竞争力与千军万马在高考的独木桥上生死相拼的艰难，当他以"山沟里飞出的金凤凰"的身份来回望家乡教育的落后状况时，心情是沉重的，感受是痛苦的，所以他的言辞难免有些偏激。但 JQS 的激烈言辞和偏激态度真实地映射出西部民族地区农村学生对当下我国教育政策和体制的看法及想法。

为了更深刻地了解西部民族地区农村学生的思想意识、学习动机及教育观念，在结束西部民族地区农村中小学生教育现状的调查后，课题组又补充设计一份问卷对西部民族地区农村籍在校大学生进行调查。问卷发放面涉及贵州、云南、四川、陕西、湖北、北京、上海等全国部分地区的部分高校在读的西部民族地区农村籍在校大学生，共发放问卷 200 份，收回 200 份。问卷调查结果表明，有 10.5% 的学生认为现行高考制度是公平的，有 46% 的学生认为不公平，有 43.5% 的学生认为非常不公平（见表 6 - 17）。

表 6 - 17

你认为我国现行高考制度公平吗？		统计人数：200 人
选　项	人数	百分比（%）
A. 非常公平	21	10.5
B. 不公平	92	46.0
C. 非常不公平	87	43.5

问卷中设计了较多的开放式问题，旨在让学生畅所欲言，自由地表达他们内心的真实想法。对于高考制度公平与否的原因，学生们认为公平的理由是：分数决定一切，不存在贫富贵贱之别，高考能让农村学生改变命运。而选择高考不公平的学生主要认为高考只一味追求"统一"，却没有考虑考生的先天性差别，如考生的教育条件和出生地域差别，以及地域、贫富和民族的差异。学生们普遍认为农村学生由于家庭条件差、教育机会少和教育资源缺乏等原因，在高考这一竞争平台上完全处于劣势，而国家的照顾和扶持政策力度远远不足以弥补他们先天性的缺失。

对于大学毕业后的就业问题，他们普遍表现出了担忧，甚至恐惧。有学生认为，毕业就等于失业，对于农村学生来说尤其如此。有学生表示害怕毕业季的到来，家里为送自己上大学已经负债累累，如果找不到工作，不知如何面对父老乡亲。有学生说害怕毕业胜过当年害怕高考，因为就业形势太严峻，不知该如何面对，家里没钱也没关系，不知该如何才能找到工作。

对于毕业后是否愿意回家乡、回农村，他们的回答一律表现出了不情愿。大部分学生表示上大学就是为了摆脱农村生活，改变当农民的命运，所以坚决不回农村。部分学生直言害怕回到贫穷落后的家乡，认为回去后就什么希望也没有了，苦读那么多年就白苦了。只有极少数学生说会考虑回去，因为城市就业压力太大了，回去也许能找一份正式工作，不能在城市做"凤尾"，那就回农村去做"鸡头"。

通过对多所高校西部民族地区农村籍大学生的调查，我们从另一个侧面可以更清晰地看出西部民族地区农村学生的教育观念是有问题的，他们的学习动力不足也就可想而知了。

第七章　教育客体：同而不和，华而不适

第一节 课程设置：过于同一化，未尊重西部实情

　　课程设置主要指学校对选定的各类各种课程的设立和安排。课程设置主要规定课程类型和课程门类的设立及其在各年级的安排顺序和学时分配，并简要规定各类各科课程的学习目标、学习内容和学习要求。随着教育改革的深化，我国将基础教育作为全面发展教育的重要组成部分，将"提高全民素质"作为其根本任务。目前，我国中小学要求开设的课程包括学科类和综合实践类两种，具体课程主要有：汉语（语文）、英语、品德与生活（一至三年级），品德与社会（四至六年级）、数学、音乐、美术、体育与健康等课程类型；初中阶段开设的课程有语文、数学、英语、历史、政治、地理、生物、化学、物理等课程类型。针对西部农村中小学的课程设置及落实情况，课题组对贵州省 260 所农村中小学采取问卷调查、实地观察和访谈的方式进行了较为细致的调查，对中小学教师发放了 4560 份调查问卷，对学生发放了 4088 份调查问卷。

　　为了让每个孩子都可以平等地参与教育竞争，最大限度地保证社会公平，我国制定了统一的高考制度。为了确保公平和公正，高考从考试时间和内容，到试题的命制和批改都实行了统一的管理。而统一的考试内容必然要求统一的教学内容，统一的教学内容必然催生统一的课程设置。于是，在全国统一高考的强力指挥棒下，西部民族地区农村学校的课程设置必然会更多关注全国的共性要求，从而忽视本地区本民族学生的个性需求。

　　从调查分析情况看，样本地区基础教育全部采取的是国家统一的课程计划，我国国家课程的特点是"注意了学生兴趣爱好的培养，适应

了儿童身心发展的普遍特点和规律，注意了课程的科学性与思想性的统一，理论性和实践性的结合，尤其强调了基础知识与基本技能的训练，强调知识的系统性、逻辑性。"[①] 显然，国家课程设置有着高度的科学性，对于提高西部民族地区人口的文化素质有着非常重要的作用。但如果完全照搬国家课程而不做适应性调整和补充，显然是不科学的。因为这样的课程设置，没有将国家民族"大政策"与西部民族"小气候"相融合，没有体现民族文化的"区域性"特点和民族学生心理需求的"独特性"，自然与西部民族地区农村的实际情况的适切度不高。

一　在时间安排上，没有考虑城乡差别，农村学生课程压力较大

根据《贵州省基础教育课程改革义务教育课程方案》规定，贵州省城、乡中小学生课时设置统一标准，严格执行：一—二年级每周 26 课时，三—六年级每周 30 课时，七—九年级每周 34 小时，平均每天最少有 6 个课时。然而，西部民族地区的农村学生，走读比例比较高，许多学生家离学校较远，且没有公共交通，道路崎岖坎坷，学生每天需要花费很多时间往返于家和学校之间。而且，农村孩子放学回家后大多还得做家务、干农活，学习时间明显比城里学生少，学习压力因此会大大增加。在接受问卷调查的学生中，有 2812 名学生认为课程压力大，占调查总数的 68.80%，只有 344 人认为压力不大，占 8.40%（见图 7-1）。

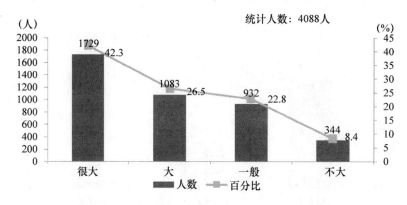

图 7-1　"课程压力是否大"问题回答统计情况

---

① 田本娜：《语文教学与儿童发展》，《湖南第一师范学报》2002 年第 2 期。

二 在内容设置上，没有体现民族特色，民族学生自我认同感差

受"大一统"思想的影响，我国西部民族地区农村中小学大多遵循国家统一的教育目标，普遍采用统一的国家课程，使用统一的国家教材，而没有增添地方课程内容。但这样的课程设置，没有顾及各民族地理位置、人文环境的差异，也缺乏对民族学生性格、心理、情感、价值观的尊重。这不仅不便于民族学生学习文化差异巨大的课程内容，更是对民族地区基础教育所担负的传承和发展民族文化重任的漠视。一种民

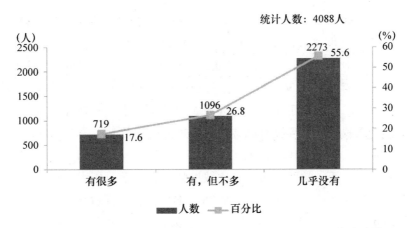

图 7-2 "学校是否有介绍本民族文化传统的课程"问题回答统计情况

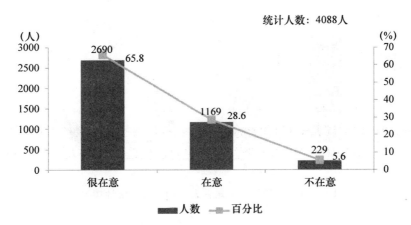

图 7-3 "你是否在意学校不开设民族文化课"问题回答统计情况

族文化的消失，意味着一个民族的消亡。教育活动对民族文化的人为割裂，会导致民族地区的学生缺少民族认同感，进而对教育活动产生一定的对立情绪。在问卷调查中，有 2273 名学生认为学校几乎没有介绍本民族文化传统的课程，占总人数的 55.60%（见图 7-2）。同时，有94.40% 的学生表示他们在意学校不开设民族文化课（见图 7-3）。这说明少数民族学生对不开设民族文化课是有不满情绪的。

三　在科目设置上，没有考虑民族学生对娱乐课程的心理需求

我国的许多少数民族有着良好的文艺修养和深厚的体育传统，少数民族学生大多能歌善舞，也十分喜欢在各种文化娱乐课程中展示自己。而在西部民族地区农村中小学现实的课程设置中，却极少有学校开设那些充分将少数民族青少年的优良品质融入其中的、针对性地强化民族地区文化艺术的课程。且在国家课程的具体落实过程中，音、体、美等国家规定课程也没有得到认真的贯彻落实，没有充分发挥这类课程寓教于乐、激发学习兴趣的作用。

教育部 2001 年发布的《教育部义务教育课程设置实验方案》规定，体育类课程占课程总量的 10%—11%，艺术类课程占课程总量的9%—11%。据此，贵州在义务教育课程方案中要求，中小学校每周至少要开设五个课时的音乐、美术或体育课程，占总课时的 21.6%，比例不算很低。但实际开设情况是怎么样的呢？为此，课题组在问卷中设计了"你所在学校除了语文、数学，还设置了哪些课程"、"你是否喜欢音乐、美术、体育等课程"、"你所在学校能否正常上音乐、美术、体育等课程"三个问题对 4088 名学生进行调查，同时设计了"你所在学校是什么样的老师上音乐、美术、体育课"这一问题对 4560 名老师进行调查。

对于"你所在学校除了语文、数学，还设置了哪些课程"这一问题的回答，有 2551 名学生选择了"音乐"，占总人数的 62.40%；有 2420名学生选择了"美术"，占总人数的 59.20%；有 2690 名学生选择了"体育"，占总人数的 65.80%；有 1946 名学生选择了"英语"，占总人数的 47.60%（见图 7-4）。总体来看，很多农村小学并没有严格按照全省课程方案的总体要求开设课程，艺术、体育类课程的开设率并不高。

统计人数：4088人

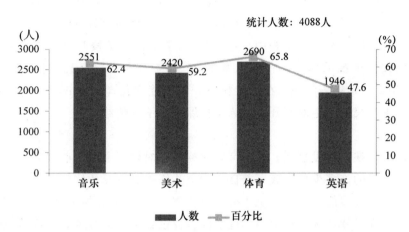

图7-4 "你所在学校除了语文、数学外，还设置了哪些课程"问题
回答统计情况

在回答"你是否喜欢音乐、美术、体育等课程"这一问题时，有
3987名学生选择"很喜欢"，占总数的97.53%；有76名学生选择
"一般"，占总数的1.86%；有25名学生选择"不喜欢"，占总数的
0.61%（见图7-5）。显然，学生们在主观上都非常喜欢音体美等娱乐
课程。

统计人数：4088人

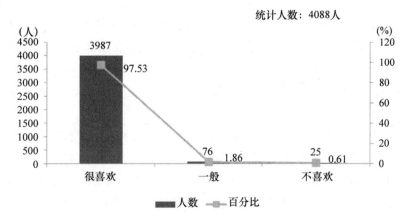

图7-5 "你对音体美课程的态度"问题回答统计情况

在回答"你所在学校能否正常上音乐、美术、体育等课程"这一问题时，有1116名学生选择了"能"，占总数的27.30%；有1983名学生选择了"不能，经常换课"，占总数的48.50%；有989名学生选择了"未设此课程"，占总数的24.20%（见图7-6）。这表明，有少数学校根本没有开设艺术、体育课程；即便有部分学校开设了此类课程，但实际上课率很低，学生们能真正在课堂上展示自己的机会并不多。

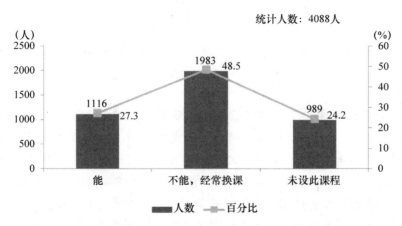

图7-6 "能否正常上音乐、美术、体育等课程"问题回答统计情况

对于"你所在学校是什么样的老师上音乐、美术、体育课"这一问题的回答，有803名老师选择了"专业老师"，占总数的17.60%；有2257名老师选择了"非专业老师"，占总数的49.50%；有1500名老师选择了"主科老师兼任"，占总数的32.90%（见图7-7）。这进一步说明，音体美课不仅数量少，而且上课质量也得不到有效保障。许多教师也承认，学校很少上这些课程，甚至是不上。不少学校音体美课程的教学内容极其粗糙简单——美术课就简单临摹课本的范画；音乐课就以教唱流行歌曲为主；体育课要么是集合跑步，要么是自由活动，一声哨子一堂课。有的学校完全忽视音体美课程，直接用其他课程取代这些学科。

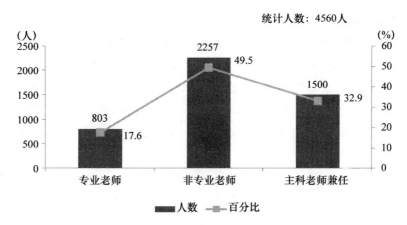

图 7-7 "你所在学校是什么样的老师上音乐、美术、体育课"问题
回答统计情况

2012 年 4 月 11 日，在人民大会堂新闻发布厅举行的"爱心包裹项目圆梦 2012 大型公益行动全国启动仪式暨 2011 年总结表彰大会"上，中国扶贫基金会秘书长助理陈红涛谈到义务教育阶段的音体美课程时曾这样说道："音体美课程对孩子的人格成长、情感陶冶以及智能提高都能起到非常重要的作用，也是培养学习兴趣、丰富学习方式、改进学习状态的需要。西部民族地区农村音体美教育的薄弱进一步拉大了城乡教育差距，也会使农村学生在将来的竞争中处于更加不利的地位。"[1]

尽管国家三令五申地强调音体美以及英语等课程的重要性，但当前西部民族地区农村中小学开设情况却十分不佳。正像遵义市新蒲新区虾子镇清坪小学的高级教师 W 老师所言："从遵义师范学院毕业到现在，我工作了 19 年，除了上语文，学校还给我安排了英语课。领导说'本科毕业的主科老师总比那些无法胜任主科的音体美老师强百倍……其实我自己很清楚，我的这种 Chinglish（意为中文式英语）是有很多问题的。语法我讲不清楚，口语我就更差了，自己常年的哑巴英语却要教学生说。单词也有很大的问题，现在好多新单词我上学时没学过，需要翻词典才搞得懂意思，读错或是发音不标准是常有的事儿。"相较于繁忙

---

① 中国广播网：《爱心包裹项目圆梦 2012 大型公益行动启动》，2014 年 10 月，网易新闻网（http：//news.163.com/12/0411/15/7UQQITEG00014JB5_ all.html）。

的 W 老师而言，新舟小学的 Y 老师就轻松得多："我一周大概有 5 个班的 10 个课时的体育课，通常情况下，就上一两节，要么早上语文老师就把下午的课要去上了，要么就是我到了操场学生跑来告诉我数学测验要耽误几分钟，通常情况下，刚正式上课几分钟，下课铃就响了。"

对于课程设置问题，课题组专门走访了曾因其科学合理而又丰富多彩的课程设置而大获盛赞的石门坎光华学校（现更名为石门民族学校）。20 世纪上半叶，这里曾开设体育、音乐、美术、科技文化和劳作课等丰富多彩的课程。百年学府如今的课程设置如何呢？来到石门坎中心小学的教务办公室，我们看到了他们的一周课表，在此我们选取"星期四全校一至六年级的课表"为代表来进行分析（见图 7－8）。

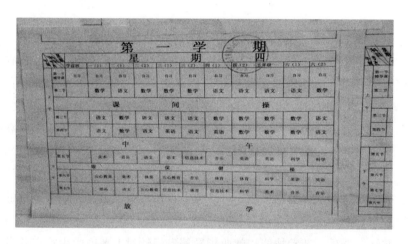

图 7－8　石门坎中心小学课表（星期四）

课表上显示，早上第一节课为"自习课"，第二、三、四节均为"语文、数学"，下午除了"语文、数学"的课程以外还开设了美术、音乐、信息技术、体育、思品（思想与品德）、科学以及五心教育等课程。由这张课程表可统计出：全校一至六年级共 10 个班，周四一天全校除辅导课（自习课）外共 60 节课，其中语文 17 节、数学 14 节、英语 6 节，体育 4 节、美术 3 节、音乐 5 节、科学 4 节、信息技术 3 节、五心教育 3 节、思想与品德 1 节。各科目所占比如图 7－9 所示：

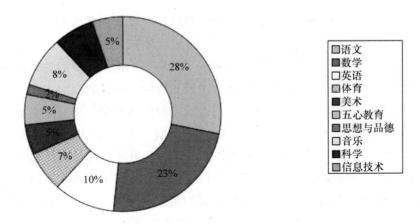

图 7 - 9　石门乡 S 小学星期四各学科所占比

　　语文数学两门"主科"课程占了全校当天总课程的 51%，音乐、美术、体育一共占 20%，从课表来看，课程的设置符合教育部以及贵州省的课程方案规定。但在访谈调查中，我们从老师和学生那里得知，所有的"辅导课（自习）"都是由"主科"老师负责，一般情况都用来上语文课、数学课和英语课。所以，"主科"所占的实际比例比课表上显示的要高很多。而对于艺术、体育类课程的落实情况，老师们表现出了比较淡漠的态度，认为这些课程不重要，不影响升学。而学生则表现出比较失望的态度，表示对这些课程很感兴趣，可学校不重视。由此可见，如今该校的课程设置与升学考试所规定的考试内容密切挂钩。20 世纪该校曾开设的足球、游泳、器乐、劳动技能、就业指导等专门针对本地区学生特点开设的课程已经没有了踪影；曾经专门针对当地少数民族学生特点开设的素质教育类课程如今已不再受重视。如今该校的艺术、体育类课程在数量和质量上都远不及当初的水平了。曾经威震贵州的"足球之乡"现如今已经没有了足球课，学生们甚至连足球都没有摸过；曾经多次举办县级大型运动会和各类文体活动的校园山坡如今已长满了荒草。原石门乡政府秘书张国辉十分遗憾地告诉我们："曾经石门坎的田间地头能时常听到学生们悠扬婉转的歌声，如今再也听不到了。曾经石门坎学校的足球队打败军阀杨森的队伍，名扬四方，可如今柏格理修建的足球场已经荒凉了，到处是野草，再也见不到苗民们赤脚奔跑在球场上挥汗如雨的情景了。听不到学校里传来的歌声，见不到学校举办大型的文体活动，原本能歌善舞、擅长射箭骑马的苗族、彝族人现在好像什么也不会了。"

石门坎学校艺术、体育类课程数量少、质量低的情况在其他西部民族地区中小学也普遍存在。在课题组走访的贵州、云南、广西、四川等多个省份的几十所农村中小学中，音体美课的开设情况都不好。学校的课程未能满足农村少数民族学生的心理需求，也严重影响了农村学生的艺术修养和能力培养。在发达地区和城市地区，学生除了在学校接受各类艺术、体育课程的教学外，还有很多的机会在社会生活中接受熏陶，看电影、听音乐会、观看球赛、参加各类文体活动，还有各种兴趣特长班可以选择。而农村学生除了在学校接受文体课程的教学和参加学校文体活动外，没有其他接受熏陶的机会。所以城市和农村、发达地区和落后地区学生在艺术能力方面有着很大的差距，这种差距从高校学生身上可以更明显地感觉出来。贵州师范大学团委副书记 Y 老师告诉我们："我们学校学生艺术社团的学生大部分来自城市，这些学生从小就参加过各种艺术培训班，有些学生歌舞琴棋书画样样学过。而农村籍学生很少具有这方面的素质和能力，除了像黔东南这样非常注重民族文化发展的少数民族地区，学生从小就在田间地头跟着爸爸妈妈学会了唱歌、跳舞、吹芦笙外，其他地方的农村学生基本上是歌不会唱、舞不会跳、乐器不会玩的。"

四　从课程管理实际来看，三级管理形同虚设，课程的适切性无从保证

2001 年国务院在《关于基础教育改革与发展的决定》中对我国中小学的课程设置提出明确要求："实行国家、地方、学校三级课程管理。国家制定课程发展总体规划，确定国家课程门类和课时，制定课程标准，宏观指导中小学课程实施。在保证实施国家课程的基础上，地方可开发适应本地区的地方课程，学校可开发或选用适合本校特点的课程。"近年来，按照国家的统一要求，我国东部和中部不少地方已开发出不少具有地方性知识特色的乡土教材，乡土知识传承和乡土课程建设也逐渐受到关注，地方教材和校本教材也渐渐自成体系。相形之下，西部民族地区的地方课程和校本课程开发情况却并不乐观。在对西部民族地区农村中小学的老师进行的问卷调查中，只有 666 名老师回答所在学校正常开设了地方课程或校本课程，占总数的 14.60%；有 2166 名老师选择不开设此类课程，占总数的 47.50%；还有 1728 名老师回答很少上此类课程，占总数的 37.90%（见图 7 - 10）。

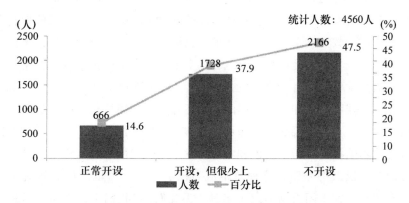

图 7 - 10 "你所在学校是否开设地方课程或校本课程"问题回答统计情况

关于很少开设地方课程或校本课程的原因，有 3858 名老师认为是"没有教材"，占总人数的 84.60%；有 3716 名老师认为"意义不大，不想上"，占总人数的 81.50%（见图 7 - 11）。这说明地方课程或校本课程在西部民族地区农村开设不好，既有缺少教材等客观原因，也有老师们不想上等主观原因。

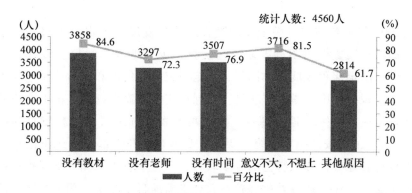

图 7 - 11 "学校很少开设地方课程或校本课程的原因是什么"问题
回答统计情况

总而言之，西部民族地区农村中小学课程结构存在着"主学科"课程"独占鳌头"、综合课程"形同摆设"、校本课程"名存实亡"、地方课程"鲜人问津"的问题。

五　从课程评价机制来看，成绩评价占据主导，课程的本土化缺乏推力

虽然我国早已提出要进行"素质教育"，要建立"学校主导，国家、老师、家长和学生共同参加的课程评价体系"，但由于操作困难等原因，这样的体系至今仍未形成。在"应试教育"的机制下，"以分数论高低"的评价观念始终占据主导，基础教育的评价标准也总是停留在"分数"上。同样，西部少数民族地区的教育，也深受"应试教育"的影响。由于考试标准的一致性，身处于浓郁的民族文化氛围中的教育者和受教育者，也必须顺应以"汉文化"为主的国家课程的教学评价而放弃或忽视本土化课程的开设。国家提出的科学的三级课程设置在"考试"这根魔法棒的指挥下被任意改变，形同虚设。在问卷调查中，有 3580 名老师认为影响当前地方课程、本土课程设置不能有效落实最大的因素是"课程评价不科学"（见图 7 - 12）。

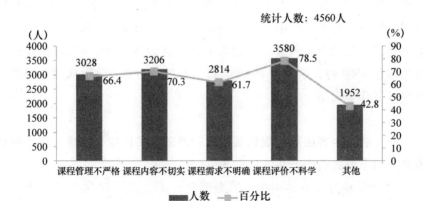

图 7 - 12　"当前课程设置不能有效落实的最大原因是什么"问题回答统计情况

第二节 教材教法：追求城市化，欠考虑农村特点

教学过程是教师、学生、教材（教学媒体）三大教学构成要素之间的互动过程。作为教学三要素之一的"教材"含义具有多元化的特点。"作为最普遍的广义界定，教材包括了教师在教授行为中所利用的一切素材和手段，教材包含教科书。教科书（textbook）是根据学科课程的构成加以系统编制、供教学用的教师和学生用书，教科书集中反映了国家教育理念，具有鲜明的政治性、历史性、系统性和权威性。"① 教科书是一种主要的教材，但不能完全代表教材。课题组在对西部民族地区农村中小学进行走访和调查时发现，由于老师和学生们认识上的模糊，加上教学资源的匮乏，他们往往把教科书与教材混为一谈。为了配合西部民族地区农村中小学的实情，课题组在此章节中所讨论的教材也基本上只限定于教科书的范畴。"教法也称教学方法，是教师和学生为了实现共同的教学目标，完成共同的教学任务，在教学过程中运用的方式与手段的总称。"②

当前，课题调查的样本地区的农村中小学使用的基本都是人教版的统编教材。为了深入了解该教材在西部民族地区农村使用的实际情况，掌握西部民族地区农村中小学教师在教学中使用教学方法的情况，课题组开展了专门的问卷调查。问卷发放范围涉及贵州 260 所农村中小学，教师问卷 4560 份，学生问卷 4088 份。通过对问卷的分析梳理，课题组发现以下几个问题：

一 教材内容因重视现代化的进程而忽视了民族化风格，本土教材的开发流于形式而未产生实际效果

1999 年 6 月，中共中央、国务院出台了《关于深化教育改革全面推进素质教育的决定》，在该决定中对中小学教材的编写作出了十分明

---

① 俞静娟：《教材解读的偏颇与三个维度——以〈美国联邦政府的建立〉一课为例》，《教学与管理》2013 年第 7 期。

② 冯燕茹：《浅谈中职实训教学方法》，《职业》2007 年第 21 期。

确的规定："要增强农村特别是贫困地区义务教育的课程、教材与当地经济社会发展的适应性。"尽管国家作了如此明确的规定，但在教材的实际选编过程中，部分民族地区为了让学生适应现代社会的市场需求，一味追求"城市化"和"现代化"，而忽视"地方化"与"民族化"。教材内容很少涉及乡土社会的就业技能、务农的基础地方性知识、本地传统经济活动知识和自然地理知识等，更不会涉及当地社区的历史族群本土文化。从短期效果来看，这样的培养目标紧跟我国快速城市化、现代化的发展趋势，具有一定的合理性和实时性。但从民族地区的长远发展来看，这样的培养方式带来了不少负面作用，形成了西部民族地区农村学生"离农"的思想，割断了民族文化传承的血脉。

在接受问卷调查的 4560 名老师中，就当前使用的教材有 3105 人认为"内容丰富，选材合理"，占总人数的 68.1%；有 3121 名老师认为"符合儿童的认知水平"，占总人数的 68.4%（见表 7 - 1）。显然老师们对教材总体评价较好。

表 7 - 1

您认为当前使用的教材有什么优点与特色？（可多选，也可补充）	统计人数：4560 人	
选 项	人数	百分比（%）
A. 内容丰富，选材合理	3105	68.1
B. 符合儿童的认知水平	3121	68.4
C. 与日常生活与实践结合，不抽象	1103	24.2
D. 顺应时代发展浪潮，便于学生认知新事物	1324	29.0
E. 有助于学生与实践结合，学以致用	1002	22.0
F. 继承传统优秀文化，对学生思想道德有很好的启发教化作用	1852	40.6

但对于"当前教材有哪些不足"这一问题，有 3214 名老师认为"与当地发展水平及学生的日常生活距离太大，学生理解较困难"，占总人数的 70.5%；有 2332 名老师认为"内容多且难，老师不好教，学生不好学"，占总人数的 51.1%；有 987 名老师认为"内容不实际，学生不能很好地用于实践"，占总人数的 21.6%（见表 7 - 2）。显然，在西部农村地区，脱离实际、内容多且难是现行教材存在的主要问题。

表 7 - 2

您认为当前使用的教材有哪些不足?(可多选,也可补充)	统计人数:4560 人	
选　　项	人数	百分比(%)
A. 内容多且难,老师不好教,学生不好学	2332	51.1
B. 内容不实际,学生不能很好地用于实践	987	21.6
C. 与当地发展水平及学生的日常生活距离太大,学生理解较困难	3214	70.5
D. 版本过时,不利于学生学习新知识	502	11

　　从第六章第二节第 265 页图 6 - 40 对"您对现在学校用的教材有什么看法"的统计情况显示,有 70.43% 的学生认为"现用教材内容难懂";有 23.78% 的学生认为"现用教材既难懂,也不适合农村使用";只有 29.57% 的学生认为"现用教材好懂、有趣、有用"。

　　为了进一步考察原因,2012 年、2013 年、2014 年课题组连续三年组织到贵州师范大学参加贵州省"国培计划——西部农村教师培训计划"的农村中小学教师进行座谈交流,并进行了群体和个体访谈。贵州省习水县仙源镇 H 小学的 L 老师在座谈会上说:"一分为二地说,现在的教材信息量很大,我们语文教材就不像他们其他学科的教材。前几年,教材中外国的文章、科技文章篇幅较少,而这几年的教材里出现的很多文章对于我们来说很难讲解,即使老师讲解了,农村孩子也理解不了。比如人教版六年级的《千年梦圆在今朝》这篇课文,讲解完以后,孩子们问我'月球是什么样的?飞船呢?''太空是什么颜色的?'虽然我尽全力给他们做了解释,可是他们眼里还是充满着迷茫。"贵州省独山县基长镇小学 W 老师说:"L 老师,你说的是啊,这些东西给孩子们解释不清楚。一次,我的学生抱着英语书问我'老师,书上总是在说披萨,什么是披萨?披萨是什么味道?'当时我愣住了,我自己也没有见过啊,我也不知道是什么味道,我怎么给学生解释呀,唉……"贵州省玉屏县大龙中学的 L 老师担任物理学科的教学,他认为农村学生由于认知水平要比城市学生低,所以同样的教材内容对于同样年龄的学生来说,农村学生自然会比城市学生更难理解和接受,他举了一个自己上课过程中出现的实例:"在教《牛顿第一定律》的惯性知识时，课本上举的例子是汽车启动或急刹车，当时班上大部分学生都理解不了，因为他们从来没有坐过汽车，只有几个曾经外出到过父母打工城市的学生很容易就明白了急刹车的感受。我想这也就是城市和农村学生的差距吧。其实，编写教材时如果根据农村学生的认知情况，将急刹车的例子改为赶着牛群飞奔，在下陡坡的中途很难停下来的例子，农村学生一定很快就能理解了。"谈及教材中出现农村学生不易理解的内容时，几乎每一位老师都有很多话想说，都有很多实例想要告诉我们。总体来说，他们认为现在农村中小学使用的教材内容很丰富，知识结构也很完善，但对于农村学生来说存在不少难以理解和接受的内容，他们建议编写教材时尽量考虑农村学生和教师的实际情况，做适当的调整。

而在谈及农村学生对教材内容的接受能力问题时，这些长期工作在西部民族地区农村基础教育第一线的老师们纷纷说出了自己长期以来的深度思考。"农村孩子和城里孩子不一样，农村孩子胆子要小一些，不像城里孩子那样出场，而且他们在家里没有接受过太多的智力开发和启蒙教育，也没有良好的学习习惯和思考习惯，所以接受新知识的能力一般都比较差。"贵州独山县基长镇小学的 X 老师说。"我个人觉得现在我们使用的苏教版和人教版教材内容很丰富，信息更新也很快。这本来是件好事，但是对于没见过世面的农村孩子来说却很难适应。农村孩子大部分都没有接受过学前教育，进小学时，他们的知识基础基本为零，但在小学一年级的语文课本中，每一课都有很多生字词，数学教材每一课的知识含量也很大，计算题非常多。零基础的他们根本没法在短时间内突然接受那么多的新知识，所以刚上一年级他们就会感觉到沉重的学习压力和负担，久而久之，怕学和厌学的情绪也就产生了。"贵州省威宁县龙街中学 W 老师说。"在我多年的教学经验中，农村孩子虽然起步晚、起点低，但是他们踏实努力，他们身上的那股能吃苦的劲儿是城里孩子所不具备的。并不是我偏心，多数情况下农村孩子真的要比城里孩子好教。但毕竟他们的学习环境不如城市孩子好，他们接受知识的渠道比城市孩子要少很多。城市孩子家庭文化氛围好，社会生活的文化氛围也很好，而农村孩子大部分都生活在文盲家庭，他们周边的生活环境也缺乏文化熏陶，只有在学校才可以接受到知识文化的熏陶，教科书是他们学习知识、了解世界的重要渠道，因此教科书对他们来说有着十分重要的意义。可是现在的教科书，从一年级起点就很高，课程节奏也很快，不少学生刚进入一年级就学不走跟不上，基础没打好，越到高年级就越感觉学习困难，最后只好知难而退，放弃学习。"贵州石阡县五德镇初级中学 G 老师说。

综合教师问卷结果和访谈信息可以看出，学校教材对于西部民族地区农村中小学生来说意义非常重大，原因有三点：首先，农村孩子基本没有接受过早期教育（西部较多农村地区没有开办幼儿园和学前班）就直接上小学，所以小学教材，尤其是低年级教材成为了他们的人生启蒙读物，担负着重要的启蒙作用。其次，农村学生接受知识的方式与城市学生不同。教材是农村孩子接受知识最主要的甚至是唯一的来源，如果教材包含的知识面广，农村孩子学到的就相对较多；而城市孩子可以通过互联网、电视媒体等多种渠道认识事物，教材只不过是他们学习知识的众多媒介当中的一种，教材对他们来说就不会具有对农村孩子那么重要的意义和价值。最后，农村学生的家庭教育水平较低，甚或缺失家庭教育。家长是孩子的第一任老师，家长的素质在一定程度上影响着孩子的素质。而西部民族地区农村学生家长的文化素质普遍较低，因此学生的家庭教育存在很大的缺失。家庭教育的缺失需要学校教育来作填补，而对于农村中小学来说，教材无疑是学校教育的重要内容和渠道。由上所述，教材内容的编写对于农村学生来说尤为重要。教材不仅要为学生提供大开眼界、了解世界的通道，更要让孩子在学到知识的同时学到人生真正的"宝贵财富"。

为了深入了解西部民族地区农村基础教育第一线的老师们在教材编写方面的看法和意见，课题组在问卷中设置了一个开放式问题："您认为农村学校教材在编写与选材时应注意哪些问题？"老师们的回答主要有：应注意教材的适用性、启发性，注重学生的动手能力及综合能力；注意城乡孩子的接受能力的差别，注重城乡学生学习能力的差别；注意教材内容与农村学生实际相吻合，每一课新知识新内容少些，巩固练习多些，多些适龄的内容；与当地经济社会实情结合，注重人文知识和德育教育；与学生认知水平相结合；注重学生思想道德的培养；注意知识的连贯性，难易程度；注意知识的更新，有时代特点；选材不要太复杂；与学生兴趣相结合，与实际生活相结合；注意知识的实用性和工具性特征。

日本学者松田义哲曾提出三条教材评价的标准："一是内容是否适应学生的经验和个别差异；二是是否符合社区的要求；三是是否适合社区儿童的认知。"[①] 我国教育部教育课程改革工作组专家钟启泉教授也提出："教材必须适合学生的发展，内容本身要适应，学生能够掌握相应的'理解内容的方法'（技术、方法、手段）；教材必须与社区相结合，教材要有利于学生接触社会现实。所谓教材的'社区性'是指教材本身蕴含的社区性，是反映了现实社区的普遍性的教材。"[②] 由此可见，教材使用效果既与教师和学生自身素质等主观因素密切相关，也与教师及学生所处的地域特点等诸多客观因素有关。然而，我国地域宽广，人口众多，各地经济文化发展存在着巨大差异，统一的教材和划一的课程内容显然并不能满足不同地区教育和学生发展的需要。从 1999 年开始，中央开始"三级课程体系"的建构，中共中央、国务院专门提出"调整和改革课程体系、结构、内容，建立新的基础教育课程体系，试行国家课程、地方课程和学校课程"的改革计划，为各地区各学校自主开发课程资源提供了较大空间。这无疑是一个非常有意义的决定，只可惜在西部民族地区农村基础教育中没有得以落实。

我国国家教材注重的是全国各民族、各地域的均衡需求发展，专门针对个别地区学生需求的内容较少，因此地方教材、校本教材的编制无疑是各地区、各学校按照自身情况对国家教材内容进行完善和补充的最好方式。近年来，我国一些地方在地区课程和校本课程的开发方面取得了一定的成绩，地方教材和校本教材的编写也有了一定的成效。石门坎在教材建设方面曾有过非常成功的经验，20 世纪 30 年代诞生于石门坎的《千字课》曾取得过十分良好的使用效果。故在课题研究过程中，课题组专门就本土教材开发问题到石门坎进行实地调查，课题组惊喜地

---

① 牛金成：《小学综合实践活动课程内容的分析及评价》，《教育测量与评价》2009 年第 11 期。

② 钟启泉：《学科教学论基础》，华东师范大学出版社 2001 年版，第 89 页。

发现石门乡中小学的课程表上也多了一门由威宁县教育局自己开发的地区教程——五心教育（见图 7－13）。"五心"是指"忠心献给祖国"、"爱心献给社会"、"诚心献给他人"、"孝心献给父母"、"信心留给自己"。

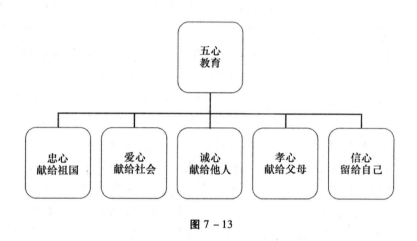

图 7－13

课题组专就这门课程的开设情况对石门坎中心学校的领导、老师和学生进行了访谈。石门坎中心小学的校长告诉我们："这门课程主要是培养孩子责任感的，是为了响应上级领导的安排而设置的。学校没有专任老师上这门课，一般由班主任上，无形增加了班主任的课程任务。由于是上级行政部门安排的，学校不敢换成其他课。但是真正培养孩子的责任感、道德素养还是要依靠孩子们的启蒙老师。家长应该和我们一起来注重孩子道德等的培养。书本是纸上的，我们要一起将纸上的落实到行动上。"石门乡中小学的大部分老师对这本教材都表现出了一种矛盾的态度，他们认为教材的编写动机很好，内容也适合农村学生的认识水平，但教材内容太空洞，过于形式化和说教化，教授效果并不良好，基本上只是流于响应政府号召、开发地方教材的形式而已。学生们对这本教材则表现出了反感的情绪，主要原因是觉得教材内容无趣，而且对这本教材的学习凭空增加了他们本已繁重的学习负担。"我们不喜欢这门课。本来政、史、地要求我们要背要掌握的知识就够多了，现在又多了这么一门课，感觉更累了。平时开设这门课，教育一下我们就行了，为什么考试的时候还要考，难道这门课考试分数高就代表道德品质高吗？简直就是浪费我们的时间。"石门乡中心学校初三的学生小 F 大胆地说出了同学们的想法。

《五心教育》教材的内容主要是围绕"忠心、爱心、诚心、孝心、信心"编写的，在调查问卷中，课题组专门设计了同质的问题："你最崇拜的人是（　　）。A. 商人　B. 明星　C. 我的老师　D. 我的父母"其中有 1894 人（约 46.3%）选择了"A. 商人"，2010 人（约 49.1%）选择了"B. 明星"，116 人（约 2.8%）选择了"C. 我的老师"，68 人（约 1.6%）选择了"D. 我的父母"。课题组专门就"《五心教育》教材"的学生适应情况等相关问题在石门乡中心学校初三（1）班举行了主题班会进行讨论，学生小 P 说："《五心教育》告诉我们应该崇拜自己的父母，还应该崇拜我们的老师，可是没有说服我们的理由，我为什么要崇拜父母和老师呢？仅仅因为父母辛苦我就应该崇拜他们吗？说实话，我心里并不崇拜我的父母，我更崇拜商人和明星，他们都很有钱啊，如果我有钱就不用像父母那样劳累了，我如果有钱还可以帮助很多读不起书的孩子。当老师也没啥了不起，工资又低，还那么辛苦。"G同学说："我爱我的父母，但我不崇拜他们，他们既没知识又没钱，生活蛮辛苦的。我崇拜明星，他们走到哪都有那么多人围着，有那么多粉丝崇拜他们，他们多幸福啊。"C 同学说："《五心教育》里说的道理我们都懂，什么做人要有爱心、忠心、诚心等，谁不会说呢？我也会说，干吗还要我们专门去学去背？感觉背那些口号很无聊，而且为什么要考试呀，我们平时有孝心、有爱心、有诚心就可以了呀，难道非要考高分才表明我们有孝心、有爱心、有诚心吗？"

威宁县教育局开发《五心教育》这门课程的初衷是培养孩子崇高的道德品质，这样的初衷和动机无疑是很好的。同国家统一编写和使用多年的《思想与品德》等课程一样，《五心教育》的编写宗旨在于对孩子的道德品质的培养。但是这门课程和教材并不能从根本上改变孩子的道德行为，当一本教材的内容被大量"口号"和"教条"占据，当一门课程的开设在孩子心中成为"分数"和"负担"，在教师心中是"不断增加的工作量"时，这门课程也就不可能取得很好的实际效果了。显然，由于《五心教育》内容过分说教化，脱离生活实

际，故不能让学生们产生真切的感受。加上学校采取考试的方法来对
教材的学习情况进行评判，最终导致学生们对课程和教材产生了严重
的排斥心理。

由上可见，威宁县本土教材《五心教育》的开发只不过是完成政
府要求而已，并未取得任何实际效果。地方课程和本土教材开发不力的
情况在西部其他省、其他地区、其他学校也是十分普遍的。要么是没有
开发出好的本土教材，要么是有了好教材却又没有很好地落实。以贵州
省为例，早在 2003 年，北京大学中文系教授钱理群、贵州作家戴明贤
与时任贵州省教育厅副厅长的封孝伦就合力编写了一本贵州省的本土教
材《贵州读本》。这是一本专为贵州青少年量身编写的本土教材，全书
共分为十编，编者将贵州美丽的山水、多彩的风情、丰富的文化，用优
美感性的文字加以展现。书中收录了许多历史上的名士描写贵州民风习
俗、风物志趣的感言、论文，算得上是一部高质量的本土教材。该书的
作者之一，曾在贵州生活过十八年，把贵州视为自己的第二故乡的钱理
群教授是我国当代著名的人文学者。他在该书的前言中说："当远离自
己生长的土地，远走他乡与异国，成为越来越多年轻人的选择时，青年
一代对生养、培育自己的土地知之甚少，对其所蕴含的深厚文化，对厮
守在土地上的人民，在认识、情感、心理上产生疏离感、陌生感，不仅
可能导致民族的精神危机，更是人自身的存在危机。"[①] 出于这样的忧
虑，该书的编者们大声疾呼："认识我们脚下的土地！"[②] 在他们看来，
编写和使用这本教材对于贵州省的本土文化教育具有着重大的意义，他
们十分严肃地称之为"一个重大的教育课题"。这本教材出版至今已有
十三个年头，但它的使用情况和落实情况并不乐观。贵州省很少有中小
学真正在教学中使用这本教材。贵州师范大学文学院教学理论教研室的
C 教授，关注贵州省中小学语文教学研究很多年，对贵州省的中小学语
文教学情况十分了解。C 教授告诉我们："《贵州读本》是一本非常好
的本土教材，洋洋五十多万字的著作充满了对贵州这片土地深挚的爱，
内容十分丰富，不仅对贵州的历史、地理、民族、人物、饮食、信仰、

---

① 钱理群、戴明贤、封孝伦：《贵州读本》，贵州教育出版社 2003 年版，第 5 页。
② 同上。

风俗等进行了细致的介绍，还对贵州文化进行了新的阐释。这本教材对于贵州青少年的精神成长和民族意识的培养都具有着巨大的作用，但遗憾的是，这么好的教材却没有能很好地在各地的学校中普及。现在的学校都忙于抓升学率，忙于应付考试，对于这样的素质教育读本根本不予重视。"

二 教学方法因服务于应试目标而忽视了素质培养目标，因城市化倾向而忽略了农村特点

"教学方法是教学过程中教师与学生为实现教学目的和教学任务要求，在教学活动中所采取的行为方式的总称。"[①] 为了深入了解西部民族地区农村中小学的教学方法使用情况，课题组专门设计了关于农村教材教法的调查问卷，向样本地区的 260 所中小学的 4560 位教师发放，问卷覆盖双语教学、教师课堂组织模式、教辅工具使用等多个方面的问题。此外，在针对学生发放的《西部民族地区农村基础教育情况调查问卷（学生卷）》中，课题组也设置了教学方法的相关问题。在进行问卷调查的同时，课题组还奔赴贵州省、四川省、云南省、广西省的多个农村中小学进行实地的调研考察，专门对各地农村中小学教师进行了相关问题的访谈。多种调查结果显示，西部民族地区农村中小学在教学方法方面存在着两种明显的倾向。

（一）过度为高考服务，为应试教育服务，忽视了对学生素质的培养和能力的提升

长期以来，为了追求高分和好成绩，农村教师通常死板地使用"填鸭式"教学，进行满堂灌式的知识教授，缺乏对学生能力培养的意识。近年来，随着绩效工资制度的推行，加上社会和政府对学校、教师教学效果的评价体系以考试为中心，教师的绩效工资等与学生考试成绩直接挂钩，所以教师为了追求高分，更是一味地注重知识灌输，忽视能力培养。在针对教师的问卷中有这样两个问题："作为教师，你是通过何种方式对学生学习情况进行评价的"、"你在教学过程中，会使用哪些教辅工具"。

---

① 李方：《论教学方法的概念及历史变迁》，《现代教育论丛》2002 年第 4 期。

在回答"作为教师,你是通过何种方式对学生学习情况进行评价的"这一问题时,选择"课堂表现"的有4042人,占总人数的88.3%;选择"作业质量"的有3256人,占总人数的71.1%;选择"考试成绩"的有3486人,占总人数的76.1%;没有老师对答题内容进行补充(见表7-3)。通过各选项的数据分析可见,西部农村教师对学生学习情况的评价方式比较传统和单一,主要是依靠课堂表现、考试成绩和作业质量。这样的评价方式容易"一竿子打死",影响学生学习的积极性,在一定程度上会对学生的心理造成"分数是一切"的阴影;容易忽视学生生存技能或其他特长能力的培养,不利于学生全面发展;同时,这样的评价方式也会影响到老师们对教学方法的选择和运用。

表7-3

作为教师,你是通过何种方式对学生学习情况进行评价的?
(可多选,也可自行补充)   统计人数:4560人

选 项	人数	百分比(%)
A. 课堂表现	4042	88.3
B. 作业质量	3256	71.1
C. 考试成绩	3486	76.1

以考试成绩来评价学生的老师必定会更多地注重学生的应试能力,而不会在意对学生素质的培养。在课堂教学中,他们也就会相应地按照考试内容"填鸭式"地给学生满堂灌。在走访和调查中课题组发现,西部农村教师大多采用"一本教材一本教案一块黑板一支粉笔"的传统方法。在回答"你在教学过程中,会使用哪些教辅工具"这一问题时,有2089人选择"多媒体",占总人数的45.81%;有3103人选择"辅导书",占总人数的68.04%;有2526人选择"相关道具",占总人数的55.39%;有86人选择"什么都不用",占总人数的1.89%(见表7-4)。

表 7 - 4

你在教学过程中，会使用哪些教辅工具？（可多选）		统计人数：4560 人
选 项	人数	百分比（%）
A. 多媒体	2089	45.81
B. 辅导书	3103	68.04
C. 相关道具	2526	55.39
D. 什么都不用	86	1.89

贵州省贞丰县珉谷镇牛坪小学 C 老师在访谈中说："我今年五十四岁了，到这个年龄段的人啊，老了，多媒体什么的都不会用。县里组织过专业培训，可是我什么都没学到，反正培训什么的最后全部都会让大家过关的。就算学会了回到学校也没有多媒体给我们操作，即使有电脑有设备也没有网络，很多资料也找不全，最后还不是跟没学过是一回事。"C 老师还告诉我们："现在镇上所有小学都安装了一间多媒体教室，我们只进去过一次，那还是在上级领导来检查的时候。我手里唯一的一本辅导书还是几年前去城里参加培训的时候买的，丢在抽屉里头，翻都没有翻过。"

除了像 C 老师这样不把现代教学手段当一回事的老师外，也有部分农村学校的教师是因为考虑到绩效工资而不得不放弃现代教育技术的运用。贵州省水城钟山区双戛乡双戛小学六年级任课教师 M 老师告诉我们："国家实行九年义务制免费教育以后，现在小学升初中很容易，学生即使考 0 分也能读初中。不过，虽说现在小学毕业升学率为100%，但学生升学考试的成绩还是会影响到我们老师的切身利益。每年小升初考试结束后，县里都会召开工作会议，虽然会上没有明显的评比，但是我们每个毕业班的老师都清楚，学生的成绩对我们而言就是绩效工资。除去毕业班，其他年级也一样，老师的绩效工资都是与学生的考试成绩直接挂钩的。一个学期的绩效工资有三四千块钱，差不多等于我们平时一两个月的工资了，为了能得到更多绩效工资，老师们都把心思花在了怎样提高学生分数上面，根本没有多少时间来研究什么现代教育技术。唯独在参加优质课比赛等教学活动时，老师们才会有心思来慢慢制作相应的多媒体课件。"

　　除了对语文、数学等"主科"课程的教师教学方法进行相关调查和访谈外。课题组又对其他"非主科"课程如音乐、美术、体育、科学等学科的教学方法运用情况进行了调查。我们了解到：西部民族地区农村"副科"课教师的教学大多采用传统、单一的教学方法，如音乐课教师多是"老师唱一句，学生唱一句"，明显的"你方唱罢，我方登场"的模式；美术课则遵循了"照着画"的教学方法；体育课多数情况下是"上课十分钟，课间四十分钟"；科学课等则是完全"照本宣科"，既无观察，也不实验。

　　玉屏县亚鱼九年制学校的L老师是三年级班主任，他除了上两个班的语文课外，还担任相应班级的音乐课教学，L老师在访谈中说："我主要是教语文的，音乐课是顺便带着上的，我不是音乐专业毕业的，我也不清楚音乐课到底该怎么上。我只记得我们小学时老师上一节音乐课就教我们唱一首歌，她唱一句，我们跟着唱一句，所以我现在也采用这个方法。我一般带着学生唱两到三遍，聪明的学生可以学会，笨一点的学生可能学不会，学不会也没关系的，反正音乐课又不考试，也不参加评比，学生会不会无所谓。少教几遍的话，我还可以省下一些时间来教学生做语文练习。"

　　课题组在水城县滥坝镇新河小学调研时旁听了一堂二年级的音乐课，课程内容是教授歌曲《小红帽》。歌曲《小红帽》是根据德国童话作家格林的童话《小红帽》编写的一首儿童歌曲，歌曲具有鲜明的叙事性，内容跟童话故事相通，旨在通过小红帽探望外婆，遇上大灰狼的故事来教育孩子要孝敬长辈，还要有自我保护意识和独立能力，歌曲主题具有很积极的教育意义。如果上课教师能结合故事讲述、音乐剧表演等方式进行教学的话，无疑将激发学生们对音乐的浓厚兴趣，同时对他们产生十分积极的思想教育作用。但是在新河小学的课堂上，除了老师一句一句地带学生唱以外，没有任何歌曲背景知识的介绍，也没有产生任何音乐赏析的效果，一首谣唱性很强的儿童歌曲，活生生被音乐素养不高的老师演变成了一种念经似的独唱。没有了生动的故事，没有了鲜明的节奏，唯有枯燥乏味的念唱，一堂课下来，学生们无精打采，毫无兴趣。

　　无论老师们是因为教学设施落后而未使用现代教育设备，或是因为绩效工资的原因而忙于将教学重点放在提高学生考分和升学率上，亦或是因为专业不对口而不能实施有效教学，总之，西部民族地区农村教师的教法普遍单一、死板，缺少生动性，极大地挫伤了学生的学习积极性。

（二）缺乏对民族地区农村学生实际情况的观照，教学方法注重城市化倾向，忽视本土化、乡村化特点

在前文对教材的论述中我们曾提及，当前我国的教材城市化倾向明显，教材中对于文化概念、理论原则等内容，往往是以比较城市化的事物来进行举例说明。而在西部民族地区农村中小学的教学中，老师们也同样缺乏"本土化"的讲解，未能把农村学生感到陌生或难以理解的东西灵活地换成本土化、农村化的方式进行讲解。

语言是民族思维和民族文化的标签，共同语言、共同地域、共同经济生活对一个民族的存亡和兴衰有着特殊的意义。语言作用于民族的内部交流、世界认知、文化储存各方面，共同的语言是一个民族的重要标志。对于一个民族来说，民族语言的使用、传承十分重要。然而，目前我国西部民族地区农村中小学教育对于民族地区最该重视的"民汉教学语言"问题却未给予应有的重视。课题组专门在调查问卷中设计了关于双语教学的问题"你认为是否有必要教授本民族语言"和"你认为是否有必要采用当地民族语言与普通话双语教学"。通过两个问题的调查结果可以看出，有 68.53% 的教师认为在少数民族地区有必要教授少数民族语言（见图 7 - 14），有 71.89% 的教师认为在少数民族地区有必要采用当地民族语言与普通话进行双语教学（见图7 - 15）。

由问卷调查结果可见，我国西部民族地区的大部分农村中小学教师都十分清楚双语教学在民族地区农村教育中的重要性，但在具体教学中实行"双语"教学的学校却非常少。石门坎光华学校是中国近代第一所用苗语、汉语、英语三种语言教学的学校。在课题调研过程中，我们特地对石门坎中心学校的民族语言教学和双语教学问题进行了调查。今非昔比，当今的石门坎对"苗语"的教学远远没有以前那么重视了。石门中心中学没有进行双语教学，也没有专门教授苗语的课程。石门坎中心小学现在仅有一位专门教授苗语的教师——王老师，他是该校的副

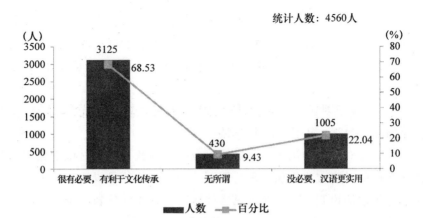

图 7 - 14　"您认为是否有必要教授少数民族语言"问题回答统计情况

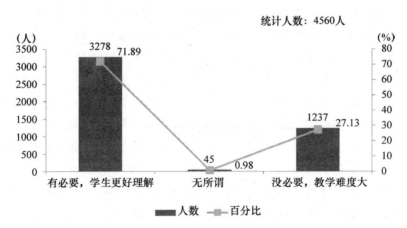

图 7 - 15　"您认为是否有必要采用当地民族语言与普通话双语教学"
问题回答统计情况

校长。他告诉我们："我们学校懂苗语的老师已经不多了,我是小时候跟着父亲学会苗语的。我们学校已经很多年没有开设过苗语课了,近年来政府倡导传承和弘扬民族文化,所以学校又开设了苗语课。每周只有一两节课,上课时间少,学生学习效果不是太好。学生们也不喜欢学,现在有文化的人都说汉语,学生们认为说苗语似乎要低人一等,所以他们没有学习苗语的积极性和主动性。我担心我退休以后,学校里就再也找不到可以教苗语的老师了。"

　　贵州三都水族自治县三洞乡小学的教务主任 Q 老师说："我们那里的学生，从小就是说水话，有些父母是不会说汉话的。我们学校的大部分老师既会说汉话，又会说水话，但少部分从外面分来的老师不懂水话，完全听不懂学生说什么，很多老师待不了多久就走了。最后，能留下来的要么是在我们这边找到当地人结了婚的，要么是没别的地方可去只能留下的。很多留下来的老师都跟我们哭过鼻子，有语言障碍嘛，沟通不了，觉得无助。我们本民族的学生出去了就很少回来，回来的也大多没有从事教育事业，都去当公务员。"贵州三都水族自治县三洞乡小学的特岗教师 Z 老师说："要进行双语教学太难了，我不是水族人，根本不懂水族语言。在课堂上学生听不懂的时候，我们只能用汉语一遍又一遍地讲解，我们讲得很困难，学生听起来也很费劲。在学校和同事之间交流没什么障碍，因为老师们基本都会说普通话。可跟当地老百姓交流就很成问题了，很多时候周围的人说什么我完全听不懂，感觉很孤独、很痛苦。我现在一边上课，一边复习，准备考回老家去，要不然在这边我没法生活啊。"

　　跟石门坎学校的情况差不多，除了西藏、新疆等少数省区外，西部大部分省区农村中小学双语教学的情况都不是太好，尽管在一些汉化程度不严重、少数民族较为集中的民族地区，本土的老师在上课时都会自觉不自觉地使用汉语和少数民族语言两种语言相互配合进行教学，但真正系统地、正规地进行双语教学，重视少数民族语言和文化的学校非常少。这对于民族地区自身民族文化的传承和发展是十分不利的。

启 示 篇

"石门坎现象"对当代西部民族地区农村基础教育的启示

引　论

我国古语云："以铜为镜，可以正衣冠；以史为镜，可以知兴替。"2013 年 6 月 25 日，中共中央政治局就中国特色社会主义理论和实践进行第七次集体学习时，国家主席习近平在讲话中旗帜鲜明地指出学习历史、研究历史、借鉴历史的重要性。恰如习主席所言：历史是最好的教科书。对于今天西部民族地区基础教育中存在的诸多问题，转向历史寻求启示无疑是一种理智的尝试。

站在我国民族教育历史的纵轴上，回顾 20 世纪上半叶石门坎的教育状况，再对照我国西部民族地区农村基础教育的现状，我们发现两者在教育场域、教育主体及教育客体等方面存在很大的相似性：地域环境的偏远封闭，受教育群体的贫穷落后，教育资源的匮乏，等等。但二者在教育的成果和发展状况上却又呈现出极大的不同：石门坎在短短的半个世纪之内就从一片未开化的文化荒地发展成为"西南苗族文化的最高区"、黔滇川交界地区的教育中心和中国现代教育水平最高的地方，从而创造了民族教育历史上的"教育神话"①；而相形之下，西部民族地区农村基础教育的现状却较为黯然。尽管当今西部民族地区农村基础教育在改革开放和西部大开发浪潮推动下取得了一定程度的发展，但仍然存在不少问题，现状堪忧。在这样的情况下，我们的确需要好好地学习历史。前事不忘，后事之师，认真总结石门坎教育的经验教训，从中寻求启示，无疑可以让西部民族地区基础教育在当今历史变革中少走弯路、错路，坚定迈向蓬勃发展的光明大道。

---

① 何嵩昱：《石门坎"教育神话"对当代西部民族地区农村基础教育的启示》，《教育文化论坛》2012 年第 3 期。

　　但在探寻石门坎教育成功经验时，我们必须坚持"与时俱进"的原则，必须把握时代变化，紧跟时代步伐。就这方面而言，石门坎新中小学是一个鲜活的例子，他们的经验和教训告诉我们：必须动态地学习"石门坎现象"这本历史教科书，必须动态地运用"石门坎现象"带来的经验和启示。在新的历史时期，照搬20世纪教会的办学经验是不行的，教条地运用历史经验必定会带来"水土不服"的结果。但如果能"与时俱进"地运用历史经验，必定会让我们今天的教育事业取得事半功倍的成效。

第八章 教育场域：因时造势，因地制宜

第一节 结合历史潮流与"本土"实情，科学制定政策

20 世纪初，孙中山在观看钱塘江大潮时发出"世界潮流，浩浩荡荡，顺之则昌，逆之则亡"的感叹。时隔一个世纪之后，在 2013 年 1 月 28 日十八届中共中央政治局就坚定不移走和平发展道路进行第三次集体学习时，习近平重申孙中山的观点，强调中国的发展要顺应历史规律。历史时代的浪潮是任何人、任何事物都无法违抗的，教育也必须顺应时代浪潮才能得以大发展。石门坎曾经的辉煌被誉为民族教育史上的"奇迹"，不少研究者认为"石门坎现象"是我国少数民族教育史上的偶然现象。然而，当我们把"石门坎现象"放置在历史社会大背景与石门坎的地域小背景相交的坐标系中加以观照时发现，"石门坎现象"的产生其实是一种必然，石门坎教育的辉煌是一种人为的必然结果。

在我们生活的社会中，没有任何事物的生成和发展能逃过历史洪流和时代大潮的洗礼，教育也如此，教育的发展总会受到社会结构和时代变化的影响。即使在石门坎这样偏僻、闭塞的边远乡村，其教育的发展也必然会受社会变迁的影响，必然会随着时代浪潮的涌动而沉浮。无论是在中华人民共和国成立之前，还是成立之后，社会系统的变迁和国家政策的引导都是影响石门坎学校教育的主要因素。通过"历史篇"的梳理可以看出，石门坎教育的兴衰基本上是随着整个社会或国家教育的发展状况而变化的，在教育制度富有弹性、教育模式参差多态的民国时期，石门坎的教育在良好的教育生态环境中呈现出了突飞猛进的发展势

头；在中华人民共和国成立初期，石门坎的教育在举国上下教育蓬勃发展的社会大环境中走向了辉煌；而在"文革"期间，石门坎教育随着全国教育的普遍衰落而衰落。但是，石门坎的教育也并非一成不变地随着时代大潮和社会变迁而起伏，石门坎的教育曾经在两个历史阶段呈现出与时代大潮和历史趋势相背离的情况：一是清朝末期到民国成立之前，即20世纪初，在腐败无能的清朝政府统治时期，全国的教育呈现出一派衰败的景象，石门坎却异军突起，学校办得有声有色，教育成效十分显著；二是在改革开放以来的这段时期，在国家的有效管理和指导下，我国的教育整体上呈现出蓬勃发展的态势，而石门坎却在一片繁荣中独自萧条，迟迟未能从"文革"时期的衰败状态中振作起来。

在此，我们不再耗费笔墨讨论石门坎教育顺应历史和社会发展趋势的必然性问题，而是集中笔力探寻百年石门坎教育发展过程中曾在两个时期背离历史和社会发展方向的深层原因，以期从中得到一些启示。

通过对石门坎教育历史的细致梳理和教育发展过程中多种因素的深入分析，我们发现石门坎在20世纪初和改革开放两个时期呈现出的特殊的发展状况是一种时代和历史发展大趋势的必然与地域和族群小背景的偶然相碰撞的产物，也可以说石门坎教育的两次"背离"是在顺应历史、时代发展的潮流中因地域和族群特殊性的原因而呈现出的一种突变。

20世纪初石门坎的教育是由西方传教士创办的。当时石门坎教育的蓬勃发展，不仅是因为前文所提到的传教事业蓬勃发展为教会教育创造了极佳的发展空间，更是因为石门坎学校有着"接地气"的办学方针和"本土化"的教育内容。在民国之前，边远偏僻的石门坎长期处于未开化、封闭落后的状态，没有进入政府的管辖范畴，教育上更是一片空白。在1905年石门坎学校修建之前，石门坎从未有过学校，居住在这里的苗民尚未开化，无人识字。恰如溯源碑碑文所述：石门坎"天荒未破，古径云封"，犹如"桃源于世外，四千年莫与问津"。在这一片天高皇帝远的蛮荒土地上，西方传教士尽可以按照他们自己的思路去办学，不受清政府的干涉，不受制于国家的大政方针，不必拘泥于政府划定的办学框架。他们有着非常大的自主办学的自由空间。加之柏格理一众办学的目的是要将"基督的爱"普惠于石门坎苗民，要通过宗教及文化的传播来改善穷人的民族命运。他们开办的是"完全面向穷人、服务穷人的学校"。所以在办学过程中，他们尽可能地立足于民间，深入而广泛地接触农村社会，将自身的利益与当地苗民的利益结合起来，从本地的现实状况出发来考虑办学方式和教学内容，将办学的生长点扎根于当地民众的需求。作为教育方针制定者和教学内容设计者的西方传教士们，一直与当地苗民同吃、同住、同生活，对当地民众的物质需求和精神需求有着十分深入的了解。因此，他们制定的教育方针和教学内容完全适切于当地苗民的实际需求，毫无出入。此外，学校的进步和教育的发展对于办学者和当地民众来说是一件双赢的事：对于石门坎苗民来说，石门坎学校的发展就是他们自身需求不断被满足的过程；对于传教士和老师们来说，学校的发展也即他们不断实现自我价值、达成自身既定传教和传播文化目标的过程。所以办学者和受教者双方的积极性都非常高，他们在整个教学过程中总是最大限度地发挥自身的主观能动性。如此情形之下，教育的大发展无疑是一种必然。

反之，改革开放以来，石门坎教育在全国教育蓬勃发展的大环境中一蹶不振则有着国家的教育政策和教育方针不完全适切于石门坎实际情况的原因。这样说并不是否定党和国家制定的教育方针政策。毋庸置疑，我国教育方针政策的制定是从国家发展的大局出发，是符合国家和人民利益的，是科学的、合理的。新中国成立至今 60 余年的时间里，我国的农村教育和民族教育之所以能快速从积弱积贫走向蓬勃发展，取得举世瞩目的成绩，正是得益于国家教育方针的指引和教育政策的支持。但是，我们也必须客观冷静地承认我们在政策制定过程中还存在一些有待完善的地方，尤其是在农村教育政策的制定方面存在着一些问题。在教育政策的制定过程中，教育政策的评定和决策是一个各方面利益平衡，甚或各方面利益相互角力、协商的过程。在这个过程中，"各种社会主体运用其所掌握的政治资源，表达其利益要求和愿望，影响政府决策，以在最后的政策结果中，使自己的利益偏好得到优先照顾，实现自我利益最大化"[1]。而由于我国农村基础教育受自然、历史、社会等多方面因素的影响，呈现出起点较低、基础较差、底子较薄的状况。

① 吴遵民：《基础教育决策论》，华东师范大学出版社 2006 年版，第 169 页。

而长期较低的地位和处境必然导致其在政策的决策过程中话语权不足，竞争力不够。于是，在我国教育政策长期处于城市与农村二元对立的价值取向中，农村教育总是一定程度地被忽视，总是成为利益平衡过程中最大的牺牲者和让步者。像石门坎这样极少数的边远、贫困、闭塞的村落往往就会遗失在教育方针政策制定者的视线范围之外，成为国家教育政策惠及的盲区。或者说，国家教育方针政策的制定者从宏观出发考虑整体调控的同时，很难从细部兼顾到石门坎这种偏远村落的特殊性。比如：自新中国成立以来，我国实行了在中考、高考等各级各类考试中为少数民族学生加分的政策，这项政策的制定是考虑到少数民族地区经济条件相对落后，教育资源相对匮乏，所以通过考试加分的方式给少数民族学生提供一些教育资源上的特殊照顾和优惠。但这项政策对于石门坎这类地区的汉族学生来说是不公平的，他们和少数民族学生一样生活在教育资源匮乏的贫困地区，他们并没有比同地区的少数民族学生拥有更优越的生活条件和学习条件，然而他们却无法享受少数民族学生能享受的特殊优惠政策。

正是由于没有很好地得到适合自身情况的国家政策的保驾护航，石门坎教育才会在全国大部分地区都蓬勃发展的情况下一再衰落，无法复兴。也就是说，我国教育制度的合理性与先进性从国家的整体层面来讲毋庸置疑，但对于石门坎这样的个别农村来说却值得商榷。改革开放以来，我国进行了农村学校教育制度的变革。从整体来看，这些变革带动了我国农村地区各类学校的发展。我国的基础教育呈现出良好的发展态势，西部农村大部分地区的基础教育也呈现出了良好的发展前景。但对于石门坎这样极为特殊的地区来说，国家制定的农村教育方针政策在提高人口素质和促进农村发展方面效果并不十分显著。

据了解，近年来中央和部分省、区、市在制定政策时已经开始更多地考虑本省、本地区、本土的实际，从更细致、更切实的角度对农村教育的发展进行观照。比如，湖北省从 2009 年开始实行农村独生女高考加分政策，即在农村独生女报考省属高校时，可享受下降 10 分投档的政策性照顾。这项政策自 2009 年实施以来已惠及成千上万名农村学子，仅 2014 年一年湖北省就有 15862 名农村独生女享受高考加分优惠政策，其中 6509 名徘徊在高校门口的农村独生女终因高考加分而圆了大学梦，成功步入了高等学府的大门。2014 年 3 月，教育部下发通知，要求实施多项举措增加贫困地区农村学生上重点大学的比例。2013 年安徽省在本省 20 个县开始实施"贫困地区定向招生"政策，2014 年又将政策的优惠范围扩大，启动"农村考生专项招生计划"，省属一本院校将拿出总招生计划的 2%"降分录取"农村高考生。凡高考文化成绩达到一本线下 20 分以内，且具有农村户籍的学生均可申报。据悉，河北、湖南等省也相继出台农村独生子女高考加分的政策。这些针对农村"寒门学子"的特殊优惠政策为农村孩子提供了更多享受教育的机会和较好的教育资源，给农村孩子的学习提供了激励机制，也为农村地区教育的发展注入了强劲动力，我们期待着更多省份更多地区能有更多考虑"本土"实际情况的政策出台。

第二节 "自上而下"监管与"自下而上" 执行并重,高效落实政策

从自上而下的角度来讲，石门坎教育的兴衰无疑受到国家教育方针政策的影响和掌控，而从自下而上的角度来看，石门坎教育的兴衰在很大程度上则取决于基层工作者的素质和政策执行者的执行力。

20 世纪初石门坎教育的兴起在很大程度上就得益于教育方针的制定者和执行者的统一。石门坎学校的兴办者是英国循道公会的传教士柏格理。柏格理不仅是石门坎学校办学方针的制定者，他还直接参与办学的整个过程，从寻找地皮修建教室到设置课程、编写教材，从招收学生到开堂授课……每一件事他都是亲力亲为。他非常清楚石门坎的社会状况和办学实际。因此，在办学过程中，他总是能带着其他教师和办学人员从自身出发，积极应对、逐步调整，最大限度地满足民众的需求。柏格理既是教育方针和教学内容的制定者，又是教育管理和教学实施的具体操作者。他与其他办学人员同吃同住同教学，从而使石门坎的教育方针从制定到实施毫无间隙。而石门坎其他的教育方针政策的执行者，也即教师和教学人员，对柏格理的教育思想和教育理念都心领神会，执行力度和落实程度可以说高达百分之百。当时，石门坎的教师队伍主要是由柏格理在石门坎当地一手培养或发展的基督徒组成，并辅以从外地招

来的少数进步知识分子。这些人要么有着虔诚的宗教信仰，要么有着进步的民主思想，他们组成了一支根植于本土而又富有现代教育观念的教师队伍。他们有责任心，吃苦耐劳，"他们同学生一样，夜无被盖、寒冬无衣，他们穿草鞋，着麻布，饭糠秕，但心情是愉快的。凛冽冬天，冷风刺骨，惟办学之心，教育之责，从未须臾松懈……"①。有着这样一支工作能力强、执行能力强、责任心强的教育方针制定者和执行者组成的队伍，石门坎教育的崛起无疑是水到渠成之事。

相反，改革开放以来石门坎教育的衰败，在一定程度上是因为教育方针政策的执行和制定之间有着一定距离而造成的。与20世纪初石门坎教育方针政策的执行者与制定者身份重合的情况不同，自1949年中华人民共和国成立后，我国的各级各类教育全部归由国家统一管理，也即由政府或者公共权威机构从国家整体利益出发，根据一定的目的，通过各种手段，进行权威性的社会价值分配，对教育组织和个体进行控制。无论城市还是乡村，无论组织还是个人，都必须遵循国家政策的指导，服从国家的教育方针，也受制于政府的教育框架。以国家为代表的政治统治阶层成为了学校教育制度变革和发展的主导力量。进入国家统筹规划管理的历史时期后，国家教育政策和教育制度的制定者也就显得无比重要了。教育政策将指引着一个国家教育发展的方向，教育制度则是规范着学校做什么、怎么做的行为准则。石门坎学校这样的边远山村学校也同样被纳入国家的统一管理体系之中。石门坎学校的校长和老师们不再"自主"制定教育制度和办学方针，他们只是国家教育方针政策的"基层执行者"。而从中央政府制定教育方针政策到政策落实到石门坎学校的过程中，经历了省、市、县、乡等各级政府管理者的或有力或无力、或彻底或不彻底的贯彻和执行。中央政府制定的教育方针政策经过各级政府层层过滤或添加，到石门坎学校时往往已经改变了其原初的面目。

如前所述，自改革开放以来，党和国家先后制定了一系列先进的教

① 杨忠德：《西南边疆私立石门坎初级中学的创办及其教学活动》，载《威宁文史资料》第三辑，中国人民政治协商会议威宁彝族回族苗族自治县委员会宣传与教育委员会编印1988年版。

育方针，出台了一系列科学的教育政策，在全国大部分地方得以较好地贯彻落实，所以我国教育总体上呈现出一派欣欣向荣的景象。而石门坎独自衰落于一片繁华之中，正是因为政策执行者和基层工作者这一环节出现了不少问题。主要有两方面原因：

一方面是教育管理权的逐级下放对石门坎学校教育造成了消极影响。在"文革"期间，我国农村基础教育管理权曾被全面下放，甚至出现"小学不出村、初中不出大队、高中不出公社"的现象。"文革"结束后国家实行政治上的拨乱反正，教育体制重新回归到"文革"前实行的统一领导、分级管理格局的状况中，政府重新上收和集中农村基础教育的管理权限。但石门坎情况却有所不同，学校的管理权一再被下放而未恢复。石门坎学校自 1952 年开始交由政府接管，当时被定为省属民族中学；1982 年中小学合并为威宁石门民族学校，是地属重点民族学校；1995 年，威宁石门民族学校由地属重点民族学校改为县直属民族学校；2004 年威宁石门民族学校由石门乡人民政府接管，直接领导机构为石门乡教育辅导站。几十年来，学校的级别连续下滑，学校的级别隶属关系也发生了巨大变化，由最初的省级学校下放为地级，再下放到县级，最终下放为乡级。学校管理权和级别的下放不仅增加了原本贫困的石门坎的地方负担，还大大挫伤了教师的工作积极性，而且每下放一次，学校教育权力格局必然重组一次，学校跟其他部门、学校领导跟其他领导、学校领导跟老师之间关系都会发生一次微妙的变化。这必然会打破原有的利益平衡，进而造成基层执行者对上级政策制定者的抵制和民间主体对政府行为的不合作，从而阻碍了学校的发展。

另一方面是基层工作者，即教育方针政策的执行者队伍的质量不断滑坡对石门坎学校的教育造成了很大的负面影响。改革开放后石门坎的师资队伍变化充分印证了经济基础决定上层建筑的道理。由于石门坎地方财政贫困，难以吸引人才，难以稳定教师队伍，再加上地理位置的原因，石门坎与外面的社会隔绝，交通阻碍制约着石门坎融入外部市场的步伐，使其无法享有共同的市场。"穷山恶水"的石门坎成了市场经济时代的"死角"。自 20 世纪 80 年代以来，石门坎的教师要么分不进来，要么分进来也留不住，石门坎一直缺乏一批能安心扎根下来奉献乡村教育的优秀教师。被分到石门坎来的教师和其他工作人员往往自认为是"着整（威宁方言：挨整的意思）走石门坎来的"①，他们抱着这样的消极态度和抵触心理来到石门坎，在工作当中常常是出工不出力。随着历史的演变，不知不觉中，人们竟然到了"谈石门坎色变"的地步。在威宁县城，甚至有的单位领导会这样弹劾没有干好工作的下属："如果你再这样下去，我们将考虑把你调到石门坎去。"自2006年以来，国家对西部贫困地区实行了一项特殊政策，即招聘高校毕业生到西部地区"两基"攻坚县以下农村学校做"特岗教师"。第一批进入石门坎的"特岗教师"有9人（叶大椿、吴海、余兴凤、杨朝佐、杨德森、金灵、梁万仁、刘得周、王佳华），后来又逐年增加。按说"特岗教师"队伍的到来应该有效地充实了石门坎的教师队伍，然而实际情况却不容乐观。据了解，"特岗教师"在分配的时候，是按招考分数的高低来决定其选择就业单位的权利，即考分高的教师，可以选择条件优越的乡镇，由好到差、由高到低排列下来。也就是说，最终分到石门坎的"特岗教师"都是考分最低的。即便如此，有的"特岗教师"到了石门坎后，由于忍耐不了石门坎艰苦的工作环境，最终还是选择了离开。经济贫困和地理条件的限制，慢慢形成了当今石门坎的师资格局：能走的尽量调走，不能走的怨声载道。对于这样一支教师队伍，其工作能力之低下和工作态度之怠惰可想而知，石门坎教育的衰落也就不言而喻了。

石门坎教育政策执行中出现的问题并不是特例，而是西部民族地区农村教育的普遍现象。我们透过石门坎这"一斑"，窥见的是西部民族地区农村教育的"全豹"。相应地，我们从石门坎得到的经验教训，也同样可以运用于整个西部民族地区的农村基础教育中。

自改革开放以来，尤其是西部大开发以来，我国已出台一系列针对西部民族地区基础教育的特殊优惠政策。这些特殊优惠政策本该对西部民族地区农村基础教育的发展有着十分重大的意义和深远的影响，但由于政策执行过程中的监管不力或是对政策理解不透，导致很多优惠政策在逐级下达的过程中就被一定程度地变形变味，最终没有得以有效落实，甚至背离了中央制定政策的初衷。很多教育扶持经费在逐级下拨的

---

① 杨忠信：《50年代威宁石门坎的教育状况》，载《石门坎文化文集选编》，威宁自治县苗学研究会编印2011年版。

过程中被挤占、被挪用、被侵吞，没有真正发挥经费的教育扶持效用。而基层的教育者既没有实施监督的途径，也没有行使基层政策执行者的权力。久而久之，他们也失去了政策基层执行者的责任感和执行力。

好的政策只有得到好的贯彻落实才能实现其预定的政策目标，而要有好的监管制度才能保证好的政策执行力。所以我国政府在制定西部民族地区农村教育的特殊优惠政策时，应当配套设立相应的监管机制，加强"自上而下"的监管力和掌控力，并在此基础上提升"自下而上"的政策执行力。也就是说，政策由国家制定，由各级教育行政部门指导和协调实施，但教育行政部门不能把自己定位为管理者和领导者而高高在上，教育行政部门应当是服务者，其主要职责是为学校服务、为教学服务，为学校解决力所不及的问题，并且应该受学校的监督。学校作为教育的最基层单位，应该具有充分的自主管理权和对上级行政部门的监督权。要让教育政策的制定和执行过程保持高层不孤独、中层不盲目、基层不麻木的健康状态。

第三节　兼顾"低投入"与"高产出"，保证扶持连贯性

教育的投入和产出是每一个家庭都十分关心的问题，尤其是对于苦苦挣扎在温饱线下的贫困家庭来说，教育的投入和产出无疑是一笔必须算清的细账。对于西部民族地区的农村家庭来说，他们所关注的教育产出绝不仅仅是知识和文凭那么简单，他们所希望的"教育产出"是一份稳定可靠的工作和一份稳定可靠的收入，他们更希望教育投入后所产出的是命运的转变和生活的改变。

当初柏格理等人在石门坎办学大获成功，其中一个最主要的原因便是他们算清了这一笔"投入"与"产出"的账。他们在"产出"一栏大大地写上了"改变命运"几个字，因而引来了无数食不果腹、衣不蔽体，渴望改变命运的苗族同胞。他们抱着极大的热情，甚至是飞蛾扑火一般的热情投入到了学习当中。柏格理等教育者最终也的的确确兑现了他们的诺言，大部分在石门坎求学的穷困苗人最终都改变了原本穷困愚昧，处处受彝族土目和官府压迫的命运。当他们完成学业走出校门之

时，便全然以一种崭新的面貌开始了一种新的生活。

首先，在石门坎学校建校初期，柏格理等人处处向苗民宣传和灌输"读书就不会被别人欺侮"、"读书就能得救"的思想。同时，他们还努力做到让苗民们"低投入"地接受教育。在学校创建之初，柏格理本打算开办免费教育，但他在苗区建立教堂和学校的提议遭到了教会的反对。教会没有给他在苗区的工作经费，因此他只得靠收取苗胞的学费来维持学校的正常运转。但他充分考虑到大花苗的贫困情况，所以学校的收费水平非常低，只收取少量的玉米作为学费。尽管未能做到免费入学，但柏格理等人倾其所有，经常向学生们发放赈济粮食、赈济食盐等。

后来随着石门坎学校越办越兴旺，影响力越来越大，教会开始向石门坎划拨工作经费，加上柏格理等人在英国筹集到了一些募捐资金，石门坎的办学条件得到了很大的改善。学校便开始实行择优保送外出深造学习、教育服务一站到底的培养制度。几十年间，石门坎学校选送了二三十名学生到昭通、成都、北京等地的中级、高级学府学习深造。这些选派外出学习的学生无疑都是石门坎学校里品学兼优的学生，但因石门坎办学初期的师资、教学条件，以及教学资源十分有限，石门坎学校的教学水平与外界很多学校之间还存在较大差距。石门坎选拔出来的这些学生若是真要自己参加统一考试，与其他学校的学生进行公平竞争的话，其竞争力是很弱的，他们基本上是不可能凭借个人的能力和学识水平进入高级学校的。原威宁县教育局局长、原威宁民族中学校长、党支部书记杨忠信（杨忠信是原石门坎校长杨忠德的弟弟，曾于新中国成立初期就读于石门坎学校）曾在访谈中说："如果当初要让石门坎的那些苗族学生自己参加考试的话，他们是不可能考得起大学的。从经济条件上来讲，他们的家庭也无法支撑他们外出上学。他们之所以能到石门坎之外的中级和高级学校学习深造，主要是得益于教会学校的支持和帮助。"柏格理等人深知石门坎学校学生的学习情况和经济实力，所以他们利用教会的关系，联系教会筹办的昭通宣道中学、成都华西高级学校等，让石门坎的苗族学生们免试进入这些学校学习。

这些外出求学的学生们完成学业后纷纷回到了石门坎学校来教书育人。我们在此姑且将他们回馈家乡、感恩石门坎的行为放置在一旁不谈，至少我们可以清楚地看到石门坎学校培养学生的"挑选精英，一路扶持，护送到底"的模式成效显著。也许从经济收入的角度来说，这些精英回到石门坎后的经济收入不会比他们在外所得的多，但与他们接受教育之前的生活相比，他们的命运无疑是得到了极大的改变。他们不再是愚昧无知、遭受凌辱和欺压的文盲，他们不再是结绳刻木的无知蛮夷。

当这些曾经生活贫困、地位低下的苗民们在接受教育之后，以有知识、有地位、有尊严的新形象站在世人面前时，柏格理他们当初所做的"读书就不会被别人欺侮"、"读书就能得救"的承诺得到了最有力的验证。苗民们"低投入"的教育得到了"高产出"的回报。这些少数苗族精英成功改变命运的经历无疑给周遭更多的苗民带来了激励，正如杨忠信所说："榜样就在身边，理想也很现实。"① 于是，苗民们的求学热情越发高涨，越来越多的人涌进石门坎光华学校，越来越多的石门坎光华学校分校在西南各地纷纷开设，一种教育的良性循环逐渐形成。除了那些被选拔保送外出学习归来的精英外，其他在石门坎上过学的学生们随后也都纷纷有了较好的出路。据课题组搜集到的"一九四九年前石门坎高小以上毕业生（苗族）名单及离校后的去向表"显示，在石门坎光华学校及各分校高小毕业的学生，大部分都有了比较好的工作、比较体面的身份。课题组共搜集到481人的相关信息，其中有316人的信息比较完整，可以确定他们从石门坎学校毕业后的就职信息与去向信息。课题组将这些信息统计如下：有151人当了教师，有4人当了校长，有32人当了医生，有19人在国家各级行政部门当了职员，有5人当了公安，有43人从事军务，有8人当了畜牧师，有53人当了牧师，有1人去了台湾高雄从事邮政管理工作。

与石门坎当初的情形大为不同，现在西部民族地区的农村学生普遍没有学习的热情，辍学率相当高。在高考这座独木桥上，西部民族地区的农村孩子们显然竞争不过发达地区和城市里的孩子，教育资源的不平等致使他们从小就输在起跑线上。他们当中的少数坚持上学，百般努

---

① 杨忠信：《50年代威宁石门坎的教育状况》，载《石门坎文化文集选编》，威宁自治县苗学研究会编印2011年版。

力，希望能通过学习知识来改变命运，可最终还是被高考这座独木桥阻
挡在了大学校门之外。而他们当中更多的人则很早就放弃了通过求学改
变命运的想法，在高中、初中，甚至小学阶段就放弃了学业。根据前面
"现状篇"的分析，他们退学的原因并不完全是贫困。国家九年义务制
教育政策已经保证了他们进入教育的"低投入"，甚至"不投入"。真
正让他们离开校园的是教育的"低产出"、"低回报"。在经过九年、十
三年寒窗苦读之后，任凭百般努力，还是有很多人无法进入高一级的学
校，而那极少的考入高校的幸运者们也未能全然改变命运。在巨大的就
业压力之下，农村毕业生往往只能拿着一纸学历证书徘徊在城市和农村
之间，很多人在城市找不到立足之地，而多年的"离农"①教育又让他
们无法心甘情愿地回归农村。他们曾经想要通过求学改变命运的梦想最
终在一次次无助的叹息中破灭。而他们的"坏榜样"的力量随即渗透
到周遭的农村孩子群体中，于是一种"读书无用"的思潮在农村泛滥
开来，越来越多的家长宁可送孩子外出打工也不愿送孩子上学。越来越
多的学生找不到学习的动力，一种教育的恶性循环逐渐形成。

　　面对这样的情形，或许石门坎学校当初的经验是值得借鉴的。不仅
要让农村孩子"低投入"进入教育，更要一路护送，让他们"高产出"
收到教育回报。其实，我国自新中国成立以来就实行了一系列的特殊政
策，在高考招生及毕业分配等环节对农村学生，尤其是少数民族学生予
以特殊照顾。但随着东、西部地区之间和城市、农村之间的教育资源、
教育水平差距越来越大，这些特殊政策的力度和作用已越来越小，已经
无法弥补西部民族地区农村教育落下的巨大差距了。据调查，改革开放
以来，我国农村籍大学生的比例逐年下降，"目前我国城乡大学生的比
例分别是 82.3% 和 17.7%"②，而在 20 世纪 80 年代，农村籍大学生的
比例曾高达 30%。也就是说，"近 30 年来，农村籍大学生的比例下降

　　① 何嵩昱：《石门坎"教育神话"对当代西部民族地区农村基础教育的启示》，《教育
文化论坛》2012 年第 3 期。
　　② 吴克明、卢庆同：《农村籍大学生比例下降现象探究：城乡比较的视角》，《现代大学
教育》2013 年第 1 期。

了近一半"①。因此，在西部大开发的历史变革时代，有必要采取力度更大的特殊优惠政策，让西部民族地区的农村孩子重树"知识改变命运"的信心，让西部民族地区的农村学生家长真切感受到教育"高产出"的切实效果。以此为西部民族地区的农村教育营造一个更为积极的教育场域，激发出西部民族地区农村教育新的发展活力。

第四节　齐抓物质帮扶与精神引导，共建"物质"、"精神"场域

教育是以经济条件为基础的，教育的发展需要一定的经济基础做支撑。反之，经济要发展，教育会从中起到十分重要的作用。在我国西部民族地区，尤其是在农村地区，社会经济水平的低下严重制约着教育的发展，而这些地区教育的落后又反过来在很大程度上制约着其经济的发展，久而久之，便形成了一种恶性循环。为了解决这一问题，党和国家自改革开放以来便不断加大对西部农村地区教育经费的投入力度，完善国家教育资金投放保障机制，从经济上给予了西部农村教育极大的支持和照顾。尤其是国家近年来对农村义务教育阶段实行全方位的大力保障后，经济贫困已不再是阻碍西部民族地区农村学生上学的主要因素了。但是，教育不仅是一项物质文明建设工程，它更是一项精神文明建设工程，西部农村教育的发展仅靠物质帮扶是不够的，它更需要一种精神上的引导和帮扶。

在"历史篇"中我们论及新中国成立初期是石门坎教育的"黄金时期"，"从人民政府接办石门坎中小学起到五十年代末期是石门坎学校向工农子女开门和办民族特色教育最活跃、最有生气、最辉煌的时期。至今，仍有许多当年曾在石门坎上过学的老人无比留恋那时的石门坎教育"②。在回首石门坎这一时期的教育情况时，我们发现当时的石门坎学校首先十分注重思想政治教育。当时，国家号召"在思想教

①　王正惠、蒋平：《高考"弃考"之剖析：教育公平的现实困境与价值诉求》，《教育学术月刊》2009 年第 9 期。

②　杨忠信：《50 年代威宁石门坎的教育状况》，载《石门坎文化文集选编》，威宁自治县苗学研究会编印 2011 年版。

育上要对学生进行革命、科学、民主的教育。学校积极开展爱祖国、
爱人民、爱科学、爱劳动、爱护公共财物的'五爱教育',提倡爱国
主义、国际主义、集体主义教育和理想教育"①。石门坎学校积极响应
国家的号召,认真做好思想政治教育工作,帮助学生们树立正确的、
科学的人生观和世界观。学校老师们更是以身示范,为学生们树立了
很好的榜样。新中国成立前华西大学毕业取得学士学位的朱焕章和华
西医科大学毕业获得医学博士学位的吴性纯等人,放弃外界精彩的生
活环境和优厚的物质条件,回到偏僻的石门坎担任校长、教师的事迹
无疑成为了石门坎学校最好的品德教育范例。新中国成立后年轻的吴
应杰校长一来到石门坎便开始勤学苦练苗族语言,不到两个月时间就
可以用苗语给学生做报告,他勤学钻研的精神深深地感染着每一个学
生。罗安谦从南京大学毕业后来到石门坎,一人教授数学、物理、化
学、英语多门课程,而且每门课程都十分精通,他的博学多才为学生
们树立了好榜样。而投笔从戎、以满腔热忱奔赴朝鲜战场的朱玉祥老
师则用实际行动教给学生什么叫作民族气节和爱国精神。

　　在加强思想政治教育的同时,政府努力为石门坎改善办学条件,加
强学校的基础设施建设。政府出资修建教学楼、扩建运动场、修复游泳
池、理通饮水管,还给学校配套了理化、生物、数学课程仪器等设备。
贵州省教育厅还专门送给石门民族中学先进的教学用具——收音机。政
府还拨给石门民族中学学生人民助学金,惠及面达100%,还免费给学
生发放衣服和被子。有了政府有力的经济支撑和物质帮助,再加上政府
和学校营造的良好的精神"场域",石门坎教育得以蓬勃发展,迎来了
黄金时代。

　　不仅是在石门坎教育的黄金期,包括在石门坎学校的创建期和发展
期,学校都十分注重"物质"和"精神"场域的同时营建。在石门坎
学校创建期,柏格理没有争取到教会的资金,修建校舍的费用由当地苗
民自发捐献。教学楼修好后,柏格理因手中没有经费,不能免费教育,
学费由学生们自己承担。尽管捐资数额不高,尽管学费很低,但对于当

---

　　① 杨忠信:《50年代威宁石门坎的教育状况》,载《石门坎文化文集选编》,威宁自治
县苗学研究会编印2011年版。

时还处于衣不蔽体、食不果腹的穷苦苗民来说，要拿出一分钱来建学校、拿出一分钱来交学费都是万分不易的事。那么，在教育的"物质场域"如此不力的境况下，究竟是什么力量吸引着温饱线下的苗家子弟走入学校校门？究竟是什么力量推动着石门坎学校教育往前发展？那时候，没有政府和国家的力量来扶持处于蛮荒之地的石门坎教育，没有企业的投资和捐助来帮助石门坎教育。点燃石门坎教育火种的不是"物质"，而是"精神"，是"读书使人得救"、"读书改变命运"的精神理念，是读书可以让苗民摆脱贫穷和压迫、获得新生活的精神信念，是柏格理等人和石门坎苗民自己营建的良好的"精神场域"给石门坎教育带来了生机和活力，使得石门坎在物质极度匮乏的状态下获得教育的大发展。

前事不忘，后事之师。今天，当我们面对西部民族地区基础教育滞后的状况时，石门坎的经验无疑给了我们最好的启示：国家和政府在进行经济扶持和物质支援的同时，一定要加强精神层面的扶持和引导，不要让"读书无用论"的毒气污染了西部民族地区农村教育的场域。国家应当从政策引导、文化支援、精神扶持等多方面下功夫，为西部民族地区农村基础教育营建一个良好的"精神场域"，为西部民族地区农村基础教育的发展提供一个健康的精神空间。正如改革开放后整个石门坎地区最高学历的拥有者——改革开放后从石门坎走出的第一个硕士研究生，也是改革开放至今石门坎唯一的研究生陈坤在接受我们的访谈时所说："外界爱心人士捐钱、捐物对于石门坎的学生来说当然是有帮助的，但这种帮助是短时的，没有长效性。近年来，外面的不少组织和个人都纷纷给石门坎的学校捐资捐物，他们缓解了石门坎贫困学子的暂时性困难，但同时也让石门坎的贫困人群养成了一种极不好的依赖思想。现在石门坎的很多人会抱着一种等待救助和支援的心态慵懒地生活，他们不再自己去努力劳动或是学习，因为他们相信总会有好心人给他们送来钱财和物品，而他们尽可以打着贫穷的旗号不劳而获，坐享其成。久而久之，他们的物质条件越来越好，但他们的精神却越来越贫穷。这对于石门坎学校的学风校风，以及学生的学习态度都会造成消极的影响。而且，国家的经济扶持和民间的物质捐助多了之后，学生们反而会形成过分看重学习客观条件的思想，他们把石门坎学生学习成绩差和石门坎教育落后的原因都归罪于物质条件差，却不在自己身上找主观原因。"

　　陈坤的这番话无疑给了我们一个警示：如果过分强调经济扶持而疏忽精神引导，不但不利于西部民族地区农村教育的发展，反而会严重破坏西部民族地区农村教育自身的发展能动力，阻碍其健康发展。

第九章 教育主体：激发主体性，
提高软实力

第一节 转变扶持方式，培养西部"造血"功能

如前所述，自实施西部大开发以来，国家和政府从多种渠道对西部地区基础教育给予了很多的扶持和资助。经过十余年的发展，西部地区的教育基础设施有了极大的改善，教师和学生数量也有了较大的增长。从历史纵向比较的角度来看，近年来西部地区农村教育的发展可谓是突飞猛进。但我们必须清醒地认识到，西部地区农村教育的发展成果其实主要是"量"的增加，而非"质"的提高。基础硬件设施有了极大的改善，教师数量有了很大的增加，甚至教师的学历也有了很大的提高，学龄儿童入学率也已经大大提高。但若是深度审视这些发展，我们会发现这只不过是"外部热闹、内部冷清"的一种外部表象式发展。教师虽数量多却质不高，学生虽然有其学却未能"优"其学。或许可以说，西部民族地区农村基础教育更多的是一种"外延式"发展，而非"内涵式"提高，更多的是靠外界帮扶而实现的"输血式"的发展，而非靠自身内涵提升而达到的"造血式"的发展。深究其因，主要是因为教师、学生缺乏主体性和主观能动性，尽管西部民族地区农村教育的硬件实力在外界的援助和帮扶下有所增强，但软实力仍旧十分薄弱。

教育是一种社会实践活动，实践具有客观物质性和主观能动性的特点。教育若要取得有效发展，既需要一定的客观物质基础作前提，也需要教育主体的主观能动性作推动力。经济基础薄弱的西部民族地区要发展教育，既需要"外延式"发展的短期扶助，也需要"内涵式"发展的长效机制，"石门坎现象"便是这种发展模式的成功范例。

20世纪初，石门坎极贫极穷极落后，没有任何开办学校和发展教育的经济基础和文化基础。柏格理等传教士进入后，首先为石门坎提供了"输血式"的发展，他们将客观物质基础建设和主观能动性的激发同时推进。一方面努力创造开办教育的客观物质条件：找彝族土目购买地皮、筹集资金修建校舍、创制苗文、编订教材、引入师资、开辟足球场、搭建游泳池……另一方面激发教师和学生的主观能动性：以基督教的奉献精神和牺牲精神感染师生，宣传"求学改变命运"的观念。在外来传教士的帮扶和援助下，石门坎终于拥有了自己的学校。

石门坎学校的初始期（1905—1909）基本属于一种"外延式"发展，即以教育的外部因素作为动力和资源的发展模式。这一时期的发展主要呈现为数量的增长、空间的拓展，石门坎从没有学校、没有教师、没有学生到有学校、有教师、有学生，且教师、学生数量不断增加。当石门坎学校的硬件基础设施和客观物质条件有了一定的改善后，也就进入了学校的发展期（1909—1943），其教育的发展逐步从"输血式"转向"造血式"。这时期，学校教育发展的重心逐渐从"外延"要素转向了"内涵"要素，学校更加注重以教育的内部因素作为动力和资源来进行发展了。具体来说，就是更加注重学校理念、校园文化、教师素质、人才培养等工作的质量和水平建设。石门坎推行"以苗教苗"的教育理念、加强师资力量、选拔优秀学生外出深造等便是"内涵式"发展的重要体现。经过这一时期"内涵式"的发展，石门坎学校教师和学生的主观能动性得到了极大的调动，教师的教学和工作热情高涨，学生的学习积极性和能动性骤增，学生成才后纷纷"反哺家乡"的行为就是教育主体性被调动到极致的一种体现。当"外延式"发展与"内涵式"发展并重，"输血式"发展成功过渡为"造血式"发展时，石门坎的教育也就迎来了收获的季节，也即石门坎学校的辉煌期（1943—1952）。

新中国成立以后，1952年8月，贵州省人民政府接办私立石门坎初级中学后，党和政府更是将"外延式"发展与"内涵式"发展完美结合，将石门坎教育的"造血式"发展发挥到了极致。一边进行"外延式"发展——为石门坎学校改善办学条件，为师生提供各种特殊优惠政策；一边加强"内涵式"发展——加强思想政治教育，提升教师

队伍素质，激发学生学习积极性。最终将石门坎教育推向了发展的
"黄金期"。

总结石门坎教育的发展经验，再审视当前西部民族地区农村教育的
发展状况，我们不得不进行反思：国家和政府为西部民族地区农村教育
提供了那么多的政策扶持和资金扶助，为何教育不见起色？究其原因，
主要是因为我们过多地将目光聚焦于外部硬件的配置，而忽视了教育发
展的内涵要素。我们将重心放在了"外延"要素的发展上，而忽视了
"内涵"要素的提高。

第二节　加强引导，激发师生能动性

自西部大开发战略项目开展至今，在国家政府的大力资助和扶持
下，西部民族地区农村教育的"外延式"发展已见成效，西部民族地
区农村学校的硬实力已大大增强了。在这种情况下，我们应当进一步加
强西部民族地区农村教育的"内涵式"发展，激发教育主体的主观能
动性，提升西部民族地区农村教育的软实力，培育西部民族地区农村教
育的"造血"功能。

在中国，由于受儒家文化、科举制度和"官本位"封建思想的长
期影响，再加上把城乡居民截然分成两种不同社会身份的户籍制度这一
厚重壁垒，以及阻隔城乡人民自由流动的"三大差别"①的存在，导致
大量农村人口有着"读书—升学—社会身份的跃迁（即当城里人或端
'铁饭碗'）"的价值取向。在西部农村，许多父母送孩子上学的目的是
为了让其跳出"农门"进入城市，许多教师教学的目标就是提高学生
应试能力，许多教育部门的教育培养目标就是追求高升学率。

学校、教师、家长和学生在这种极端功利的教育目标和价值取向的
引导下也就变得功利起来。教育行政部门以升学率的高低来对学校进行

---

① 三大差别指工农差别、城乡差别、脑力劳动和体力劳动的差别。在私有制社会中表
现为对立关系，如城市中工业资本家对体力雇佣劳动者和农民的剥削。在社会主义社会中对
立消失，但它们的差别仍然存在，如农业落后于工业，乡村落后于城市，体力劳动者在文化
技术水平、劳动和生活条件等方面落后于脑力劳动者。随着社会生产力的高度发展，三大差
别将逐步消失。

考核和奖惩，教师完全以文化课考试成绩高低来对学生进行评判和衡量，甚至学生和家长也以学习成绩的好坏来对学生进行终极审判，学生只要成绩好就一切都好，只要成绩差就一无是处。于是，教育活动片面强调掌握知识，对学生专业能力的培养不予重视；一味注重智力教育，对德育、美育、劳动教育等不予重视；一味重视语、数、外等主科教学，对音、体、美等辅助课程不予重视；老师通常只重视对成绩拔尖学生的培养，而不重视大多数学生素质的提高。这种将考试升学作为学生人生发展的唯一终极目标的教育观念只会让基础教育渐渐脱离西部民族地区农村的社会实际，脱离农村学生、家庭及社会的真正需求。而作为教育主体的教师和学生，他们的主体性和积极性最终必然会被消磨在大量的题海战术和功利的分数排名之中。

我国著名的教育家陶行知先生曾说："中国的乡村教育走错了路，他教人离开乡下往城里跑，他教人吃饭不种稻穿衣不种棉，做房不造林；他教人羡慕奢华，看不起务农；他教人分利不生利；他教农夫子弟变成书呆子。"① 陶行知先生其实是指出农村教育没有按照农村社会的需求来制定相应的教育培养目标和价值取向。故我们应当引以为戒，尊重西部民族地区农村人口的需求，按照西部民族地区农村社会的现实境况，确立切实的教育培养目标，引导老师和学生树立正确的价值取向。

一　加强师德教育，注重培养西部民族地区农村教师的使命感

教育部明确提出："建设高质量的教师队伍，是全面推进素质教育的基本保证。"②那么，何为高质量呢？高质量的第一要素应该是职业道德。"教师劳动的对象及工作性质决定了教师职业道德的特殊重要意义。教师职业道德是教师的立身之本、立教之本，它充分体现了教师特有的职业理想、信念、态度、规范和情操等。"③ 因此，我们应该将师

---

① 陕西省陶行知研究会编：《陶行知论乡村教育改造》，陕西师范大学出版社1989年版，第43—44页。

② 中华人民共和国教育部：《深化教育改革全面推进素质教育——第三次全国教育工作会议文件汇编》，高等教育出版社1999年版，第9页。

③ 袁贵仁：《与时俱进，深化改革，努力开创"十五"期间教师教育工作的新局面》，《人民教育》2002年第5期。

德建设放在教师队伍建设的首要位置。而对于西部民族地区的农村教师而言，使命感的培养应该是师德教育的首要内容。

石门坎教育的成功经验告诉我们，崇高的使命感将会使教师安心在艰苦贫穷的西部农村扎根，使他们不畏艰难、不惧贫穷、不计得失，为边远农村的教育事业呕心沥血。石门坎的第一批教师——柏格理夫妇、王树德夫妇，以及刘映三等五位昭通来的汉族、回族教师，他们中多数都是虔诚的基督教教徒。信仰基督教的教师，都有着虔诚的宗教信仰，有为传教事业献身的使命感；不信基督教的教师，则有着一颗为乡村教育尽责的心。尽管有不少学者认为石门坎学校的创办是柏格理等英国牧师在西南地区传教的顺带产物，但我们不能否认正是因为这些传教士所具有的宗教精神，尤其是宗教精神中所包含的使命感和奉献精神（特此说明，我们所说的宗教精神不包括西方基督教的文化侵略思想），促使他们能在石门坎这样极度贫困的地区为一群极度贫困的苗民的教育奋斗不止，甚至牺牲生命。

继柏格理等人之后的石门坎第二代教育工作者，他们是在"以苗教苗"的教学思想和教学目标指导下培养出来的苗族本土知识分子。他们同样以深深的使命感来激励自己为石门坎的教育事业而奋斗。朱焕章在《滇黔苗民夜读课本·序言》中将这种使命感明确地表达出来："在云贵两省交界的地方，有十多万生活极苦，文化最低落的苗民，他们没有机会受教育，更没有机会受高等教育……在这二十几年内，有机会享受大学生活的前后只有三四个人，我就是其中的一个。我们有这特殊的机会，是我们那十多万同胞做梦也想不到的……我们就不能不给他们找一个小小的机会，教他们识字，减轻他们作为文盲的痛苦……因此，我就大胆抬起头来，望着这目标……向着责任的所在地前进。"

新中国成立初期由国家分配到石门坎的大学毕业生们可算是石门坎的第三代教育工作者，他们来自不同省份不同地区，毕业于全国各大高校。他们是国家专门挑选出来的思想政治素质过硬的一群年轻知识分子，其中有不少是共产党员。他们也同样是怀着建设祖国边、少、穷山区的崇高使命感为石门坎的教育事业贡献力量。所以尽管不少人来自城市，毕业于名牌大学，但他们依然能安心扎根于石门坎农村，甘于奉献。

在教育硬件条件已经大为改善的今天，我们不必再封闭而绝对地把关注点放在西部民族地区农村教师的待遇和物质条件的改善上，更有必要加强对教师思想政治素质的培养。"树立他们可以缺经费，但不能缺志向；可以缺能力，但不能缺责任的崇高信念，让他们具有'为农村服务'、'为农民服务'的责任意识，成为真正的'农村化'教师。"①如果我们有一支师德高尚、心怀责任感的师资队伍，西部民族地区农村基础教育的发展必将指日可待。

二　为西部民族地区农村学生树立正确的价值导向，充分调动他们的学习积极性

当前，我国西部民族地区农村学生中存在的最普遍的问题是缺乏学习的积极性和主动性。作为教育主体，学生的教育主体性严重缺失。深究其因，主要是由于学生的教育价值取向错误所致。

中国自古就有"学而优则仕"的传统思想，其本意是人读了书如果有余力就应该设法做官，但人们通常将之理解为学习好了就能当官的意思。且经过了几千年的传承后，学习好便能出人头地的思想渐渐在中国人的心中根深蒂固。"学而优则仕"的思想对中国社会，对中国人的心理意识有着非常广泛而深远的影响，它对当今西部民族地区农村人民的生活也造成了极大的影响，给农村孩子带来了错误的价值导向。

新中国成立初期，由于粮食紧张，国家为了保障城市人口的购粮问题，于1953年提出了"统购统销"制度。后来为了限制农村人口大量流入城市，国家又于1958年提出了城乡户籍制度。这一系列严密的政治经济制度在很大程度上给我国经济的快速发展提供了保障，推动了我国经济水平的快速进步。但这些政策的出发点基本上是以城市建设为中心，以发展重工业为重心的，基本上是以牺牲农村和农业为代价的。因而这些政策最终导致我国城乡发展水平产生严重分化，还导致了城市乡村二元结构的形成，在城市和乡村之间筑起了厚重的壁垒。一方面农村经济远远落后于城市经济，另一方面农村人口无法享受到城市人口所能

① 何嵩昱：《石门坎"教育神话"对当代西部民族地区农村基础教育的启示》，《教育文化论坛》2012年第3期。

享受的就业制度和福利制度等。尽管后来国家已经注意到这个问题，于20世纪90年代取消了统购统销政策，并于21世纪初提出以"三农"政策来加快农村发展和改善农村人口的生活状况。但历史形成的城乡二元结构并未能在短期内消除，尤其是城乡二元结构下农村教育的劣势地位很难在短期内有所转变，而城乡二元结构对农村学生价值取向的形成也造成了极大的影响。

在上述多种原因的影响下，我国农村学生逐渐形成了最基本的教育价值取向："上学—考大学—做官"或"上学—升学—做城市人"。而自1999年我国实行高等学校扩招政策以后，随之而来的就业难问题又对农村学生的教育价值取向产生了新的影响。农村孩子原本通过上大学进入城市的渠道在新的时代环境下已变得不再畅通。虽然原来考大学的竞争很大，但只要能考上大学便能跳离"农门"，多年的寒窗苦读终究是能见到具体而实际的效果的。可近年来随着大学毕业生就业形势的日渐严峻，读书上学已经不再是农村孩子通往"做官"或"做城市人"的坦途。社会现实和社会思潮给农村孩子形成了错误的价值导向，他们逐渐形成"读书无用，唯有挣钱高"的价值取向。这样的价值取向决定了农村学生厌学情绪较重和学习成绩普遍较差的现状。

西部民族地区农村学生的教育价值取向决定着他们的学习态度和学习动机，也直接反映并影响着他们的行为方向。从更深远的角度来说，西部民族地区农村学生的价值取向将会直接影响西部民族地区农村教育的发展方向，进而从根本上决定其发展前景。因此，正确引导西部民族地区农村学生，帮助他们树立正确的教育价值观是一件刻不容缓的大事。那么，我们该如何对他们进行价值引导呢？20世纪石门坎教育的经验或许值得借鉴。

首先，引导学生们热爱家乡热爱农村，消除他们心中"唯城市为上"的看法。而要让学生热爱农村，教师和教育工作者必须先自己热爱农村。20世纪，英国传教士和石门坎之外的其他民族教师来到石门坎办教育，对他们来说，石门坎无疑是十分贫穷落后的。从早期石门坎学校的老师们来看，柏格理来中国之前曾是英国一个城市邮政银行的工作人员，工资优厚，生活条件优裕；王树德是在英国获得硕士学位的研究生；刘映三是清末昭通的鸿儒；李司提反出身于昭通名门，是昭通名士……从新中国成立初期进入石门坎的老师们来看，罗安谦是南京大学的毕业生，是一流的教育人才；邓厚昕老师是黄埔军校的毕业生；甘功铭是西南革大的毕业生；许远富、徐广跃、曾志贤、张义泉、陶贵昌、海云龙等均来自省城的高等学府。无论是早期的西方传教士、清朝鸿儒，还是后期的名校大学生，他们来到石门坎后都表现出对石门坎真诚的热爱，丝毫没有表露出对农村落后地区的嫌弃和鄙视。柏格理一众来到石门坎后就"入乡随俗，穿上草鞋和粗麻布苗服，与苗民同吃同住，生活全盘'苗化'。他对苗民和蔼可亲，以礼相待，路上相遇，每每先让道，口称'得罪'。由于苗区闭塞，会说汉话的苗民极少，为消除语言障碍，柏格理拜苗族人杨雅各为师学习苗语，白天黑夜与杨雅各形影不离，很快就精通苗语。他还经常把自己从英国带来的日用品和食品分发给苗族妇女儿童，免费为苗民治病除难，很快就与苗族民众打成一片，'成为苗族人中的一位苗族人'，博得苗民的信任，被苗族群众'认可为一种父兄般的形象'"①。刘映三到石门坎后就长期居住于石门坎，连假期也很少回昭通探亲，将所有的心血都倾注于石门坎的教育事业。后期的吴应杰、罗安谦等人带着家眷来到石门坎，一来便扎下根踏踏实实工作，他们还努力学习苗语，到石门坎后不久便能用苗语和学生交流，表现出了对当地文化的尊重和热爱。

对于学生而言，教师具有巨大的榜样示范作用，教师的一言一行都会对学生产生潜移默化的影响，学生教育价值取向的形成主要来自于教师的引导和垂范。因为有一群热爱石门坎、热爱教育事业的身正德高的老师作榜样，所以 20 世纪石门坎学校的学生学风甚好，他们热爱农村，热爱学习，学成之后也都纷纷反哺家乡。而与之形成鲜明对比的是，在当今的西部农村中小学，老师们言必称城市，唯城市为最好，无论是他们的行为，还是他们的教学语言，都处处表现出对农村的不屑和对城市的崇尚。而放大到更宏观的层面来看，农村优秀的教师总会被教育行政部门以调离农村进入城市的形式来进行褒奖。在这样的价值导向下，学生们逐渐形成了"离农"的价值取向。因此，要扭转西部民族地区农

---

① 何嵩昱：《石门坎"教育神话"对当代西部民族地区农村基础教育的启示》，《教育文化论坛》2012 年第 3 期。

村学生"离农"的价值取向，首先教师们要先消除自己的"城市化"倾向，要以提高农村人口素质作为西部民族地区农村教育的价值导向，用自己的言行表现出对农村的热爱，让学生们明白实现农村与城市沟通衔接的关键是提高农村人口的全面素质，让学生明白改变农村人口命运的可行路径是"上学—提升素质"，而非"上学—升学"，引导学生树立正确的价值观，从而帮助他们确立正确的学习动机和学习目的。

其次，我们要抑制"读书无用论"的蔓延，消除其对西部民族地区农村学生的毒害，引导他们树立正确积极的教育价值取向，激发他们的学习积极性和主动性。要想抑制和消除"读书无用论"对农村学生的消极影响，必须首先弄清"读书无用论"得以在农村肆意蔓延的深层原因。"教育对人的发展有多重作用，有精神作用和经济作用。"①对于较为贫穷的西部民族地区农村人口来说，他们首先看重的必然是教育的经济作用。他们迫切地想要通过求学读书来解决就业和经济问题，因此他们必然更多地从投入产出的经济视角对读书的作用进行评判。随着我国高等院校扩大招生的政策和高校毕业生就业形势严峻两重因素之间的张力日渐增大，通过读书解决就业和经济问题的可能性就日渐变小。因此，对于西部民族地区农村人口来说，读书也就"无用"了。由于自身经济基础薄弱，西部民族地区农村人口承担教育投资风险的能力较低，因此他们的教育价值观更容易受到读书的实际效用及回报的影响。而当"读书无用论"的价值导向深深地影响着西部民族地区农村学生时，他们的学习积极性和主动性也就大为降低了。

要想抑制和消除"读书无用论"对西部民族地区农村学生的侵蚀，我们必须从"读书无用论"形成的根源处下功夫，采取有效措施大力发展农村经济和教育，促进城乡经济和教育的平衡，同时大力扶助贫困的农村学生，在求学到就业的道路上给予他们更多的扶持和帮助。让贫困的农村人口深深感受到低投入和高产出的教育回报，减少农村家庭因上学而致穷的情况出现。用制度、用现实引导西部民族地区农村学生树立"知识改变命运"、"知识就是力量"的价值取向，充分调动他们的学习积极性和主动性。

---

① 郝文武：《新读书无用论的根源及其消除》，《中国教育学刊》2009 年第 9 期。

我们还可以学习石门坎光华学校的"挑选精英,一路扶持,护送到底"的方式,塑造成功典型,利用榜样的力量激发学生的学习动力。"通过教育个案的成功实例证明教育的巨大作用,改变当地民众对教育不重视的错误观念,树立起'知识改变命运'的信念,形成兴学重教的风气,再逐渐使教育的成功从个例走向普遍,促进西部民族地区农村教育水平的发展;还可通过重点培养个别对象,使之成为科学致富的典例,以此激发民众对知识的渴求;更可以进行企业与学校、职教中心对接,并保持长期合作,让企业为地区创造就业机会,学校为企业输送技工,以学成即能就业的机会来刺激民众的求学欲望;另外,学校在强调升学率和就业率的同时,加强学生的观念教育和人文精神的培养,突出生存教育与脱贫教育。"①

此外,我们还要考虑到西部民族地区的地域和民族的特殊性,在尊重少数民族的"族群认同"需求的基础上,注重对少数民族"多元一体"文化观的培养,让他们懂得文化的差异性和多样性,明白他们的民族语言、服饰、宗教以及风俗传统文化是中华民族文化大家园中的重要财富和资源。同时,也要让他们认识到文化还具有内在的和谐性与统一性。培养他们理性审视自己的民族文化、理解他者的文化的能力。促使他们通过充分了解少数民族文化对于整个中华民族的贡献来树立民族自信,增强主体意识,同时又要让他们吸纳有益于国家、有益于社会的价值观念和行为,让他们的民族文化融入整个中华民族。

第三节 增强师资,提高教育软实力

陶行知先生曾说:"好的乡村教师,第一有农夫的身手,第二有科学的头脑,第三有改造社会的精神。他足迹所到的地方,一年能使学校气象生动,二年能使社会信仰教育,三年能使科学农业著效,四年能使乡村自治告成,五年能使活的教育普及,十年能使荒山成林,废人生

---

① 何嵩昱:《石门坎"教育神话"对当代西部民族地区农村基础教育的启示》,《教育文化论坛》2012年第3期。

利。这种教师就是改造乡村生活的灵魂。"① 陶行知先生实际上是对农村教师的基本素质提出了几方面的要求：一是对农村的热爱之心和适应农村生活的能力；二是较高的文化知识水平和业务能力；三是过硬的思想政治素质和极强的教育教化能力。

20世纪石门坎教育之所以取得巨大成功，优秀的师资队伍是一个非常重要的保障因素。无论是新中国成立前石门坎光华学校自己组建的师资队伍，还是新中国成立初期政府统筹安排的教师队伍；无论是西方传教士教师、石门坎本地苗族教师，还是外来的其他民族教师，石门坎师资队伍的内涵结构都是十分合理的，教师素质都是十分优秀的。柏格理一众传教士都是在英国接受过良好的学校教育，又在中国的城市农村各地经受过社会磨砺的，他们有着丰富的学识和较强的实践能力，且他们的专业和特长各有不同，有擅长数学的柏格理、精通文学艺术的文学硕士王树德、擅长医学的韩素音、擅长农艺和种植的安妮·布莱恩……外来的其他民族教师也都具备较高的知识水平和较强的教学能力，新中国成立前的刘映三、钟焕然、李司提反等人饱读诗书，国学功底非常深厚；新中国成立初期的吴应杰、罗安谦、冯明强等人既受过传统文化的熏陶，又接受过现代高等学府的严格教育，学识渊博，能力出众。石门坎本地苗族知识分子大多都是在石门坎接受启蒙教育，打下扎实的功底，后又外出深造学习，朱焕章、吴性纯、杨忠德……他们同样是学识广博，能力卓越。正是在这三股强大的师资来源的合力之下，石门坎的教育才取得了累累硕果。

当今我国西部民族地区农村教育需要的正是这样一支学识丰富、能力卓越的教师队伍，但从"现状篇"的梳理来看，当前西部民族地区农村教师队伍的状况堪忧。要想改善我国西部民族地区农村教育的现状，调整完善师资队伍结构、提高教师素质已是当务之急。

参照石门坎教育的成功经验，要想快速有效地提高西部民族地区农村教师的素质，我们至少可以从以下三方面着手：

---

① 董宝良：《陶行知教育论著选》，人民教育出版社1991年版，第198页。

一 调整师资队伍结构

通过"现状篇"的梳理可以看出,当前我国西部民族地区农村教师队伍在结构方面存在着地缘、学历、专业学科配置不均衡、不适切等问题。对症下药,有针对性地采取措施是最佳解决办法。

(一)调整教师队伍的地缘结构

当前我国西部民族地区农村教师队伍主要存在着本土教师过多,外来教师较少,本土教师和外来教师都不安心扎根于西部农村,都向往城市和发达地区的现象。要改变这一现状,加大物质和精神鼓励,优化教育环境,改变招生和用人方式,改变支教、帮教方式是可行之径。具体可以从以下几个方面展开:

1. 增强物质保障和精神嘉奖

通过物质和精神的双重激励,吸引更多优秀人才投身西部民族地区教育事业,为从源头上解决西部民族地区农村教师结构问题提供基础保障,保证充足的师资来源。20 世纪,石门坎利用民间筹资、教徒捐赠、教会出资等多种方式加大教育的资金注入,修建校舍、足球场、游泳池、教师宿舍,新中国成立后还采取提高石门坎地区教师工资级别,发放特殊补贴等方式改变教师生活和工作条件。同时给予教师精神补给,用宗教信仰和共产主义信念等增强教师的精神力量,最终打造出一支强劲的师资队伍。在当前的形势下,我们不能照搬石门坎的方式,但可以运用石门坎的经验。一方面,大力发展西部民族农村经济,加大西部民族地区的教育投入力度,努力改善西部民族地区生活环境和农村教师的经济和生活条件;另一方面,增强对西部民族地区农村教师的精神褒奖,提高西部民族地区农村教师的社会地位,强化他们为农村教育做贡献的理想信念。

2. 创造良好的教育和受教育环境

良好的教育环境,可使本土和外来教师在西部民族地区农村安心、舒心地工作,同时能有效地发挥他们的最大作用。课题调查结果显示,本土和外地教师不安心扎根于西部农村有多方面的原因,其中经济待遇低和子女教育及长远发展受影响是最主要的原因。如果在西部农村形成了良好的教育环境,有优良的办学条件设施,有精良的师资队伍和整齐划一的学生队伍，无论是本土教师还是外来教师，也就必然会对西部民族地区的农村教育产生信心，对他们的子女在当地接受教育怀有信心，他们向城市或发达地区流动的欲望自然就会减少甚至消除。

3. 改变用人方式，大力补充外来教师

本土教师固然有着熟悉本土情况，更愿意扎根本土的优势，但也必然存在"近亲繁殖效应"①、知识结构和教育观念单一等问题。对此，我们可以借鉴石门坎的经验，大量引进外来人才，面向全国招聘教师。在 20 世纪 80 年代至 2000 年前，西部民族地区农村中小学在录用教师方面存在着十分严重的本地化倾向，导致外地教师数量少、功能弱的情况出现。近年来，西部民族地区打开门户，又重新面向全国招聘各类教师，外地教师在西部民族地区农村的功能效果已初步显现。今后我们可以继续执行这一政策，有计划、高效率地增加外地正式教师，将有实力、有水平的外地教师长期纳入西部民族地区的农村师资队伍中，并减少和杜绝临时代课及支教教师，逐渐形成西部民族地区农村师资队伍的良好地缘结构。

4. 加大帮教力度，提高支教水平

近年来，随着教育部、团中央推出的各类支教政策以及志愿者计划的开展，不少大学毕业生奔赴西部农村地区开展支教活动。他们大多有较高的文化素养和知识水平，但缺乏教学经验和实践能力，且流动性较强，因此他们对于西部民族地区农村基础教育而言，主要是补充了教师数量，而在教育质量的提高方面，他们的贡献却十分有限。甚至最终事与愿违，形成与支教计划的初衷全然相反的结果：西部农村贫困地区变成了城市和发达地区的"练兵场"，那些缺乏教学经验、教学能力的大学毕业生跑到西部民族地区进行"锻炼"和"改造"，农村成为了他们进入城市和发达地区之前的练兵场和跳板。因此，在支教和帮教工作方面，我们不仅要注意数量问题，更要注意质量的提高，做到保质保量，让真正有水平、有能力、有经验的教师到西部民族地区农村中小学支

---

① 近亲繁殖效应原意是指血缘相近的种属结合生育后代，导致出现退化或畸变的现象。在管理活动中，近亲繁殖效应是指决策者以血缘关系作为用人的标准，致使组织体制家族化，而对组织造成恶劣的影响。

教。还可采用农村—城市相结对、东部—西部相结对的帮扶形式，把城市和发达地区的高水平骨干教师派往西部民族地区农村中小学，通过现场示范教学、就地培训、以师带徒等方式来实现有效的帮扶。

（二）调整西部民族地区农村教师队伍的学历结构

当前西部民族地区农村教师队伍的学历结构存在的问题主要集中体现在教师学历偏低，或是学历含金量偏低两个方面。对此，我们可以有针对性地进行调整。

第一，从国家宏观调控的角度来提高对西部民族地区农村中小学教师的学历标准。且在标准制定后必须严格执行，对学历不达标的教师，可以制定限期达标政策，规定在一定的具体期限内必须达标，教师可以视个人情况选择离职进修或在职进修等方式获得最低学历。配套政策对学历未能按期达标的教师进行处理，可以采取降低任教学校层次的办法，将未能按期达标的教师降至低一层次的学校任教。比如中学教师如不能按期达到本科学历，则将其降至小学任教。

第二，在提高西部民族地区农村中小学教师学历标准要求的同时，提高学历质量，增加学历的含金量。也即要同时并重学历层次数量的提高与学历质量的提高，避免功利地单纯追求学历等级层次。要做到这一点，一方面高等教育机构在教学过程中必须严格保证教学质量，严格评审制度，严格把好毕业关；另一方面国家应该逐步取消自考、函授等在职攻读学位的教育形式，实行在岗教师完全的离岗进修教育，以确保进修教师达到足够的学习时间和学习质量。

为了保障西部民族地区农村教师队伍学历层次数量和质量能快速有效提高，国家可采取一定的经济扶持的方式充分调动农村教师提高学历的积极性。可以通过国家、地方政府以及学校帮助教师个人分担学历培养经费的方式，大幅度降低教师提升学历的个人费用成本。也可由国家财政统一负担西部民族地区农村中小学教师的学历达标费用。同时，国家也可以出台学历津贴政策，利用物质激励功能来增加教师提升学历的主动性。在工资福利发放方面，可以在我国现有学历津贴的基础上，适当加大高学历津贴的比重，将西部农村地区不同学历教师之间的津贴差距拉大，以此发挥经济在学历结构变化中恰当的激励调节功能，稳定高学历教师，激励低学历教师。

（三）调整西部民族地区农村教师队伍的专业学科结构

当前，我国西部民族地区学校的教师配置中存在着严重的专业不对口、学科不对口情况。对此，我们可以从国家、地方，甚至学校层面出台相关政策保证学校用人的学历和专业的对口性，学校新增教师时必须根据专业需求来进人，已有教师在提高学历时必须要求专业对口，或者学校在课程安排、职称晋升、薪资增长时只承认专业对口的二次学历。

二 优化教师的知识结构，提高专业水平

在信息相对闭塞、文化相对落后的西部农村地区，中小学教师无疑是当地最主要的知识文化继承者和传播者。他们的知识文化水平不仅决定着学校教学效果的好坏，还在很大程度上影响着当地文化发展水平的高低。20世纪上半叶，石门坎从一个愚昧落后、结绳刻木的蛮荒之地飞速发展成为"西南教育的中心"、"西南苗族文化的最高区"，最主要的原因便是因为石门坎有着一支知识文化水平高、专业能力强的教师队伍。而且那些教师还非常善于学习和接受新知识、新观点，不断优化自己原有的知识结构。早期的柏格理等教师和新中国成立后的吴应杰等教师来到石门坎后便主动学习苗语和苗族文化，将新知识、新观点充实到自己原有的知识结构中。柏格理将自己原本精通的英语和后来学习的汉语、苗语融合，创制出苗文，不仅促进了石门坎学校的教学水平，更推动了当地的文化发展。新中国成立后吴应杰等教师利用报纸和收音机，带着学生一起了解实事动态，学习新知识，接受新思想，石门坎尽管地处偏远却始终与时俱进。在当今这样一个信息化社会，西部民族地区的农村教师们更是有必要在掌握好扎实的专业知识的基础上不断学习，提高认识，更新观念，解放思想，在应用知识的同时更新知识，不断扩充自己的知识面，调整自己的知识结构。

广博的见识和精深的专业知识是每一位教师都应该具备的专业素质。对于信息来源较窄、学习渠道较少的西部民族地区的农村学生来说，"专且博"的教师就更为重要了。老师扎实的专业知识可以带给他们求知的"捷径"；老师广博的科学文化知识可以让他们身处封闭偏远的环境中而能放眼世界的广阔、领略山河的秀美、感受历史的厚重、知晓科学的神奇……总之，一位见多识广、博学多才的农村教师是学生困惑的释疑者、真知的馈赠者，也是地区文化发展的领头者、推动者和建设者。因此，各级教育管理部门一定要为西部民族地区农村教师创造各种学习和提高的机会，而西部民族地区农村教师必须要有积极主动的学习态度，抓住一切学习机会，不断地汲取知识，不断优化知识结构，成为"专且博"的教师。

三 增强教师的农村教育实践能力

苏联著名教育实践家和教育理论家苏霍姆林斯基有一句名言："要记住，你不仅是教课的教师，也是学生的教育者、生活的导师和道德的引路人。"在西部农村地区，教师不仅是教育活动的主导者和学生的引路人，也是农村建设的知识领军人和文化推广者。我们不仅要注重对西部民族地区农村教师知识结构的更新和优化，更要注重实践能力的提高。

首先，增强西部民族地区农村教师实施素质教育的能力。素质教育是我国近20年来教育改革的重点。自20世纪末起，我国就把素质教育作为了党和国家的一项重要战略决策。我国西部农村发展的进程和建设的成效在一定意义上取决于新一代农村人口的整体素质，西部民族地区农村人口的素质又取决于西部民族地区农村中小学的素质教育。而教师是素质教育的主要实施者和操作者，农村的素质教育主要依靠农村中小学教师实施，所以农村中小学教师的能力素质对于农村素质教育的成效起着决定性作用。故增强西部民族地区农村教师实施素质教育的能力有着战略性的意义。在具体的教育实践中，西部民族地区农村教师一定要顺应时代的发展需求，立足西部民族地区农村的现实环境，尊重中小学生身心发展的规律，一改现行的精英教育和选拔教育，实施重个性和主体性的教育；一改现行的重智轻德、重知识轻能力的教育，注重创新教育和实践教育，培养全面发展的高素质、高能力人才。西部民族地区农村教师要不断提高自己的能力，将素质教育落实到教学实践中。

其次，要增强西部民族地区农村教师的新课程改革能力和乡土课程开发能力。在这方面，石门坎就是十分成功的范例，20世纪上半叶，石门坎学校结合当地实际和社会发展需求，在学校开设了苗文课、劳作课、就业指导课等，为当地的人才培养和社会发展立下了汗马功劳。西部民族地区农村教师在教育实践过程中，必须要从农村生活的实际情况和农村学生的基本特点出发，考虑课程内容的实用性和科学性，灵活地进行课程目标和课程结构的设置，使课程的功能既满足知识传授的长远要求，也能适应当地生产生活的现实需要。

此外，必须增强西部民族地区农村教师服务农村的实践能力。农村教师除了具备普通教师应该具备的各种能力素质之外，还必须具备为农村中小学生服务、为农村服务的能力。农村教师必须要有"亲农"的能力，"在用知识和能力服务教学的同时，也要有意识地融入农村，不要以'知识分子'身份游离于农村和农民之外，而应该用自己的知识、才能做好农村的组织协调工作，搞好人际关系，真正以一个农村里的'智慧人'的形象建设农村、引导农民、服务农业"①。像陶行知先生所说的那样，使学校气象生动，使社会信仰教育，使科学农业著效，使村自治告成，使活的教育普及，使荒山成林、废人生利……成为改造乡村生活的灵魂。

---

① 张鹏君：《基于新农村建设的农村中小学教师素质研究》，硕士学位论文，河南大学，2011年。

第十章　教育客体：尊重区域个性，追求"和而不同"

如果说教育主体是决定西部民族地区农村教育发展水平的关键性因素，那么教育客体就是影响西部民族地区农村教育发展水平的基础性因素。农村教育主要是为农村服务，民族地区的农村教育也主要是为民族地区的农村服务，为提高民族地区农村人口的基本素质和促进民族地区农村学生发展服务。我们应该清醒地看到，对大部分西部农村学生而言，他们在完成学业之后主要的就业空间仍然还是在西部农村。所以西部民族地区农村教育的课程设置、教材教法的制定应该紧紧围绕为民族地区农村建设服务的宗旨，增强教学内容的实用性与针对性，以满足西部民族地区农村建设的需要。江泽民同志曾指出："民族教育是整个教育事业的组成部分，是民族工作的重要方面，应在教育结构、专业设置、学制、教材、办学形式等方面，逐步走出一条适应少数民族和民族地区实际的路子。"[1] 20 世纪的石门坎就成功走出了一条适应苗族和黔滇川民族地区实际的路子。石门坎学校的创办者们联系实际，因地制宜，创造灵活多样的办学形式和教育模式，全面拓展教育对象的认知，将石门坎的教育推向了辉煌，为我们塑造了民族地区农村教育的成功范例。

柏格理在考察了威宁的地理特征、苗民的生活居住情况及政治、经济状况后，采取了多项目多措施的复合式教育，如建学校兴西学、设置专门机构对学校进行系统管理、进行生存教育、推广应用技术、将教育

---

① 中央党校民族宗教理论室：《新时期民族宗教工作与宣传手册》，宗教文化出版社1998 年版，第 23 页。

与实体经济相结合等。

　　柏格理选择位置优越、资源丰富的石门坎作为校址。石门坎"是当时昭通到镇雄客商必经的通道，是云南昭通、彝良和贵州威宁三县的交界处，有丰富的无烟煤，生活用水较方便"①。为教育的展开提供了良好的传播条件。柏格理建立以石门坎为中心的学校、教堂以及医院、救济院等辅助教育的网络，然后明确组织机构，设置教区，分四部三科，教区内设"教育委员会"来统筹规划石门坎教育的所有事情。"教育委员会"以石门坎光华小学中心为本部，有计划地向石门坎周围的分支教堂、分校推广扩大，发展苗族地区的教育事业。众所周知，学校教育头绪繁杂，师资的培养、师资的聘请、学生的招收、课程的设置、教材的编写、各种文体活动的开展，都需要统一的规划和安排。而柏格理开展的少数民族教育事业不仅包括学校教育，还涉及社会的方方面面，如先进生产技能的传授、医学常识的普及、社会风俗教育等各个领域各个层面，可说是一个复杂的系统工程。而正是因为有"教育委员会"这样一个负责苗族地区教育事业的专门机构，各方面的力量才得以很好地凝聚在一起，长期不懈地将教育事业作为教会事业的一个重要组成部分开展了下去。这个管理机构的高效统筹规划，保证了系统内各个部分的良好运转，互相促进，使得整个教育事业在良性循环的轨道上顺利发展。也正是因为有这个机构几十年的统一领导，柏格理及其追随者开创的办学理念、办学方针才始终如一地得到了贯彻。

　　在课程、学制以及教材和教学模式方面，石门坎教育呈现出了多元化、灵活化的特点。首先，柏格理设置了多元课程。多元课程包括："公民测验及公民知识、国语、算术、社会、卫生、艺术、体育、自然研究、园艺与农业、家事、职业指导、历史、地理、音乐、应用文、方言、英文。"②此外，文体方面先是以足球为主，后来项目逐渐丰富，有篮球、排球、拔河、赛马、射弩、登山、田径，以及妇女织麻、穿衣、穿针线、苗文识字等活动，丰富的课程增加了苗民学习的积极性，

---

　　①　威宁彝族回族苗族自治县政协威宁百年实录编委会：《威宁苗族百年实录》，贵州民族出版社 2006 年版，第 80 页。
　　②　游建西：《近代贵州苗族社会的文化变迁》，贵州人民出版社 1997 年版，第 106 页。

且实用性课程在社会生活中起到了实实在在的作用，多样的文体活动又开阔了苗民的视界。其次，学制也十分灵活，主要有一年制、三年制、四年制，以及短期培训。并随时根据苗民的性别、年龄以及接受程度等因素灵活调整课程的设置。在师资和教材方面，柏格理采用中西结合和"以苗教苗"的教学模式，柏格理等人自创苗族文字，自编教材，写成《绘图蒙学》《音乐》《看图识字》《连词成句》《算术》《图画》等简单通俗的启蒙读物和教科书。教师主要以传教士本人为主，再辅以聘请汉族秀才等知识分子，待培养一批优秀的苗民后，形成以苗族人才反哺家乡的教学模式。

此外，柏格理还大兴慈善活动，开展助学、治病、开药房、建医院、建救济院及教会邮局代办所等活动。助学使苗族优秀的人才得以培养，如吴性纯、朱焕章等一大批高素质人才；治病，开药房，建医院、救济院等，解决了苗民的健康之忧；邮政代办所的建立，使石门坎能够看世界新闻，能与外界顺畅沟通，增强了苗民的认知。

柏格理石门坎教育的经验和西部民族地区农村基础教育的实际告诉我们，发展西部民族地区农村教育，必须将基础教育与少数民族的文化传统结合起来，与当地社会经济的现状和发展结合起来，在教育目标、课程设置、学制等几个领域探索民族化、地方化、本土化教育的理论与实践。

第一节　尊重西部需求,创"地方化"课程

随着改革开放的不断深入，工业化和城市化已成为当前经济社会发展的左膀右臂。而与之相背离的是，西部民族地区农村的"文化空巢"①现象却越来越突出，教育呈现出明显的"离农"状况。在课程设置方面也出现了学校课程内容远离西部民族地区农村学生的实际生活的情况，教育目标、模式、课程内容甚至方法手段基本上与东部地区、城

---

① "文化空巢"这一概念首先是由中国文联副主席、中国民协主席冯骥才提出的。2009年，冯骥才在考察梁思成、林徽因故居时，忧心忡忡地说："中国的古村落和历史街区千百年来积淀的文化内涵面临被掏空的危险，应该抓紧小型博物馆的建设步伐。"此后，人们常用"文化空巢"一词来表示中国的历史文化和农村文化在新的历史时期出现断层和衰退的情况。

市完全一样，根本不符合西部农村生产、生活和学生实际，不符合西部民族地区农村的需求。这种"同而不和"的课程设置对西部民族地区农村教育的发展有害而无利。恰如江泽民同志所说的那样："民族教育是整个教育事业的组成部分，是民族工作的重要方面，应在教育结构、专业设置、学制、教材、办学形式等方面，逐步走出一条适应少数民族和民族地区实际的路子。"[①]我们在发展西部民族地区农村教育时，应该注重西部民族地区特殊的地域特点、民族特点和乡村特点，避免照搬发达地区和城市地区的方式，探寻一条适应民族地区实际的路子，开展与发达地区、城市地区基础教育"和而不同"的特色教育，满足西部民族地区的自我需求，增强教育课程的农村适切性。

首先，根据西部民族地区教育对象的主体需求和社会实际，进行地方课程和校本课程的开发。自新中国成立以后，我国长期实行由国家统一管理的课程体制，尽管20世纪90年代后期国家推出了"国家、地方、学校"三级课程管理体制，但国家统一管理的观念已根深蒂固，尤其是在偏远的农村学校，由于学校领导和教师的水平有限，他们缺乏自主安排课程的能力，习惯于听从上级教育部门的统一安排，因此三级课程体制并未能得到很好的实施。目前，我国大部分省区都推行国家课程，即政府为保障国民基本素质而开发的课程，这是当前西部民族地区农村中小学各地课程体系中的主体部分。我们不能任意改变和降低国家课程培养目标所规定的培养人才的规格质量和各门课程所应达到的课程标准，但对培养目标的诠释及其指导下形成的课程计划可以地方化，可根据地方课程资源和学生特点编写地方性教材，进行既符合国家人才标准，又具有地域特色的一种课程整体重构，开发出一种既符合课程标准又具有较强的适切性的教材。例如，我们可以从少数民族地区农村学生的生活文化背景出发，从其所熟悉的生活中寻找丰富的资源，将西部农村美丽的自然风光、鲜活的生活景观、多彩的风土人情编进乡土教材，使课程内容不仅具有鲜明的地域文化特色，符合西部农村实际，而且符合学生个体发展需要和认知水平。

---

① 中央党校民族宗教理论室：《新时期民族宗教工作与宣传手册》，宗教文化出版社1998年版，第23页。

其次，我们可针对西部民族地区地广人稀、交通不便以及农村学生经济条件差，受生计问题困扰等现实情况，采取集中办学，择优建校以及定点与不定点办学；实行灵活学制、长短结合，农忙时放假，农闲时开课；建立特殊群体的培训机制，如对务工青壮年、特长生专项培训；使用双语，甚至多语教学，把汉语言与各地民族语言结合共用；将课堂搬到田间地头，注重教学的实践价值，直接在劳动中传授适用的自然科学知识。

另外，我们还要考虑西部民族地区基础教育升学率低、教育产出低的情况，根据西部各地区经济社会、地理环境、自然资源与科学技术的实际，多办一些各类职业技术学校和有民族特色、地方特色的职业技术专业，培养各种初、中级人才。一方面，可以解决基础教育的后续教育及升学就业等问题，缓解农村人口对教育"投入高、产出低"现象的焦虑；另一方面，还可将大量农民培养成为独当一面的技术骨干、致富能手，让他们成为能立足家乡的新型农民、牧民，推动西部农村的发展。

第二节　针对农村特点，制"本土化"教材教法

教材教法是学校教育中的必要条件和基本建设。我国近现代著名的教育家俞子夷曾将教材与教法比作车上的双轮和飞鸟的双翼，他认为二者相辅而行，缺一不可。正如俞子夷所言，如果教学过程是一列隆隆向前的列车的话，教材教法就如同车之轮，承载着实施教学过程的重要因素，对学校教育质量和教学效率有着直接的重大影响。而其中教材特别是教科书在农村学校的重要性尤为突出，因为在农村地区，网络资源和其他辅助材料的利用率较低，国家统一编写的、经国家中小学教材审定委员会审定通过的教科书基本上就是农村学校唯一的教材，教科书就等于教材。

当前，我国西部民族地区的农村中小学在教材教法方面还存在着不少的问题。如教学语言远离民族语言的问题。目前西部民族地区大部分学校采用汉语作为教学语言，这与少数民族学生的家庭语言形成差异，少数民族学生入学后听不懂课程内容。受民族语言与学校教学语言差异

的干扰，少数民族学生的学习成绩通常较差。教材存在明显的城市化倾向和"繁、偏、难"的情况，不能很好地适应农村学生的认知水平和需求，对西部民族地区的农村中小学的教育质量产生了一定的消极影响。以城市学生背景和知识储备来编制的教材不能很好地适应少数民族农村地区学校的需要，带来了教与学两方面的困难。一方面，教师教学能力、教学条件达不到教材要求；另一方面，学生的认知习惯与认知差距导致他们无法理解教材内容。在教育模式和方法方面，我国西部民族地区农村基础教育中也存在许多问题。由于学校教学环境差、教学设施缺乏等客观因素，以及教师自身教学能力低、教学观念守旧等主观因素的影响，西部民族地区农村教师的教学方法基本还属于陈旧过时的"填鸭式"和"满堂灌式"教育，老师还只是一味注重学生的考试分数，忽视学生综合素质的培养。最为严重的是，当前我国西部民族地区农村基础教育大多盲目追逐或被迫遵循东部基础教育的发展模式，忽视了西部民族地区农村基础教育自身的本体需求。这样的教育让西部农民越来越穷，让西部的青少年离农村越来越远，使更多的民族离本族群历史传统越来越远，东部、中部和西部地区的教育渐渐呈现出"同而不和"的态势。这样的教育显然是有悖于基础教育的目的和宗旨的。针对上述问题，我们可学习石门坎教育的成功经验，就当前农村与城市、西部与东部基础教育"同而不和"的状况进行改革，明确西部民族地区农村居民的主观需要与主体诉求，采取"和而不同"的方式来进行教材教法的调整。

首先，在教材的使用上，要尊重西部民族地区的区域个性，对西部民族地区农村中小学教材进行适当的调整。一方面，为了保持与发达地区和城市地区协调一致，西部民族地区农村中小学仍然可以采用全国的统一性教材，如现行的九年制义务教育人教版、苏教版教材。另一方面，应考虑西部民族地区的地域特点和实际情况，响应国家新课改的号召，编制地方教材和校本教材。但在编选地方教材和校本教材时必须充分考虑"传"或"弃"的问题及与时俱进的问题。一是要充分考虑到城乡学生知识基础、见识多寡等存在差异的现实情况，在内容的难度、内容广度上做出相应的调整，使教材符合农村学生的认知水平和接受能力。二是教材内容要顺应时代发展，及时调整、补充和更新内容，满足学生对新知识的需求。三是要充分吸收当地的民族风情和文化传统，让教材更接地气。要将当地优良的民族文化、风俗习惯和生产生活经验等适合农村情况的内容"传"下去，也要将落后习俗、封建迷信等不良的内容丢"弃"掉。这样才能更好地将现代文化传播与民族文化传承相统一，才能有效地将理论知识学习和良好习惯养成相融合，推动教育水平的整体提高。

为了保证教材的切实有用，国家、地方和学校还可创建各级教材适应状况的动态反馈系统，对国家教材、地方教材、校本教材的使用情况和适应状况进行实时追踪调查，并在教材编写者和教材使用者之间建立长期联系和有效沟通，便于随时反馈信息、调整内容以完善教材。

其次，在开展教育时，要从西部民族地区农村居民的需求出发，将他们对"生活宽裕"与"族群认同"的需求与国家"发展教育"的目标结合起来加以思考，找到三者之间的平衡点和契合点。"基础教育不仅是保存文化和传递社会价值观念的一种手段，而且也是影响生活和经济发展的最重要的因素之一。这种发展反过来又必须满足人口的真实需求的愿望，并确保社会成员的全面自我实现。"[①]由于地理环境、经济条件等的差异，西部民族地区农村及其居民的需要，既与其他地区居民的需要有相同之处，但同时又有一定的特殊性。石门坎教育的成功经验告诉我们，只有尊重教育对象的主体需求，才可能很好地激发他们受教育的积极性，主动参与教育活动。通过考察，我们发现西部民族地区农村居民的需求主要体现在两方面：一是"脱离贫困，生活宽裕"的需求，这是他们最基本、最强烈的需求。由于恶劣的地理环境和长期在社会发展中的边缘化，西部民族地区的农村大多贫困程度较深。因此，对于生活困苦的西部农村居民来说，最强烈的需要莫过于追求生理需要的满足、基本生存条件的改善和宽裕的生活。二是"族群认同"的需求，除了与汉族一样有着归属国家、归属主流社会文化的需要以外，西部民族地区的少数民族还有着对本族群的归属需要。"人人都渴望与他人交往并得到他人的关怀和爱护、理解和信任；人人都有依附一定群体，被

---

① 赵中建：《全球教育发展的研究热点——90年代来自联合国教科文组织的报告》，教育科学出版社1999年版，第101页。

群体接纳，找到自我归属的渴望。"① 西部民族地区的农村居民也不例外。尽管如今少数民族已很少穿着本民族服装，少数民族语言的文化意义在学校教育中已慢慢减弱，少数民族风俗已渐渐汉化，"少数民族"的概念已逐渐淡化，但这些外在表象背后仍隐藏着"和而不同"的心理需求，少数民族族群归属需求一直存在于少数民族人的内心之中。在族群归属需要支配下，他们渴望本族群文化能获得尊重和发展，从而实现个体尊重需要、自我实现需要的满足。在教育过程中，我们应充分尊重他们的"生活宽裕"和"族群认同"需求。

一方面，西部民族地区农村基础教育不必拘泥于课堂上对教科书知识的传授，不要仅仅停留在对学生的理论指导和教学，而是应该针对西部民族地区农村学生的实际需求，在具体教学过程中融入生计教育、劳动技能、种植技术、就业指导等实践性和实用性较强的内容和方法，培养农村学生的营生能力和农村生活能力。另外，学校在强调升学率和就业率的同时，应加强学生的观念教育和人文精神的培养，突出生存教育与脱贫教育。另一方面，在尊重少数民族的"族群认同"需求的基础上，注重对少数民族"多元一体"文化观的培养，让他们懂得文化的差异性和多样性，明白他们的民族语言、服饰、宗教以及风俗传统文化是人类文化大家园中的重要财富和资源。同时，也要让他们认识到文化具有内在的和谐性与统一性，培养他们理性审视自己的民族文化、理解他者文化的能力，促使他们通过充分了解少数民族文化对于整个中华民族的贡献来树立民族自信，增强主体意识，同时又要让他们吸纳有益于国家、有益于社会的价值观念和行为，让他们的民族文化融入到整个中华民族文化之中去。

结　语

著名美国教育家约翰·杜威说："一个不仅进行着变革，而且有着改进社会的变革理想的社会，比之目的在于仅仅是社会本身的风俗习惯

---

① 　张廷伟等：《浅谈群体心理人际关系行为》，《企业技术开发》2012 年第 34 期。

延续下去的社会，将有不同的教育标准和教育方法。"①当今的中国社
会，正是一个进行着伟大变革，且有着改进社会的变革理想的社会。国
家领导人和中央政府高度重视教育，尤其高度重视西部民族地区农村基
础教育的发展。在西部大开发的战略背景下，西部民族地区既是一个充
满矛盾和困惑的地区，也是一个充满生机和希望的地区。在当前这样一
个挑战与机遇并存的历史时期，在西部这样一个困惑与希望并存的地域
环境中，农村基础教育将何去何从？西部民族地区农村基础教育快速高
效发展的路径何在？中国社会应该有怎样不同的教育标准和教育方法？
面对这些问题，我们不仅需要从当前西部民族地区农村基础教育的现状
去分析，也需要从西部民族地区农村基础教育历史演绎的逻辑去探寻，
以历史之镜照亮前行之途，以前人经验启迪今天的发展思路。而与西部
民族地区农村状况有着同质性、同构性的 20 世纪石门坎教育，无疑正
是一面很好的借鉴之镜，石门坎的教育经验对今天无疑有着很大的启示
意义。

通过对"石门坎现象"的深度考察，我们发现石门坎的教育原则
可以高度概括为："因地制宜"、"因人制宜"、"因时制宜"。

针对高寒山区各地聚居人群之间山阻水隔的特点以及黔滇川边区交
通不发达的现实，制定"哪里有教堂，哪里就有学校"的方针，广建
学校，广设课堂，让学生就近上学，提高入学率，增大受教育面。此为
"因地制宜"。

针对受教育群体以苗族为主的情况，坚持"以人文本"的价值取
向，采取创制苗文，编写苗文教材，使用苗、汉双语教学等方法，既便
于学生听得懂、记得住、用得上，又有助于学生长远发展。并根据学生
水平层次的不同，实行普及与提高相结合，大众教育与精英教育相结合
的方针，精英教育中又特别注重选拔培养那些"送得走，学得好，回
得来"的，愿为发展地方民族教育服务的人才。此为"因人制宜"。

顺应清末民初时期社会大变革的形势，逐步改变教学内容——1911
年以前为《千字文》《三字经》《百家姓》及"四书"、"五经"等，后

---

① [美] 约翰·杜威：《民主主义与教育》，王承绪译，人民教育出版社 2001 年版，第
91 页。

来逐步过渡为中华民国政府教育部审定的教材。并针对当时石门坎农村的特点，在搞好基础文化教育的同时，开展应用教育，推行实业教育，充分适应乡村社会的实时需求。此为"因时制宜"。

这三个"制宜"正是"石门坎现象"给当下的最大启示。换言之，我国西部民族地区农村教育的发展也应该遵循"因地制宜"、"因人制宜"、"因时制宜"的乡村教育原则。

首先要"因地制宜"。西部少数民族地区地域广阔，资源丰富，发展空间很大。但同时又贫穷落后，吸引不了人才。要改变其面貌还得靠当地人。因此，少数民族地区教育不能过于"城市化"，不能一味地鼓励学生为"离农"、"远走高飞"而读书，而应教育学生"爱家乡"、"爱农村"、"兴农业"。对此，可以借鉴石门坎的"因地制宜"方略，根据地方特点，开展种植养殖技术、农业商品经营、乡村旅游等知识的学习培训，使学生"亲农"、"爱农"，树立他们"热爱家乡，建设家乡"的信念。同时，抓好基础教育，培养学生"德、智、体、能"全面发展，使他们成为"立志、立德、勤奋、上进"的新农村建设者。

其次要"因人制宜"。针对少数民族学生汉语基础普遍较差的实际，大力推进双语或多语教学。同时，根据地方特点和学生特点编写乡土教材，"将西部农村美丽的自然风光、鲜活的生活景观、多彩的风土人情编进乡土教材，使课程内容不仅具有鲜明的地域文化特色，符合西部农村实际，而且符合学生个体发展需要和认知水平"[1]。再运用"自下而上"的教学方法，结合西部民族地区农村人口的生活和语言文化实际，进行功能性扫盲，让教学充分满足他们的生活需要，让他们学以致用。

最后要"因时制宜"。乡村基础教育不能因循守旧、落后封闭，与时代脱节。乡村基础教育不能追寻城市模式，变为成就极少数精英理想的阶梯，不能将读书的目的单一地定格在"升学"和"进城"，必须以人为本、因时制宜，既要以农村、农业为本，又要放眼世界，与时俱进。要根据不同时期新农村建设的需求来确定教学重点，"农村的基础

---

① 何嵩昱：《石门坎"教育神话"对当代西部民族地区农村基础教育的启示》，《教育文化论坛》2012 年第 3 期。

教育必须改变忽视大多数不能考上大专和大学学生的教育需要的做法，更多地为他们提供对他们未来生存发展有用的知识和技能教育，尝试新的因地因时制宜的农村教育改革方法"①。重视素质教育，因时制宜，使农村少数民族学生学到符合时代和社会发展需求的知识和技能，为家乡社会经济发展和文化繁荣服务。

总而言之，就西部民族地区农村而言，我们在进行基础教育的实践时，无论是宏观统筹的政策制定、经济扶持，还是具体细致的教学实施、课程设置、教法运用等，都必须以西部民族地区农村基础教育的特殊性和个别性为前提，充分考虑其所具有的"西部"、"民族"、"农村"、"基础"等特征，因地、因人、因时制宜，充分把国家政策、他方资助等外力扶持的效用发挥到极致，最大限度地调动西部民族地区农村基础教育自身的主体性和能动性，内外协力，主客联手，一举攻克种种难关，开创西部民族地区农村基础教育的新局面。

一个世纪以前，石门坎教育的垦拓者们敢于披荆斩棘，在边远闭塞的黔滇川边地的文化荒漠中搭建知识的楼台。今天，新时代的改革者们无疑更有勇气高歌猛进，在充满希望的西部广阔疆土上构筑文化的高地。半个世纪以前，西方传教士和各民族知识分子敢于排除万难、不怕牺牲，以小众之力在贫穷落后的黔滇川边地创造出震惊世人的教育神话。今天，13亿中华儿女无疑更有信心矢志不移、不畏艰难，以举国之力谱写西部民族地区农村教育的辉煌篇章。

---

① 吴凤玲：《村落社会文化与国家教育——川西南泸沽湖镇一村小及其所在村落的田野调查》，载翁乃群主编《村落视野下的农村教育——以西南四村为例》，社会科学文献出版社2009年版，第78页。

附录一 石门坎学校大事记

1904年7月12日，苗族青年罗但以理、罗彼得、张朝相、张朝书到昭通找到柏格理，要求柏教他们读书识字。

1905年3月29日，柏格理和夏士元与土目安荣之签署契约，获得石门坎60亩建校的土地。随后苗族群众募集了100万文钱，用于修建教堂和学校。6月30日，柏格理等人在石门坎有了第一所建筑物。8月，神奇的"五英镑小屋"建立起来，柏格理携同妻子与小孩离开昭通，搬进此屋。柏格理在石门坎开始修建教堂和学校，11月5日开班授课，第一班是扫盲班，学生有：杨雅各、张武、王胜模、王经、张夏禹、王道元、朱褆、朱彼得、王银头、张慈、朱约翰、张得救、张马太、王西拉、杨秀、杨信、张高、王成宗、黄司提反、熊马可等，王道元的儿子王明基也随班学习。

1906年，学校正式招生授课，建立了中国近代最早的男女合校。由柏格理、王玉洁、钟焕然、杨雅各、张武等共同研究创制的苗文初步定形使用，这是中国近代民族教育史上第一所使用苗汉双语教学的学校。

1907年，柏格理专门为外地聘请来的女教师和女护士修建女教师宿舍，昭通来的胡开英老师，以及后来英国来的露医生、赵教师等都住过此房。

1910年，柏格理以石门坎光华小学为中心，建立了"西南教区苗疆教育委员会"。农历五月，举办第一届"阿丽劳"，即五月端午运动会。内容为：学生团体操、足球、拔河、歌咏比赛等；社会人士项目有：妇女穿针、织麻、穿裙、文化测验比赛等。学校建立石门坎邮政代办所，8月正式通邮，这是贵州最早的乡村邮政代办所。从此，由世界各地发往石门坎的邮件只要写上"中国石门坎"几个字便可送达。首任代办员为清末秀才刘映三先生。刘映三是一位不信鬼、不信神、不信上帝的老先生。第二任代办员为李司提反先生，任期从 1915 年下半年至 1916 年。第三任代办员为钟焕然先生。第四任代办员为苗族张志诚先生，时间从 1922 年至 1927 年。第五任代办员为张洪猷先生，时间从 1927 年至 1930 年。第六任代办员为王兴中先生，时间从 1930 年至 1935 年。1935 年至 1936 年间，王建明和张超伦先后接任代办员工作。1936 年后，邮政代办业务交由学校总务室管理。1937 年至 1944 年国民党党员白敦厚"一手包揽邮政代办所的大权"。

1911 年，毕业生杨荣辉、王定安、杨苒惠赴北京清华中学求学，但行至四川宜宾，因学校停招而返回。

1912 年，柏格理用英国老人 Arthington 多捐献的 2000 英镑，修建完成学校大教室，同时建立高小部。2 月 6 日，紧张筹备北伐讨袁的云南总督蔡锷电告柏格理："需八名苗民学生，入昆省立师范四名，成绩优者入北京师范；入讲武堂四名，成绩优者送日本士官学校，以造国家栋梁。"

1912 年，柏格理开始组织在学校修建男女分泳游泳池，于 1913 年端午运动会正式启用。水源来自学校西北方向的山坡上，将木材破开掏空制成"检槽"，一根接一根把水引到池里，游泳池四周有围墙，男女池分开，水先流入女池，再入男池，池内有排水孔。修建"长房子"，为中华基督教循道公会石门坎教区、西南教区苗疆部教育委员会、石门坎光华小学的集中办公场所。

1913 年，建成学制为七年的完全小学，初小四年，高小三年。教师钟焕然、杨雅各护送本校学生杨苒惠（云南彝良县人）、王快学（云南大关县人）、王爱福、王凤鸣四人到成都华西中学读书。4 年后学成归来，杨苒惠毕业返校后任石门坎光华小学第一任校长。4 月 2 日，色嘎最大的地主把他的一儿一女两个孩子送到光华小学读书。

1914 年 8 月，在学校大教室前立了中英文"溯源"碑。

1915 年，石门坎光华小学毕业生吴萍安留校任教，成为石门坎第一个苗族女教师。9 月 16 日，柏格理因护理被伤寒传染的学生，不幸染病去世。

1916 年，全校师生和苗族群众捐 1000 块大洋支援蔡锷部队，讨伐袁世凯。8 月 10 日，全体苗族信徒暨石门坎全体学生立"石门坎苗族信教史"碑。

1917 年，学校创办人之一杨雅各去日本横滨印刷苗文圣经书。

1918 年，石门坎附近三省毗连数县大旱，饿殍遍野，英国传教士王树德请准"华洋义赈会"以工代赈，从梭嘎大土目陇家买得苞谷 80 石，约 56000 斤放赈。一时集中在石门坎的云、贵、川的灾民多达 600 余人。他们每日发给成人苞谷一合（约七两），盐三钱，小孩每日谷一把（约三两）。成人除苞谷外，并发给松子一合，要他们在荒山种植。树种种完又命他们去石门坎—昭通一线修桥补路，赈粮也有增加，修了两个多月，春荒过了才停止。

1921 年，由杨雅各、张武、钟焕然和英国传教士张道慧牧师等人创办麻风病院，收病人 30 余人。建麻风病院的地盘是 1919 年钟焕然先生向他的学生安如福购买的位于学校南面的一片荒坡地。

1920 年，张道慧牧师带领群众在学校附近的雨撒弯修建了孤儿院，1922 年开始收养了 22 个孤儿，最小的 6 岁，最大的 14 岁，孩子们在此不仅接受常规的学校教育，还学习了耕作技术。首任院长是张文明先生，孤儿院先后由张文明夫妇、王富勤夫妇等照管。

1922 年，学校毕业生吴性纯、王霄汉考入成都华西大学，吴性纯于 1929 年毕业并获医学博士学位，成为贵州最早的医学博士。吴返回石门坎任药房医生，1931 年任光华小学校长。

1930 年举行了第 19 届端午运动会，并创作《体育运动会会歌》，歌词为："石门青年！石门青年！端阳运动会就来到，端阳运动会文明亿万年。滇黔健儿为中华争光，移风易俗改革体育好，体魄健强有青少年。"

1930 年，校长吴性纯将石门坎药房改办成石门坎平民医院。

1931 年 9 月，日本帝国主义发动"九一八"事变，侵占我国东三省。学校教师王兴中（苗）、钟焕然（汉）组织张超伦等年龄较大的苗族学生百余人，利用云炉河坝赶场天，到街上张贴标语口号，揭露日本侵略者的罪行，积极开展抗日宣传活动，激发广大群众的抗日热情。

1932 年农历五月，学校举办了规模宏大、项目齐全的第 23 届端午节运动会。县长雷新鸣和建设科科长等县府官员亲临现场参观。此次运动会会歌歌词是："盛会开今朝，运动体育好。场中红旗飘，观众像潮涌。开始演舞蹈，姿势极窈窕。接着兵武操，个个呈英豪。一会儿撑杆跳，身手真灵巧，一会儿百米跑，大家抢先到。得胜不骄傲，失败不懊恼，再来赛跳高，努力夺锦标。"农历六月，石门坎在华西大学读书的学生朱焕章等完成编写《滇黔苗民夜课读本》四册，以石门坎光华小学为中心，推行平民识字运动。

1933 年举行了盛况空前的第 24 届运动会，有云南省昭通明诚中学、彝良县城城关小学、威宁县四方井、勾乐多彝族联区小学、光华小学各分校及三县毗邻的一些其他学校参加。大会主席为吴性纯，总指挥为王兴忠，总裁判为李学宏（云南体校毕业，昭通明诚中学体育教师）。比赛项目有足球，篮球，体操，100 米、200 米、万米赛跑，高低栏、拔河、赛马等。

1935 年 9 月，学校教职工进行第一次长途旅行并参加长海子教堂开堂典礼。朱焕章大学毕业返回石门坎任小学校长。10 月 10 日，学校应邀参加彝良县双十节运动会，教师王兴中、王正兴、张超伦、王聪灵率百余名学生参加，校队除女生短跑负于彝良县城关小学外，其余项目均获良好成绩。

1936 年春，国民政府贵州省主席杨森率部队来学校，并进行了足球比赛，结果杨森部队被打败，杨森惊叹不已。杨森选拔技术高超的苗族学生杨性成、朱文光加入其队伍。随后派白敦厚、管承泽两个少尉（后有游敬夫等进入）到学校开展工作，"为石门坎办学"，"每月由军部汇给薪饷和办公费"。他们在石门坎建立国民党特别党部，书记长为白敦厚。10 月下旬，学校派百余名学生运动员参加长海分校的复校活动，途经木槽、上海枯、四十五户、哈喇河，与长海小学、伦河小学联合举办体操表演。贵州省政府领导田东屏到学校视察，并把韩绍刚、王聪林两位学生带到贵阳青岩师范读书。

1937 年 7 月，抗日战争全面爆发，石门坎学校师生赶排抗日短剧，用苗文翻译《松花江上》等抗日歌曲，在苗族群众中演唱、演出，宣传抗日。

1938 年 6 月，在成都求学的石门坎籍苗族学生杨汉先等，写就

《告石川联区同胞书》，内容是"值此日本帝国主义侵略我国的时候，全国各族人民必须团结起来抗日，我们苗族是中华民族之一，我们要努力前进，将来可达自决自治目的……"并邮寄100多份回学校，但被白敦厚没收。4月5日，英国传教士高志华在本校"长房子"被土匪李开柱杀害，部分学生受伤，有一位朱姓学生死亡。

1939年，本校毕业生李学高在成都大学参加成都五所院校春季运动会，获万米赛跑第一名，奖杯送回母校。小学校长王德椿和王明基到成都乡村教会科（南京金陵神学院乡村教会科抗战期间搬到成都）学习农业科技专业，学成之后，王明基先生于1942年创办石门坎乡村农业和手工业推广部。

1940年，学校组队65人参加在县城举办的运动会，获足球赛项目冠军。学校教师王正国、张文明、吴性良等为了反抗烟土斗争，联合苗、彝、回、汉400多人联名上告威宁县长周敷世派收烟土税，并派代表到省城申诉，最终使周取消了烟土税。

1943年9月，杨砥忠、朱焕章联络威宁、纯良几家大财主筹资筹粮增办了西南边疆私立石门坎初级中学，杨砥忠任董事长，朱焕章任校长，杨忠德任教导主任，杨荣先任事务主任。1946年，改名石门坎私立初级中学。

1944年，原石门坎小学学生张超伦毕业于成都华西大学，获得医学博士。张受石门坎中学校长朱焕章邀请回石门坎任教，任教半年后到云南昭通福滇医院执医，新中国成立后张历任贵州省卫生厅厅长、省政协副主席等职。

1945年，上千人参加学校举行的抗日战争胜利纪念大会。

1946年，中学校长朱焕章被选为国大代表，赴南京参加会议。8月，贵州普定县张玉延、潘忠祥、杨兴斋、李德书四位老师专程来石门坎学校交流访问。

1947年8月，本校第一届初中毕业生王德光、韩绍清、潘光明、杨汉嵩（又名韩绍昌）考入南京蒙藏学校读书，南京解放后，转入北大和中央民院学习；朱佳仁、朱艾光、杨体福考入昆明天南中学高中部就读；陶兴才、王建全、李树高等考入昭通卫校（护士学校）。

1948年9月10日夜间，石门坎发生大地震，学校被迫停课两个多月。张绍乔牧师为地震后没有住房的教师修建了"小砖房"。

1949年3月，石门坎中学张斐然老师带领学校10多名学生和一部分社会青年共60余人参加威宁游击团。

1950年春，朱焕章辞去校长职务，由教导主任杨忠德接任校长。

1951年2月，西南军政委员会民族事务委员会副主任梁聚伍，省民委副主任杨汉先到石门坎中学视察。3月23日，石门坎苗族基督教会发表"自治、自信、自养"的《三自革新宣言》，并致电党中央和毛主席，决心拥护人民政府，支援抗美援朝。学校教导主任张友伦和杨荣新先生赴重庆西南军政委员会，使用苗文翻译《中国人民政治协商会议共同纲领》等文件，这是我国第一次用苗文翻译国家正式文件。

1952年春，石门坎中学校长杨忠德参加西南少数民族参观团，前往重庆、成都、上海、南京、天津、北京等地参观、学习、访问，受到毛泽东、周恩来、刘少奇、朱德等党和国家领导人的接待。8月，中学全体教师参加贵州省中学教师思想改造学习，学习结束后，张友伦老师调威中当教导主任，其余教师全部返回学校。8月23日，省政府行文接办私立石门坎初级中学，并将学校名称改为贵州省威宁石门民族中学。政府选派吴应杰（汉族、中共党员）任副校长，罗安谦（汉族、中共党员）和熊学贤（汉族）任会计，龙布公（彝族）任教务员，刘亚忠（汉族）任美术老师。并给学校配备各种教学仪器，增添图书3000余册。12月，县政府接办光华小学，并改名为石门民族小学。8月23日，省文联美术工作组到石门民族中学采风，了解少数民族文化教育、风情、地理环境等。

1953年，威宁成立自治县筹备委员会，朱焕章、杨忠德两位校长任委员。

1954年11月11日，学校派代表到县城参加威宁彝族回族苗族自治县成立庆祝大会。

1956年12月，学校甘功铭老师出席贵州省中等学校和初等学校优秀教师代表大会。

1957年，学校足球队代表毕节地区参加省举办的足球运动会，青年队获全省冠军，少年队获表演奖。

1959年，以石门坎中小学毕业生为主体的足球队再次代表毕节地区参加省足球赛，获亚军。

1971年5月21日，学校创始人之一的钟焕然先生在昭通逝世。

1972年，石门坎公路修通（实际于1974年正式通车），学校师生集体劳动，扩宽学校至石房子道路。

1976年，兴建高中部，招高一新生50名。

1980年，石门乡政府和学校联合举办端午体育运动会，县直机关组织篮球、足球队参加，县委、县政府领导及老校友亲临现场参观。

1982年，北京社科院的老校友王德光、云南省楚雄州禄劝县人大副主任张志荣、寻甸县副县长陆兴凤、昭通地区人大工委副主任张荣等到石门坎民族学校参加盛大的端午节运动会。

1983年4月，本校足球队获全县冠军，《贵州体育》以"石门民中足球队在前进"为题作了专题报道。

1984年11月，贵州省副省长王秉鋆、教育厅厅长任吉麟、政治处处长汤泽民、民族教育处处长杨秀明到学校视察。

1985年，时任贵州省委书记的胡锦涛用柏格理及其在石门坎的办学事迹教育干部群众："柏格理用实践告诉人们：进步的科学文化和艰苦创业，可以在贫困的落后地区，实现教育的超常规发展……"

1991年9月，贵州省民委主任熊天贵来学校视察。

1993年4月，毕节地委书记刘也强到学校视察。7月26日，贵州省副省长龚贤永到学校视察。

1994年5月，中宣部部长朱厚泽一行到学校视察。8月4日，贵州省委副书记、省政协主席龙志毅到学校视察。

1995年5月，《贵州日报》记者陈朗、地区教育局办公室主任吴守飞来学校调查访问，并写了《重铸石门民族学校辉煌》等文章。

1996年6月6日，学校通电。

1998年1月1日，学校通程控电话。中国社会科学院苗族专家、学者石茂明、沈红先后到学校调研，并资助部分贫困学生。

2000年暑假，学校8名教师（虎良华、朱正荣、孙国林、陈杰、向兰宇、余世龙、沈秀萍、赵正军）参加"国家贫困地区义务教育工程"项目培训。

2002年11月9日，省委常委、副省长龙超云到学校视察工作。

2005 年 3 月 16 日，省教育厅副厅长霍健康一行，在县长安顺才和教育局负责人陪同下到学校调研。8 月，安装了农村中小学现代远程教育设备，即一间网络教室、一间多媒体教室和远程接收设备。

9 月 4 日，西南师范大学博士研究生杨羲来学校调研。

9 月 4 日，省委书记钱运禄带领省直有关单位领导在地委书记赵友良的陪同下到学校视察工作。同年，地区行署专员黄家培到校视察。

11 月 16 日，部分老校友、英国朋友，香港、北京、四川、云南等地专家学者到校庆祝建校 100 周年。11 月 19 日，省教育厅厅长孔令中、地区教育局局长徐如庆到学校视察指导工作。

2006 年 6 月，贵州省人民政府将"石门坎光华小学"遗址列为"省级文物保护单位"。8 月，第一批"特岗教师"9 人进入学校工作。10 月 27 日，威宁县委书记王炳荣、县委副书记张安瑾赴石门学校检查指导工作。11 月 15 日，县委、县政府在学校举行隆重的百年校庆活动。

2006 年 11 月 14 日，在威宁县黑颈鹤大酒店七楼会议室举办"石门文化学术研讨会"，来自深圳、云南、四川以及贵州省的上百名专家学者、政府工作人员参加会议。

2008 年 3 月 22 日，毕节地区教育局局长余大亮等到学校调研，到宿舍看望了 9 位"特岗教师"。5 月，石门乡政府与学校联合举办"多彩石门迎奥运"文艺活动。12 月 13 日，省委宣传部外宣办主任王淑华、中国银行贵州省分行副行长张龙一行到学校调研。

2009 年 10 月 12 日，省人大常委会副主任顾久到学校调研，地区人大工委副主任杨海琰，县人大主任王兴光，县委常委、副县长马贤忠，县人大副主任马友省等领导陪同。10 月 13 日，贵州省委统战部副部长王茂爱等到学校调研。

2010 年 4 月 7 日，全国人大常委、九三学社中央副主席贺铿等到学校考察。

2010 年 4 月 14 日，省委常委、省政协主席、省纪委书记王正福一行到学校调研，地委书记秦如培、县委书记杨兴友、县政协主席禄俊等地县领导陪同。

2011 年 2 月 26 日，地委副书记、行署专员张吉勇等到学校调研。

4月20日至21日，省人大常委会副主任、省总工会主席袁周一行到学校调研。7月15日，贵州教师教育学校党委书记崔华、副校长徐则鸣、党委委员董敬甫一行3人到校调研。

2014年11月21日，民主党派九三学社王选关怀基金会（王选基金会是九三学社的直属机构，是原全国政协副主席、九三学社中央副主席王选逝世后，按照他生前遗愿，将100万元人民币捐赠给九三学社中央成立的基金会）在石门坎举行爱心捐赠发放仪式。此次捐赠是为了帮助石门乡2014年高考录取本二以上的学生缓解经济困难，发挥九三学社对石门乡乃至威宁县贫困学生求学择校积极的导向作用，从而进一步丰富九三学社对威宁长期对口帮扶的工作形式。仪式上，九三学社王选关怀基金会副秘书长赵鑫、威宁县副县长谭凯等领导为受捐助的17名学生进行了爱心捐赠发放，捐赠资金共8.8万元。

2015年3月10日，贵州省人民政府批复《威宁自治县石门坎历史文化名村保护规划（2013—2025年）》，同意威宁县石门坎历史文化名村保护规划。按照贵州省政府批复，威宁县石门坎历史文化名村核心保护范围为：东至779县道、南至光华小学足球场原址、西至古驿道石梯路、北至光华小学原女教师宿舍，面积为12.96公顷。建设控制地带范围为：东至石门坎老街、南至麻风院、西至779县道、北至荣和村三组，面积为24.98公顷。

附录二　石门坎研究论文文献汇总
（共 221 项）

一　介绍类（12 项）

［1］石茂明：《石门坎麻风村访问记》，《文史天地》1992 年第 2 期。

〈正〉石门坎作为偏远的贵州西北部的一个村庄，曾经震惊朝野、扬名海外，也算是中国近代史上的一个奇迹了。这个奇迹的创造者是一个名叫柏格理的英国传教士，九十多年前，他冒着生命的危险，携家带眷来到这里，建立教堂、学校，为居住在这里的苗族人创立文字、培养学生、看病送药。……

［2］盛慧：《石门坎：一块牛皮大的地》，《岁月》2005 年第 6 期。

〈正〉石门坎，现在叫石门乡，它藏在贵州省威宁县与云南昭通交界的大山里，是威宁县最边远的乡镇之一，它实在太小了，以至于在地图上，根本找不到它的身影。现在知道它的人，真是少之又少，但是在二十世纪初，这里却是众人向往的天堂，国外基督教会的英文报纸也把该地誉为"海外天国"，它是西南苗族最高文化区。……

［3］刘莹：《石门坎文化——白云深处的贵州名片》，《贵州日报》2006 年第 11 期。

〈正〉贵州由于地处中原文明的边缘地带和山重水复的生存环境，历史上被称作蛮夷之地和文化沙漠之区。而石门坎文化作为本土文化与世界文化碰撞出的奇花异朵，它打破了历史的宿命，经历了半个多世纪的辉煌，又隐姓埋名近半个世纪后，重新吸引了国内外专家学者关注的目光，它无疑是……

［4］沈红：《石门坎的 100 年》，《中国民族》2007 年第 1 期。

〈正〉石门坎是云贵高原近百年来最有文化活力和创造力的地区之一，是特定历史条件下，西方与东方、本土和世界文化交流的奇异花朵。我在卯岭南贴山行走，寻访那些在记忆中拼接历史碎片的人群。石门坎人一次次进入我的笔端，讲述和歌呼，我一次次走进石门，聆听群山环抱中的空谷足音。……

[5] 刘群峰：《走近百年石门坎》，《中国民族》2007 年第 1 期。

〈正〉1993 年 2 月，我曾第一次到过驰名中外的贵州威宁石门坎。那时，就受到过强烈的震撼，那么一个边远和荒凉的地方，却早在二十世纪初就成为"西南苗族文化最高区"、"苗族文化的复兴圣地"，并创造了西部苗文。在这片土地上，竟然出了 4 位博士、20 名厅级干部，称得上贵州的一代精英，这无疑是中国近代教育史上的奇迹。据说那时海外来信，信封上只要写个"中国石门坎"，就能收到——看起来就这么简单，其实却很不简单！难怪 1988 年于伦敦出版的《中国西南——不合拍的轨迹》一书，就用了占全书 1/3 的篇幅来介绍石门坎。

[6] 马玉华：《发现石门坎》，《南京晓庄学院学报》2008 年第 9 期。

摘要：威宁石门坎是贵州西北部的一个小村寨，是我国大花苗聚居区的居中地点。清末英国传教士柏格理发现了石门坎，在此建教堂、办学校、办医院，创制苗文，引发苗族大规模皈依基督教。从二十世纪三十年代开始，国民政府发现了石门坎异文化区，采取许多政策对石门坎进行文化改造。新中国建立后，为贯彻党的民族政策，党和政府针对石门坎的特殊性，在消除民族隔阂，实现民族平等、民族团结方面做了大量工作。八十年代中期后，石门坎的价值重新被发现，得到各级领导的重视，再次成为人们研究的热点。……

[7] 王晓艳：《穿越百年中国：从城市森林到天那边——贵州石门坎四日纪行》，《中国研究生》2009 年第 9 期。

〈正〉不到 100 个小时的旅途，而我们竟像穿越了百年中国的斑驳岁月。当我们从城市的水泥森林走向天那边的苗族山寨时，情感上经历了好奇、向往、惊讶、心酸、紧张、感动……百感交集原来如此！

[8] 冷智：《走进石门坎》，《生活教育》2010 年第 9 期。

〈正〉中国西南的乌蒙山区，有一个叫做石门坎的地方，在中国现代教育史上，它曾闪耀过明星一样的光彩。

[9] 吴舫舫：《印象石门坎》，《山花》2012年第3期。

〈正〉夜宿石门坎，到达石门坎时是下午四点过了快五点钟时，天色很暗，细雨中的群山云雾翻滚，空气中有高原独特的清冽味道，感觉气温比威宁还低。一下车我忍不住缩了缩脖子，说声好冷。刚要进到乡政府，一眼望见一幢气势不凡的石房子鹤立于周遭，大家的脚步都不由得同时转了向。

[10] 王小梅：《石门坎：岁月抹不去的魅力依然》，《贵阳文史》2012年第9期。

〈正〉石房子坚固地站在乡政府旁边，经历过地震、风雨的洗礼，这座二十世纪三十年代修建的房屋屹立不倒；老烟囱、木地板，带着欧式的格调、当地的精神，空空地面对四面八方的游客。教授们穿越在一楼、二楼的空房子里，感受时光的穿越，触摸当年的一段往事，看到了一段贵州文化与西方文化的对话。中国石门坎被誉为民族文化互动、多样文化交融的典范，代表着中西方文化的交融和互动。参加"爽爽的贵阳学术交流黄金周"活动的专家们，来到威宁自治县石门坎历史遗迹石房子、女教师宿舍、灵修房、游泳池、光华学校、历史陈列室、足球场……体验百年石门坎历史文化的魅力。

[11] 胡晓东：《"石门坎现象"刍议》，《教育文化论坛》2012年第6期。

摘要：石门坎是贵州省威宁自治县一个边远苗族村寨的地名。二十世纪初叶，来自英国循道公会的基督教牧师柏格理进入该地传教，在短短的二十年间就奇迹般创造出所谓的海外天国和锡安圣地，世称石门坎现象。论文从探讨石门坎现象的含义入手，对石门坎现象的内容、石门坎现象的成因以及石门坎现象的衰落等进行探析，指出所谓的石门坎现象是一种时代的产物，是产生并根植于我国黔北山区的一种区域性的现象，是近代贵州苗族文化发展中的一个特例。

[12] 陈浩武：《清明节石门坎之行》，《青春期健康》2013年第6期。

〈正〉苏科寨是离石门坎大约20千米的一个自然村，坐落在贵州和云南两省的交界处，过了苏科寨，就是云南的彝良，云贵两省隔洛泽河相望。苏科寨是石门坎的边缘，石门坎是威宁县的边缘，威宁县是毕节市的边缘，毕节市是贵州省的边缘。苏科寨是边缘的边缘，是乌蒙大山的核心地带，是远离城市文明的穷乡僻壤。

二　宗教类（84）

[1] 韦启光：《黔滇川边区苗族信仰基督教试析》，《贵州社会科学》1981年第4期。

摘要：第二次鸦片战争以后，英、法等帝国主义的侵略魔爪已伸延到我国长江上游，妄图控制整个西南地区。作为这种侵略计划的第一步，他们在滇、黔、川地区以传教为掩护，收集该地区的经济情报，调查少数民族的思想文化以及阶级关系和民族关系，拍摄和绘制该地区的地形、关隘等，为进一步扩大其侵略提供资料和策略上的依据。十九世纪末，英国中华基督教循道公会派遣牧师索仁里、柏格理等到云南昭通，建立英国中华基督教循道公会西南教区办事处，在昆明至川南泸州一带长约一千三百余里、宽约三百余里的广大地区进行传教活动。二十世纪初，柏格理深入到偏僻的贵州省威宁县石门坎建堂传教，开始以黔西北、滇东北及川南地区的苗、彝等少数民族为其主要活动对象，西南教区办事处实际上亦迁至石门坎。西南教区辖石川、井宁、昭通、东川和昆明五个分教区，其中以石门坎为中心的石川分教区辖境最大，拥有教徒最多。至二十世纪四十年代，石川分教区已领有教堂五十余所，教徒近五万人。而该分教区所属的石门坎分教联区，就领有教堂三十多所，教徒两万余人，教徒人数占当地总人口的百分之四十五以上。教徒大多数是苗族群众，大部分村寨百分之九十的苗族农户信教，苗族教徒占教徒总数的百分之九十五左右。教会权势显赫，实际上控制了该地区的政治、经济和文化大权。英国牧师们自鸣得意地说，石门坎是"第二香港"、"海外天国"。

[2] 岑秀文：《试论基督教对威宁苗族的影响》，《贵州民族研究》1983年第4期。

摘要：威宁苗族在历史上的处境太凄惨了。其一，在土司、土目和地主的长期的极其残酷的压迫之下，过着奴隶般的非人生活。其二，近代以来又受到外国传教士传来的基督教的愚弄和毒害。解放后，在党的正确方针政策的指引下，威宁苗族人民在政治上得到了翻身解放，生活上得到了一定程度的改善，但在经济、文化等方面，较之先进地区依然处于落后状态。造成这种落后的原因是多方面的，本文就基督教对威宁苗族的影响问题，谈一点个人的粗浅的认识，缺点和错误的地方在所难免，请读者给予批评。

[3] 韦启光：《试论基督教对威宁苗族地区的文化影响》，《贵州民族研究》1985 年第 7 期。

摘要：二十世纪上半叶，帝国主义教会采取传教、办学校、办医院、办"慈善"事业等手段，对威宁苗族地区实行文化侵略，对苗族的政治、经济、思想文化诸方面产生了重大影响。

[4] 宗文：《基督教循道公会在威宁石门坎兴办的教育事业》，《贵州民族研究》1987 年第 7 期。

摘要：1900 年，义和团运动在全国掀起了反帝爱国的新高潮。这次运动虽然在帝国主义的联合绞杀下失败了，但它显示出了中国人民不屈不挠的斗争气概。帝国主义列强都清楚地看到了这样一个事实：中国是不会被大炮征服的。八国联军头子瓦德西承认："无论欧美日本各国，皆无此脑力与兵力，可以统治这天下生灵的四分之一。"

[5] 张恩耀：《基督教是怎样传入黔西北、滇东北苗族地区的》，《民族研究》1988 年第 1 期。

摘要：基督教（新教）传入我国，比天主教和东正教晚。鸦片战争后，西方传教士以不平等条约为护符，深入我国内地城乡建立教堂，发展教徒，外国传教士的足迹遍及我国城镇和乡村。十九世纪八十年代，英国传教士到达黔西北、滇东北汉族城镇；进入苗族村寨传播基督教，乃是十九世纪末和二十世纪初的事了。

[6] 吕延涛、邹晓辛：《基督教的传播与近代贵州少数民族社会变迁》，《中央民族学院学报》1988 年第 12 期。

摘要：贵州少数民族社会的变迁，在近代有着特殊的遭遇。来自西方的基督教传教士伴随着侵略者的铁蹄，踏进了贵州少数民族社会。在很短的时间内，基督教获得了迅速发展，从而在近代贵州少数民族的历史上，留下了深深的印迹。

[7] 张恩耀：《基督教对苗族文化教育的影响》，《中央民族学院学

报》1989 年第 10 期。

摘要：二十世纪初叶，黔西北、滇东北等地的苗族文化生活还很落后，人们几乎都是文盲。正如民国 20 年（1931）四月《贵州苗民概况》所述："苗族识字甚少，犹保持上古结绳记事之遗风，遇事暗中以草记之，简单事件日久尚能忆及。如买卖田产，则取木片或木块，上刻单数、双数纹迹，从中剖之，买主卖主各持一片，即古时'符节'之类。"1983 年，基督教开始传入黔西北、滇东北苗族地区以后，英国传教士和汉族布道员碰到的第一个困难，就是苗族没有知书识字的人，会讲汉语的人不多，给传教带来很大阻力。为改变这个状况，英国传教士和汉族布道员决定在苗族村寨开办教会学校。

［8］程昭星：《天主教基督教在我国西南民族地区传播的原因》，《民族研究》1992 年第 4 期。

摘要：历史上，天主教、基督教对我国西南民族地区进行了广泛的渗透活动，并在某些地方还取得了较为明显的效果，争取到一部分少数民族群众信教，建立起一系列的传教机构。按照辩证唯物主义的观点，任何事物的存在及其发展都有特定的原因，到底是什么原因使天主教、基督教这种外来宗教在我国西南民族地区得以传播呢？值得人们深思。在进行现代化建设的今天，通过对历史事物的反思，取得于今有益的启示，是一项重要的工作。笔者有感于此，不避浅陋，试作探讨。

［9］石峰：《西方传教士在贵州部分民族地区传教手段简析》，《贵州师范大学学报》（社会科学版）1992 年第 7 期。

摘要："洋教"最初入黔，在清乾隆年间，1757 年（乾隆二十二年）从四川入黔北务川。时天主教四川教区法国传教士罗方济到务川一带宣教，并吸收了 30 多人入教。1783 年（乾隆四十八年）绥阳县赵里六甲王柏堂、王松堂常到川东永川县从事贸易活动，该县信仰天主教的商人较多，王氏兄弟受其影响，举家入了教。天主教即在贵州流布开来。此时传教活动被目为非法，传教士不受官府保护，教徒甚少，教会禁止置田产。

［10］韦启光：《近代贵州少数民族与西方神学宗教》，《贵州民族学院学报》（社会科学版）1992 年第 12 期。

摘要：认识贵州省境内的一些少数民族，在近代不同程度地信仰基督教、天主教等西方神学宗教的原因，以及它对民族地区经济社会变迁的影响，是一个值得深入探讨的课题。一西方神学宗教传入贵州少数民族地区，以天主教最早。据史记载，明万历三年（1575），天主教开始传入贵州，当时属于天主教澳门主教区管辖。清康熙二十九年（1690），改属南京教区统属。

[11] 黄修义：《论近代外国传教士对彝族教育的影响》，《民族教育研究》1995年第2期。

〈正〉1840年，英国殖民者发动了鸦片战争，腐败的清政府屈膝求和，于1842年8月29日与英国签订了中国历史上第一个丧权辱国的不平等条约——《南京条约》。其后，法、美、俄、日、德、意、奥等西方列强接踵而至，强迫清政府签订了一系列不平等条约，中国逐渐沦为半殖民地半封建社会。

[12] 李世平：《试论西方宗教对西南少数民族教育的影响》，《西南师范大学学报》（哲学社会科学版）1995年第5期。

〈正〉西方基督教、天主教于明清时期开始在中国广为传播，也正是在这一时期传入西南少数民族地区。明朝末年，天主教传入广西壮族地区，这是已知最早传入西南民族地区的西方宗教。清雍正年间，天主教又从四川传入云南少数民族地区。

[13] 张勇：《贵州大花苗族教会今昔》，《天风》1995年第10期。

摘要：操滇东北次方言的大花苗族（是苗族的一个支系），呈大分散小聚居分布在祖国大西南的贵州山区。该民族接受基督教已有将近百年的历史了。在1981年9月贵州省基督教第三届代表会议上，少数民族代表就占代表总数的百分之七十，而在少数民族中大花苗族就占百分之八十。他们分别来自贵州省的威宁、赫章、六盘水、织金、普定、紫云和镇宁七个边远山区的县市。其中除威宁有极少数仍保持其原始的民族古俗而外，其余各县市大花苗族均信仰基督教。

[14] 伍新福：《近代基督教在我国苗区的传播和影响》，《中南民族学院学报》（哲学社会科学版）1996年第8期。

摘要：一、天主教和基督教传入苗区 早在康熙年间，天主教便开始进入我国四川、云南、贵州等地，由于受到当地政府的种种限制，未能取得大的进展。直到鸦片战争前夕，仅在四川彭水县城及桑拓、文复两处苗乡建立了教堂。

[15] 钱宁：《近代基督教的传播与云南少数民族社会的短缺》，《思想战线》1997 年第 2 期。

摘要：一、近代云南少数民族社会与基督教的传播 在近代云南少数民族社会与文化的变迁中，基督教的传入，无疑是一个有重要历史影响的事件。它翻开了云南少数民族宗教文化发展史重要的一页，改变了其社会的宗教结构，冲击了他们的文明。

[16] 徐铭：《石门坎地区苗族宗教信仰的变迁》，《西南民族学院学报》（哲学社会科学版）1997 年第 4 期。

摘要：石门坎地区苗族在清代后期，部落组织趋于崩溃，与社会生活相关的本土宗教无法满足生活所需，也不能帮助民众解决社会变迁所形成的新问题，终于促成了西洋基督教的传入。

[17] 石朝江：《天主教、基督教在西南苗族地区的传播和影响》，《贵州社会科学》1997 年第 12 期。

〈正〉西方教会势力向我国苗族地区进行渗透的企图和活动由来已久，早在清朝康熙二十九年（1690），法国天主教即已进入苗族主要聚居地云、贵、川等省。但由于中国政府和中国法律的制约，其未成大害，直到鸦片战争前的 150 年中，仅在四川彭水县城及桑柘、文复两处苗乡建立了教堂。

[18] 李亚丁：《上得石门坎，方能入"窄门"——介绍〈"窄门"前的石门坎——基督教文化与川滇黔边苗族社会〉》，《金陵神学志》1997 年第 12 期。

〈正〉一九八四年五六月间，为搜集有关中国基督教会的史料，笔者曾专赴贵州，走访那里刚刚开放不久的少数民族教会，第一次耳闻目睹了少数民族，特别是苗族教会的历史和现状；第一次听到基督教在这里被称为苗教；也第一次听到苗族教会历史上英国传教士柏格理这个名字，并多次惊讶地听到人们称他……

[19] 唐建荣：《从石门坎苗族发展看宗教的正价值》，《贵州民族学院学报》（社会科学版）1998 年第 2 期。

〈正〉二十世纪中叶，在中国苗族发展史上，边远贫困的西南贵州威宁县石门坎苗族地区，苗族文化曾一度辉煌，成为中国"西南苗族文化最高区"。①英国教会报纸称它为"海外天国";②当时的国外汇款信件直寄"中国石门坎"。

[20] 何萍:《明清时期基督教在贵州的传播》,《贵州文史丛刊》2000年第1期。

〈正〉贵州地处西南边陲,山川险峻,是典型的边远山区。明清之际,贵州的交通虽然非常闭塞,但并没有阻隔外来文化的传入,基督教在贵州的传播就是一个实例。明末的永历王朝最先接受了天主教,使之传入贵州;鸦片战争之后,贵州发生了一连串"教案";清末基督教传入少数民族地区,出现了"苗族最高文化区——石门坎"。这三件事在国内外有相当影响,值得深入研究,认真思考。

[21] 张晓松:《跨越时空的信仰——贵州宗教文化解读》,《贵州大学学报》(社会科学版)2000年第4期。

摘要:系统梳理和概括了贵州多元化互渗衍生型宗教特征;强调山地阻隔、族群分散与杂处对贵州宗教文化的生存与发展具有决定性意义;讨论了民间世俗性的宗教意识对进入贵州的外来宗教所产生的世俗化影响,以及宗教文化孤岛与信仰多元的关系。

[22] 钱宁:《基督教在云南少数民族社会中的传播和影响》,《世界宗教研究》2000年第9期。

摘要:分析了基督教在云南一些少数民族中传播、对少数民族的文化和社会生活产生重大影响的历史与文化、社会组织与社会结构等方面的原因。并力图揭示近代以来基督教在传播过程中,与少数民族文化的冲突和互动,在适应少数民族文化传统和生活习俗的过程中逐渐本土化的社会文化特征。本文分为三个部分:第一部分为云南少数民族信仰基督教的历史过程描述和社会结构分析;第二、第三部分运用文化的社会互动理论,分析基督教在云南少数民族社会传播过程中的文化冲突与调适,阐述了基督教对少数民族的社会文化变迁、道德价值观念变化的影响,以及对基督教的民族化、本土化和当代少数民族基督教信仰中的问题的看法。

[23] 石茂明:《基督徒循道公会在石门坎传播的社会分析——近代西方宗教势力对华"文化侵略"的反思》,《贵州民族学院学报》(社会科学版)2000年第9期。

摘要：从社会学、文化人类学的视角，对循道公会在该社区的影响作了较为全面的分析，从而展开了对近代西方宗教在华活动的性质的论述，对中国近代史上的一个一般化结论，即西方宗教对华传播的"文化侵略"性质进行了较为彻底的反思和剖析。

[24] 石艳霞：《从〈苗族救星〉的复制整理谈西方传教士在石门坎的活动》，载《贵州省档案学会第五次档案学术研讨会论文集》，2003 年。

摘要：在复制整理馆藏珍贵档案资料《苗族救星》时，翻阅了部分馆藏资料，发现反映石门坎教会活动的档案却寥寥无几，这对我们研究宗教史和民族史，丰富档案馆藏，无疑是一大遗憾。本文从西方传教士在石门坎的活动谈几点认识，以期在以后的工作中收集到更多的有价值的档案史料，丰富我馆馆藏内容。

[25] 东人达：《循道公会在黔滇川传播的背景分析》，《渝西学院学报》2002 年第 3 期。

摘要：近现代循道公会在黔滇川多民族地区传播的历史背景为：西方列强对中国的殖民侵略；柏格理等传教士出身于英国社会下层；西南各族群众身受的剥削和压迫；苗族所处的特定历史环境。对此进行综合分析，是取得正确认识的前提。

[26] 东人达：《论近现代黔滇川基督教运动中的主体作用》，《毕节师范高等专科学校学报》（综合版）2002 年第 5 期。

摘要：以往有人把近代基督教新教循道公会在黔滇川多民族地区传播并引发广泛的社会改革运动，笼统归之于外国传教士的作用。据一系列新发掘的资料可知：它的外因是在西方列强对中国的殖民侵略浪潮下来华的出身于英国社会下层和少数民族的柏格理等传教士；但发挥决定性主体作用的则为中国西南各族群众，没有他们，就没有这场在国内外影响深远的宗教与社会改革运动。

[27] 东旻：《川滇黔彝族同基督教的冲突与调适》，《毕节师范高等专科学校学报》（综合版）2003 年第 6 期。

摘要：其原因在于凉山彝族的自治状态和较完整保留的传统文化与家支制度，阶级和民族压迫、传教士的人为因素则促使云贵地区部分彝族接受了基督教。

［28］东人达:《滇黔川边基督教传播研究（1840—1949）》,博士
学位论文,中央民族大学,2003年。

摘要:主体作用的发挥:以往有人把近代基督教新教在滇黔川边民
族地区传播并引发广泛的社会改良运动,笼统归之于外国传教士的作
用。据一系列新发掘的资料可知:它的外因是在西方列强对中国的殖民
侵略浪潮下来华的出身于英国社会下层和少数民族的柏格理等传教士;
但发挥决定性主体作用的为中国西南各族群众,没有他们,就没有这场
在国内外影响深远的宗教与社会改良运动。老苗文的创制及影响:在近
代基督教新教传入西南后所创制的多种民族文字中,老苗文是各族群众
最为认可的一种。究其原因,在于其顺应了西部苗族和相关民族改变无
文字状态的要求,并吸收了地域文化特别是苗族传统文化的要素。除了
宗教作用外,老苗文的广泛传播还有力地促进了近现代苗族与相关民族
社会变迁朝着进步的方向发展。

［29］孙诗锦:《试析基督教在云贵川边区苗族传播的原因》,《湖
南医科大学学报》(社会科学版)2003年第12期。

摘要:十九世纪末的石门坎苗族人民物质生活贫困,精神备受压
迫,忍受着双重的痛苦。洋教士把西方的上帝福音传到这里,不仅在思
想上给他们以宽慰和寄托,更重要的是使他们在物质生活上得到了一定
程度的改善。正是这种物质与精神生活的改善使他们皈依了基督教。传
教士的活动当然是一种文化侵略行为,但他们在传教过程中所使用的方
法及实际效果应当引起我们的重视,对边区少数民族的贫困问题,需要
提供实实在在的帮助,以解决他们在现实生活中的实际困难。

［30］程印学:《清政府的基督教政策与基督教在贵州民族地区的
传播》,《商丘师范学院学报》2004年第6期。

摘要:清政府对基督教在中国的传播所采取的政策前后是有差别
的:在鸦片战争以前,是实行逐步趋于严厉的禁教政策,禁止基督教会
的传教;在鸦片战争以后,清政府逐步实行支持、保护政策,允许基督
教会在中国传教。而在贵州,贵州地方政府的政策基本上是与清政府的
政策一致的,即前期禁止基督教的传播,而后期保护基督教的发展。政
策的变化,对基督教在贵州民族地区的发展起了重要作用。

［31］林芊:《石门坎现象:对清末黔西北苗族地区基督教传播的

思考》，《贵州民族研究》2004 年第 9 期。

摘要：从 1904 年至 1914 年，以贵州威宁偏僻的少数民族山寨石门坎为中心，形成了一个辐射滇、川边，有 6 万多居民信仰基督教的社区。究其原因，过去用"伴随着帝国主义侵略势力侵入和不平等条约的签订而获得发展"来解释，这没有错，但单纯从外部条件来认识外国宗教势力的侵入，显然难以说明石门坎现象。研究表明，石门坎现象除了上述外部条件外，其内生的社会环境构成了它生成的社会基础，它包括以下几个因素：偏远地区少数民族的苦难和贫困；偏远少数民族地区实际存在着的由于主体政治权威偏离产生的二元政治地理，并因此而导致出多元权力对立的耗散结构；少数民族宗教形态的原始性较基督教的弱势。

［32］东旻：《基督宗教在我国彝族地区传播研究（1840—1949）》，硕士学位论文，中央民族大学，2004 年。

摘要：彝族是我国西南地区一个有悠久历史和灿烂文化的少数民族。鸦片战争以后，西方列强通过基督宗教的天主教、新教传教士在一个世纪里，不断渗透、扩张，力图打开在我国西南彝族地区的传教局面。在四川凉山彝族聚居区基督宗教遭到了强烈的抵制，传教士企图打开传教局面的种种努力都无法成功，当地群众不止一次地掀起了声势浩大的反洋教运动。但在以滇东北、滇北、黔西北为中心的云南、贵州的一些彝族聚居地，基督宗教的传播却取得了成功。对于这个历史现象，国内外学者均没有作专题研究。本文试图对此进行探索与分析。在全面归纳、厘清了基督宗教对我国彝族百年的渗透、扩张过程的基础上，笔者认为：基督宗教在四川凉山的受挫，是因为传统社会结构保存较完整，彝族传统文化积淀浓厚，由此形成的凝聚力使彝族群众坚决地抵制了西方基督宗教企图渗透的种种努力。而在云南和贵州，由于改土归流的完成，汉族封建地主经济的影响，汉族移民的大量迁入，使彝族传统的社会结构发生了变化，传统文化的影响力相对减弱，造成了基督宗教新教的循道公会、内地会传播的空隙，终于得以插入并且取得不断的发展。

［33］王丽：《近十年基督教在华活动研究综述》，《首都师范大学学报》（社会科学版）2004 年第 12 期。

摘要：近十多年来，对基督教（新教）在华活动的研究取得了较大进展，视野更加扩大；而且由于吸收了社会学及文化人类学的研究方法和最新成果，研究手段亦呈多样性；与国外学界的交流对话也日益增多。本文对此进行初步的梳理和评论。

[34] 东人达：《圣经基督教教会及其在滇黔川的活动》，《毕节师范高等专科学校学报》（综合版）2005 年第 3 期。

摘要：英国圣经基督教教会是位于英格兰西南山区的一个小规模地方教会，在殖民主义、帝国主义列强对中国的殖民侵略和我国西南各民族群众身受剥削压迫的背景下，该教会在滇黔川一带，突破传统的布道战略，再加上某些劳动阶级的传教士和少数民族族群出身背景所产生的天然作用，使得该传教团由早期在华 20 年的困境迅速扩展为 6 万人之众。

[35] 东人达：《基督教滇黔川边传教士的民族及阶级归属》，《云南师范大学学报》（哲学社会科学版）2005 年第 3 期。

摘要：鸦片战争以后，循道公会、内地会等基督教组织，在滇黔川边广泛传播。其中循道公会的信徒达 6 万之众。参与基督教传播的，是一批在西方列强对中国的殖民侵略浪潮下来华的出身于英国社会下层和少数民族族群的传教士。这些传教士，可以称为英国"康沃尔少数民族"。在劳动阶级和少数民族族群出身的圣经基督教教会传教士群体的历史活动中，明显地表现出了自发的阶级性和民族性的作用。

[36] 王曼：《清末民国时期黔西北苗族地区的文化变迁》，硕士学位论文，中央民族大学，2005 年。

摘要：苗族是我国历史悠久的少数民族之一，它在漫长历史发展长河中，创造了自己丰富多彩而又独具特色的民族文化。苗族文化作为中华民族文化的一部分并不是独立存在的，而是长期处在与异文化的相互碰撞、交融中，特别是黔西北苗族地区，其文化的发展轨迹和变迁类型非常典型。清末民国时期，随着西方的基督教新教文化和中原的主流文化相继涌入偏僻的黔西北苗区，改变了这一地区苗族的文化面貌。不同的文化类型汇集到一起，不仅会使黔西北苗族文化沿循着文化本身的规律而发展、变迁，而且由于不同文化的背后又交织着不同文化的主体，分别采取不同的文化选择和文化对策，这就使得黔西北苗族社会的文化变迁非常耐人寻味。本文试图运用历史学、民族学、社会学、人类学等学科的理论和研究方法，具体分析清末民国时期黔西北苗族社会的文化变迁问题。

[37] 陈建明：《近代基督教在华西地区文字事工研究》，博士学位论文，四川大学，2006年。

摘要：本文所研究的问题属于中国基督教区域史研究的内容之一，主要研究近代基督教在中国华西地区的文字出版活动及其社会影响。本文涉及区域一般只包括云南、贵州及四川。

[38] 向郢：《福音下的石门坎》，《南方周末》2006年第10期。

〈正〉这个贵州西北角的乡镇在地图上几乎难以找到，但是，在二十世纪上半叶，从欧洲寄往这里的邮件包裹，上面的收件地址却可以这样写："中国石门坎"。在数十年间，这片荒凉贫瘠的只有十余户人家的苗族村寨一度被建设成为"苗族文化的复兴圣地"。

[39] 石雯丽：《帝国主义时代的文化接触：基督教与西南民族》，《湖南人文科技学院学报》2006年第2期。

摘要：本文试图对帝国主义时代基督教在我国西南地区民族的传播情况加以论述，从而进一步探讨基督教在西南民族的传播轨迹以及对西南民族文化的影响。

[40] 孙翀：《时空转换下的精神契合——基督教中国本土化的演变与实证分析》，《中共济南市委党校学报》2006年第3期。

摘要：基督教在中国内地的学术热及信徒的蓬勃增长，较之同样条件下的其他几大宗教之变化速度，引起世人关注。笔者根据2004年7月在贵州做的考察和有关的数据，对变迁格局中的贵州省基督教的发展及在相当程度上决定中国基督教未来发展态势的当代中国大学生对基督教信仰的理解作了尝试性的实证分析，从一个深层的文化对话角度的视野来探讨时空转换下的精神契合——基督教中国本土化的演变。

[41] 方慧、胡兴东：《清末民国时期基督教传入对西南信教少数民族法律文化的影响》，《世界宗教研究》2006年第4期。

摘要：清末民国时期西南少数民族出现了基督教信仰的社会运动。由于基督教所具有的教规和当时在中国所处的特殊政治地位，导致信教少数民族在行为规范、纠纷解决以及在国家诉讼中权位，诉讼选择上都发生了变化。在这种转变中，最重要的是少数民族教民在国家诉讼中权位结构发生了重构。这种法律文化的重构对这个时期少数民族信仰基督教是一种推动力。

[42] 王朴琼：《二十世纪上半叶云南少数民族地区基督教会教育评析》，硕士学位论文，云南师范大学，2007年。

摘要：二十世纪上半期，基督教在云南少数民族地区特别是滇东和滇西少数民族地区得到了较快的传播。在传教过程中，教会和传教士们根据云南少数民族地区文化严重落后的情况，针对不同民族的社会处境、文化状况和人们心理上潜在的对文化的渴求，把建教堂和办学校联系起来，开办教会学校，进行教育传教。到新中国成立前夕，基督教会在云南少数民族地区共开办了5所神学院，4所圣经学校，6所中学，上百所小学。以上这些学校可以分为神学院校（班）和教会普通学校两类。神学院校（班）是指专门为培养宗教神职人员而设置的学校，它在教会学校中占有重要的地位和作用。教会普通学校是指基督教开办的中小学、职业学校、识字班等。基督教会在云南少数民族地区兴办教育并迅速发展的原因是多方面的，首先是凭借不平等条约的庇护，其次是云南少数民族对文化的渴求，但最主要的还是教会自身的努力。

[43] 李德虎：《从石门坎苗族历史的变迁浅析其皈依基督的原因》，《毕节学院学报》2007年第2期。

摘要：威宁石门坎现象，是一种奇特的文化现象，100年前由柏格理引发的苗民短时间内大规模皈依基督的史实，一直是西方宗教界和文化界不衰的研究课题，也是近年来国内人文学界关注的一个热点。石门坎苗族大规模皈依基督，有现实的原因，也有历史的原因，笔者认为在国家大力发展民族地区经济、文化的今天，历史的原因更值得我们进行反思。

[44] 东旻：《大后方基督宗教界的抗日救亡运动》，《重庆文理学院学报》（社会科学版）2007年第3期。

摘要：抗日战争是中华民族全民参加的一场民族解放战争。当时，地处大后方西南各地的基督宗教各教派信徒、教会学校的各民族师生，乃至部分外籍传教士，都积极参加了抗日救亡运动，以实际行动为抗战做贡献，为中国基督教史写下了一段值得一书的章节……

[45] 李德虎、薛景:《清末贵州石门坎苗族信仰基督教原因浅析》，《贵州民族研究》2007 年第 4 期。

摘要：100 年前由柏格理引发的石门坎苗民短时间内大规模信仰基督教的史实，有现实的原因，也有历史的原因。

[46] 吴道军:《建国初期黔西北基督教历史回眸》，《新西部》（下半月）2007 年第 8 期。

摘要：该文通过收集整理各类档案、文献资料，回顾了新中国成立初期黔西北基督教各教派发展状况及其组织体系，展现了黔西北地区基督教历史状况。力求对当代宗教研究者及其管理者提供一定的参考。

[47] 赵文娟:《清末民初基督教传教士在西南民族地区的宣教活动——以循道公会传教士柏格理为个案》，《西北第二民族学院学报》（哲学社会科学版）2008 年第 1 期。

摘要：西南地区是基督教宣教活动最典型的区域之一，这与清末民初基督教传教士在少数民族中的成功宣教活动有关。英国传教士柏格理是基督教传教士在西南宣教活动的典型个案，作为基督教循道公会著名传教士之一，他在川滇黔边的苗族地区，积极创制苗族文字、开办教会学校并为苗民伸张正义，使得其传教工作取得了巨大成功。

[48] 丁万录:《基督宗教对苗族教育的影响分析——以贵州石门坎为例》，《西北第二民族学院学报》（哲学社会科学版）2008 年第 3 期。

摘要：石门坎是基督教在西南少数民族地区成功宣教的第一个据点。以此为基点，基督教延伸到滇东北、滇北、黔西北和川南的苗族地区，使该地区成为基督教在中国少数民族中最大的根据地。在基督教的影响下，石门坎苗族教育曾取得巨大成就，如今，基督教仍在一定程度上影响着当地苗族教育的发展。

[49] 俸兰、李伟:《基督宗教对西南少数民族教育的影响及政策研究》，《西北第二民族学院学报》（哲学社会科学版）2008 年第 3 期。

摘要：西南少数民族地区是基督宗教在近代中国传播的典型区域之一，也是目前基督宗教信仰具有代表性的区域之一。基督宗教传入我国西南民族地区时，教会大都采取了建教堂、办学校的传教策略，使得基督宗教宣教活动获得了巨大成功，也影响了部分西南少数民族的教育。

新中国成立后的今天，基督宗教仍对部分西南少数民族教育产生着一定影响，需采取措施积极引导。

[50] 吴道军：《近代基督教在少数民族中兴起原因之个案研究》，《暨南学报》（哲学社会科学版）2008年第9期。

摘要：贵州威宁石门坎苗族社会的历史、自然政治地理、社会环境、文化状况等状况及其造成的边缘性，石门坎苗族社会的物质短缺和心理短缺形成他们自强的动因，从而激发了已久的民族、文化振兴潜力正是基督教在近代西南少数民族中迅速兴起的主要原因。

[51] 何星亮：《近代基督宗教在民族地区的传播策略和传播效果分析——兼与罗德尼·斯达克等商榷》，载《文化多样性背景下的宗教和谐——国际人类学民族学联合会第十六届大会文集》，2009年。

摘要：近代以来，基督宗教在中国某些少数民族地区传播较为顺利，而在另一些地区传播则困难重重。其原因并不是理性的选择，而是各地区的社会和文化影响下的感性的选择。从基督宗教的传播效果来看，可以归纳为四种不同类型。

[52] 张云峰：《葛布教会研究》，《和田师范专科学校学报》2009年第1期。

摘要：近代黔西北苗族民众不仅社会发展缓慢，经济文化落后，而且遭受地主和土目的歧视和压迫，在传教士物质救济和精神的慰藉下，黔西北的很多苗民放弃原始的宗教信仰，改信基督教，形成以葛布教堂为中心的严密教会体系。葛布教堂是当时贵州规模最大的教堂之一，涉及地理范围广，形成以葛布为中心的严格的苗族教会体系。葛布教会除了传教之外，还兴办学校，参与赈灾，改良苗族传统不良习俗，为苗族社会向现代社会转变起了一定作用。信仰并没有改变残酷的现实生活，致使苗民信仰动摇，加上传教士用宗教仪式取代苗族传统习俗，致使葛布教会日益衰落。至今已有百余年历史的葛布教会，其形成、变迁和衰落成为西方基督教在贵州传播和苗族社会变迁的重要历史见证。

[53] 东人达：《基督教在西南传播中的族群认同符号》，《宗教学研究》2009年第3期。

摘要：外来的基督教能够在居住着多民族的西南传播，一个重要前提就是族群认同。传教士只能先取得族群认同，才能得到宗教认同。否则，就会出现基督教与民族传统文化相互排斥或冲突现象。族群认同符号一般表现为体貌服饰、传统意识、社会习俗、语言文字、原生情感等几个方面。体貌、服饰、语言、习惯等特征，是族群认同的首要与外在因素，可以随着相互了解的逐步加深而改变。民族文字、传统意识与原生情感属于深层次因素，往往可以超越其他因素的作用，是族群与宗教认同的最重要基础。

［54］陈建明：《传教士在西南少数民族地区的文字创制活动》，《宗教学研究》2010年第2期。

摘要：十九世纪末至二十世纪二三十年代，在滇、黔、川边活动的传教士为了便于在少数民族中传播教义、教理，在少数民族信徒的帮助下，先后创制和推广了几种少数民族文字。英国循道公会传教士柏格理创制了老苗文；英籍内地会传教士富能仁和缅甸克伦族传教士巴东创制了老傈僳文；美国浸礼会传教士库森、欧汉逊等创制了景颇文；美国浸信会传教士永文生创制了拉祜文、佤文；英籍澳大利亚传教士张尔昌等创制了黑彝文。这些文字对基督教的传播和少数民族的生活均产生了一定影响。

［55］东人达：《近代西南少数民族基督教运动的经济动因》，《贵州民族研究》2010年第4期。

摘要：从近代基督教在我国西南少数民族中传播的情况分析，经济要素无疑是其中的重要原因。许多人往往从减轻造成沉重负担的杀牲禳病、婚姻彩礼、鸦片烟、酗酒等方面考虑，才决定加入教会。如果传教士在日常的管理中，能够注意维护会众的经济利益，就可以促进教会事业的巩固。反之，则往往导致教会的衰败。

［56］班礼：《当基督来敲毕摩的门》，硕士学位论文，中央民族大学，2010年。

摘要：基督传入西南地区，是在帝国主义列强侵华的历史大背景下进行的，甚至传教行为都带有浓郁的殖民色彩。传教士的财力物力都得靠列强的支持，且在华传教的活动受不平等条约和列强的保护。另一方面，传教士向彝族传教，本身就是带有推销性质文化输入和文化替代，即试图以基督教文化取代彝族的宗教文化的企图。这是对彝族文化一次挑战，也是对彝族宗教文化的一次考验。彝族宗教文化是以祖先崇拜为核心的信仰体系。彝族作为农业民族，其社会结构家支直接脱胎于氏族社会，具有浓郁的家族观念，再者家族势力的长期存在，更进一步加强了彝族的家族观念和祖先崇拜。祭司阶层的毕摩，长期服务于彝族的宗教信仰，传承着彝族的宗教文化，使得彝族的祖先崇拜更加稳固。彝族先民对宇宙世界的认识构成了彝族古代自然哲学，解释天地起源、生命的来历以及生死观上，留下了大量的信息，深刻地影响着彝族的宗教文化。基督教起源于游牧民族闪米特人地区，是典型的一神信仰，这和彝族的祖先崇拜的多神观天各一方。基督教对天地起源、对人的认知、对生死观的看法，类似于彝族的神话，但与彝族的《宇宙人文论》《西南彝志》等观点却截然相反。基督教认为上帝是一切的创造者，彝族认为世间万物纯属自然衍生而来。从基督教来看，人是上帝造出来的，是上帝能力和爱的体现，彝族认为人是由生物衍生而来，对祖先神的信仰一是为了缅怀亲人，纪念先祖，二是为了祈求先人保佑平安。并且人性观、人伦观、婚姻观等问题上，基督教与彝族都有着对立的文化内涵。

[57] 马良灿：《石门坎花苗女性的宗教经验与社会生活》，《教育文化论坛》2011年第6期。

摘要：当代石门坎花苗女性的社会生活仍然处于短缺之中，她们的物质与精神生活贫乏、社会地位较低。在此，宗教信仰给了她们生活的勇气，满足了其精神和现实的需求。通过各种仪式活动而展示的宗教经验既是她们宗教生活的核心内容，又是其社会生活的组成部分。宗教信仰嵌入于花苗女性的社会生活中，并将这个共同体紧密联系在一起。

[58] 杨世海、李灿：《石门坎与基督教融合与分离的原因考察——比较文学视野下的石门坎研究》，《教育文化论坛》2011年第6期。

摘要：石门坎文化的勃兴与衰落同基督教文化紧密相关，所以弄清石门坎文化与基督教文化融合和分离的原因是思考石门坎文化兴衰的重要前提。本文运用比较文学接受研究和形象学的视野进行考察，通过对它们接触前结构和形象建构的分析，指出各自出发点和内在文化特点为它们融合提供了便利，但也因其根本出发点的差异和文化差异，导致它们难以内在融合，最终在现实历史政治冲荡中分离。

[59] 王贵生：《贵州近代史上基督教入侵与苗族皈依的历史背景

分析》,《凯里学院学报》2011 年第 10 期。

摘要：基督教的传播是近代史上贵州苗族与西方文化入侵最直接的遭遇，其影响甚至改变了一个古老民族的文化发展轨迹。除了西方势力的外力冲击影响外，我国封建王朝的没落腐朽和"夷夏之防"政策的走向极端以及苗族自身文化的"无根"等，多方面因素的综合是决定苗族族群"皈依"和宗教变革的时代背景原因；来自国内、国外等外部因素的冲击，以及苗族自身发展的内在要求共同推动了苗族近代历史的曲折发展。

[60] 东人达：《黔西北滇东北彝族教会及其自立特征》,《毕节学院学报》2011 年第 11 期。

摘要：黔西北与滇东北彝族具有悠久的传统民族文化。近代在这一带传播基督教的最主要是循道公会，柏格理等传教士对于少数民族文化采取了理解与宽容的态度。彝族教会在创建与经营过程中表现出鲜明的自立特征：依靠自己的力量建设了小教堂与学校，基本上是自主管理，举办了多项进步社会事业，为日后的三自爱国教会奠定了坚实基础。

[61] 朱映占：《民国知识分子眼中的西南边疆基督宗教——以游记和考察文本为中心的探讨》,《西南边疆民族研究》2011 年第 12 期。

摘要：民国时期，西南地区的基督宗教在当时来西南考察的知识分子眼中是毁誉参半的，这一方面与基督宗教在传播过程中的表现有关，另一方面也与知识分子从基督宗教与民族国家命运的关系角度进行认知有关。

[62] 陈建明：《近代基督教在西南少数民族地区的文字布道及其影响》,《世界宗教研究》2011 年第 12 期。

摘要：自从十九世纪下半叶西方差会进入西南地区后，传教事业在少数民族中取得了长足的发展，其中文字布道起了重要的作用。传教士通过翻译、出版圣经，编撰赞美诗、小册子、课本等，使少数民族有了读书识字的条件；同时，这些出版物成为传教士传播福音的有力手段。

[63] 宋钦年：《清末民国时期西南基督教传播对民族关系的影响》，硕士学位论文，中央民族大学，2011 年。

摘要：我国是一个多民族多宗教的国家，西南是我国民族分布最多的地区。本文运用衡量民族关系指标，探讨基督教传播对民族关系的影响。本文认为，清末民国时期基督教在西南民族地区的传播，加强了西南民族的沟通与融合，对促进民族关系融合具有一定的积极作用，当然这是基督教在一个特定时期所起的作用。

［64］孙浩然：《荣神益人的双重变奏——基督教在乌蒙山区苗族传播中的宗教事业与社会事业》，《湖北民族学院学报》（哲学社会科学版）2011 年第 10 期。

摘要：荣神益人本为神学话题，但更可以从社会学的角度进行解读，在基督教从一个千年走向另一个千年的过程中，这一话题被赋予了永恒色彩。从最宽泛的意义上说，荣神是宗教事业，益人是社会事业，只有两者良性结合、有机互动，才能使基督教发挥更大的社会作用，自身也获得更多的社会资本。

［65］李美莲：《基督教在近代湘西的传入及其影响研究》，硕士学位论文，吉首大学，2012 年。

摘要：1858 年，随着《天津条约》的签订，基督教取得了在中国内地传教的权利，开始了在中国内地的传播过程。十九世纪末，在西方列强的支持下，地处湖南边陲的湘西开始出现了传教士的身影，自此开始了基督教在湘西的传播。

［66］龙海燕：《近代基督教在西南彝族地区的传播及其影响》，《贵州民族研究》2012 年第 10 期。

摘要：第二次鸦片战争后，基督新教在不平等条约的帮助下强行深入中国内陆传教。十九世纪末二十世纪初，基督新教在川滇黔等西南少数民族地区展开活动。基督教的传教活动对川滇黔三省彝族社会产生了较深远的影响：在一定程度上改善了彝族民众困苦的物质生活；促进彝族教育事业的发展和彝族近代知识分子的培养；促使彝族地区医疗卫生事业的发展；使彝族的宗教观念、生活习俗、社会观念发生了重大改变。

［67］叶章龙：《论黔西北苗族的宗教文化》，《乌蒙论坛》2012 年第 10 期。

摘要：本文主要叙述了黔西北苗族宗教文化的发展轨迹，论证了苗族文化在黔西北的古今表现形式和从准宗教文化形式接受西方基督教后脱变为正式宗教的发展过程。

［68］郭宸利：《石门坎地区多元信仰文化互动研究》，《贵州民族大学学报》（哲学社会科学版）2012 年第 10 期。

摘要：黔西北石门坎地区是一个多元文化碰撞的特殊区域，多种民族交错杂居，各种信仰文化和谐共生，其独特的多元信仰文化之间的良性互动及其结果，是中华民族文化多元一体格局的一个缩影。文章以微观的区域信仰文化互动来窥探宏观的多元文化互动，探讨了多元族际、多元信仰文化之间互动与社会和谐稳定的内在生成机制。

［69］王贵生、张佑忠：《胡托苗文及苗语翻译工作问题种种——从〈圣经与近代中国〉的讨论谈起》，《宗教学研究》2012 年第 12 期。

摘要：胡托苗文与柏格理苗文同为二十世纪初，因基督教而诞生在我国西南苗区的新创文字，它们在各自族群分布地区推广的命运曾引起国内外研究者的关注。本文分别从背景原因、文字方案设计原因、文化原因以及苗语句法原因等几个方面讨论了胡托苗文及苗语翻译的有关问题。

［70］秋阳：《外来宗教教育传播与苗族文化的磨合——"石门坎现象"激活的历史记忆》，《三峡论坛》（三峡文学·理论版）2013 年第 1 期。

摘要：石门坎现象是近代西方基督教在贵州苗族地区实行教育传播及演变的历史现象。本文结合文献记载及个人经历，从苗族文化的角度对学界出现的一些观点加以评析，同时提出笔者的一己之见。

［71］陈征平、苗艳丽：《近代西方宗教同化与西南边疆民族"国民"的早期塑造》，《思想战线》2013 年第 3 期。

摘要：近代西方于中法战争之后对西南边疆的宗教文化同化，可以说是在近代中国民族国家兴起之际，由外来文化影响的边疆民族向国民身份转化的一种契机。其间，晚清西方宗教文化的传播，首先促成了对边地民族传统蛮夷身份的消解；至民国，面对西方宗教传播蔓延的势头，政府及社会精英均深感忧虑。正是在这一过程中，由边疆少数民族、政府和社会几方面力量，共同开启了近代西南边疆民族由蛮夷向国民的转化历程。

［72］晏林斌：《试论基督教与石门坎大花苗文化调适留下的"后遗症"》，《金陵神学志》2013 年第 3 期。

摘要：十九世纪末二十世纪初，西方兴起了对中国的传教热潮，有大批的传教士涌入中国大陆。有的传教士来华后往返于各大城市间，享受着优厚的待遇，仆人和随从前呼后拥，走上层传教路线；而有的传教士则不顾身家性命地奔赴中国最偏远、最落后、混沌未开的少数民族地区进行传教。在这一传教过程中，无论是在城市的传教士还是在山村少数民族地区的传教士都同样面临一个问题，就是文化间碰撞和调适的问题。本文主要采取文化比较法，从文化和宗教方面的因素着手，分析了基督教与黔西北石门坎地区的大花苗文化在调适中的张力，以及双方在这一调适过程中留下的一些问题。最后，本文对石门坎大花苗的基督教信仰提出了质疑，认为基督教信仰在石门坎大花苗地区的潮起潮落现象，和已信仰基督教一百余年历史的石门坎大花苗至今仍处于极端落后的境况，除了诸多客观因素之外，与他们从自身的自卑文化出发去理解基督教本质信仰而形成的文化有很大的关联。因为，一个民族的发展与其自身的文化形态是有密切关系的。

[73] 李文汉：《试述基督教传入威宁石门坎的几个问题》，《乌蒙论坛》2013 年第 4 期。

摘要：为了能从各个角度诠释基督教传入威宁石门坎这一特定历史时期的特殊现象，本文从四个方面谈了几点看法。

[74] 杨世海：《撒种在荆棘》，《湖南师范大学学报》2013 年第 5 期。

摘要：中国现代文学与基督教文化关系研究是中国现代文学研究的重要组成部分，厘清它们之间的相互关系对于了解中国现代文学的发生、发展，以及价值深度都是有必要的。目前，探讨中国现代文学与基督教文化的关系研究已充分展开，大量成果以影响研究的方式集中探讨中国现代文学在哪些方面接受了来自基督教文化的影响，少部分研究则深入辨析中国现代文学中的基督教因素与基督教文化本身的差异。在这些研究基础上，本人运用比较文学接受研究、平行研究和跨学科研究方法，关注中国现代文学对基督教文化的接纳、疏离、批判否定和拒斥，结合当时评论界对具有基督教因素作品（包括中国现代文学与西方文学）的态度，厘清中国现代文学对基督教文化接纳、疏离、否定、拒斥的情况。在中外文学比较的视野中，结合历史语境，针对十九、二十世纪中西方的共同境遇及中国的独特处境，从人的生存角度探讨基督教文化对文学所具有的启示，考量中国现代文学价值、基督教文化价值，正面言说基督教文化给中国现代文学带来的和可能带来的正面价值，在这种言说中探讨中国现代文学接纳、疏离、拒斥基督教文化内在原因，总结中国现代文学接受基督教文化的方式，并评析得失，进而进行反思。

[75] 谭厚锋：《贵州基督教史研究发微》，《贵州民族大学学报》（哲学社会科学版）2013 年第 6 期。

摘要：历史上，贵州是中国基督（新）教传播的主要地区之一。由于种种原因，贵州基督教史研究在全国范围来看一直比较薄弱，因此本研究填补了宗教学研究的空白。文章不仅阐述了贵州基督教史研究的意义，还从基督教传入贵州及其活动、民国时期基督教在贵州的发展状况、贵州自立运动和本色教会运动以及基督教在当代贵州的传播现状四个方面阐述了贵州基督教史研究的主要内容。

[76] 罗兆均、徐祖祥：《二十世纪以来国内苗族宗教研究述评》，《民族论坛》2013 年第 7 期。

摘要：苗族宗教研究历来受到学界的重视，成果颇丰，但是缺少系统的梳理。本文对二十世纪以来国内苗族原生宗教（原始宗教）、制度化宗教（基督教与天主教）的研究成果进行了简单的梳理与分析，以期为今后进一步深入开展苗族宗教研究提供参考与借鉴。

[77] 史经霞：《近代贵州少数民族地区宗教与医疗文化研究》，《宗教学研究》2013 年第 9 期。

摘要：贵州少数民族在长期的发展中形成了独特的民族医疗文化，他们不仅使用药物治疗，而且也相信宗教仪式能够驱鬼除病。自晚清以来，西方传教士开始在贵州进行医疗传教，至民国前期贵州已有多处传教士创办的医疗机构。传教士的活动虽在一定程度上影响了人们的疾病观念和就医选择，但并未能从根本上触动贵州传统的医疗方式。少数民族治病疗伤的方法是民族宗教文化的反映，已经融入到人们的日常生活，化为生活的常态，不易改变。

[78] 殷秀峰、陈小曼：《基督教传入对西南信教少数民族权利观念的影响》，《河南大学学报》（社会科学版）2013 年第 11 期。

摘要：清末民国时期基督教在西南民族地区的传播，在少数民族群众中形成了较大规模的归化基督运动，对信教少数民族法律文化产生深远影响。在这些影响中，最重要的是法律文化深层结构的变化，主要体现为生命权、财产权、平等权、人格尊严和文化权等权利意识的觉醒及其带有的基督教文化特征。这种变化由里及表推动行为规范、纠纷解决等法律文化表层结构的变化，形成信教少数民族基督徒群体意识与认同的重要力量。

[79] 殷秀峰：《基督教与西南信教少数民族的法律文化（1840—1949）》，博士学位论文，中央民族大学，2013 年。

摘要：本文选择西南少数民族地区作为研究区域，以 1840 年鸦片战争后开始的基督教在华传播高峰作为研究的历史背景，重点考察西南信教少数民族文化"基督化"后对其法律文化的影响。本研究将宗教信仰视为文化的最深层部分看待，就基督教对西南信教少数民族的法律心理、权利意识、习惯法规范、纠纷解决机制等产生的影响进行宗教社会学和法学解读。

[80] 陈钰：《浅析二十世纪初基督教在石门坎苗族中传播的文化心理基础》，《吉林省教育学院学报（中旬）》2014 年第 1 期。

摘要：大花苗族被迫迁徙到石门坎，物质生活极其匮乏，政治上毫无地位，受封建统治者和当地彝族土目的统治，人们在精神上对宗教产生了特殊的需求。石门坎是汉、苗、彝、回多民族聚集地，但儒释道思想、彝族宗教和伊斯兰教等影响微乎其微，而本民族的原始宗教又满足不了这一需求，这为基督教的传播奠定了文化心理的基础。

[81] 陈钰：《二十世纪初循道公会在石门坎的传教活动》，《黑河学院学报》2014 年第 6 期。

摘要：二十世纪初，循道公会的传教士柏格理等人以科技传教、文化传教的方式，将基督教传入石门坎，在一定程度上帮助苗区人民改善了精神与物质上的贫困，其后广为传播。在官府、土司欺压百姓的时代里，苗区人民与其说是信仰了上帝和基督，不如说是对"洋大人"的权势的一种崇信，在教会学校里找到不被欺压的人生，但两种截然不同文化的碰撞，消亡的总是弱者，苗族中一些优秀的历史文化和民族传统渐已失传，就文化而言，这对苗族产生了一定的负面影响。

[82] 陈钰：《二十世纪初基督教在石门坎传播影响的局限性》，《吕梁教育学院学报》2014年第6期。

摘要：二十世纪初基督教传入石门坎苗区时，这里经济贫困，民族受歧视严重，中国传统文化基础薄弱。柏格理等传教士在向苗族传授基督教文化的同时，把近代西方社会较先进的科学文化知识、价值观念和生活习俗一同引入，不可否认宗教在一定的历史条件和社会环境中起到一定的进步作用。但我们也清楚地看到，教士们是怀着强烈的传播宗教的目的而来的，使苗族社会依附于教会组织；用西方的文化体系整个地或部分地取代了苗族传统文化。导致苗族一些优良的民族文化和传统的丧失，对苗族社会的进步产生一定的负面影响。

[83] 刘军宁：《耶路撒冷智慧和雅典智慧》，《民主与科学》2014年第8期。

〈正〉当我们说天纪的时候，很显然我们说的不是科学，因为天纪看不见、摸不着，没法做量化，那么天纪到底是什么样的东西？它到底存在不存在？对这个如何理解？

[84] 贾西津：《信仰是一种状态》，《民主与科学》2014年第8期。

〈正〉在石门坎，柏格理不是被称为耶稣再世，而是被称为"苗王"，这最能体现他自身的理念，或者体现近代传教士精神的一个内核。

三 教育类（42）

[1] 谭佛佑：《本世纪初贵州省威宁县石门坎教会苗民教育述评》，《贵州民族研究》1983年第4期。

摘要：石门坎，这个在我国出版的任何一份中国政区图和全国分省地图上都无法找到的名字，有谁想过，它在二十世纪初，竟会成为"西南苗族最高文化区"？（《康藏前锋》四卷三期，一九二五年）这里苗族文化的发展，在当时的西南"实系首届一指"（《贵阳时事导报·教育建设》第二十期，一九四二年）。国外基督教会的英文报纸也把该地誉为"海外天国"。这不能不说是一个奇迹。

[2] 杨忠信：《为发展苗族语言文字而努力工作》，《贵州民族研究》1984年第9期。

摘要：威宁苗族有 45879 人。新中国成立前，老苗文曾经在这里得到比较广泛的流行，它对于提高滇东北苗族文化教育起过积极的作用。一九〇五年，英国传教士柏格理来到石门坎，他为了适应传教的需要，与从昭通去石门坎传教、办学的汉族老先生李司提反、钟焕然以及苗族杨雅各、张约翰等共同研究创造了老苗文。

［3］程昭星：《民国时期苗族社会经济教育状况刍议》，《贵州民族研究》1989 年第 4 期。

摘要：研究苗族的社会经济，不能不对苗族的人口、地域分布先有一个基本的认识。民国时期，我国苗族究竟有多少人口，是一个颇费寻思的问题。就当时某些关心苗族的学者所提出的数据，由于缺乏科学的统计及民族识别作保证，因而也包含了大量的水分，常把其他民族成分的少数民族群众统计为苗族，对此，他们指出："故其中又有广义狭义之别，所谓狭义之苗即真正的苗族。"其实，即使是当时所说狭义上的苗族，也十分不准确。

［4］安永新：《明代至解放前的贵州民族教育》，《贵州文史丛刊》1989 年第 6 期。

摘要：民族教育，在中国，特指对汉族以外民族实施的教育。清代以前，无民族教育这一名称，但实际上存在民族教育。民国时期，民族教育先后有蒙藏教育和边疆教育，在贵州则有苗民教育。民国 18 年（1929），教育部设蒙藏教育司，为我国专设民族教育机构之始。民国 24 年（1935），贵州省教育厅成立特种教育委员会，是我省专设的第一个民族教育机构。民族教育的名称，则是中华人民共和国建立后才出现的。贵州是一个多民族杂居的省份，少数民族人口约占人口总数的 30%。明清两代，少数民族所占比例更大。历代统治者为巩固边疆，加强对少数民族地区的统治，在武力征服的同时，也比较注意"文治"，通过在少数民族地区举办教育事业，用儒家学说实施"教化"。

［5］李开荣：《贵州省石门坎本世纪初教会苗族教育》，《民族教育研究》1993 年第 4 期。

摘要：贵州省威宁彝族回族苗族自治县石门坎，这个在我国出版的任何一份中国行政区图和全国省份地图上都无法找到的偏僻地方，在二十世纪初，却是"西南苗族最高文化区"（《康藏前锋》四卷三期，

1925 年），该区苗族文化的发展，在当时的西南"实系首屈一指"（《贵阳时事导报·教育建设》第二十五期，1942 年），国外基督教会的英文报纸也把该地誉为"海外天国"。这不能不说是一个奇迹。

[6] 颜勇：《历史上石门坎苗族教育反思》，《贵州民族研究》1994 年第 9 期。

〈正〉威宁彝族回族苗族自治县，地处贵州省西北部，境内苗族人口有 5000 余人，石门坎是苗族的主要聚居地之一。二十世纪初，威宁石门坎苗族教育"实系首屈一指"，成为"西南苗族最高文化区"，威宁石门坎因此而被国外基督教报纸誉为"海外天国"。很明显，当时教会在此创办学校、兴办教育，主观上带有明显的文化侵略、同化动机，但在客观事实上却发展了这一地区的苗族教育，并使之成为苗族教育史上的一大奇迹。反思总结这个时期石门坎苗族教育，对我们今天发展苗族教育及其他少数民族教育，具有其正反方面的意义：一、石门坎苗族教育的历史概述石门坎属于威宁彝族回族苗族自治县第七区，地处贵州和云南两省交界处。距威宁县城 120 公里，离云南昭通仅 37 公里。十九世纪末，"这里居住着 300 余户人家，95% 以上系苗族"。

[7] 周星、刘援朝：《贵州苗族地区的教育与发展问题》，《民族教育研究》1995 年第 11 期。

摘要：本报告为国家教委全国教育科学"八五"规划青年专项课题"苗族地区的教育与发展研究"的最终成果。

[8] 石开忠：《民国时期贵州的民族研究》，《贵州民族学院学报》（社会科学版）1998 年第 8 期。

摘要：二十世纪三十年代，贵州石门坎教育实践家朱焕章参考陶行知的《平民千字课》，编写了《西南边区平民千字课》。他的这种教材本土化实践给石门坎教育史增添了厚重的一页。朱焕章在开创发展当地教育和编写教材时，把当地群众作为教育主体，并结合苗族群众认知水平、生活习俗，增强群体认同意识，这些实践探索为当时西南少数民族教育发展作出了重要贡献。

[9] 杨大勇：《西方传教士对贵州近代教育的影响》，硕士学位论文，西南师范大学，2001 年。

摘要：清初因严格禁教，陆续东来的西方传教士，大都集中于南洋

一带，少数潜入中国内地活动，但影响极为有限。鸦片战争之后，西方
资本主义用大炮为传教士大量侵入中国开辟了一条广阔之路。西方传教
士们凭借各种特权，迅速扩大在中国的活动。于是从沿海到内地，从城
市到农村，从南到北迅速遍布各地。贵州地处大西南的云贵高原，少数
民族分布广，经济文化比较落后。西方教会势力向内地渗透的同时，也
很注重对贵州的渗透。外国教会除力图在贵州汉族聚居地扩展势力外，
更大力加强在各少数民族聚居地区开展活动。天主教和基督教在贵州得
到迅速的发展，其中以基督教的影响较大。二十世纪初，基督教在黔西
北成立教区进行传教布道，教徒约9万人，教堂近80所，活动范围包
括四川和云南的部分地区。为了发展教徒，传教士在贵州积极办学。根
据教会提出的"哪里有教堂，哪里就有学校"的传教政策，外国传教
士在贵州各地积极兴办各种学校。他们办学不仅制度化，而且自成体
系，从幼稚园开始到小学、中学、大学，一应俱全；除普通教育外，还
办职业教育、特殊教育和社会教育等，可谓形式多样。同时，还对各校
的学制、管理、师资、课程、课时数等都作了较明确的规定，教学方法
上也注重启发式教学，注重理论与实践的结合，石门坎教会学校还率先
采用了双语教学。教会在贵州办的学校中，影响最大的是威宁石门坎学
校，该校毕业的学生中有中专生、大学生、硕士生和博士生，石门坎当
时被称为"西南苗族最高文化区"。西方传教士在贵州大量兴办教育的
目的，主要是为了配合帝国主义的军事经济侵略，对中国进行文化教育
侵略，实施精神奴役，提高传教的效益。但是，西方传教士在贵州兴办
的教育，与中国传统封建教育相比，无论从教育对象、教育内容、教育
目标、教学方法等方面都相较具有一定先进性，客观上传播了西学，对
贵州及中国的教育近代化起到了一定的积极作用。

[10] 张慧真：《教育与民族认同：贵州石门坎花苗族群认同的建
构》，载《人类学与当代中国社会——人类学高级论坛 2002 卷》，
2002 年。

〈正〉一、现代民族国家的建立与西南边地的角力在苗族不同区域
的近现代社会变迁中，最引人注目的莫过于基督教在滇黔川边地的大花
苗中的传播和其深远的影响。石门坎（Shimenkan or Stone Gateway）即
为整个皈依运动的中心，它位于……

　　［11］张慧真：《教育与民族认同：贵州石门坎花苗族群认同的建构》，《广西民族学院学报》（哲学社会科学版）2002 年第 7 期。

　　摘要：讨论二十世纪三十年代杨森主政贵州期间，对石门坎苗区推行的教育同化政策的内容和过程，并借此反映国民政府如何以民族主义，来收编西南边远的花苗族群作为新兴民族国家的成员。那时，西南边远的花苗族群，第一次从过去被污名化的"苗蛮"异族，被改称为"边胞"——一个被民族国家认可的国民身份。

　　［12］东人达：《近代民族教育的一项创举——滇黔川边石门坎教育体系评述》，《贵州民族研究》2004 年第 12 期。

　　摘要：近代滇黔川边循道公会教育体系，主要凭借当地各民族的力量，使滇黔川 3 省上万名青少年接受了规范的初等教育，使数万名当地群众完成了扫盲教育，为苗族、彝族培养出第一批高级知识分子。它的男女学生合校、双语教学、把学校办到山寨、大众扫盲教育、注重民族高等人才的培养，成就了我国近代教育的一个创举。

　　［13］杨曦：《从教堂到课堂——石门坎苗民学校的启示》，载《百川横流：全球化背景下的多元文化教育国际论坛论文集》，2006 年。

　　〈正〉当迪斯尼主题公园从美国到欧洲，再东京，又至香港，这不正是意味着西方世界的生活模式、文化价值观附着在其强大的科技、经济优势中，日益渗透到世界的各个角落吗？这其实是全球化的一个缩影。全球化一方面体现为人类不断跨越空间障碍和制度、文化等社会障碍在全球范围内实现充分沟通（物质的与信息的），达成更多共识与共同行动的过程，即一体化进程。另一方面又导致民族冲突和战争，地区持续动荡，极端民族主义和恐怖主义趁机活跃，则导致无序、战争、对峙和分裂的趋势。全球化体现出既对立又统一的特点。

　　［14］何幼兰：《从近代石门坎民族教育得到的启示》，《云南民族大学学报》（哲学社会科学版）2007 年第 3 期。

　　摘要：Pollard 是英国中华基督循道公会西南教区的牧师，他 22 岁来到中国，深入苗区，在穷乡僻壤开办教育十一载，最后为救治苗民不幸感染伤寒而客死他乡。这种为教育而献身的精神是值得称道的，对我们今天从事民族教育仍有一定的启示作用。

　　［15］张霜：《民族学校教育中的文化适应研究》，博士学位论文，

中央民族大学，2008 年。

摘要：本研究拟以石门坎苗族杨华明一家四代人的教育经历为蓝本，以口述方法和大量田野调查来展示百年间石门坎教育兴衰与苗族人在教育中的文化适应及学业成就状况。1905 年，基督教传入石门坎后，苗族教育开始依托宗教发展起来，在基督教办学过程中，宗教文化、西方文化、当地苗族文化交织在一起，形成一幅多文化图景，苗族群体和学生在多文化环境中没有遭遇太多的文化适应困难，在教会办学 40 多年间取得了辉煌的教育成就。新中国成立初期，学校文化并未遭到彻底否定和变革，苗族学生取得一定成绩。"文革"后至今，当地社会和学校文化的剧烈变迁使苗族学生在学校中出现文化适应困难，学业成绩大幅下降，成了全县教育最落后的乡镇。

［16］余文武：《石门坎平民教育运动之动因》，《贵阳学院学报》（社会科学版）2008 年第 8 期。

摘要：石门坎平教运动的卓有成效实与其声名远播名实相副，研究细察族群精英的起念与地域生境的现实，同时查考边区平民千字课的来情去意；并认定族群精英在教育共同体的育成中实有殊功异绩，平民千字课的风神意蕴不仅是平民教育体系的基础，而且领有对平民发蒙解惑的重任。

［17］彭华：《辉煌与困境：石门坎教育的时空变迁》，载《"改革开放 30 年与贵州社会发展"学术研讨会暨贵州省社会学学会 2008 年学术年会论文集》，2008 年。

摘要：位于滇黔川边的偏僻洪荒山寨石门坎，二十世纪初由于传教势力的介入，宗教盛行的同时，客观上促进了当地教育的发展，打造了石门教育的辉煌神话，创造了苗族历史上的多项第一。这一过程中，体现了东西文化的碰撞和本土资源与外部现代性资源的融合增长。时过境迁，经历了半个世纪自然灾害和政治洗礼的石门坎，贫困依旧，发展缓慢，教育举步维艰。如今，走在石门的乡土上，我们怀念过去的同时，也思考着石门教育的发展。

［18］余文武：《民族社会之教育传统解密》，《贵州民族研究》2010 年第 4 期。

摘要：伦理共同体是一个真命题，民族社会之民间有其实然样态。

对贵州民族社会之教育传统的解密，既有意回应本土经验开掘的诉求，又意在观照教育传统的伦理脾性。研究认定教育传统得以接续的秘密，在于共同体内部蕴藉的克里斯玛特质和共同经验之心理积淀的传统无意识这两个元素。

［19］陈杰：《石门民族学校的办学方向》，《生活教育》2010 年第 4 期。

〈正〉威宁石门民族学校是由创办于 1905 年 11 月 5 日的石门坎光华小学发展而来，现为九年一贯制学校，坐落在崇山峻岭的乌蒙大山深处，位于今天的贵州省威宁县石门乡荣和村石门组。石门坎光华小学是由英国牧师柏格理与当地汉族鸿儒刘映三、钟焕然、王玉洁、李司提反及苗、彝少数民族开明人士杨雅各、王道元、张武、安荣之等人创办的一所新式学校。

［20］张霜：《少数民族学校教育中的多元文化与课程——贵州威宁石门坎百年苗族教育人类学考察》，《贵州民族研究》2010 年第 6 期。

摘要：上编部分（第一章—第三章）是历史关系研究，对中国现代文学与基督教文化关系的历史过程进行总体描述。根据它们相互关系的样态分为三个阶段：一、二十世纪前 20 年对基督教文化的接纳期，此为第一章；二、二十年代受非基督教运动影响的质疑和批判期，此为第二章；三、三四十年代重新认识基督教文化价值，却又迅速转入对基督教文化的全面否定和拒斥期，此为第三章。从总体上来说，呈现出一个由接纳、批判，到疏离、拒斥的过程。

［21］张霜：《社区、家庭与少数民族学校教育的文化距离——贵州威宁石门坎苗族教育人类学个案研究》，《广西师范大学学报》（哲学社会科学版）2010 年第 8 期。

摘要：家庭与社区所奉行的价值观、语言、信仰、认知、教育观、生活观念等意识形态对民族学校教育和学生学业成就会产生重要影响。家庭、社区与学校文化意识的差距是导致石门坎苗族学生在学校出现文化适应困难、难以取得较高学业成就的主要原因。这提醒我们，每个民族的文化都有自己的价值，学校文化也要关注少数群体。

［22］梅潇：《石门坎：艰难的突围——一个西南少数民族欠发达地区的教育样本》，《生活教育》2010 年第 9 期。

〈正〉漫漫长河里，它一直是个天荒地绝、飞鸟不下、走兽亡群的化外蛮荒之地，却在百年前幸运地获得民智开化的先机。大花苗，一个被旧史志称为晦盲否塞、蠢如鹿豕，靠结绳刻木记事的民族。

[23] 马玉华：《石门坎的民族教育遗产》，《生活教育》2010年第9期。

〈正〉在云贵高原乌蒙山腹地的苍莽群山中，有一个地图上很难找到，却又声名远播的地方，这是一片充满神韵和魅力的土地，它叫石门坎。

[24] 张霜：《贵州石门坎苗族教育人类学田野考察》，《教育文化论坛》2011年第6期。

摘要：贵州省威宁县石门坎是个偏僻、边远的苗族小山村，由于基督教的传入，百年间石门坎苗族教育经历了从无学校、无识字人的穷乡僻壤一跃成为贵州乃至世界闻名的苗族教育圣地，培养了近百名大学生、博士等苗族人才，再到如今成为全县教育最落后的地区。本文通过对基督教与本地苗族学校教育与社区教育影响的调查与分析，探讨在社会变迁中少数民族学生在学校和社区的文化适应状况及文化适应对少数民族学生学业成就的重要影响。

[25] 杨军昌、李小毛：《石门坎教育文化》，《教育文化论坛》2011年第6期。

〈正〉石门坎，位于贵州接近川滇最边缘的西北角，距威宁县城140公里，平均海拔2200米。在文化版图上，这里曾是茅塞未开的地方，居住着晦盲否塞、结绳刻木的大花苗，他们迁徙到这片属……

[26] 苑青松：《贵州石门坎"坡拉德"课程：多元文化融合的赋形》，《教育评论》2011年第12期。

摘要：一百年前，坡拉德文字（老苗文）的出现，使贵州石门坎由一个荒芜之地一举成为西南地区文明的中心。形成坡拉德文字的课程开发模式极具价值，其多元融合的成功实践，在世界一体化的背景下及课程改革面临众多问题的今天，更具有直观评判和借鉴意义。

[27] 李杨、李斗才：《贵州石门坎——西方近代体育传播的乡村样板》，载《第九届全国体育科学大会论文摘要汇编（4）》，2011年。

〈正〉研究目的：1905年春，基督教循道公会传教士柏格理来到地处滇黔川边的贵州威宁石门坎开办教会和创建教堂。从此基督教在西南少数民族地区开始发展，在不到 20 年的时间里，逐渐延伸到滇东北、滇北、黔西北和川南的苗族地区，不仅使得整个乌蒙山区 80% 以上的苗族皈依了基督教，而且在当地的彝族当中也有了初步发展，使得这一地区成为基督教在中国少数民族中最大的根据地。

[28] 李蔚：《云南少数民族女子教会教育的历史研究（1881—1949）》，硕士学位论文，四川师范大学，2012 年。

摘要：在少数民族分布广，经济比较落后，社会比较封闭的云南少数民族地区，女子社会地位低下，缺失受学校教育的机会，长期接受的是口耳相传的家庭教育。十九世纪八十年代基督教在云南少数民族地区的女子教会教育实践，直接改变了近代少数民族女子的教育状况，开少数民族地区女子学校教育的先河。

[29] 马薇：《教育亦是拯救——基督教教育与石门坎》，《金陵神学志》2012 年第 6 期。

摘要：十九世纪中叶，中国关闭的国门被英国强行打开。与此同时，面对漂洋过海来到中国的宣教士，人们的态度褒贬不一：他们究竟是帝国主义的侵略工具还是上帝派来的福音使者？本文将以贵州石门坎为例，以史论结合的方法，从教育学的立场来论述，继而从中看见早年宣教士在贵州这一贫瘠之地的所作所为，看到教育这一特殊的宣教方式是如何改变和拯救一个民族的。

[30] 杨军昌、李小毛：《石门坎教育文化（续）》，《教育文化论坛》2012 年第 6 期。

摘要：二十世纪初，柏格理等传教士与当地少数民族共同开设的外语教学课程不仅引起了学生的普遍兴趣，学习者的学习成效也普遍较好。

[31] 何嵩昱：《石门坎"教育神话"对当代西部民族地区农村基础教育的启示》，《教育文化论坛》2012 年第 3 期。

摘要：二十世纪上半叶，西南边陲小镇石门坎创造了震惊中外的教育神话，柏格理等人采用独特的办学方针、教育模式以及管理体制，推动了石门坎乃至整个西南地区教育的蓬勃发展。其所展现的许多行之有效的经验对当代西部民族地区的农村教育仍具有重要的启示意义。

[32] 丁俊锋：《石门坎柏格理三语教育实践——多元文化的对话与融合》，《安顺学院学报》2012年第10期。

摘要：从表面上看，柏格理三语教育实践是由苗语、汉语、英语的符号元素组合而成，实际上这些符号元素蕴含着特有的观念、意识、信仰、组织等因素，在某种具体的教育教学实践模式开发上，展现其生命力的恰恰是多元文化的对话融合，在这里，柏格理三语教育实践正是多元文化荷载的结果，它的生活性、情境性特征凝练出了一个又一个奇迹。

[33] 沈洪成：《现代性与地方性交织中的民族教育：走向、困境与出路》，《青海民族研究》2013年第4期。

摘要：现代性不断嵌入到边缘地带，将孤立封闭的地方社会纳入外部社会体系之中，改造着传统的习俗、生活方式和价值观念。作为现代性的承担者，民族教育在传统与现代、进步与落后、中心与边缘、经济与文化、同一与差异之间，面临着内在的矛盾。因而，需要在教育空间编织现代性与地方性的关系，从国家、地方与个人三个层面推进多元文化教育。

[34] 王祥：《国内贵州苗族教育研究综述》，《贵州师范学院学报》2013年第5期。

摘要：通过对国内关于贵州苗族教育研究较为细致的综合述析，初步规整出了核心文献以及各领域相关文献，结果发现，贵州苗族教育研究尚存在许多空白有待于开发或深入。如在宗教学领域，固然石门坎研究很具代表性，但不应拘泥于此，可扩大区域，甚至进行横向比较分析。

[35] 李文汉：《试论石门坎是"西南苗族最高文化区"》，《毕节学院学报》，2013年第7期。

摘要：二十世纪三十年代，威宁石门坎苗族教育实系首屈一指，成为西南苗族最高文化区，石门坎因此而被国外基督教报纸誉为"海外天国"。很明显，当时教会在此创办学校、兴办教育，主观上带有明显的文化侵略、同化动机，但在客观事实上却发展了这一地区的苗族教育，并使之成为苗族教育史上的一大奇迹，开创了中国近现代民族教育之先河。反思总结这个时期石门坎苗族教育，对我们今天发展苗族教育及其他少数民族教育，具有其正反方面的意义。

[36] 王颖、王永波：《浅析〈教育与族群认同——贵州石门坎苗族的个案研究（1900—1949）〉》，《商》2013 年第 15 期。

摘要：本文以傅柯的宗谱学和分流历史观为指导，分析贵州石门坎花苗族群在面对明清王朝、西方传教士、国民政府等外在因素时，如何与其进行互动和进行自我族群意识建构的。笔者将以"一个理论，一个案例，四个阶段"将张慧真学者对贵州石门坎花苗族群的族群认同建构展开描述，并论述傅柯宗谱学和分流历史观对我们在日常研究中的启示。

[37] 丁俊锋、颜建华：《石门坎柏格理三语教育实践探析》，《贵州民族研究》2013 年第 8 期。

摘要：二十世纪初期，在石门坎地区苍白起点的境域下，柏格理及其同行者通过苗语、英语、汉语等三种文化语言的教育教学实践，实现了石门坎当地各族民众的愚昧到觉醒、落后到进步、自卑到自信的转变和苗族民众生活力、生命力的提升过程。

[38] 何嵩昱：《传教目的下的美育操作透视——"石门坎现象"的美学分析》，《人民论坛》2013 年第 9 期。

摘要：文章从美学与美育的角度对石门坎现象进行解析，发现英国传教士将传播媒介和传播手段审美化、艺术化，以先美育后布道、先办学后传教等方式于艺术和审美活动中传播基督教，使宗教在浑然不觉间植入石门坎苗民的情感，进入苗民的生活。石门坎现象实为西方传教士传教目的下的一次美育操作。

[39] 苑青松：《学校的本质诠释——来自贵州石门坎光华学校的田野考察》，《西部学刊》2014 年第 1 期。

摘要：在英国传教士柏格理发起和带领下，贵州石门坎学校在二十世纪初取得了令人瞩目的文化成就，培养了一大批知识分子，创造了学校教育的奇迹。反思和叩问这一现象，不得不引起人们对学校的本质的重新认识。基于教育人类学，作者从结构与反结构的赋形、爱与知的生态循环系统、唤醒和激荡生命活力的空间三方面对这所学校进行了考察，认为学校展现出三方面的特性，即学校的社会性、人本性、空间性。

[40] 吴正彪、宋仕平:《论民间非政府组织对西部地区民族教育发展的影响》,《民族高等教育研究》2014年第3期。

摘要:民间非政府组织从二十世纪初以来就渗透到我国西部少数民族地区的各个社会生活层面,其中有积极的作用,也有消极的因素。从"石门坎现象"、"双语教育与母语文化保护"和民族教育资源的弥补途径等西部民族地区教育的具体个案中,就民间非政府组织的影响进行讨论和分析。

[41] 李奔、曾丽:《清末石门坎学生学习外语的动机、态度和信念》,《贵州民族大学学报》(哲学社会科学版)2014年第4期。

摘要:二十世纪初,柏格理等传教士与当地少数民族精英共同开设的外语教学课程不仅引起了学生的普遍兴趣,学习者的学习成效也普遍较好。文章运用语言习得的相关理论对清末石门坎学生学习外语的动机、态度和信念进行分析研究,发现清末石门坎的外语教学充分利用了学生的学习动机态度和信念对于学习成效的积极作用。

[42] 罗银新、黄宁宁、周青山:《贵州石门坎教育的现状、困境与对策研究——基于教育人类学的视角》,《民族论坛》2014年第10期。

摘要:贵州石门坎教育历史上成功整合了基督教文化、中国传统文化和苗族文化,铸就了其成为西南苗族最高文化区。其发展至今,已形成了"学前教育—小学教育—中学教育"完整的基础。

四 人物(及其思想)类(33)

[1] 李印堂:《柏格里与石门坎》,《贵州文史丛刊》1989年第8期。

摘要:在贵州毕节地区,人们对于英国传教士柏格里,几乎是家喻户晓,妇孺皆知。一个外国传教士,仅仅在毕节地区威宁县的一个小山寨中生活了十年左右,为什么就会产生如此大的影响?毕节地区的广大群众,特别是成千上万信仰基督教的群众,在谈起柏格理时,仍然怀着深深的敬意。"文化大革命"中,造反派砸了柏格理的墓碑,人们也没有改变对他的看法。所以,十年动乱结束以后,在平反冤假错案时,一些信教群众也要求为柏氏落实政策,修复他的墓碑。这一切应该如何解释？

[2] 游建西：《从交流中走出贫困——对 1904 年基督（新）教徒柏格理在石门坎传教的思考》，《贵州社会科学》1994 年第 12 期。

〈正〉用这个题目，主要是想作一种研究上的尝试，尤其是我认为少数民族居住的贫困地区，那些长期囿于自身文化价值系统内，不愿意或无机会与外界交流的少数民族地区的社会环境，其文化惰性会越来越重。从经济基础和文化状况来看，那些贫困的少数民族地区，似乎用"开放"二字作研究还无从下手，因为基础太差，或说自身的特殊性太强，其文化特质自成一体，用"开放"的概念，一时难找到与更上层更广延文化的齿合接口，而只有用"交流"二字从文化接触、传播、逐步融合的角度才好看清问题。

[3] 陈学书：《柏格理与老苗文》，《贵州文史天地》1996 年第 6 期。

摘要：位于我省西北部威宁县与云南省昭通市毗邻地带的石门坎，是苗族聚居的地方。新中国成立前，这里山高水寒，交通闭塞，民生疾苦，令人望而生畏。但这里却是我国苗族文字"坡拉字母"老苗文的发源地。这种文字现今仍是当地苗族的通用文字。

[4] 敖行维：《对柏格理其人其事的再认识》，《毕节师专学报》1996 年第 11 期。

摘要：在十九世纪末至二十世纪初期，作为一名英籍传教士的柏格理，曾经频繁地出没于云南、贵州、四川三省毗邻的部分少数民族地区，为传教办学而奔波忙碌。他的足迹深深镶嵌在乌蒙山的群峰沟壑中，他的名字至今还为威宁石门坎一带的苗族同胞所铭记。在英国，由于基督教教会的宣传，由于《在未知的中国》《柏格理日记》等书的相继出版，他也成了一位有相当影响的传奇人物。对于这样一个外国传教士，我们的一些同志过去也曾撰文进行评价，其中有的文章比较客观公正，而有的文章却缺乏实事求是的分析。现在，伴随着有关柏格理资料的逐渐增多和充实，柏格理其人其事也逐渐地在人们的眼前清晰起来。

[5] 龙基成：《社会变迁、基督教与中国苗族知识分子——苗族学者杨汉先传略》，《贵州民族研究》1997 年第 3 期。

摘要：中编部分（第四章—第十章）是对中国现代文学接受基督

教文化的具体考察，包括作家个案研究和整体研究，第四章到第六章选
取鲁迅、冰心、老舍、许地山、林语堂、曹禺六位作家进行具体个案分
析，考察他们接受基督教文化过程中的具体情况，或细致辨析其中的偏
差，探寻他们疏离基督教文化的轨迹和原因，或展示他们虽能表现基督
精神要旨却被主流边缘化、批判改道的情况，并评析其中的得失。第十
章则关注于中国现代文学对基督教文化的批判，考察其中拒斥否定的
情况。

[6] 敖行维：《对柏格理其人其事的再认识》，《贵州文史丛刊》
1997 年第 11 期。

〈正〉在十九世纪末至二十世纪初期，作为一名英籍传教士的柏格
理，曾经频繁地出没于云南、贵州、四川三省毗邻的部分少数民族地
区，为传教办学而奔波忙碌。他的足迹深深镶嵌在乌蒙山的群峰沟壑
中，他的名字至今还为威宁石门坎一带的苗族同胞所铭记。在英国，由
于基督教教会的宣传，由于《在未知的中国》《柏格理日记》等书的相
继出版，他也成了一位有相当影响的传奇人物。

[7] 伍星、石艳霞：《用辩证的观点正确看待外国传教士——论珍
贵宗教档案史料记载中的英国传教士柏格理》，《贵州档案》2003 年第
6 期。

〈正〉今年 3 月，在清理统计馆藏珍贵档案史料时，其中一本宗教
史料《苗族救星——柏格理》深深地吸引了我。"救星——柏格里"？
如此敬仰，如此深情，好尊崇的语气，真是这样？好奇心引着我静心细
致地看完了整本史料。好感人！我终于大致清楚了原委，初步了解了英
国传教士柏格理和与他紧密相联的苗族同胞、石门坎。感人归感人，可
"救星"毕竟不是一般的感情语言，如果不是深刻的、真实的、发自内
心的情感，也绝不会有这样崇敬的心声。

[8] 拓石：《乌蒙大山走出的医学博士》，《文史天地》2003 年第
6 期。

摘要：张超伦咋也没有想到，自己在而立之年，一个从乌蒙大山走
出的知识分子，眼前竟出现这样的奇迹。

[9] 安平：《柏格理与黔西北苗族教育》，《贵州民族报》2006 年
第 11 期。

〈正〉塞缪尔·柏格理（1864—1915 年，另译潘乐德或蒲拉德），英国人。父亲是一位牧师。柏格理 12 岁时进希普尔普通中学，17 岁参加英国国家文官考试名列前 16 名。1886 年与好友邰慕廉申请前往中国传教获得批准，1887 年抵达上海。

[10] 李昌平：《柏格理留下的精神和遗产》，《中国民族》2007 年第 1 期。

摘要：他是英国人，欧洲十大传教士之一；但从他身上可以看到青年志愿者、学者、宗教改革家、人道主义者、理想主义者的影子。胡锦涛总书记在二十世纪八十年代中期任贵州省委书记时，曾特别用柏格理的故事来教育干部。

[11] 杨曦：《柏格理与朱焕章教育思想之比较——兼论民族教育的内源发展》，《民族教育研究》2007 年第 4 期。

摘要：民族地区的发展离不开教育，而怎样使教育切实地改善当地人民的生活并促进社会的进步，成为当前民族教育发展的一个紧迫命题。贵州省石门坎地区的教育已经有了上百年的发展历史，其中以柏格理和朱焕章为代表的教育实践家，开创并发展了当地教育。比较他们的教育思想，从中发现内源发展是民族教育的必由之路。

[12] 苑青松：《柏格理先前教育中课程经验研究》，硕士学位论文，贵州师范大学，2008 年。

摘要：本研究从课程的角度切入，力求梳理出其在课程方面的特色和经验。通过多次实地考察、访谈，经过对大量资料的分析、筛选，柏格理先前教育中的课程经验特色逐渐清晰。本研究的内容共分为四部分：（一）塞缪尔·柏格理简介，主要把这一教育典型个案的发起者和主要实施者作出相关介绍，以便更好地理解其课程思想。（二）石门坎简介，概述石门坎百年前的社会状况，显示该个案所面对的起点和最终取得的效果，使读者以历史的眼光去观察这一课程现象。（三）柏格理先前教育中课程经验概述，该部分全面地介绍柏格理的课程内容，重点从以人为本的课程价值取向、扫盲教育与精英教育相结合的课程目标、"自下而上"的课程思路、"农科教"相结合的课程实践、以人与社会协调发展为标准的课程评价五个方面入手，进行系统的概述，力求体现其特色和价值。（四）柏格理先前教育中课程经验对当前课程改革的启示。因为基于课程经验研究，所以本研究不甚注重课程研究的系统性，而是重于其鲜明的实践特色。以历史观照现实，主要是为了给当前的新课程改革提供某种借鉴，力求使当前的课程改革健康有序地发展，这才是本研究的出发点与归宿。

[13] 邓沛：《柏格理其人其事》，《昭通师范高等专科学校学报》2008年第2期。

摘要：清末民初，英国基督教循道公会传教士塞缪尔·柏格理在以昭通、威宁为中心的滇黔川边区大量兴办医院、学校，并创制了苗族文字（老苗文），尽力保护少数民族同胞的利益，极大地促进了这一民族杂居地教育、文化、卫生事业的发展，为苗、彝、汉各族同胞培养了大批优秀人才。

[14] 刘振宁：《一体三位——循道会士柏格理形象论发凡》，《贵州民族研究》2009年第12期。

摘要：百年前宣道华土的英籍循道会传教士柏格理，究竟具有着怎样的形象？这一论题长期困扰着中外学术研究界。笔者认为，只要立足于柏氏的信仰之"根"、身份之"本"以及大爱之"工"，便不难对其总体形象作出辩证解读和理性论析。质言之，柏格理就是一位以"信望爱"三种根性和美德写就的形象。

[15] 林文君：《杨汉先年谱研究》，《贵州民族学院学报》（哲学社会科学版）2010年第6期。

摘要：杨汉先是贵州省威宁彝族回族苗族自治县石门坎光华小学培养出来的一位苗族知识分子，也是我国著名的民族学家和教育家，因此，通过对杨汉先的年谱进行研究，有助于我们更全面地了解老一辈民族学家的成长历程和思想情怀，在学术研究上有着积极意义。

[16] 杜再江、陶婷、陈坤：《石门坎走出来的第一个少数民族研究生》，《贵州民族报》2010年第8期。

〈正〉胡锦涛任贵州省委书记时，在与省里的干部见面会上，他出人意料地讲述了一个外国人的故事。"公元1904年，一个名叫柏格理的英国人来到了贵州毕节地区威宁的一个名叫石门坎的小村，那是一个非常贫穷、荒凉的地方。他带来投资，就在这块土地上盖起了学校，修了足球场。……"

［17］司霖霞：《论塞缪尔·柏格理对贵州民族地区教育的贡献》，《贵州师范学院学报》2010年第11期。

摘要：塞缪尔·柏格理对贵州民族地区教育的发展作出了重大的贡献，他创办乌蒙山区第一所苗民小学，实行双语教学，开男女同校先河，培养全面发展的人才，发展本民族教师队伍，建构基础教育体系，培育出二十世纪上半叶中国西南最大的基础教育网络。

［18］刘振宁：《柏格理受挫汉地成就苗疆的根由论析——基于文化语境的诠释维度》，《上海师范大学学报》（哲学社会科学版）2011年第9期。

摘要：运用宗教学、文化研究与诠释学交融互摄的论证方法，从文化本根、文化语境以及异质张力等维度入手，通过考释清末民初英籍传教士柏格理的宣道事业受挫于汉地却成就于苗疆的根由所在，对文化语境在文化传播过程中的影响与作用进行了学理性论析。

［19］雷宇：《英国人柏格理与贵州石门坎》，《西部时报》2011年第10期。

〈正〉塞缪尔·柏格理（Samuel Pollard）1864年出生于英国。他从小天资聪颖，9岁入学读书，13岁进德文郡的希博尔公学。毕业后，柏格理参加了英国公务员考试，名列全英国第7名。1887年，柏格理受李文斯顿在非洲宣教的事迹感动，受呼召来中国传教。他以儒家"格物致理"之义，取名柏格理。

［20］李虹：《石门坎与柏格理的故事》，《乌蒙论坛》2012年第4期。

〈正〉历史真实就在昨日世界，作者的著述有助于今天的我们拾起记忆的碎片，它们是通往昨天的密码。历史存留在地域、建筑空间，走进历史现场，我们能获得更确切的历史信息，体悟文献字里行间之外的历史余温。

［21］周玲、唐靖：《从昭通到石门坎——柏格理传教重心转移原因评析》，《云南民族大学学报》（哲学社会科学版）2012年第9期。

摘要：昭通和石门坎是十九世纪末二十世纪初英国基督教循道公会在中国西南先后的两个主要活动地区。以1905年为界，该会的传教重心既在两地之间发生了转移，也在汉苗两族间发生了转移。而由柏格理主持的这次转移既为教会传教带来完全不同的效果,同时,其意义也超出了宗教的范畴,带有对西南苗族文化启蒙的色彩。对其中的原因进行客观的探讨和梳理,无疑对于我国的民族与宗教政策具有一定的借鉴和参照作用。

[22] 刚芮、王小丁:《柏格理在苗族地区的教育实践与启示》,《宜宾学院学报》2013年第4期。

摘要:柏格理是一位深入到西南苗族地区的传教士、教育家。他以文字布道,创办石门坎小学,首推民族地区双语教学,实行男女同校,设置科学课程,注重高层次人才培养与推广平民扫盲教育。

[23] 王文慧、詹群:《论塞缪尔·柏格理对石门坎苗族教育的贡献》,《佳木斯教育学院学报》2013年第8期。

摘要:二十世纪初,基督教循道公会英籍传教士柏格理来到贵州威宁石门坎,他在进行传教布道的同时,还帮助苗族建立学校、创制苗文、推行平民教育,使这个小地区发生了翻天覆地的变化,成为了外国人眼中的海外天国。当时的中、英文报刊上,也将石门坎称为苗族文化复兴圣地、西南苗族最高文化区。

[24] 陈钰:《柏格理初创石门坎教育的成功启示》,《昭通学院学报》2014年第2期。

摘要:地处云贵川三省交界处的石门坎,处于乌蒙山深处,是与世隔绝的一片穷土,经济落后,文化缺失,现代教育更处于真空状态。1904年基督教循道公会的传教士柏格理走进大山,踏入蛮荒……

[25] 陈浩武:《柏格理精神的传承和当下的救赎意义》,《民主与科学》2014年第4期。

摘要:我对柏格理和石门坎关注有四年时间了。柏格理是真正能够感动我们灵魂的人物。今天我想重点说两个问题:第一,一百多年来,柏格理精神像灯和光,是如何传承下来的;第二,今天我们讨论柏格理精神,对当下社会有什么意义。我把一百多年以来,柏格理精神在石门坎的传承描绘为四个核心人物。第一是柏格理本人,他就是一个普罗米修斯,一个种火者,他把现代文明的火 ……

[26] 彭真怀:《柏格理精神的普适意义》,《民主与科学》2014年第4期。

〈正〉今天，我们在这里共同缅怀和传承这样一个有伟大精神意义的柏格理先生的事迹。

[27] 卞淑美：《归来》，《民主与科学》2014 年第 8 期。

〈正〉石门坎——新中小学于我而言是我生命所不能承受的重量，我也曾苦苦追问，是什么让我如此难以割舍？在自己列出的 N 个理由被一一否定之后，我清楚地意识到：因为石门坎让我找到了自己，找到了人生的方向，知道自己此生来到这里的意义。

[28] 刘振宁：《柏格理道化苗疆的方略及其机理论释——基于石门坎教会相关碑刻铭文的考量》，《宗教学研究》2014 年第 9 期。

摘要：本文交互运用诠释学和宗教学的理论与方法，通过研读石门坎教区的现存碑铭，对柏格理道化苗疆的主要方略进行了发掘，就方略蕴含的内在机理进行了解析。论文的基本观点是：柏格理以心血耕耘、用生命献祭，将"形上灵性"和"形下现实"圣凡兼治，由此开拓出了一条由人间而天上的道化通途。

[29] 马玉华：《近代基督教循道公会在石川教区的传教活动》，《思想战线》2014 年第 9 期。

摘要：十九世纪末至二十世纪四十年代，英国基督教循道公会在西南少数民族地区传播基督教，经过了昭通立足、开拓石门坎苗族教会和其他少数民族教会、到滇川黔边苗族地区建立石川教区三个阶段。

[30] 赵涛：《论柏格理教育思想对贵州少数民族地区教育发展的启示》，《铜仁学院学报》2014 年第 9 期。

摘要：民族地区的经济社会发展离不开教育。20 世纪初，柏格理对贵州民族地区教育的发展做出过重大的贡献，促进了当地少数民族地区经济社会的可持续发展。

[31] 王大卫：《拜谒柏格理墓》，《贵阳文史》2014 年第 11 期。

〈正〉拜谒柏格理、高志华墓地，不是发"思古之幽情"，而是企望延续、繁荣民族文化、民族教育，尤其弘扬其延续、繁荣民族文化、民族教育之精神。一个文明的、有教养的民族，必是一个有感恩之心的民族。

[32] 赵涛：《柏格理教育背景对石门坎教育的影响》，《贵州师范学院学报》2015 年第 1 期。

摘要：柏格理来华前在英国接受的公学教育对其后来在贵州威宁石门坎民族地区从事教育活动影响颇大，无论从创办学校、招生对象、人才培养、教学内容，还是在学生品格塑造方面均能看到受其影响的结果。通过分析英国公学教育基本思想入手，观察柏格理在石门坎教育中的具体措施，希望对研究贵州民族地区教育发展起到一定的促进作用。

［33］刘丰、叶启伟、高胜利：《"海外天国"走出来的医学博士——记农工党贵州省委会原主委张超伦》，《前进论坛》2015 年第3 期。

〈正〉贵州省卫生厅原厅长张超伦是我们本次采访对象中年龄最高的，老人年近百岁，听说行动极为不便，言语困难，我们不忍再去打扰。思索再三，我们一方面借助网络这一信息平台，搜集一些张老鲜为人知的东西；一方面多方打听，查阅资料，尽量客观地展示出老人一个世纪的风雨人生。要写张超伦，离不开石门坎，要写石门坎，又离不开柏格理。"中国石门坎"，一个叫做"海外天国"的地方。……

五　综述类（1）

［1］李欢欢：《"石门坎现象"研究综述》，《临沧师范高等专科学校学报》2013 年第9 期。

〈正〉石门坎在二十世纪初西方传教士到来后，从一个茅塞未开的小山村，一跃成为了西南苗族文化最高区。西方人眼中的文化圣地、海外天国一直是我国历史学、民族学、宗教学、教育学研究的重点。近年来学者们对石门坎现象形成的原因、教会学校的办学方法、基督教对苗族的影响以及办学所达到的客观效果都有了更深入的分析和反思。

六　民族类（11）

［1］黄仕日：《苗学研究的新开端——从〈苗族研究论丛〉一书展望苗族科学研究》，《贵州民族学院学报》（社会科学版）1989 年第7 期。

摘要：苗族是我国较大的一个少数民族，也是跨界的人口众多的民族之一。据 1982 年全国人口普查统计，我国有苗族 5030897 人，在湖北、湖南、广东、广西、四川、云南、贵州等省（区）呈小聚居、大杂居局面。同时，苗族还分布在东南亚各国以及美国、法国、澳大利亚等国家。据 1987 年 12 月印行的美国《苗族杂志》统计，海外的苗族美国有 75000 人，加拿大 650 人，法国 6000 人，圭亚那 1500 人，阿根廷 135 人……

［2］杨正伟：《对一个边远苗寨现状的思考》，《贵州民族研究》1989 年第 12 期。

摘要：石门坎曾经是所谓的"苗族文化复兴圣地"，但由于种种原因，至今仍未能得到真正复兴。值得引起注意的是，党的十一届三中全会以后，沿海发达地区的经济正以较快的速度向前发展，而石门坎的经济却徘徊在新中国成立初的水平。这种两极反差形成的"马太效应"，不能不引起人们的深思。请看 1986 年笔者在石门坎调查到的部分材料。

［3］［英］塞缪尔·柏格理：《苗族纪实》，东人达译，《贵州文史丛刊》1999 年第 6 期。

摘要：塞缪尔·柏格理（Samuel Pollard），亦称塞姆·柏格理，柏格理还译作波拉德。1864 年 4 月 20 日，他出生于英国康沃尔郡卡姆尔福特一贫穷的手工业工人家庭；1886 年作为基督教新教卫理斯宗分支循道公会的传教士，与弗兰克·邰慕廉一同来华，次年开始在云南传教；1891 年与埃玛·海恩奇在中国结婚，海恩奇亦译作韩素音；1903 年访问大凉山彝族区域；1904 年以后，致力于黔、滇、川毗邻地区以贵州威宁石门坎为中心的营建活动；1915 年 8 月 15 日在石门坎殉职。在国外他被公认为卫理公会最杰出的 5 名使徒之一。《苗族纪实》以纪实性笔法记录下 1904—1908 年间石门坎营建过程，及近代末期相关地域的民族、社会、经济、文化背景状况（英文原版《苗族纪实》系 R. Elliott Kendall 即甘铎理先生生前赠给本人）。甘铎理先生新中国成立前曾在威宁主持过崇实中学，编辑出版《柏格理日记》，著有《在天的那一边——柏格理传》，几十年来不懈进行中国西南民族研究。

［4］张慧真：《族群身份的论述：石门坎花苗知识分子的个案研究》，《广西民族学院学报》（哲学社会科学版）2004 年第 6 期。

摘要：探讨了贵州石门坎第一代的花苗知识分子，如何在二十世纪面对西方传教士、国民政府和当地的强势族群时，通过教育的途径，建构其族群身份，并从中为花苗族群获取更多政治、社会和文化上的资源和权力。从中反映出族群精英如何在历史中对个人和族群作出抉择的艰难历程，并指出族群身份的建构是一个不断进行协商和抗争、分化和整合、响应和调适的过程。

[5] 王元康：《苗族农民杨华明举办石门坎百年简史展》，《贵州民族报》2006 年 12 月 28 日。

〈正〉63 岁的威宁彝族回族苗族自治县石门坎苗族农民杨华明，13 年来自费外出搜集苗族服饰，搜集整理翻译苗族文史资料，办起了石门坎百年简史展，供人们免费观看，受到好评。

[6] 梁黎：《三个人的"石门坎"》，《中国民族》2007 年第 1 期。

〈正〉很多人都不知道石门坎，从地理的意义上说，它实在太偏远了。这更让我们迫切地想去介绍它！100 年了，它的辉煌早已被岁月湮灭，但它却以一种精神和象征的方式让更多的人越来越想去接近它、了解它。在这里，记者选择了三个人的"石门坎"，试图以他们三个人的角度向人们展示石门坎。……

[7] 石朝江、石莉：《中外人类学民族学对苗族的考察与研究》，载《科学发展观与民族地区建设实践研究》（中国少数民族哲学及社会思想史学会第四届理事会成立及学术研讨会会议论文集），2009 年。

摘要：苗族是一个古老的东方民族，与中国古代东夷、九黎、三苗部落集团有着密切的关系。从古至今，中外民族学人类学比较重视考察研究苗族。特别是近代以来外国传教士、旅游家、学者，纷纷进入苗族社区考察。二十世纪以来，中国人类学民族学界更是开始对苗族进行科学研究，成果丰硕。本文力图对中外考察研究苗族的成果进行回顾性的评述，以期弘扬人类学民族学的科学精神。

[8] 周贵发、余文武：《非连续性教育之本土呈现形式——以贵州石门坎苗族、穴塘坎汉族、平家寨仡佬族为例》，《贵州民族研究》2009 年第 8 期。

摘要：非连续性教育形式是连续性教育形式的有力补充，它呼应了民族社会之民间的教育诉求。本研究依循三个典型的非连续性教育的本土呈现形式，依次用危机、唤醒、告诫与号召、遭遇等教育形式来试做精准、简明的讨论。

[9] 张兆和：《黔西苗族身份的汉文书写与近代中国的族群认

同——杨汉先的个案研究》,《西南民族大学学报》（人文社会科学版）
2010 年第 3 期。

摘要：杨汉先生长在二十世纪初贵州西北部一个自称阿卯的苗族族
群中。他关于贵州西部苗族历史文化的民族志书写，应放在民国年间政
府构建现代国族体制的历史脉络中来分析，将之理解为中国西南部土著
族群争取国家确认他们的民族身份和政治地位的一项努力。他既借用近
代民族研究论述中苗族这个类别来争取政治确认，又根据土著文化和丰
富的口头历史传说来重新定义苗族，使之有别于现代国族建构的历史叙
事框架。杨汉先的经历和著述，为我们了解二十世纪上半叶中国的民族
主义和国家体制，提供了一个边疆土著族群的特殊视角和一批崭新的
素材。

[10] 何嵩昱：《"石门坎现象"与苗族文化关系研究——从苗族文
化特质角度探析石门坎现象产生的内在动因》,《教育文化论坛》2011
年第 6 期。

摘要：石门坎现象是苗族文化与基督教文化在碰撞和交融过程中出
现的一种奇特的文化现象和一场速度惊人的宗教皈依运动。从苗族的语
言文字、文化观念、原始宗教信仰等角度探析苗族文化在这场文化运动
中的态势与功能，将为诠释石门坎现象提供一个新的视角，为全球化背
景下苗族文化的未来发展和文化安全问题探明方向。

[11] 石朝江：《百年苗族研究与十部苗学经典著作》,《人口、社
会、法制研究》2012 年第 6 期。

摘要：民族学人类学的研究方法传入中国后，苗族即成为重要的研
究对象。贵州大学出版社出版的《国际视野中的贵州人类学·苗学部
分》，即第一辑共 10 部著作，是从一百年来国内外研究苗族的上千余
部著作中精选出来的，展现出了各个时期的阶段性代表作品。读之，可
窥见过去百余年来苗学研究的发展轨迹。

七　社会类（5）

[1] 张山：《试论近代苗族社会政治状况及其变化》,《民族研究》
1993 年第 6 期。

摘要：道光二十年（1840）爆发的鸦片战争，标志着近代中国历

史的开端。从此，中国社会进入一个畸形的发展阶段——半殖民地半封建社会时期。同国内众多兄弟民族一样，苗族社会在这一历史阶段中，无论在政治上还是经济上，都受到重大冲击，并引起重大变化。研究这些变化，对于进一步探讨苗族社会历史发展特点，从历史延续性这一视角分析今天中华民族多元一体格局中苗族社会发展相对滞后的原因，都不无意义。关于经济方面，笔者已另文探讨，本文仅就政治方面，在前人研究基础上作一归纳阐述。不当之处，请专家学者指正。

[2] 李昌平：《石门坎的"社区发展基金"》，《银行家》2005 年第 9 期。

〈正〉石门坎位于贵州毕节地区，是贵州有名的贫困乡，人均年收入 700 元上下。在那里有一个乐施会组织的"社区发展基金"——也有人叫"社区信用合作社"，石门坎信用社称其为"小额贷款"。

[3] 周政旭：《"石门坎现象"的社区空间营建考察》，《住区》2012 年第 4 期。

摘要：在二十世纪上半叶，贵州省威宁县石门坎经历了由落后闭塞的少数民族村寨转变为苗族中心文化社区的过程，缔造了影响深远的石门坎现象，以社区为单位的空间营建在实现这一转变过程中发挥了重要作用。本文从选址、核心空间、多元功能、最终格局四个方面分析了石门坎的空间营建过程，并分析社区空间营建与石门坎现象之间的关系。

[4] 陈钰：《二十世纪初基督教在石门坎苗族中传播的社会经济原因探析》，《云南社会主义学院学报》2014 年第 5 期。

摘要：千百年来苗族不断四处迁徙，其中一支到了石门坎，被称为花苗或大花苗。他们生活上极度贫困，靠着原始的生产方式，维持着最低标准的生存，长期忍受其他民族的压迫、剥削和歧视，得不到社会的关心和帮助。在社会需求、物质需求和心理需求方面都发生严重短缺，二十世纪初，他们精神上产生强烈渴望，希望宗教能解决他们的苦难。从而为基督教的传播创造了有力的社会基础。

[5] 刘澎：《石门坎变迁的启示》，《民主与科学》2014 年第 8 期。

〈正〉我想说的是，石门坎的变化带给我们什么样的一些启示，我们通过看石门坎，看柏格理，应该得到什么样的一些有价值的思考，因为石门坎的事迹，不仅仅是扶贫、文化的改变，它里面蕴含了非常深刻的道理。

八 文化类（9）

[1] 孙吉:《延续百年的文化记忆》,《中国西部》2006 年第 10 期。

〈正〉在各民族的历史和为生存而进行的斗争中他们只能算作一个较小的群体, 但他们仍是上帝心中的花朵, 上帝又一次选择了弱者——柏格理。……

[2] 何茂莉:《来自民俗的创作与阅读》, 博士学位论文, 兰州大学, 2008 年。

摘要: 口承文艺是我们民族文化的一个重要组成部分, 它贴近广大人民的生活, 亲切地表现着他们的经历、观察、感受和理想, 表现着他们的艺术才华。以口头传承为媒介的民间文艺的发达, 代表着前现代时期的文化状态——封闭落后、自给自足、淳朴自然, 充满牧歌情调。本选题以对苗族口承文艺的实证研究为蓝本, 将有关自然生态与经济状况的、民族历史与政治形态的、物质生活与精神生活的、稳定的民族历史沿革的、不稳定的民族迁徙和战争及文化移动和融合等文化形态, 在苗族口承文艺形式中的广泛反映呈现出来, 表现苗族文化内涵和民族心理。并着眼于反映苗族口头传统源远流长的历史积淀, 不仅是一道道古老神秘而又充满奇谲的文化景观, 也是新时期文学创作在臻达艺术圣境的道路上的不竭源泉。追寻族群永恒的"心灵图式", 复述族群共有文化传承, 在人类学的高度上, 将自己的期待视野转接在个性化的生命体验之中, 并抽引出了一系列重要的文化概念和传统象征及文学创造感悟, 完成隐含着巨大文化信息与深刻体认的新创造。第一章分析苗族口承文艺与巫文化的联系。论文从苗族口承文艺中"尚巫鬼娱人间"的内容构造了其巫文化风貌和"重鬼神而轻人事"的巫文化倾向展示了苗族人深层心理意识两个方面展现口承文艺与巫文化的关系。巫教与文艺自古难解难分, 虽然有了巫教, 不一定就产生相关的文艺, 但是对于苗族口承文艺来说, 倘若没有了巫教的融入, 是断然不会构筑得那般蕴含丰厚、神秘奇伟的。所以, 苗族口承文艺的巫教精神既是先天的禀赋, 受惠于原始巫教母体的遗传基因, 也是后天的陶冶, 得益于巫教活动的哺育和巫教思想意识对创作者的浸染。

［3］田连伟：《初探二十世纪初石门坎文化与旅游开发》，《法制与社会》2010 年第 5 期。

摘要：在石门坎文化发展的长廊中，二十世纪初的石门坎文化曾辉煌一时，享誉海外。而在旅游业蓬勃发展的今天，开发石门坎文化，实现其经济价值，促进当地民族团结和发展，提高石门坎人们乃至周边地区人们的生活水平都具有非常重要的历史意义和现实意义。但我们也可以想象，如果我们对其开发不当，其后果也是难以预料的。因此，开发石门坎资源应把握的度和准则是什么？这也正是本文试作论述和所要设想的。

［4］雷勇、周志光：《从边缘崛起：石门坎文化现象背后的驱动力》，《教育文化论坛》2011 年第 6 期。

摘要：石门坎苗族文化在短时间内从边缘崛起到繁荣引起众多关注，本文从石门坎的历史叙述着手，探究石门坎文化现象背后的驱动力，发现饱受压迫的苗族的政治诉求以及强烈的族群意识是产生这次苗族文化繁荣的主要动力。

［5］张晓松：《历史文化视角下的贵州地方性知识考察》，博士学位论文，东北师范大学，2011 年。

摘要：本研究以中国西南的贵州省作为地域文化研究对象，从历史文化的视角，以本人十余年来在这一地区所进行的田野调查和民族志研究为基础，对贵州的山地社会、宗教信仰、社会仪式、建造符号、服饰文化、歌舞仪式、傩文化以及仍然存活着的各种"地方性知识"进行了多角度研究。在此基础上，撷取若干具有代表性的文化符号和仪式样本，借鉴克利福德·格尔茨（Clifford Geertz）为代表的阐释人类学理论和方法，以当地"文化拥有者的内部眼光"和受访者对自身文化的"自我解释"，以"深描"和"阐释"方式，梳理和透析贵州地域历史上所形成的多样性文化。

［6］周志光：《历史叙事经典化的权力特征——石门坎现象个案研究》，《中央民族大学学报》（哲学社会科学版）2012 年第 1 期。

摘要：本文从历史叙事经典的文化理论着手，以石门坎现象为个案，探讨了石门坎在经典化过程中的各种权力关系，指出经典是权力者建构的产物，经典迁移后权力关系会发生变化。

［7］沈红：《石门坎文化对苗族社会发展的启迪》，《教育文化论坛》2012 年第 6 期。

摘要：本文通过对石门坎文化圈深入的调研与探访并运用社会学理论与方法深度剖析石门坎文化圈的崛起与没落之事象，同时对石门坎精神——核心竞争力进行了细致的分析和梳理，在此基础上就石门坎文化对民族地区发展、民族教育、民族文化保护、民族宗教的政策启示进行了积极的思考。

［8］杨培德：《石门坎文化现象中的苗人主体地位》，《教育文化论坛》2012 年第 6 期。

摘要：一个屙屎不生蛆、最贫穷的苗人山区石门坎，居然发展成为西南最高苗族文化区，然后又昙花一现地消失。文章用主体性话语对此进行分析，认为苗人主体地位和能动性的高低沉浮是这一现象起落的根本动因。

［9］沈红：《石门坎文化的乡土智慧》，《当代贵州》2013 年第 6 期。

〈正〉石门坎是贵州近百年来最有文化活力和创造力的地区之一，是特定历史条件下，西方与东方、本土和世界文化交流的奇异花朵。近年来，笔者一次一次走进石门坎，聆听石门坎人的回忆和群山环抱中的空谷足音。

九　历史类（7）

［1］［英］威廉·H. 哈兹佩斯：《石门坎与花苗》，东人达译，《贵州文史丛刊》1998 年第 6 期。

〈正〉译者按：威廉·哈兹佩斯，亦名王树德，英国传教士。他曾与柏格理等人营建威宁石门坎苗族宗教、教育中心。其所著《石门坎与花苗》，较真实地反映了近代末期黔、滇、川毗邻地区的民族状况，记叙了从二十世纪初至三十年代石门坎教会、教育的兴衰，是一份难得的文史资料。

［2］［英］威廉·H. 哈兹佩斯：《石门坎与花苗（续）》，东人达译，《贵州文史丛刊》1998 年第 10 期。

〈正〉在我脑海的深处，时时闪现着几位苗族人活生生的豪侠形象，他们深化了我的信仰，开阔了我的视野，还教给了我许多，自信是终身难以忘记的道理。为满足读者想有一个神形兼知的希望，我将要在这本书中配上几幅我所保存的相片。

〔3〕王元康、陈俎宇：《诉说石门坎百年简史》，《贵州日报》2007年1月27日。

〈正〉本报讯：威宁自治县石门乡荣和村石门组苗族农民杨华明经过10多年的收集整理，近日在家中办起了石门坎百年简史展，供人们免费参观，连续两个月来，参观者络绎不绝。

〔4〕马玉华：《国民政府对贵州石门坎苗民基督教文化的改造政策》，《民国档案》2008年第5期。

摘要：清末英国传教士来贵州石门坎传播基督教、办学校、创苗文、改良习俗，兴办公益事业等，对石门坎苗族社会文化产生深远影响，形成了以石门坎为中心辐射滇川黔边的特殊文化区域。从二十世纪三十年代开始，石门坎异文化引起国民政府（含地方政府）的重视，各级政府多次派人调查和视察此地，在调查研究基础上，制定政策对石门坎基督教文化进行改造，通过建立保甲制度和国民党基层党部，开发石门坎经济，发展文化教育等，推行民族同化政策。

〔5〕马玉华：《从费孝通的两份文献看1956年西南地区少数民族工作》，《当代中国史研究》2008年第11期。

摘要：1956年，西南许多地区发生了少数民族事件，一些人通过各种渠道向中央反映情况。费孝通因为与贵州民族工作有较深的渊源，接受了威宁两位苗族知识分子的请求，向全国人大常委会民族委员会和贵州省委反映有关情况。1956年4月，中央决定再次检查民族政策的执行情况。通过认真检查，在肯定新中国成立以后民族工作取得成绩的同时，也发现在民主改革和社会主义改造中贯彻执行党的民族政策、培养使用少数民族干部和民族统战工作方面存在一些问题。针对检查出来的问题，贵州各级政府提出了改进民族工作的意见，并开始对民族政策执行中的缺点和错误进行纠正。

〔6〕莫子刚：《危机、忧患、教化——民国时期政府处理石门坎问题的模式探讨》，《贵州民族学院学报》（哲学社会科学版）2010年第8期。

摘要：二十世纪三四十年代，英国传教士柏格理等在贵州制造的石门坎文化圈现象及其由此引发的老苗文广为流传状况引起了国民政府及其学界有识之士的深刻忧患。为了消除其影响，稳固后方统治，发动边民"抗建"，国民政府从文字入手，以教化为重，断断续续地采取了一系列政策、措施。尽管这些举措没有取得其他明显的成效，但却在一定程度上推动了新苗文的研制工作和国语在民族地区的普及与传播。

［7］翁泽红：《鸦片战争至辛亥革命的贵州民族研究》，《贵州文史丛刊》2012 年第 11 期。

摘要：本文主要从外国传教士及学者与贵州民族研究、客籍文士及黔中文人与贵州民族研究、地方志与贵州民族研究等视角，论述了鸦片战争至辛亥革命的贵州民族研究。

十　其他（15）

［1］杨正伟：《威宁石门坎的昨天、今天和明天——从一个边远落后的苗族山寨探索开发苗族地区的途径》，载《苗学研究会成立大会暨第一届学术讨论会论文集》，1989 年。

摘要：今日的石门坎是昨日石门坎的发展，不了解昨天的石门坎，就不了解今天的石门坎。同样，离开了昨天和今天的石门坎，就不会迎来明日的石门坎。目前，我国正在进行一场前所未有的改革，研究开发民族落后地区，促进各民族共同繁荣的理论意义，已被许多同仁所关注。1986 年笔者在参加省委扶贫工作队赴咸宁石门坎工作期间，也趁这个东风，进行了有关民族社会经济的考察。也许因为自己是苗族的缘故，在实际的调查中，我对石门坎苗族人民的生活现状、经济发展始终怀有某种感情上的关注。我想，石门坎苗族，在苗族地区有其典型性，它或许就是苗族落后地区的缩影。研究它的开发问题，或许也是整个苗族地区的开发问题。因此，现将部分调查材料和一些零星感受，提供给一切关心苗族振兴的同胞们。

［2］毕方方：《与李昌平谈"农村信用体制改革"——从石门坎"社区发展基金"说起》，《检察风云》2005 年第 2 期。

摘要：近年来，小额贷款的信贷方式在国内刚刚兴起。在城市，小额贷担保贷款是国家为下岗失业人员提供的再就业援助方式之一；在农村，也有部分银行和农村信用社向生活贫困的农民提供小额扶贫贷款。但是随着银行的商业化改革，农村金融与城市化银行的矛盾也越来越突出。因为农村信贷的运行成本太高，或者还款率低，贷款的人数不集中，被冠以"散小差"的名号。而国有银行在股改的同时，加大了撤并国有银行认为亏损严重、盈利无望的农村网点的力度。农村小额扶贫贷款面临着非常严峻的局面：贫困的农民没有生产资料，而现在银行又不愿意贷款给他们买生产资料。谁能来注入资金让农民的生活开始一个良性循环？已经有一些经济学家开始尝试在一些贫困地区开办小额扶贫信贷。如：由茅于轼、汤敏等人在山西临县龙水头村兴办的小额扶贫贷款，已经成功运行多年。但是，几个经济学家能够援助的贫困农民毕竟是有限的。农村信用体制改革究竟应如何进行？2004年，曾向总理上书的李昌平考察了贵州的石门坎乡。

[3] 东旻：《石门坎学校创建日期考》，《贵州社会科学》2006年第3期。

摘要：1904年，英国传教士柏格理等开始向黔滇川毗邻的民族区域传播基督教，随即在贵州省威宁县石门坎建立了教堂和学校，石门坎不久就成为著名的近代民族教育中心。关于石门坎学校的创建时间，目前分别存在1904年说、1905年说、1906年说几种不同说法。

[4] 杨大德：《威宁石门坎现象的文化启示——读沈红〈石门坎文化百年兴衰〉》，《当代贵州》2006年第6期。

摘要：石门坎为什么又从高峰落入了低谷呢？《石门坎文化百年兴衰》作了分析。从大的历史观而言，和欧洲乌托邦的幻灭，和中国整个乡村建设运动的夭折一样，乃时代使然。

[5] 余文武：《石门坎伦理实体圆成的两个因素》，《贵阳学院学报》（社会科学版）2007年第6期。

摘要：研究基于文献分析与田野调查，追溯本土教育家的嘉言懿行，细察石门坎传统德目的外形，认定石门坎伦理实体圆成的两个因素，既有本土教育家的德性引领，又有传统德目在民间通行的效能。

[6] 尹丽云、苑青松：《由荒蛮之地到文明门槛的钥匙——对贵州石门坎电影的出现及其教育功用的思考》，《黔南民族师范学院学报》2009年第8期。

摘要:一百多年前,电影被传教士首次引入到贵州石门坎,在当时引起了相当大的轰动。本来用于传教的工具,竟成了人们逐步走出愚昧、迈向文明门槛的钥匙。尤其是在教育教学活动中,电影这种现代化的教学手段,收到了意想不到的效果。

[7] 雷勇:《石门坎现象的多元叙事与阐释》,《贵州民族研究》2010 年第 2 期。

摘要:石门坎现象是指 1904 年传教士柏格理到来之后该地区经由民族村落发展为文化社区的社会历史事件。通过建立基本的分析模式,从体系、行为、层次和身份方面对石门坎现象进行历史叙事与理论阐释,认为石门坎现象是在特殊的历史环境下个体、群体、社会、族群与国家共同创造与建构的历史现象。

[8] 东旻:《西南少数民族指路现象及其文化内涵》,《贵州民族学院学报》(哲学社会科学版) 2010 年第 2 期。

摘要:在我国西南少数民族中,普遍存在着指路现象。指路是指明远祖发祥地的意思,大致包括指路经、送魂、迁徙史诗、历史符号、谱牒、民族称谓等内容。在指路现象中,包含丰富的民族文化内涵,反映出各族群的历史、经济、社会、文化等多方面信息以及西南少数民族传统思想中牢记族源、以史为根、以人为本的核心内容。

[9] 郭岚:《张慧真的〈教育与族群认同——贵州石门坎苗族的个案研究 (1900—1949)〉出版》,《广西民族大学学报》(哲学社会科学版) 2010 年第 3 期。

摘要:该书为历史个案研究,是一个探事贵州石门坎花苗族群的个案研究。其主旨乃为探讨二十世纪初,花苗族群在面对西方传教士、国民政府和当地的强势族群时,如何通过知识体系、教育制度和文字媒介建构其族群身份,并从中获取政治、社会和文化上更多的资源和权力。在这个角度下,"中华民族"被理解为一种文化象征符号 (cultural maker),整合着不同的族群。

[10] 朱莉:《石门坎现象成因分析》,《贵州文史丛刊》2010 年第 8 期。

摘要:石门坎,云贵乌蒙山区的一片蛮荒、高寒之地。石门乡至今仍是贵州屈指可数的边远贫困乡。但在二十世纪上半期,石门坎竟成为西南苗族最高文化区、文化圣地，创造了数个文化奇迹。分析其成因有：特殊的社会、历史背景；基督教进入、认同、互动与大环境建设；创制苗文及乡村教育网络的形成等。

［11］罗吉华：《族群认同是如何建构的——读张慧真的〈教育与族群认同〉》，《湖南师范大学教育科学学报》2010 年第 11 期。

摘要：对于族群以及族群认同理论的探讨，已经成为人类学研究的最重要课题之一。张慧真的《教育与族群认同》中讲述了一个关于贵州石门坎地区花苗人的族群认同建构的故事。作为此著作的读书笔记，尝试着对其写作思路、观点等进行一定的分析。

［12］陆有斌：《威宁石门坎现象对毕节试验区建设的启示》，《乌蒙论坛》2010 年第 12 期。

摘要：无畏和坚守、包容和借势、自立和奉献造就的威宁石门坎现象是胡锦涛同志对贵州省干部的励志教材，对毕节试验区建设有着现实启示。

［13］苑青松：《唤醒与契合：言语生命的赋形》，博士学位论文，湖南师范大学，2011 年。

摘要：二十世纪初至二十世纪中叶，在贵州石门坎出现了一场蜚声中外的苗族文化振兴运动，它是由英国传教士塞缪尔·柏格理带领汉族、苗族同事发起完成的，他们在封闭千年、处于整体性文盲状态的石门坎创造了教育的奇迹。在短短五十年的时间里，培养出了两名博士、三十几位大学生和数千名高中文化水平的人，现在那里九十多岁的老太太还能讲上几句英语；创制了苗文，改变了花苗只有语言没有文字的历史；首开我国近代双语教学的先河；掀起了石门坎区域全民阅读的巨大浪潮；等等。按照时任贵州省委书记胡锦涛同志的话说："实现了教育的非常规发展。"实际上，石门坎所进行的教育只不过是一种初级的识字教育，那么，这种看似简单的识字教育却唤醒了花苗的生命意识，产生了令人难以想象的效果，本研究通过个案梳理，从生命存在与生命何以能够存在的层次上去回答"语文是什么"的问题。

［14］杨世海：《石门坎兴衰原因的精神考察及启示》，《金陵神学志》2012 年第 6 期。

摘要：贵州省石门坎地区百年兴衰的历史在学术界已成为研究热

点，研究该地是对当下落后地区经济文教事业发展的关注，从中可以得到不少借鉴和启示。新中国成立前石门坎能以精神集聚人才扎根工作，从而调动苗民积极性，形成主体结构，是石门坎文化得到跃进的根本原因。而石门坎精神之根则是基督信仰及其非物质主义价值取向，其兴衰与之密切相关。通过对历史和现实的观照，本文认为发展落后地区文教事业适当向具有基督信仰背景的组织和人员开放将是有意义的。

［15］袁振杰、朱竑：《跨地方对话与地方重构——从"炼狱"到"天堂"的石门坎》，《人文地理》2013 年第 4 期。

摘要：跨地方对话是地方内外系统交流的主要形式和途径，是理解地方意义的重要视角，对地方的建构和再造有独特作用。贵州石门坎大花苗（族）借助基督教会的进入，启动跨地方对话，通过西方生产技术和处世价值观的吸收及民族文化符号的重构，实现民族认同的重生，达成了民族崛起。大花苗（族）自组织能力的提升、地方话语权的获得及主体地位的体现，促使其民族自我赋权，实现地方意义的重塑。以贵州石门坎为案例，结合地理学相关分支学科的思想进行深入的田野调查，研究跨地方对话对地方认同以及地方意义重构的作用，以期丰富跨地方的学术研究内涵、启迪少数民族文化觉醒，有助于他们能够正确把握并应对越加剧烈的外来文化的冲击。

注：由于部分文章角度多元，内容驳杂，覆盖面广，辐射多个学科多个领域，此处只是做了大概分类。

参考文献

一　著作类

阿信：《用生命爱中国——柏格理传》，大象出版社 2009 年版。

［英］柏格理等：《在未知的中国》，东人达、东旻译，云南民族出版社
　　2002 年版。

［法］布迪厄、［美］华康德：《实践与反思——反思社会学导引》，李
　　猛、李康译，中央编译出版社 1998 年版。

毕节地区工委：《毕节地区苗族百年实录》，2007 年，未刊稿。

毕节地区工委：《黔西北文史资料》第一、二辑，2007 年，未刊稿。

毕节地区民族宗教事务局编：《中国西部苗族口碑文化资料集成》，云
　　南民族出版社 2009 年版。

［德］布列钦卡：《教育知识的哲学》，杨明全、宋时春译，华东师范大
　　学出版社 2006 年版。

陈桂生：《教育原理》，华东师范大学出版社 2000 年版。

陈国钧、吴泽霖：《贵州苗夷社会研究》，民族出版社 2004 年版。

陈学恂：《中国教育史研究》，华东师范大学出版社 2009 年版。

成有信主编：《教育学原理》，广东高等教育出版社 1999 年版。

丛立新：《课程论问题》，教育科学出版社 2000 年版。

戴本博主编：《外国教育史》，人民教育出版社 1989 年版。

东旻、朱群慧：《贵州石门坎：开创中国近现代民族教育之先河》，中
　　国文史出版社 2006 年版。

［美］约翰·杜威:《民主主义与教育》，王承绪译，人民教育出版社
　　2001 年版。

费孝通等：《贵州苗族调查资料》，贵州大学出版社 2009 年版。

方晓东、李玉非、毕诚：《中华人民共和国教育史纲》，海南出版社
　　2002 年版。

［美］费正清：《剑桥中国晚清史》（上、下），中国社会科学院历史研
　　究所编译室译，中国社会科学出版社 1985 年版。

［美］费正清：《剑桥民国史（1912—1949）》（上卷），杨品泉等译，
　　中国社会科学出版社 1986 年版。

冯增俊：《教育人类学》，江苏教育出版社 2001 年版。

顾明远、薛理银：《比较教育导论——教育与国家发展》，人民教育出
　　版社 1996 年版。

高时良：《中国教会学校史》，湖南教育出版社 1994 年版。

顾长声：《传教士与近代中国》，上海人民出版社 1981 年版。

哈经雄、滕星主编：《民族教育学通论》，教育科学出版社 2001 年版。

［德］赫尔巴特：《普通教育学·教育学讲授纲要》，李其龙译，人民教
　　育出版社 1989 年版。

黄济、王策三：《现代教育论》，人民教育出版社 1996 年版。

贵州省宗教学会：《贵州宗教史》，贵州人民出版社 2015 年版。

贵州省苗学会：《苗族文化保护与利用研究》，中国言实出版社 2011
　　年版。

贵州省地方志编纂委员会：《贵州省志·民族志》（上册），贵州民族出
　　版社 2002 年版。

贵州省地方志编纂委员会：《贵州省志·宗教志》，贵州民族出版社
　　2007 年版。

贵州民族事务委员会：《贵州民族工作五十年》，贵州民族出版社 1999
　　年版。

贵州省民族研究所编：《民国年间苗族论文集》，贵州省民族研究所
　　1983 年版。

贵州省威宁彝族回族苗族自治县志编纂委员会：《威宁彝族回族苗族自
　　治县志》，贵州人民出版社 1994 年版。

［美］加涅：《教学设计原理》，皮连生等译，华东师范大学出版社 1999
　　年版。

金炳镐：《民族理论通论》（修订本），中央民族大学出版社 2006

年版。

金炳镐：《民族理论与民族政策概论》（修订本），中央民族大学出版社
2006 年版。

金炳镐：《中国共产党民族政策发展史》，中央民族大学出版社 2006
年版。

金冬海：《少数民族教育政策研究》，甘肃教育出版社 2002 年版。

［英］鲍伊：《宗教人类学导论》，金泽译，宗教文化出版社 2001 年版。

［捷］夸美纽斯：《大教学论》，傅任敢译，人民教育出版社 1999 年版。

靳希斌：《教育经济学》，人民教育出版社 2001 年版。

孔令中：《贵州教育史》，贵州教育出版社 2004 年版。

［美］拉尔夫·泰勒：《课程与教学的基本原理》，施良方译，人民教育
出版社 1994 年版。

李楚才：《帝国主义侵华教育史资料——教会教育》，教育科学出版社
1987 年版。

梁聚五：《苗族发展史》，贵州大学出版社 2009 年版。

刘英杰：《中国教育大事典》，浙江教育出版社 2001 年版。

林耀华主编：《民族学通论》（修订本），中央民族大学出版社 1997
年版。

马玉华：《国民政府对西南少数民族调查之研究（1929—1948）》，云南
人民出版社 2006 年版。

毛礼锐、沈灌群主编：《中国教育通史》，山东教育出版社 1986 年版。

孟立军：《新中国民族教育政策研究》，科学出版社 2010 年版。

［加］迈克·富兰：《变革的力量——透视教育改革》，中央教科所译，
教育科学出版社 2000 年版。

［德］O. F. 博尔诺夫：《教育人类学》，李其龙等译，华东师范大学出
版社 1999 年版。

朴胜一：《中国少数民族教育发展与展望》，内蒙古教育出版社 1990
年版。

钱民辉：《教育社会学》，北京大学出版社 2004 年版。

秦和平：《基督宗教在西南少数民族中的传播史》，四川民族出版社 2003
年版。

邱渊：《教育经济学导论》（修订版），人民教育出版社 2001 年版。

瞿葆奎：《教育与教育学》（教育学文集第 1 卷），人民教育出版社 2000
年版。

[英] 塞缪尔·克拉克：《在中国的西南部落中》，苏大龙译，贵州大学
出版社 2009 年版。

[美] 斯塔夫里阿诺斯：《全球通史——1500 年以后的世界》，吴象婴、
梁赤民译，上海社会科学院出版社 1992 年版。

沈红：《结构与主体：激荡的文化社区石门坎》，社会科学文献出版社
2007 年版。

沈红：《石门坎文化百年兴衰——中国西南一个山村的现代性经历》，
万卷出版公司 2006 年版。

盛群力、李志强：《现代教学设计论》（修订版），浙江教育出版社
1998 年版。

石朝江：《中国苗学》，贵州大学出版社 2009 年版。

宋蜀华、白振声主编：《民族学理论与方法》，中央民族大学出版社
1998 年版。

孙培青主编：《中国教育史》，华东师范大学出版社 2001 年版。

孙喜亭：《教育原理》，北京师范大学出版社 1993 年版。

滕星、王军主编：《二十世纪中国少数民族与教育》，民族出版社 2002
年版。

陶绍虎：《从石门坎走来的苗族先辈们》，云南民族出版社 2007 年版。

于可主编：《当代基督新教》，东方出版社 1993 年版。

王大卫：《寻找那些灵魂》，香港文汇出版社 2010 年版。

王炳照：《简明中国教育史》，北京师范大学出版社 1994 年版。

王道俊、王汉澜：《教育学》，人民教育出版社 1999 年版。

王友三：《中国宗教史》（上、下），齐鲁书社 1991 年版。

[英] 沃尔特·柏格理：《柏格理在中国》，苏大龙译，贵州民族研究所
编印 1989 年版。

吴康宁：《教育社会学》，人民教育出版社 1998 年版。

吴文侃、杨汉清主编：《比较教育学》，人民教育出版社 1998 年版。

伍新福：《苗族史》，四川民族出版社 1992 年版。

［美］威廉威尔·斯曼：《教育研究方法导论》，袁振国主译，教育科学
　　出版社 2006 年版。

威宁彝族族回族苗族自治县政协威宁苗族百年实录编委会：《威宁苗族
　　百年实录》，贵州民族出版社 2006 年版。

威宁彝族回族苗族自治县教育局教育志编纂办公室：《威宁县教育志》，
　　1989 年，未刊稿。

威宁彝族回族苗族自治县民族事务委员会：《威宁彝族回族苗族自治县
　　民族志》，贵州民族出版社 1997 年版。

杨万选等：《贵州苗族考》，贵州大学出版社 2009 年版。

杨成志：《杨成志人类学民族学文集》，民族出版社 2003 年版。

游建西：《近代贵州苗族社会的文化变迁》，贵州人民出版社 1997
　　年版。

袁桂林：《西部农村基础教育行动研究》，人民教育出版社 2011 年版。

叶澜：《教育概论》，人民教育出版社 1999 年版。

袁振国主编：《当代教育学》，教育科学出版社 2004 年版。

［日］佐藤学：《学习的快乐——走向对话》，钟启泉译，教育科学出版
　　社 2004 年版。

张慧真：《教育与族群认同——贵州石门坎苗族的个案研究（1900—
　　1949）》，民族出版社 2009 年版。

王忠欣：《中国近现代教育与基督教》，湖北教育出版社 2000 年版。

［英］张道慧等：《西南传教士档案揭秘》，东人达译，云南民族出版社
　　2011 年版。

张力、刘鉴唐：《中国教案史》，四川省社会科学院出版社 1987 年版。

张坦：《"窄门"前的石门坎——基督教文化与川滇黔边苗族社会》，云
　　南教育出版社 1992 年版。

张先清、赵蕊娟：《中国地方志基督教史料辑要》，东方出版中心 2010
　　年版。

郑乐平：《超越现代主义和后现代主义——论新的社会理论空间之建
　　构》，上海教育出版社 2003 年版。

周宁：《人间草木》，商务印书馆 2010 年版。

中国人民政治协商会议威宁彝族回族苗族自治县委员会：《威宁文史资

料》第二、三、四、五辑，1986 年、1988 年、2004 年、2006 年，未
刊稿。

郑杭生主编：《社会学概论新修》，中国人民大学出版社 1998 年版。

中华续行委办会调查特委会编：《1901—1920 基督教调查资料（原中华
归主修订版）》，文庸、段琦译，中国社会科学出版社 2007 年版。

二　期刊论文类

［英］柏格理：《苗族纪实》，东人达译，《贵州文史丛刊》2000 年第
1 期。

陈杰：《石门民族学校的办学方向》，《生活教育》2010 年第 4 期。

东旻：《石门坎学校创建日期考》，《贵州社会科学》2006 年第 2 期。

东旻：《川滇黔彝族同基督教的冲突与调适》，《毕节师范高等专科学校
学报》（综合版）2003 年第 6 期。

东人达：《循道公会在黔滇川传播的背景分析》，《渝西学院学报》2002
年第 1 期。

东人达：《论近现代黔滇川基督教运动中的主体作用》，《毕节师范高等
专科学校学报》（综合版）2002 年第 5 期。

东人达：《基督教滇黔川边传教士的民族及阶级归属》，《云南师范大学
学报》2005 年第 2 期。

何萍：《明清时期基督教在贵州的传播》，《贵州文史丛刊》2000 年第
1 期。

何嵩昱：《石门坎“教育神话”对当代西部民族地区农村基础教育的启
示》，《教育文化论坛》2012 年第 3 期。

何嵩昱：《传教目的下的美育操作透视——“石门坎现象”的美学分
析》，《人民论坛》2013 年第 9 期。

何嵩昱：《“石门坎现象”与苗族文化关系研究——从苗族文化特质角
度探析石门坎现象产生的内在动因》，《教育文化论坛》2011 年第
6 期。

何幼兰：《从近代石门坎民族教育得到的启示》，《云南民族大学学报》
2007 年第 2 期。

胡弼成：《教育主体评议》，《大学教育科学》2008 年第 2 期。

陆有斌：《威宁石门坎现象对毕节试验区建设的启示》，《乌蒙论坛》
　　2010 年第 12 期。

孟立军：《论新中国民族教育实践的成就》，《民族教育研究》2001 年
　　第 1 期。

龙基成：《社会变迁、基督教与中国苗族知识分子——苗族学者杨汉先
　　传略》，《贵州民族研究》1997 年第 1 期。

雷勇：《石门坎现象的多元叙事与阐释》，《贵州民族研究》2010 年第
　　1 期。

马玉华：《国民政府对贵州石门坎苗民基督教文化的改造政策》，《民国
　　档案》2008 年第 2 期。

石茂明：《石门坎麻风村访问记》，《文史天地》1992 年第 2 期。

沈红：《石门坎的 100 年》，《中国民族》2007 年第 1 期。

沈红：《石门坎文化对苗族社会发展的启迪》，《教育文化论坛》2012
　　年第 6 期。

沈红：《石门坎文化的乡土智慧》，《当代贵州》2013 年第 6 期。

谭佛佑：《本世纪初贵州省威宁石门坎教会苗民教育评述》，《贵州民族
　　研究》1983 年第 1 期。

杨汉先：《基督教在滇、黔、川交境一带苗族地区史略》，《民族研究参
　　考资料》1979 年第 14 集。

杨世海：《石门坎兴衰原因的精神考察及启示》，《金陵神学志》2012
　　年第 6 期。

颜勇：《历史上石门坎苗族教育反思》，《贵州民族研究》1994 年第
　　3 期。

殷秀峰、陈小曼：《基督教传入对西南信教少数民族权利观念的影响》，
　　《河南大学学报》（社会科学版）2013 年第 11 期。

袁振杰、朱竑：《跨地方对话与地方重构——从"炼狱"到"天堂"的
　　石门坎》，《人文地理》2013 年第 4 期。

王红曼：《论我国的民族教育政策及其成就》，《民族教育研究》2002
　　年第 1 期。

韦启光：《黔滇川边区苗族信仰基督教试析》，《贵州社会科学》1981
　　年第 4 期。

张恩耀：《基督教是怎样传入黔西北、滇东北苗族地区的》，《民族研究》1988 年第 1 期。

张兆和：《黔西苗族身份的汉文书写与近代中国的族群认同——杨汉先的个案研究》，《西南民族大学学报》2010 年第 3 期。

赵民、林均昌：《建国初期发展少数民族教育的理论与政策》，《黑龙江民族丛刊》2007 年第 4 期。

周庆生：《中国双语教育的发展与问题》，《贵州民族研究》1991 年第 2 期。

张霜：《少数民族学校教育中的多元文化与课程——贵州威宁石门坎百年苗族教育人类学考察》，《贵州民族研究》2010 年第 6 期。

张霜：《社区、家庭与少数民族学校教育的文化距离——贵州威宁石门坎苗族教育人类学个案研究》，《广西师范大学学报》（哲学社会科学版）2010 年第 8 期。

张晓松：《跨越时空的信仰——贵州宗教文化解读》，《贵州大学学报》（哲学社会科学版）2000 年第 4 期。

宗文：《基督教循道公会在威宁石门坎兴办的教育事业》，《贵州民族研究》1987 年第 2 期。

三　学位论文类

陈建明：《近代基督教在华西地区文字事工研究》，博士学位论文，四川大学，2006 年。

东人达：《滇黔川边基督教传播研究（1840—1949）》，博士学位论文，中央民族大学，2003 年。

何茂莉：《来自民俗的创作与阅读》，博士学位论文，兰州大学，2008 年。

杨曦：《西南地区少数民族教育内源发展研究》，博士学位论文，西南大学，2007 年。

殷秀峰：《基督教与西南信教少数民族的法律文化（1840—1949）》，博士学位论文，中央民族大学，2013 年。

苑青松：《唤醒与契合：言语生命的赋形——贵州石门坎言语教育的叙事研究》，博士学位论文，湖南师范大学，2011 年。

王超云：《基督教在近代中国传教方式的转变》，硕士学位论文，西北师范大学，2006 年。

张晓松：《历史文化视角下的贵州地方性知识考察》，博士学位论文，东北师范大学，2011 年。

张霜：《民族学校教育中的文化适应研究》，博士学位论文，中央民族大学，2008 年。

张照：《清末民初循道公会在华南地区的发展》，博士学位论文，暨南大学，2005 年。

四　英文类

Brian Harrison. *Waiting for China：The Anglo—Chinese College at Malacca，1818–1843，and Early Nineteenth-Century Missions.* Hong Kong：Hong Kong University Press，1979.

D. MacGillivray. *A Century of Protestant Missions in China 1807–1807：being the Centenary Conference historical volume*，Shanghai：Printed at the American Presbyterian Mission Press，1907.

Daniel H. Bays ed. *Christianity in China：From the Eighteenth Century to the Present.* Stanford University Press，1996.

Ernest H. Hayes. *Sam Pollard of Yunnan：The Pioneer Series.* Wallington：Religious Education Press，1946.

Jean Michaud. Richmond ed. *Turbulent Times and Enduring Peoples：Mountain Minorities in the Southeast Asian.* Surrey：Routledge Curzon Press，2000.

Moody，Edward H. *Sam Pollard.* Zondervan and London：Oliphants Ltd，1956.

R. Elliot Kendall. *Beyond the Clouds—The Story of Samuel Pollard of South-West China.* Cargate Press，1948.

Sam Pollard（with Henry Smith and F J Dymond）. *The Story of the Miao.* London：Henry Hooks，1919.

Sam Pollard，ed R. Elliott Kendall. *Eyes of the Earth—The Diary of Samuel Pollard.* London：Cargate Press，1954.

William Alexander Grist. *Samuel Pollard. Pioneer Missionary in China.* London： Henry Hooks， 1921.

Walter Pollard， *Sam Pollard. A hero of China.* London： Seeley， Service &
Co. ， 1928.